Die Ökonomie und das Nichts

Detlef Pietsch

Die Ökonomie und das Nichts

Warum Wirtschaft ohne Moral wertlos ist

Detlef Pietsch
München, Deutschland

ISBN 978-3-658-33276-1   ISBN 978-3-658-33277-8 (eBook)
https://doi.org/10.1007/978-3-658-33277-8

Die Deutsche Nationalbibliothek verzeichnet diese Publikation in der Deutschen Nationalbibliografie; detaillierte bibliografische Daten sind im Internet über http://dnb.d-nb.de abrufbar.

Springer
Springer ist ein Imprint der eingetragenen Gesellschaft Springer Fachmedien Wiesbaden GmbH und ist ein Teil von Springer Nature.
Die Anschrift der Gesellschaft ist: Abraham-Lincoln-Str. 46, 65189 Wiesbaden, Germany

Meiner Familie

Dank

Es ist wieder an der Zeit, den Menschen zu danken, die dieses Buch in dieser Qualität erst ermöglicht haben. Zunächst gilt mein herzlicher Dank Frau Carina Reibold und Frau Naresh Veerabathini vom Springer Verlag, die mich mit ihrem Team auch dieses Mal wieder hervorragend begleitet und unterstützt haben. Ich bin ihnen wie immer für die sehr konstruktiven formalen und inhaltlichen Hinweise verbunden, die das Buch wieder in vielen Bereichen verbessert hat.

Darüber hinaus haben mir auch dieses Mal wieder viele Freunde und Bekannte mit zahlreichen Kommentaren, Anregungen und Gesprächen geholfen, die wesentlichen Themen des Buches zu diskutieren und den einen oder anderen Aspekt nach zu schärfen. Stellvertretend möchte ich vor allem vier Personen erwähnen: Dr. Markus Seidler, Dr. Patrick Strunkmann-Meister, Dr. Jörg Pavitsich und Peter Balogh.

Wie immer geht mein herzlicher Dank auch an meine Familie. Zunächst an meine Frau und meinen Sohn, die den Fortgang auch dieses Buches wieder aktiv begleitet haben und dabei in Kauf nahmen, mich den einen oder anderen Sonntagnachmittag selten zu Gesicht zu bekommen. Nicht zuletzt freue ich mich, dass sich meine Mutter es nicht nehmen ließ, sich mit den Themen meines Buches auseinanderzusetzen und mir ihre Sicht der Dinge zu schildern. Ich möchte meiner gesamten Familie, der ich in meinem Leben so viel zu verdanken habe, dieses Buch widmen.

im Januar 2021
München, Deutschland

Inhaltsverzeichnis

1 Einleitung: Warum Ökonomie ohne Moral wertlos ist   1
Literatur   13

2 Ökonomie und Ethik: Wie passt das zusammen?   15
2.1 Ökonomie zwischen Rationalität, Optimierung und Effizienz   15
2.2 Ethik: es geht um uns Menschen   24
2.3 Ethik und Ökonomie: ein unvereinbares Paar?   30
2.4 Das Nichts: Irrwege und Abgründe des Wirtschaftens   38
Literatur   47

3 Eine kurze Geschichte der Ethik   51
3.1 Prähistorie und altorientalische Kulturen   51
3.2 Antike und Mittelalter: Von den Anfängen in Griechenland bis Thomas von Aquin   60
3.3 Neuzeit: Von Luther bis zu Kant und seinen Nachfolgern   107

3.4   Jüngere Vergangenheit und Gegenwart:
       Eine ökonomische Ethik für das 21.
       Jahrhundert   210
Literatur   232

**4   Aktuelle Herausforderungen der
       Wirtschaftsethik**   245
4.1   Armut und Ungleichheit: Von dem einen
       Prozent und den 99 Prozent anderen   245
4.2   Globalisierung: Von Gewinnern und
       Verlierern   259
4.3   Ökonomie und Ökologie: Wir haben nur
       eine Erde   269
4.4   Wirtschaftssystem: Vom Kapitalismus
       und seinen Alternativen heute   279
4.5   Menschenbild in der Ökonomie   287
4.6   Ethik im Zeitalter von Digitalisierung,
       Künstlicher Intelligenz und Pandemie   294
Literatur   306

5   Anwendungsfelder der ökonomischen Ethik   315
5.1   Individuelle Ethik: Ethik nicht nur für
       Manager und Meinungsführer   315
5.2   Unternehmensethik: Was müssen
       Unternehmen beachten?   331
5.3   Ethik des Wirtschaftssystems: Die beste
       aller möglichen Wirtschaftswelten   341
5.4   Umweltethik: Ökonomie und Ökologie
       gehören zusammen   350
5.5   Ökonomische Ethik, Staat und Gesellschaft 358
Literatur   368

6 Perspektiven und Lösungsansätze: Was jetzt zu tun ist 377

6.1 Bekämpfung von Armut und Ungleichheit 377

6.2 „Patenschaft" von reich und arm 385

6.3 Mehr Ökonomie für das Gemeinwohl 389

6.4 Bekämpfung der Diskriminierung 394

6.5 Gleiche Bildungschancen für alle 398

6.6 Nachhaltigkeit fördern 404

6.7 Gutes Leben: Suche nach Glück 408

Literatur 413

7 Ethik in der Post-Corona- Ökonomie 417

Literatur 425

1

Einleitung: Warum Ökonomie ohne Moral wertlos ist

Ökonomie ohne moralische Grundlagen *endet im Nichts.* Es scheint etwas aus dem Ruder gelaufen zu sein in der Wirtschaft. In vielen Ländern dieser Welt gelingt es immer weniger Menschen, sich und ihrer Familie mit dem Nötigsten zu versorgen: Sie müssen hungern oder verhungern gar, leben unter unsäglichen, menschenunwürdigen Bedingungen in Slums oder vegetieren nur noch dahin. Nicht einmal die einfachste medizinische Versorgung erreicht die ärmsten Teile der Bevölkerung. Vielfach fehlt es an Grundlegendem wie Wasser oder Brot, den minimalen Bedingungen menschlichen Lebens. Dies gilt nicht nur für die ärmsten Länder der Welt. Auch in einem der reichsten Länder dieser Welt, hier in Deutschland, wissen viele Menschen nicht, wie sie mit dem Geld über die Runden kommen. Sie sind auf Hilfsleistungen des Staates angewiesen, sei es Hartz IV oder eine zu knapp bemessene Rente und können ebenfalls zum Teil kein menschenwürdiges Leben führen.

In unserem reichen Land gibt es auch viele Menschen ohne Dach über dem Kopf, die versuchen im Winter dem

© Der/die Autor(en), exklusiv lizenziert durch Springer Fachmedien Wiesbaden GmbH, ein Teil von Springer Nature 2021
D. Pietsch, *Die Ökonomie und das Nichts*,
https://doi.org/10.1007/978-3-658-33277-8_1

Gefriertod zu entkommen, den sie dank zahlreicher Obdachloseneinrichtungen Gott sei Dank noch vermeiden können. Die Suche nach Essbarem zum Teil in Containern und Flaschen mit Pfand wird zur Hauptbeschäftigung, wenn sie nicht gleich betteln gehen müssen. 1,65 Millionen Menschen (!) sind alleine in Deutschland auf das Lebensmittelangebot der Tafeln angewiesen (vgl. Steiner 2019). Das sind 10 Prozent mehr als noch ein Jahr zuvor. Darunter sind 430.000 Rentner, ein Plus von 20 Prozent, und 500.000 Kinder und Jugendliche. Tafeln sind gemeinnützige Organisationen, die bei Händlern und Herstellern Lebensmittelspenden sammeln und diese an bedürftige Menschen kostenlos verteilen. Bereits heute sind diese Organisationen, die sich hauptsächlich über Spenden finanzieren und vor allem Freiwillige beschäftigen, an ihre Kapazitätsgrenzen angelangt (vgl. Steiner 2019).

Dies trifft aber nicht nur Menschen mit unterschiedlichen gesundheitlichen und persönlichen Schicksalen, die so aus der Bahn geworfen wurden. Nein, heute, im Jahr 2021 trifft es auch die sogenannte *untere Mittelschicht*: unterbezahlte und hoffnungslos überforderte Krankenschwestern und Altenpfleger, kleine Angestellte und Arbeiter unterschiedlicher Branchen mit ordentlicher Ausbildung. In einzelnen Großstädten wie München können auch diese Menschen kaum noch ihre immer stärker ansteigenden Mieten bezahlen, geschweige denn Eigentum erwerben. Dennoch streben immer mehr Menschen in die Metropolen, weil dort eine gut bezahlte Arbeit und vermeintlicher Wohlstand locken, von dem sie aber immer mehr abgeschnitten werden. Man hat das Gefühl, dass die Anzahl der Menschen, die ihren Lebensunterhalt nicht mehr oder ausreichend bestreiten können, immer weiter zunimmt. Besonders betroffen sind die Alleinerziehenden, die Rentner, die zuvor nur ein mittleres oder geringes Einkommen besaßen und nun im Alter mit der Armut zu kämpfen haben sowie vor allem auch kinderreiche Familien.

So stellte sich die Situation „*Prä-Corona*" dar. Mit der Corona-Pandemie, die innerhalb nur weniger Wochen und Monate ganze Volkswirtschaften mit ihren unzähligen Branchen und Unternehmen nahezu in den Abgrund riss – und sich beim Verfassen dieser Zeilen gerade in der zweiten Welle befindet –, ist die Lage noch viel dramatischer geworden. Brach während der Finanzkrise der Jahre 2008/2009 vor allem die Nachfrage weg und der Immobilienbereich implodierte mit samt den ihn unterstützenden Bankenbereich, sackten in der Coronakrise *gleichzeitig Nachfrage und Angebot* weg. Touristikunternehmen konnten aufgrund der zügigen Grenzschließungen keine internationalen Reisen mehr anbieten, Fluggesellschaften kaum noch Flüge. Das Abstandsgebot und die Ausgangsbeschränkungen oder wie in manchen Ländern vorherrschende Ausgangssperren führten dazu, dass auch national kaum noch Reisen stattfanden und Großveranstaltungen wie Konzerte, Kongresse oder Messen weltweit abgesagt wurden. Ganze Branchen wurden von heute auf morgen buchstäblich „abgeschlossen" bzw. abgeschottet von lebenswichtigen Einnahmen. Tausende von Unternehmen hierzulande gingen in Kurzarbeit, in den USA wurden innerhalb von nur vier Wochen 22 Millionen Menschen arbeitslos (vgl. Schäuble 2020). Automobilunternehmen stoppten zeitweise die Produktion, die Beschäftigten im Büro wurden allerorts ins *Homeoffice* verbannt. Sie waren dabei noch die Glücklicheren, da sie so zumindest weiterarbeiten konnten und ihren Job sicherten.

Diejenigen, die privat oder auch als Unternehmen bereits am Rande des Existenzminimums lebten, wurden am härtesten getroffen: Von der Kurzarbeit besonders betroffen waren vor allem Familienväter, die ihre Familien zeitweilig mit nur 67 Prozent des letzten Einkommens über die Runden bringen mussten – nur einige wenige, zumeist größere Firmen stockten das Kurzarbeitergeld noch firmenintern auf zum Teil über 90 Prozent auf. Schlagartig konnten Mieten nicht mehr bezahlt werden – und wurden per Gesetz zumindest zeitweilig gestundet – die wenigen Ersparnisse wurden ebenfalls schnell aufgezehrt. Familien mussten aufgrund der Kita- und Schulschließungen ihre Kinder zu Hause betreuen. Dabei waren auch diejenigen wieder im Vorteil, die gut ausgebildete Eltern hatten, die über die notwendige Infrastruktur wie Laptops, PC und Internetanschluss zu Hause verfügten und ihre Kindern bei der Schularbeit helfen konnten. Kinder aus ärmeren, bildungsfernen Haushalten waren größtenteils alleine auf sich gestellt, was die sozialen Unterschiede und die Kluft der Bildungschancen weiter vertiefte. Dabei war es um Deutschland mit den schnell und konsequent handelnden Politiker*innen und exzellentem Gesundheitssystem noch gut bestellt. Die Krise war im globalen Vergleich noch relativ schnell im Griff. Anders sah es in den Ländern Südamerikas oder auch Schwellenländern wie Indien aus, die nicht über so ein gut ausgebildetes Gesundheitssystem wie z. B. Deutschland und Österreich verfügen. Ganz zu schweigen von den ärmeren Ländern Afrikas, deren Bevölkerung aufgrund der unzureichenden Hygienestandards, der schlechteren Gesundheitsversorgung dieser Pandemie vielfach hilflos ausgeliefert waren.

Auf der anderen Seite stehen die vom Glück besonders Begünstigten, die sich auf der Sonnenseite des Lebens befinden: Eine prächtige Villa mit einem riesigen Garten, zudem ein Ferienhaus in einem sonnigen Urlaubsgebiet, ein oder mehrere Luxusautos für jede Gelegenheit oder auch noch weitere Spielzeuge wie etwa eine Yacht oder eine Penthouse-Wohnung in New York. In den Zeiten der Corona-Pandemie gelang es manchen Reichen sogar, sich auf der eigenen Insel bzw. der Privatyacht zu isolieren und so vor dem zum Teil tödlich endenden Virus in Sicherheit zu bringen. Es sei jedem das Glück zu gönnen, zumal nicht alle von Geburt an reich waren, sondern für ihren Wohlstand hart arbeiten mussten und zahlreiche Entbehrungen in Kauf nehmen mussten. Allerdings sind die Unterschiede zwischen den Begünstigten und den weniger Begünstigten *immer stärker angestiegen.*

Der offenkundigste Kontrast existiert aber zwischen den Menschen, die ihr Leben unter Entbehrungen fristen und jeden Tag mit ausreichender Nahrung schon als Glück empfinden müssen und denen, die 2000 Euro teure Champagnerflaschen am Strand von Nobelorten in Südspanien oder der Cote d'Azur sinnlos in die Menge spritzen und nicht trinken, sondern vergeuden. Jeder kann prinzipiell mit seinem Geld machen was er will. Wenn man sich aber einmal vor Augen hält, dass hunderte von Millionen Menschen auf dieser Welt hungern oder sogar verhungern müssen, die mit ein bis zwei Euro am Tag überleben würden, dann ist das nicht tolerierbar! Wie viele Menschen könnte man mit einer Flasche des sinnlos verspritzten Champagners alle retten! Natürlich könnte man diese Rechnung für jeden Kauf von teuren Marken, seien es Uhren, Bekleidung oder ähnliches aufmachen. Diese zugegebenermaßen zugespitzte Darstellung soll nur auf unser Thema hinweisen: *Die Wirtschaft braucht moralische Regeln und Vereinbarungen,* Formeln des Anstands, die den Menschen als Person und Träger der Menschenwürde nicht vernachlässigt. *Der Mensch als das Maß aller Dinge.*

Wir Menschen sind nicht alle gleich. Das ist auch gut so. Jeder Mensch hat seine Talente und Fähigkeiten, die er oder sie in die Gemeinschaft mit einbringen kann und soll, um das Leben für alle angenehmer zu gestalten. Der eine ist eher handwerklich begabt, der andere theoretisch. Viele können organisieren und sind „Macher", andere wiederum sind die Bedächtigeren und können gut strukturieren und steuern. Einige stellen ihre reine Körperkraft zur Verfügung und können mit schweren körperlichen Arbeiten gut umgehen. Andere sind filigrane Techniker, die das Leben mit ihren Erfindungen einfacher gestalten. Wieder andere sind kreativ oder sind gesellschaftlich und politisch engagiert oder sind künstlerisch aktiv. Diese Vielfalt bereichert uns nicht nur in Deutschland, sondern auch auf der ganzen Welt. Hier in Deutschland arbeiten auch viele unterschiedliche Kulturen zusammen und befruchten sich gegenseitig, auch wenn das Zusammenleben nicht immer reibungslos ist. Jeder bringt sich mit seinen Fähigkeiten ein.

Doch gibt es immer mehr Menschen, die von der Gesellschaft und den sie beherrschenden wirtschaftlichen Prozessen *abgehängt werden*. Da gibt es die, die keinen Ausbildungsplatz finden oder die Ausbildung aus Gründen, die sie nicht immer selbst zu verantworten haben, abbrechen. Andere arbeiten knapp über dem Mindestlohn und müssen eine große Familie versorgen. Wieder andere sind alleinerziehend und können nur Teilzeit arbeiten oder sind Rentner und können trotz lebenslanger Arbeit davon nicht oder nicht ausreichend leben. Die *gefühlte Ungerechtigkeit* zwischen den „99 Prozent" ärmeren und dem einen Prozent reichen Teil der Bevölkerung nimmt subjektiv – und gemäß einzelner Statistiken auch objektiv (vgl. die zahlreichen Statistiken in Piketty 2020, 2014) – zu. Die Schere zwischen den oberen und unteren Einkommen geht immer weiter auseinander, die Vermögen ebenso. Am Beispiel des Wohneigentums in den Großstädten wird es am deutlichsten:

Die Mieten steigen kontinuierlich und überproportional, weil immer mehr Menschen in die Metropolen ziehen – der Trend in Richtung Land in Folge von Corona und möglichem Homeoffice wird dies nicht prinzipiell aufhalten können – und gleichzeitig zu wenig bezahlbare Wohnungen gebaut werden. Dabei greift die gut gemeinte „Mietpreisbremse" nicht (vgl. etwa Hammadi 2017), die vorsieht, dass Mieten innerhalb eines gewissen Zeitraums nur geringfügig steigen dürfen. Die Einwohner der Großstädte werden sich zunehmend teilen: in Immobilienbesitzer, deren Immobilien immer mehr und schneller an Wert gewinnen und in die Mieter, die nur mehr selten Eigentum werden erwerben können und es nur eine Frage der Zeit zu sein scheint, bis sie sich auch die Miete nicht mehr leisten können. Welche Folgen diese Ungleichheit für die folgenden Generationen haben wird, kann man sich leicht vorstellen. Eigentum und Vermögen wird häufig vererbt, die Mieter können ihre jahrelang gemieteten Wohnungen nicht einfach an ihre Nachkommen weitergeben. Geschweige denn eine Ausbildung ermöglichen, die es ihren Kindern erlaubt, später einmal zu dem einen Prozent auf der Sonnenseite zu gehören. *Die ökonomischen Unterschiede drohen zementiert zu werden.*

Moralisch ethische Themen in der Wirtschaft betreffen aber nicht nur *Fragen der Gerechtigkeit.* Eine große Herausforderung vor allem für Deutschland stellt die wirtschaftliche und gesellschaftliche Integration der Flüchtlinge dar, die in den vergangenen Jahren nach Deutschland gekommen sind. Sie alle müssen gut ausgebildet sein, eine sinnvolle Arbeit gemäß ihren Fähigkeiten und Vorkenntnissen gefunden haben und mit ihren Familien in die Gesellschaft integriert werden. Auch hier dürfen sie nicht Arbeitnehmer zweiter Klasse werden und müssen ihren Beitrag zu einer gelungenen Volkswirtschaft leisten können. Dabei gilt es, im täglichen Arbeitsleben unterschiedliche Werte, Normen und Traditionen aus den Herkunftsländern zu berücksichtigen und mit den in Deutschland existierenden zu einem konstruktiven Ganzen zu verschmelzen ohne die einzelnen Kulturen zu eliminieren. Dies ist eine große Herausforderung an die in der Wirtschaft beschäftigten Arbeitnehmer, Mitarbeiter und Manager gleichermaßen.

Die Ökonomie existiert aber nicht nur in Deutschland. Sie ist global. Wir tauschen Waren mit allen Teilen der Welt und pflegen Geschäftsbeziehungen mit nahezu allen Ländern dieser Erde. Gleiches gilt für die Finanzströme die mit den Warenbewegungen einhergehen. Deshalb gilt, dass die Frage der Moral und der Menschenrechte nicht an den Grenzen Deutschlands haltmacht. Kinderarbeit oder moderne Formen der Sklaverei wie in einzelnen Staaten Afrikas sind nicht erlaubt und müssen geächtet werden. Arbeitsformen, die menschenunwürdig sind, sei es durch Lohndumping, Ausbeutung oder mangelnde hygienische Verhältnisse etc. müssen ebenfalls bekämpft werden. Unternehmen, die solche Praktiken einsetzen oder die mit solchen Firmen international zusammenarbeiten, müssen bestraft bzw. boykottiert werden.

Eine große Herausforderung für ethische Themen der Wirtschaft ist auch der *Umgang mit der Umwelt.* Wir alle sind verantwortlich dafür, die Natur die uns geschenkt wurde, zu erhalten und an unsere Nachfahren weiterzugeben. Unternehmen müssen die in der Volkswirtschaft als „externe Effekte" bezeichneten Negativfolgen ihres Handelns bedenken: Welchen Beitrag leiste ich zur Bekämpfung der Klimaerwärmung? Welche Aktivitäten meines Unternehmens schädigen die Umwelt in Form von giftigem Müll, toxische Düngemittel à la Glyphosat oder CO_2-Emission? Jeder kennt die Diskussion um die Abschmelzung der Polarkappen oder die Erwärmung des Klimas um zwei bis drei Grad in den nächsten Jahren, wenn nichts dagegen unternommen wird. Das Problem zu negieren und die wissenschaftlich eindeutigen Forschungsergebnisse anzuzweifeln oder gar ins Lächerliche zu ziehen, führt dagegen nicht weiter. Jeder Verantwortliche, jede Verantwortliche in den Unternehmen aber auch in der Politik ist aufgerufen, das Thema mit aller Macht anzugehen und Gegenmaßnahmen zu beschließen und umzusetzen. Gleiches gilt für Techniken wie das *Fracking*, die genau zu hinterfragen sind oder die Eindämmung der Rodung von Regenwäldern und die Überfischung der Weltmeere. Alle diese Umweltthemen stellen Fixgrößen dar, die in der Ausgestaltung des ökonomischen Systems, der Unternehmensstrategie und dem individuellen Handeln der Führungskräfte eine sehr große Rolle spielen muss und in die ökonomische Kalkulation mit einfließen muss.

Ohne die Einhaltung ethischer Regeln in der Ökonomie verkommt jede wirtschaftliche Aktivität zur moralischen Beliebigkeit und einem Fiasko. Dies wäre die Bankrotterklärung an jegliche Menschlichkeit und an die Gebote der Fairness und Ehrlichkeit. Der Gegenpol von moralisch einwandfreier Wirtschaft, die dem Gemeinwohl dient und frei nach Ludwig Ehrhard „Wohlstand für alle" schafft, wäre nicht die unmoralische, ethisch beliebige Wirtschaft, sondern schlicht das Chaos, *das Nichts*: die Abwesenheit von Moral und Regeln des menschgerechten Zusammenlebens. Eine Wirtschaft muss zwingend eine Wirtschaft sein, die an Werte gebunden ist und Werte schafft. Das Gegenteil wäre der Abgrund in das Nichts. Ein *U-topos*, ein Nicht-Ort, der bezüglich der Moral nur „gähnende Leere" aufweisen würde. Dieses Nichts, diese moralische Beliebigkeit gilt es zu bekämpfen mit klaren Regeln, Normen und Geboten und Verboten. Die Wirtschaft ist schließlich für den Menschen da und nicht umgekehrt, die Menschen für die Wirtschaft!

Ich möchte in diesem Buch aufzeigen, wie dringend notwendig moral-ethische Diskussionen gerade jetzt in der modernen Ökonomie sind. Dass dieser gesellschaftliche Diskurs dringend vonnöten ist, sollte in den einleitenden Bemerkungen offensichtlich geworden sein. Dabei möchte ich dieses Buch *in zwei gedankliche Hauptteile gliedern*: Im ersten Teil möchte ich die theoretischen Grundlagen für die Diskussion wirtschaftsethischer Fragen legen, indem ich wesentliche Konzepte der Ethik und das Verhältnis von Ethik und Ökonomie näher erläutere. Der zweite Teil beschäftigt sich mit den wesentlichen Problemfeldern der Wirtschaftsethik und skizziert Lösungsansätze wie sie heute zum Teil schon ersichtlich sind. Ich beginne die Diskussion nach dieser Einleitung im *zweiten Kapitel* mit einer definitorischen Klärung von Ökonomie und Ethik und versuche, die unterschiedlichen Akzente der beiden „Disziplinen" herauszuarbeiten: Die Rationalität, die Effizienz und Optimierung auf der ökonomischen Seite und die Frage der Moral, der Solidarität, des Menschseins auf der ethischen Seite. Beide Seiten sind nicht so unvereinbar wie gemeinhin angenommen. Allerdings gibt es dort noch viel zu tun, um beide Seiten miteinander in Einklang zu bekommen. Wie die Situation aktuell aussieht, werde ich am Schluss des zweiten Kapitels skizzieren.

Wer die ethische Diskussion von heute verstehen will, kommt zumindest an einer kurzen Geschichte der ethischen Ideen nicht vorbei. Es gab in der Vergangenheit viele herausragende Denker vor allem der Philosophie, deren praktischem Teil die Ethik traditionell angehört, die hier Gehör finden sollen. Daher will ich im *dritten Kapitel* – in gebotener Kürze aber doch ausführlich genug, auf die Kernideen der Ethik eingehen, um ein ethisches Instrumentarium, ein *Vademecum*, für die weiteren Diskussionen zur Verfügung zu haben. Dabei beginnt die Beschreibung der ethischen Ideen bei den Anfängen in der Prähistorie und den altorientalischen Kulturen – die Geschichte der Ethik fängt nicht erst bei den antiken Denkern um Sokrates, Platon und Aristoteles an – geht über die Antike, das Mittelalter und die Neuzeit weiter bis hin zur jüngeren Vergangenheit und Gegenwart. Der letzte Abschnitt des dritten

Kapitels beschäftigt sich mit den aktuellen ethischen Themen und einem kurzen Ausblick in die Zukunft.

Im *vierten Kapitel*, dem ersten Kapitel des zweiten Hauptteils, vertiefe ich die *aktuellen Herausforderungen* der Wirtschaftsethik. Viele Themen wurden in der kurzen Einleitung bereits angeschnitten: Es wird um die zunehmende ökonomische Ungleichheit in der Gesellschaft gehen, den Gewinnern und Verlierern der Globalisierung aber auch um die Vereinbarkeit von Ökologie und Ökonomie. In Zeiten des irreversiblen Klimawandels, der *Klimakrise* (vgl. Heubeck 2020), wird zu diskutieren sein, wie es gelingen kann, die Wirtschaft voranzubringen und gleichzeitig die Umwelt zu schonen, um sie an unsere Kinder und Enkel unbeschadet weiterzugeben. Das kapitalistische Wirtschaftssystem in seinen unterschiedlichen Ausprägungen und Nuancierungen zwischen liberal und sozial wird dabei ebenfalls unter ethischen Gesichtspunkten diskutiert werden wie das dazu passende Menschenbild in der Ökonomie. In der ökonomischen Theorie herrscht immer noch das unrealistische Menschenbild des rationalen *Homo oeconomicus* vor, dem es gilt, ein realistischeres Menschenbild gegenüberzustellen. Den Abschluss des vierten Kapitels bildet ein Kapitel Ethik in Zeiten der Digitalisierung, der Künstlichen Intelligenz und zu Zeiten weltweit drohender Pandemien wie etwa Corona.

Das *fünfte Kapitel* steht ganz im Zeichen *möglicher Antworten* auf die aktuellen Herausforderungen aus Kapitel vier. Im Rahmen individueller Überlegungen steht die Frage, was wir als Bürger in ethischen Fragen der Gesellschaft aber vor allem der Ökonomie beachten müssen. Noch viel anspruchsvoller erscheinen die ethischen Anforderungen an Manager, Unternehmer und Meinungsführer zu sein, die nicht nur ein moralisches Vorbild sein sollten, sondern vor allem als Leitfiguren der Gesellschaft fungieren, wenn man mal an Politiker, Wissenschaftler oder Top Manager von großen Unternehmen denkt. Letztlich muss sich jeder Mensch, der sich in der Öffentlichkeit bewegt seines Vorbildcharakters in ethischen Fragen bewusst sein und entsprechend handeln. Antworten auf ethische Fragen müssen aber auch Unternehmen als solches geben: Sie müssen etwa ethische Arbeitsbedingungen einhalten oder die Ökologie in ihren Überlegungen berücksichtigen. Auch das Wirtschaftssystem als solches muss so ausgestaltet werden, dass jeder Mensch ein *„auskömmliches" Leben* gestalten kann und die Erde für die nächste Generation bewahrt wird. Die Wirtschaft ist für den Menschen da und nicht umgekehrt! Die Ökonomie ist schließlich nicht isoliert von Staat und Gesellschaft zu sehen. Es ist daher nicht nur die Frage zu stellen, welche Rolle jeweils der Wirtschaft und welche dem Staat in der Wirtschaft beigemessen wird, sondern auch welche Zielsetzung die Wirtschaft eines Landes in der Summe erfüllen sollte.

Zusätzlich greift Kapitel fünf gleichzeitig auch die *künftig* immer wichtiger werdenden Themen der Ethik auf, wie die Notwendigkeit einer umfassenden ethisch-moralischen Ausbildung der Meinungsführer, sei sie schulisch, universitär oder sonst wie geartet. Ein solcher verbindlicher ethischer Bildungskanon wird an dieser Stelle gefordert werden. Die *Ökonomie braucht ein neues Narrativ*, eine Erzählung, was sie mit ihren Aktivitäten bezwecken soll, ganz so wie ein Unternehmen sich einem bestimmten, übergeordneten Unternehmensziel widmet. Dies wird ebenso Teil der Schilderungen in diesem Kapitel sein wie die Frage, welchen Spielregeln Unternehmen künftig folgen müssen, aber auch welche ethischen Herausforderungen die Digitalisierung etwa in Form von autonom fahrenden Autos an die Gesellschaft stellen wird. Schließlich werde ich die Frage aufgreifen, ob wir in der ökonomischen Theorie nicht langsam an die *Grenzen des Denkens*, vor allem in ethischer Hinsicht angelangt sind.

Kapitel sechs steht ganz im Zeichen eines konkreten Aktionsplans wie etwa die Frage, was gegen die Bekämpfung von Armut und Ungleichheit getan werden kann, seien es Patenschaften von reich und arm oder Überlegungen wie etwa zu einer „Gemeinwohl-Ökonomie" (vgl. Felber 2010). Es werden in diesem Kapitel unterschiedliche Themen adressiert werden, vor allem wie Diskriminierungen jedweder Art begegnet werden muss oder wie gleiche Bildungschancen sichergestellt werden können. Schließlich werde ich kurz skizzieren, wie eine nachhaltige Ökonomie gefördert werden kann, um schließlich ein „gutes Leben" aller Bürger sicherzustellen.

Den Schlusspunkt des Buches in Kap. 7 bildet die Frage, wie man sich eine *Ethik der Post-Corona-Ökonomie* vorzustellen hat. Wir können einfach weiter so machen wie bisher oder eher einem versorgenden, solidarischeren Modell folgen, das die Ökonomie mit den Gemeinwohl-Interessen der gesamten Bevölkerung vereint. Wenn Sie so wollen, zeigt dieses Schlusswort auf, wohin die ethische Reise der Ökonomie noch gehen könnte. Mit diesem Gedanken möchte ich dann das Werk abschließen. Nachdem Sie nun den Fahrplan unserer gemeinsamen Reise durch die ökonomische Ethik kennen, wollen wir mit dem ersten Kapitel und den definitorischen Grundlagen von Ökonomie und Ethik beginnen.

Literatur

Felber, C. (2010). *Die Gemeinwohl-Ökonomie: Das Wirtschaftsmodell der Zukunft* (9. Aufl.) Wien: Deuticke.
Hammadi, A. (26. Mai 2017). Wohnungsmarkt. Wohnungen 10 Prozent teurer: Warum die Mietpreisbremse versagt. *Focus online.*

https://www.focus.de/immobilien/mieten/wohnungs-markt-wohnungen-10-prozent-teurer-warum-die-mietpreis-bremse-versagt_id_7161051.html. Zugegriffen am 24.08.2020.

Heubeck, N. (24. Juli 2020). Klimakrise 2020. Es läuft miserabel. *T-online*. https://www.t-online.de/nachhaltigkeit/id_88282450/klimakrise-wir-koennen-uns-keine-fehlentscheidungen-mehr-leisten.html. Zugegriffen am 24.08.2020.

Piketty, T. (2020). *Kapital und Ideologie*. München: C.H. Beck.

Piketty, T. (2014). *Das Kapital im 21. Jahrhundert*. München: C.H. Beck.

Schäuble, J. (16. April 2020). Coronavirus in den USA. 22 Millionen Amerikaner melden sich binnen vier Wochen arbeitslos. *Der Tagesspiegel online*. https://www.tagesspiegel.de/wirtschaft/coronavirus-in-den-usa-22-millionen-amerikaner-melden-sich-binnen-vier-wochen-arbeitslos/25747142.html. Zugegriffen am 24.08.2020.

Steiner, C. (07. Dezember 2019). Immer mehr Menschen auf Lebensmittelspenden angewiesen. *BR24 online*. https://www.br.de/nachrichten/deutschland-welt/immer-mehr-menschen-auf-lebensmittelspenden-angewiesen,RjwwVP1. Zugegriffen am 24.08.2020.

2

Ökonomie und Ethik: Wie passt das zusammen?

2.1 Ökonomie zwischen Rationalität, Optimierung und Effizienz

Ist heute von Ökonomie die Rede, kommt jedem Leser, jeder Leserin gleich eine Vielfalt von Begriffen in den Sinn. Ökonomie oder Wirtschaft hat etwas mit dem täglichen Leben zu tun. Ein Leben zwischen Einnahmen auf der einen Seite, etwa der Nettolohn der täglichen Arbeit, andere Arten von Einkommen, die eher den Reicheren unter uns vorbehalten sind, wie Kapital- oder Mieteinkünfte und den Ausgaben. Dies reicht von den täglichen Ausgaben für Lebensmittel, Kleidung oder Dingen des täglichen Bedarfs wie Hygieneartikel, Kosmetik oder auch Handwerksartikel, Schreibbedarf etc. bis hin zu teureren Anschaffungen wie Autos, Urlaubsreisen oder auch Immobilien oder am anderen Ende des Spektrums Luxusartikel wie Kleidung, Accessoires oder sonstige Spielzeuge. Ohne es zu wollen oder auch nur besonders wahrzunehmen sind wir alle Teilnehmer der Wirtschaft in ihrem Spiel von *Angebot und Nachfrage* nach knappen Gütern, sei es als Konsument, als Arbeitnehmer oder sogar als Unternehmer und Arbeitgeber oder kleiner Teil einer Volkswirtschaft.

Ökonomie ist für uns allerdings auch je nach Perspektive verbunden mit Wohlstand, Effizienz der eingesetzten Mittel, Rationalität des Sparens, Kosten-Nutzen Abwägungen oder auch das Prinzip, seinen eigenen *Nutzen zu maximieren* oder als Unternehmer den *Gewinn zu optimieren.* Überhaupt steht die heutige Wirtschaft, vor allem in ihrer Form des Kapitalismus, eher für ein – zugegebenermaßen stereotyp formuliertes – Streben nach immer höher, weiter, schneller, reicher. Dahinter steckt die Logik des permanenten Wachstums bei Nutzung aller möglichen Arten der Effizienz, gebündelt in dem ökonomischen Prinzip: Maximaler Output bei gegebenem Input oder gegebenen Output mit minimalem Input zu erreichen. Rationalität ist gefragt: Nur wer genau rechnen und alles in „was kostet mich"-Kategorie einteilen kann, wird versuchen, die bestmögliche Nutzenbefriedigung bei geringsten Kosten oder bei gegebenen Kosten das Nutzenmaximum für sich herauszuholen, also: die billigstmögliche Reise nach Mallorca, die Superfete zum kleinen Preis, das tollste Produkte zum kleinen Preis nach „Geiz ist geil"-Mentalität. Dass hierbei ein sehr rationales Menschenbild abgerufen wird, das seinen eigenen Nutzen optimiert, alle seine Bedürfnisse kennt und noch dazu einem egoistischen Individuum in einer Ellenbogengesellschaft gleicht, scheint damit klar zu sein.

Dabei hat das mit dem ursprünglichen Gedanken der Ökonomie nur wenig zu tun. Der Begriff der Ökonomie leitet sich aus den altgriechischen Wörtern *oikos,* das Haus oder der Haushalt, und *némein,* d. h. teilen, zuteilen, verteilen ab (zu den altgriechischen Begriffen im Original vgl.

Menge et al. 2000, S. 309 und 301). Vielfach wird der Begriff auch als eine Zusammensetzung von *oikos* und *nomos* d. h. altgriechisch das Gesetz (vgl. Menge et al. 2000, S. 304) gesehen und bedeutet dann so viel wie *Hauswirtschaftslehre*. Streng genommen also das Zuteilen oder Verteilen von Waren in einem Haus oder Haushalt. Gemeint ist damit eine rationale Gestaltung der Wirtschaft eines Haushalts oder einer Gemeinschaft. Das Verdienst, der Ökonomie ihren Namen gegeben zu haben, fällt dem großen griechischen Universalphilosophen Aristoteles zu (vgl. u. a. Dettling 1993).

Allerdings ist strittig, wie in diesem Zusammenhang der griechische Philosoph und Historiker *Xenophon* zu sehen ist, der ein Zeitgenosse Platons war und ein Werk mit dem Titel *oikonomikos* verfasst an. Auch er wird als Namensgeber der Ökonomie angesehen (vgl. Doering 1998). Es scheint in der Wissenschaft Übereinkunft darüber zu bestehen, dass Aristoteles ein Buch über die Ökonomie, *peri oikonomías*, geschrieben hat – überliefert wurde dies von dem antiken Philosophiehistoriker und Doxografen Diogenes Laertius (vgl. Diogenes Laertius 1998, S. 252, Punkt 23), der die antiken Meinungen und Weisheiten seiner Zeit schriftlich festhielt. Die insgesamt drei Bücher der *Oikonomika*, die als vermeintliche Werke des Aristoteles und in der lateinischen Fassung Eingang ins Mittelalter und bis zur Neuzeit fanden, sind aller Wahrscheinlichkeit nach alle nicht von Aristoteles (vgl. Aristoteles 2006, S. 10 f.).

Diogenes Laertius beschreibt in seinem Werk zum *Leben und Meinungen berühmter Philosophen* (vgl. Diogenes Laertius 1998), die uns noch heute eine ergiebige Quelle antiker Weisheiten ist, dass die Ökonomie der praktischen Philosophie angehört. So schreibt er „Dem praktischen (Teil der Philosophie, Anmerkung DP) gehören Ethik und Politik an, von denen die letztere es teils mit dem Staat, teils mit der Hauswirtschaft (*oikonomía*) zu tun hat." (Diogenes Laertius 1998, V, 28, S. 257). Aristoteles hat die Ökonomie allerdings nur als einen Teil des Staates bzw. des staatlichen Zusammenlebens in der *polis* gesehen. Das wirtschaftliche Handeln, die Sorge für die Menschen eines Haushalts oder Staatsverbunds war ihm zwar wichtig. Wesentlich wichtiger waren Aristoteles allerdings die Suche nach dem guten Leben, nach dem Glück (*eúdaimonía*) und der bestmöglichen Gestaltung des Gemeinwesens, der *polis* (vgl. Dettling 1993). Die heutige Dominanz ökonomischen Denkens in Kategorien des Nutzens und Gewinns wären Aristoteles vollkommen fremd gewesen. Er setzte sich zwar im Gegensatz zu seinem Lehrer Platon für das Privateigentum ein und verdammte auch nicht den natürlichen, gemäßigten Reichtum. Das ausschließliche Streben nach Reichtum um des Reichtums willen aber lehnte er als „Bereicherungskunst", *chrematistiké*, kategorisch ab (zu den ökonomischen Ideen von Aristoteles im Einzelnen, vgl. Pietsch 2019, S. 15 ff.).

Während es den antiken Philosophen und Denkern ihrer Zeit also bei der Ökonomie vor allem um *ethische Fragen* im Zusammenhang mit dem Gemeinschaftsleben ging, versuchten die Denker des Mittelalters wie etwa Thomas von Aquin oder auch Martin Luther, die Ökonomie mit den moralisch-ethischen Vorgaben des Christentums zu vereinen (vgl. Pietsch 2019, S. 21 ff.). Thomas von Aquin etwa ging es um ein tugendhaftes Leben, eine gerechte Verteilung der Güter zum Wohlergehen des Gemeinwesens oder einen gerechten Preis, *pretium iustum*, für Waren (vgl. Pietsch 2019, S. 25 und 27). In die gleiche Richtung argumentierte auch Martin Luther (vgl. Pietsch 2019, S. 29). Er ging sogar noch weiter und forderte die Menschen auf, analog der Vorgabe Jesu nicht als einziges Ziel im Leben zu begreifen, nach Gut und Geld zu streben (vgl. Pietsch, S. 29).

Adam Smith, der erste neuzeitliche Ökonom und schottische Moralphilosoph machte sich Gedanken darüber, wie eine Nation insgesamt zu Wohlstand kommen kann (vgl. Smith 2009). Der Philosoph und Gesellschaftstheoretiker Karl Marx prangerte die sozialen Ungerechtigkeiten der Ökonomie seiner Zeit an und warnte vor den Gefahren der Industrialisierung mit der „ausgebeuteten, verelenden Klasse der Arbeiter" im Gegensatz zu den sie dominierenden Inhabern der Produktionsmittel, der Unternehmer, die den von den Arbeitern erwirtschafteten „Mehrwert" in die Tasche steckten (vgl. Marx 2009).

Seit den Zeiten von Aristoteles haben sich viele Generationen den Kopf darüber zerbrochen, wie sich ökonomisches Wachstum erzielen lässt, wie *Wohlstand für alle* (vgl. Erhard 1964) erreicht wird, Wirtschaftskrisen und die Arbeitslosigkeit zu bekämpfen sind (vgl. exemplarisch Keynes 2017) und mit welchen Maßnahmen. Manche sehen je nach ideologischer Ausrichtung in der Wirtschaftskrise – wie etwa zu Zeiten der Corona-Krise – den Staat gefordert, mit umfangreichen Ausgabenprogrammen auf Kreditbasis die Konjunktur anzukurbeln (vgl. Keynes 2017). Andere wiederum folgen angebotsorientierter Wirtschaftspolitik (Friedman und die monetaristische Schule) mit umfangreichen Steuersenkungen, staatlichen Privatisierungen analog der Ära der damaligen britischen Premierministerin Margaret Thatcher und des ehemaligen US-Präsidenten Ronald Reagan in den 1980er-Jahren oder fordern einen stärkeren Rückzug des Staates. Ideologischen Streit gibt es vor allem immer wieder darüber, wer die Kosten einer Wirtschaftskrise zu bezahlen hat, etwa die Reichen oder alle. So stehen die Befürworter höherer Erbschafts- und Einkommenssteuern, die auch eine (Wieder)Einführung der Vermögenssteuer wünschen, den Gegnern dieser Maßnahmen unversöhnlich gegenüber (vgl. exemplarisch Andreae 2016; Habeck und dpa 2019).

Ein Konsens zwischen beiden Parteien lässt sich nur schwer erzielen, da sie jeweils unterschiedliche Bevölkerungsgruppen und Lebensbedingungen repräsentieren: Auf der einen Seite die wirtschaftlich „Abgehängten", die nur geringe oder gar keine Einkommen verzeichnen und kein Vermögen aufbauen können Vertreter; die Leistungsträger und Bessergestellten der Gesellschaft mit ihrem Leistungsgedanken auf der anderen Seite, die aus ihrer subjektiven Sicht zu Recht für ihre überdurchschnittliches Engagement ein höheres Entgelt einfordern. Es „menschelt" überall. Eine *objektive Sicht* auf die Wirtschaft und ihre „gerechte" Verteilung wird man in einer Gesellschaft nie erzielen können.

Die *Theorie der Wirtschaftswissenschaften* hat sich indes von dieser Diskussion, so scheint es, vollkommen entkoppelt (vgl. dazu Pietsch 2020, vor allem Kap. 6, S. 163 ff.). Weder die Frage nach der Gerechtigkeit unter den Wirtschaftssubjekten und der – zumindest subjektiv empfundenen steigenden ökonomischen Ungleichheit in der Bevölkerung – hat in den letzten Jahrzehnten wesentlichen Eingang in die ökonomische Wissenschaft gefunden, noch die Fragen der Vereinbarkeit von Ökonomie und Ökologie (vgl. ebenda, S. 163 ff.). Prominente Ausnahmen wie Thomas Piketty (vgl. Piketty 2014, 2020) und Anthony Atkinson (vgl. Atkinson 2015), Amartya Sen (vgl. Sen 2000) oder im deutschen Sprachraum Marcel Fratzscher (vgl. Fratzscher 2016) scheinen weiterhin eher die Ausnahmen zu sein. Stattdessen dominieren immer noch die Überlegungen des rationalen *Homo oeconomicus*, das heuristische Menschenbild, das am besten zur mathematischen Optimierung und den mathematischen Modellen in der Summe passt. Es werden immer noch zum Teil unrealistische Annahmen getroffen, einfache, „platonische" Modelle (Hans Albert) entworfen, die die soziale Realität bestenfalls bruchstückhaft einfangen, die dann nach allen Regeln der Kunst mathematisch optimiert und empirisch nicht überprüft werden können (vgl. Albert 1959, S. 1 ff.). Das Ergebnis sind mathematische Planspiele und Ergebnisse, die bestenfalls Fachleute interessieren (vgl. Piketty 2014, S. 53).

Die Ökonomie ist aber wie der Namensgeber Aristoteles vorgemacht hat, nur ein Teil des Ganzen: Sie ist umgeben von Menschen, die in einer Gemeinschaft mit anderen Menschen in einem Staat zusammenleben und gemeinsam versuchen, ein so auskömmliches Leben wie möglich zu gestalten. Dabei sind sie nicht nur egoistisch und mit vollkommener Information über ihre Bedürfnisse ausgestattet, sondern agieren rational aber auch irrational je nach Gelegenheit. Die Verhaltensökonomen und Träger des Alfred Nobel Gedächtnispreises für Ökonomie, Daniel Kahneman und Richard Thaler, haben in verhaltensökonomischen Studien herausgefunden (vgl. Pietsch 2019, S. 257 ff.), dass Menschen ökonomisch: unter Verlustangst leiden (vgl. Pietsch 2019, S. 259), sich leicht von Umweltinformationen in ihren Entscheidungen ablenken lassen (vgl. Pietsch 2019, Ankereffekt, S. 261), je nach Fragestellung andere Antworten geben (vgl. Pietsch 2019, Framing, S. 262) oder mentale Vorgänge ökonomisch unterschiedlich Buchen (vgl. Pietsch 2019, mental accounting, S. 263). Überhaupt ist der Mensch gut und böse zugleich:

Er liebt, sorgt sich um andere Menschen, ist altruistisch, spendet Zeit und Geld und ist auch bescheiden. Andererseits ist er leider auch kriminell, hält sich nicht an Regeln, hängt vielleicht Verschwörungstheorien an, diskriminiert und schikaniert seine Mitmenschen etc. Alles dies sind die durchschnittlichen Attribute des Menschen, die nicht mit dem Konstrukt des *Homo oeconomicus* eingefangen werden können.

Ökonomie ist aber nicht nur eine theoretische Wissenschaft, über die sich nachzudenken lohnt. Folgt man den Begriffseingrenzungen im Gabler Wirtschaftslexikon (vgl.

Bendel 2021), dann wird u. a. die Volkswirtschaft, die Betriebswirtschaft, die Hauswirtschaft und die Landwirtschaft und unter den Begriff der Ökonomie zusammengefasst. Sie verfolgen jeweils unterschiedliche Schwerpunkte, sei es ein Land (Volkswirtschaftslehre), ein Unternehmen (Betriebswirtschaftslehre) oder eine Haus- oder Landwirtschaft. Die Ökonomie „besteht daher aus Einrichtungen, Maschinen oder Personen, die Angebot und Nachfrage generieren und regulieren." (Bendel 2021). Dabei verfolgt die Ökonomie das Ziel, den Lebensunterhalt aller an der Ökonomie Beteiligten trotz knapper Ressourcen sicherzustellen (vgl. Bendel 2021). Die Volkswirtschaft, das sind wir alle mit unseren Wertschöpfungen, also dem was wir erarbeiten, erwirtschaften und hervorbringen. Etwas, das wir alle gemeinsam ökonomisch zustande bringen, normalerweise gemessen am Bruttoinlandsprodukt pro Kopf.

Die *Betriebswirtschaftslehre* hat ihre eigenen Regeln und Gesetze: Unternehmen wollen profitabel wachsen und verfolgen das Ziel der Gewinnmaximierung. Manager versuchen, mit klaren Ideen und Visionen ihre Unternehmen zu mehr Wachstum zu verhelfen und verfolgen dies unermüdlich anhand selbst definierter Strategien und Umsetzungsziele. Ein einzigartiges, wettbewerbsfähiges Produkt oder Dienstleistung gilt es zu finden, zu entwickeln und herzustellen und dann idealerweise weltweit an den Mann oder an die Frau zu bringen. Dabei sind der Preis des Produkts und die Kosten so zu gestalten, dass möglichst viel hängenbleibt – Marge oder Deckungsbeitrag genannt – und die für die Erstellung des Produktes notwendigen Ressourcen, also Mitarbeiter, Maschinen, Teile etc. Kosten beglichen werden und ein ansehnlicher Gewinn übrig bleibt. Ein Produkt, guter Gewinn, mehrere Produkte in mehreren Branchen, mehr Gewinn, weltweit statt nur national, noch mehr Gewinn. Dies ist die zugegebenermaßen stark vereinfachte betriebswirtschaftliche *Logik des profitablen Wachstums*. Die Agrarwirtschaft, in den früheren Tagen der ökonomischen Theorie ein häufig untersuchtes Forschungsfeld, etwa bei den Physiokraten (vgl. Pietsch 2019, S. 35 ff., vor allem S. 38), gehorcht *grosso modo* einer ähnlichen Gesetzgebung. Der Gewinn liegt dabei in der bestmöglichen Nutzung der landwirtschaftlichen Bodenfläche und der maximalen Ausbringung der Ernte bei geringstmöglichen Kosten.

Wie wir anhand der ausgewählten Beispiele und Themen gesehen haben, folgt die Ökonomie der *Logik der Rationalität*, der *Optimierung* und der *Effizienz*. Greifen wir aber die Idee der „gezielten Bedürfnisbefriedigung" auf, dann müssen wir uns (noch) stärker an den Bedürfnissen der Menschen heute ausrichten. Auf unserem Planeten leben aktuell etwa 7,7 Milliarden Menschen, die zwar alle unterschiedliche Bedürfnisse haben, doch in einigen wenigen Punkten sicher übereinstimmen: Sie alle wollen auskömmlich leben d. h. nicht hungern, ein Dach über dem Kopf haben, gesund sein, genügend Geld für die nötigsten Dinge des Lebens zu besitzen und vielleicht noch die Zeit, einem Hobby nachgehen zu können. Doch davon sind wir aktuell weiter entfernt als je zuvor. Auch heute noch existieren zahlreiche kriegerische Konflikte, Menschen auf der Welt müssen hungern und/oder leben in einfachsten Verhältnissen zum Teil nicht mit einem schützenden Dach über dem Kopf. In den reicheren Ländern ist der Wohlstand ungleich verteilt und die Ungleichheit steigt weiter an. Der Mensch schont seine Umwelt nicht und wird sich dank des bereits eingesetzten Klimawandels kaum noch an der Natur erfreuen können, geschweige denn in ihr leben. Die Globalisierung produziert nicht nur Gewinner, sondern immer mehr Verlierer und die Digitalisierung könnte nahezu die Hälfte der Jobs weltweit zusammenstreichen. Die Diskriminierungen nach Rasse, Religion und Geschlecht sind nach wie vor an der Tagesordnung (s. *„Black lives matter"* zum Zeitpunkt des Abfassens dieser Zeilen). Es ist Zeit, dass sich die Ökonomie stärker mit diesen ethischen aber auch überlebensnotwendigen Fragen auseinandersetzt. Worum aber geht es bei der Ethik?

2.2   Ethik: es geht um uns Menschen

Der große Philosoph Immanuel Kant hat am Ende seines philosophischen Hauptwerks, die *Kritik der reinen Vernunft (KrV)*, offenbart, auf welche drei wesentlichen Fragen sich sein Interesse an der Vernunft richtet (Kant KrV Ausgabe 1995, S. 652):

> „Alles Interesse meiner Vernunft (das spekulative sowohl, als das praktische) vereinigt sich in folgenden drei Fragen: 1. Was kann ich wissen? 2. Was soll ich tun? 3. Was darf ich hoffen?" Alle drei Fragen hängen unmittelbar miteinander zusammen und beschäftigen sich mit der Frage nach dem Menschen an sich (vgl. Huber 2013, S. 10). Die Ethik beschäftigt sich mit der zweiten Frage „Was soll ich tun?" und ist, wie Kant freimütig einräumt, eine praktische und vor allem moralische Frage (vgl. Kant KrV Ausgabe 1995, S. 653; im Begriff der Moral steckt der lateinische Begriff *mos*, Plural *mores* und bedeutet analog dem altgriechischen Ursprungsbegriff die Sitte(n), der Brauch aber auch der gute Wille, vgl. Menge 1981, S. 339).

Ebenso wie bei der Ökonomie gilt auch hier wieder Aristoteles als Pionier der Ethik, da er sich als einer der Ersten mit der Ethik als eigenständigem Bereich der praktischen Philosophie beschäftigte (s. o. Diogenes Laertius zur Einteilung der Philosophie und Oermann 2015, S. 11). Der Begriff der Ethik stammt aus dem altgriechischen Begriff des *êthos*, was u. a. Charakter, Denkweise und Sitte bedeutet (vgl. Menge et al. 2000, S. 211). In der Ethik geht es vor allem um die „Reflexion und Bewertung der Kriterien für mehr oder minder moralisches Handeln und Verhalten" (Oermann 2015, S. 11). Der Begriff der Ethik geht insofern über die Moral hinaus als es bei Letzterer vor allem um die sittlichen Handlungen selbst geht (vgl. Oermann 2015, S. 11). Der Ethik geht es um die Fragen nach dem „richtigen", sittlichen und moralischen Handeln in einer bestimmten Situation und vor allem darum, *welchem Prinzip dieses Handeln folgt* und welches Ziel es dabei verfolgt. Dies hat auch viel mit dem unterstellten Menschenbild zu tun.

Die Geschichte der Ethik ist lang. Viele berühmte Denker haben sich mit dieser Disziplin befasst (vgl. u. a. Rohls 1999). Wir werden uns vor allem im anschließenden dritten Kapitel mit den historischen Entwicklungen der Gedanken zur Ethik beschäftigen. Hier seien nur einige wenige Meilensteine des ethischen Ideengutes skizziert. Der Weg war weit von der *Lebenserhaltung* als oberste Handlungsmaxime in den primitiven Kulturen der prähistorischen Zeit (vgl. Rohls 1999, S. 11) über das *Streben nach Glückseligkeit* und das Gute in der Antike und das auf das Christentum bezogene Ziel des Lebens im Gottesreich. Ethisches Gedankengut existierte nicht erst in der griechischen und römischen Antike, hier vor allem durch Cicero aus dem griechischen Gedankengut ins Lateinische übertragen, sondern auch in China, Indien und im alten Ägypten. Stichworte hier sind die konfuzianische Ethik in China, der Buddhismus und Hinduismus in Indien oder die Ethik der ägyptischen Ma'at (vgl. Rohls 1999, S. 20 ff.).

Bereits die Vorsokratiker wie etwa die Pythagoreer mit ihrer asketischen Ethik machten sich Gedanken über das richtige Leben, ebenso wie Platon, Aristoteles und die philosophischen Schulen der Stoa und des Epikur. Die

Zeitenwende brachte mit dem Auftreten des Jesus von Nazareth und den Zehn Geboten eine Fokussierung auf das jenseitige Heil und das sittliche Leben *sub specie aeternitatis*, also der Tatsache, dass wir als Menschen sterblich sind und uns der Ewigkeit des Himmelreichs gegenüber zu verantworten haben. In diese Richtung gingen die ethischen Überlegungen so großer christlich-theologischer Denker wie Luther, Melanchthon, Zwingli und Calvin. Bereits Thomas von Aquin versuchte, die aristotelische Ethik mit der christlichen Lehre in Einklang zu bringen. Die Aufklärung versuchte im Rahmen der Vernunftüberlegungen, die Ethik stärker rational und auch unabhängig von Gott zu deuten. Allerdings war der Weg weit von Kant's *deontologischer Ethik*, d. h. der Pflichtethik des Kantschen Imperativs (vgl. Abschn. 3.3) bis zu Nietzsches Überlegungen zu „Gott ist tot". Jüngere Überlegungen zur Ethik beschäftigen sich eher mit den Fragen der Existenz, des Utilitarismus und des Liberalismus. Heute und morgen werden wir uns den Fragen stellen müssen, welche Auswirkungen die stärkere Durchdringung der Lebenswelt der Menschen durch die Maschine haben werden. Die Stichworte sind hier die Künstliche Intelligenz, die Digitalisierung mit ihren konkreten Anwendungsfeldern wie etwa der Robotik und das autonome Fahren.

In der Ethik werden thematisch drei Themen- und Problembereiche unterschieden (vgl. Anzenbacher 1998, S. 14): Die *analytische Ethik* oder auch *Metaethik* genannt, befasst sich mit der Bedeutung moralischer Begriffe und Sätze und analysiert etwa die Logik der moralischen Argumentation. Wie der Name bereits besagt, konzentriert sich die *Fundamentalethik* auf die Fundamente bzw. Grundlagen der Ethik, etwa auf begrifflichen Fragen nach dem Gewissen, der Willensfreiheit oder der Tugenden. Die *Normenethik* oder auch *angewandte (normative) Ethik* genannt schließlich beschäftigt sich mit den moralischen Auswirkungen bestimmter Handlungen und Handlungsbereiche. Dabei steht das *Sein-Sollen* moralischen Handelns im Vordergrund. Hier interessiert uns vor allem der Bereich der *Wirtschaftsethik* d. h. die *ethischen Bedingungen ökonomischen Handelns.* Die Normenethik unterteilt sich noch weiter in die *Individual- und die Sozialethik* (vgl. Anzenbacher 1998, S. 15 ff.; Elisabeth Göbel ergänzt diese Unterteilung durch die deskriptive Ethik d. h. beschreiben, was ist und die Methodenlehre d. h. die Umsetzung von Moral, vgl. Göbel 2020, S. 36 ff.). Wir werden uns in diesem Buch auf beide Bereiche, sowohl die Individual- als auch die Sozialethik konzentrieren, da ökonomische Aktivitäten einerseits individuell zurechenbar sind und auf persönlicher Verantwortung beruhen. Andererseits sind wirtschaftliche Handlungen eingebettet in einen sozialen Rahmen von Institution wie den Staat, die Gesellschaft, rechtliche Rahmenbedingungen etc. Die Sozialethik beurteilt moralische Verhaltensmuster einzelner Gruppen und Institutionen vor dem Hintergrund von Gerechtigkeitskriterien (vgl. Anzenbacher 1998, S. 16).

Ethisches Handeln fängt folglich im Kleinen, d. h. beim einzelnen Individuum, bei uns allen an. Welcher Maßstab liegt meinem Handeln zugrunde? Welcher sollte ihm zugrunde liegen? Gibt es bestimmte Werte und Normen, an denen ich mich ausrichten kann? Beispiele für ethische Imperative finden sich im Alltag genügend: Ich darf niemanden diskriminieren, egal welcher Nationalität, Religion, Hautfarbe, Geschlecht, sexueller Orientierung er oder sie angehört. „Die Würde des Menschen ist unantastbar", so heißt es im Artikel 1, Absatz 1 des Grundgesetzes der Bundesrepublik Deutschland (Grundgesetz, Ausgabe 2007, S. 14). Menschen sind in ihrem Handeln nicht einschätzbar. Mal handeln sie moralisch vorbildlich, dann wieder verwerflich oder auch neutral. Das marktwirtschaftliche System mit seinem inhärenten Streben nach Gewinn- und Nutzenmaximierung führt zu vorbildlichem und moralisch fragwürdigen Verhalten zugleich: Strebt ein Unternehmer oder ein Top Manager nach einem angemessenen Gewinn für sein Unternehmen, so dass er wachsen kann, seine Leute ordentlich bezahlen bzw. am Ertrag beteiligen und sogar noch weitere Mitarbeiter einstellen kann, dann haben beide ein vorbildliches Verhalten gezeigt. Versucht der Unternehmer aber auf Kosten seiner Mitarbeiter, Lieferanten – etwa durch Kinderarbeit und oder Billigstlöhne unter dem Existenzminimum – oder gar zu Lasten der Umwelt seinen Profit um jeden Preis zu maximieren ohne gleichzeitig etwa seine Mitarbeiter zu beteiligen, so werden wir uns schnell einig werden, dass dies ein moralisch verwerfliches Verhalten darstellt.

Jedes ethische Verhalten lässt sich danach klassifizieren, ob es positiv, negativ oder neutral wirkt (vgl. auch Gabriel 2020, S. 43. Er unterscheidet in das Gute, das Böse und das Neutrale, *ne-uter* = lateinisch für keines von beiden). Der Versuch, Gewinn zu erwirtschaften oder einen hohen Nutzen etwa aus dem Kauf eines Produktes zu ziehen ist sicher legitim. Geht dieser Gewinn aber auf Kosten der Allgemeinheit oder schade ich dadurch meiner nächsten Umwelt, dann ist dies nicht zu tolerieren. Ob ich allerdings einen blauen oder roten Pullover kaufe oder der Unternehmer in Produkt A oder B investiert, ist aus moralischer Sicht neutral, es sei denn der Pullover oder die Produkte A oder B sind ethisch vorbelastet, da in Kinderarbeit entstanden oder die Produkte A und B sind in irgendeiner Hinsicht ethisch bedenklich, da etwa umweltschädlich.

Die ethischen Fragen in der Ökonomie sind zahlreich: Es gilt nicht nur, das individuelle Handeln nach ethischen Prinzipien auszurichten – das gilt noch viel mehr für

Meinungsführer wie die Spitzen aus Politik, Wirtschaft und Gesellschaft –, sondern vor allem für die Wirtschaft als solches. Es fängt mit der richtigen *Gestaltung des Wirtschaftssystems* an und hört bei der *Verteilungswirkung* der ökonomischen Aktivitäten vor allem auf die Ärmsten der Bevölkerung auf. Was kann man von einem Wirtschaftssystem halten, das die Ungleichheit der Bevölkerung national in Bezug auf Einkommen und Vermögen weiter ansteigen lässt anstatt sie zu verringern? Was bedeutet die *Globalisierung* für die ärmeren Teile der Welt, die von dem arbeitsteiligen Wohlstand des Handels wenig bis gar nicht profitieren? Muss nicht an der Systemschraube der Wirtschaft etwa in Richtung „*Gemeinwohlökonomie*" (vgl. Felber 2010) ebenso gedreht werden wie an der Abfederung der Ungleichheit für die ärmeren Teile der Weltbevölkerung? Vollkommene Gleichheit wird man nie herstellen können, aber können wir diese Entwicklungen einfach so laufen lassen ohne gemäß unseren ethischen Überzeugungen steuernd ins Lenkrad einzugreifen? Und wie sieht es mit den Folgen der Ökonomie für die Ökologie aus? Müssen wir diese nicht schnellstens im Sinne einer ökologisch-sozialen Marktwirtschaft einhegen? Die in diesem Buch geschilderte Wirtschaftsethik soll helfen, „ethische Kriterien für eine immer überschaubarer werdende Zahl von (ökonomischen, Ergänzung durch den Autor DP) Einzelfällen zu entwickeln." (Oermann 2015, S. 11).

Wir sind alle dazu aufgerufen, als Einzelne, sei es als Privatmann oder -frau, als Führungskraft oder Meinungsführer oder als Gesellschaft *per se*. Gefordert ist unsere Solidarität, unser Mitgefühl mit den anderen Menschen, der Verzicht auf zu viel Egoismus anstelle eines Miteinanders und der permanenten Gier und dem Streben nach immer mehr und immer weiter. Es stellt sich in diesen Zeiten stärker als bisher die Frage nach dem Wohlstand, der bei allen ankommen soll, die Frage der ökonomischen Gerechtigkeit und vor allem dem Menschenbild, dem wir folgen wollen. Ist es der *Homo oeconomicus*, der rationale, vollinformierte Geselle der Wirtschaftstheorie oder eher der mitfühlende Mensch, der ein geselliges Wesen darstellt mit allen seinen auch irrationalen Verhaltensmustern?

Die Zeiten des grenzenlosen Wachstums sind spätestens seit den Zeiten der Corona-Pandemie bis aus weiteres vorbei. Die Zeit ist reif, verstärkt über die *moralischen Grundlagen der Ökonomie* nachzudenken. Nach dem Corona-Neustart haben wir wieder einen günstigen Zeitpunkt, den *kairos*, erreicht, an dem solche Fragen auf fruchtbaren Boden der Weltbevölkerung treffen. Aus welcher Richtung auch immer die Vorschläge dazu kommen, ob von Philosophen (vgl. exemplarisch Gabriel 2020) oder Ökonomen (vgl. Stelter 2020) bzw. Theologen (vgl. Küng 2010) spielt keine Rolle. Es ist unsere Verantwortung, jetzt die drängenden Fragen der Ethik zu stellen! Die Frage allerdings, die wir uns stellen müssen ist die, ob die Prinzipien und Ideen der Ökonomie eigentlich mit den ethischen Prinzipien vereinbar sind oder ob es nicht bestimmte Inkompatibilitäten d. h. Unverträglichkeiten der beiden Disziplinen gibt. Ich möchte diesen Gedanken im Folgenden aufgreifen.

2.3   Ethik und Ökonomie: ein unvereinbares Paar?

Wir haben uns in den vorangegangenen beiden Abschn. 2.1 und 2.2 die Definitionen und die Historie von Ökonomie und Ethik angesehen. Da stehen auf der ökonomischen Seite, die Rationalität, die Maximierung des Gewinns und des individuellen Nutzens mit einem egoistisch handelnden, mit vollkommener Information ausgestatteten Akteur des *Homo oeconomicus* im Vordergrund. Auf der anderen Seite wartet der Mensch mit seiner Würde, seiner Emotion, der Fähigkeit zur Teilnahme am sozialen Leben. Ein Mensch, der nicht immer logisch-rational analytisch, sondern im Gegenteil intuitiv, emotional und auch altruistisch handelt. Die Handlungsethik beschreibt wie wir gesehen haben die idealen, sittlich-moralischen Aktivitäten des Menschen in der Wirtschaft. Alle agieren so, dass niemand zu Schaden kommt, alle ein gutes Leben führen können und ihre Würde behalten. Wie sieht es dazu aber in der Realität aus?

Welchen sittlich-moralischen Standards genügt die Tatsache, dass die Einkommens- und Vermögensschere immer weiter auseinandergeht, sowohl innerhalb eines Landes als auch zwischen den Ländern? Die Corona-Pandemie hat diese Kluft noch weiter verschärft. Wie bewerten wir alle die Tatsache, dass wir als Deutsche vielleicht zufällig das Glück oder die *„Gnade der richtigen Geburt"* haben, in ein reiches Land hineingeboren zu werden und nicht etwa in die Elendsviertel dieser Welt in Afrika oder Südamerika z. B.? Dort hungern die Menschen oder Leben von maximal einem Dollar am Tag. Lässt es sich etwa mit dem Gedanken der Gerechtigkeit vereinbaren, dass es immer mehr Verlierer der Globalisierung gibt, die vermutlich weitestgehend deckungsgleich mit den Verlierern der Digitalisierung sein werden? Was sagte uns denn unsere Umwelt, die abgeholzten Regenwälder, die zum Teil zugemüllten Flüsse und die geschmolzenen Polarkappen mit der Erderwärmung, wenn sie zu uns sprechen könnte? Ganz zu schweigen von internationalen Finanzspekulationen, häufig entkoppelt von der Realwirtschaft. Dabei haben wir noch nicht über individuelle Fehlentwicklungen einzelner Menschen und Manager gesprochen, die sich illegal bereichern oder in der Jagd nach persönlichem Profit sämtliche Grenzen des Anstands überschreiten – und dabei noch nicht einmal ein schlechtes Gewissen haben, einzelne Ausnahmen ausgenommen (vgl. exemplarisch Middelhoff 2019).

Wir sehen, es klafft eine tiefe, schier unüberbrückbare Kluft zwischen den theoretischen und praktischen Grundlagen der Ökonomie und der Ethik in Reinform. In der Wissenschaft wird zwischen einer *dualistischen* und einer *monistischen* Wirtschaftsethik unterschieden (vgl. Lütge und Uhl 2018, S. 9 ff.): Die dualistische Ethik unterstellt, dass beide Seiten, also Ökonomie und Ethik, prinzipiell *unvereinbare Gegensätze* bilden, während die monistische lediglich „zwei Seiten einer Medaille" (Lütge und Uhl 2018, S. 10) postuliert. Persönlich bin ich der Überzeugung, dass derzeit Ökonomie und Ethik in einigen Bereichen, etwa der steigenden Ungleichheit und der nicht ausreichenden Umweltorientierung, nicht miteinander vereinbar sind, aber prinzipiell sich ergänzen können und sollten. Das zumindest mittelfristige Ziel müsste es daher unbedingt sein, beide Perspektiven wieder stärker übereinanderzulegen und eine ethische Ökonomie zu schaffen, die allen Menschen dient! Daher ist gerade jetzt der richtige Zeitpunkt, vor allem nach den zum Teil traumatischen Erfahrungen der Corona-Pandemie, sich über moralische Grundlagen der Ökonomie Gedanken zu machen (vgl. Papst Franziskus 2020, S. 140 f.: Er kritisiert, dass Ethik und Wirtschaft derzeit „voneinander abgekoppelt sind", vgl. Papst Franziskus 2020, S. 140. Ein ungeregelter, autonom agierender Markt habe zu großer Ungleichheit und erheblichen ökologischen Schäden geführt, vgl. Papst Franziskus 2020, S. 141).

Interessanterweise hat sich bereits der erste moderne Ökonom und Moralphilosoph, Adam Smith (zur Biografie und Kernideen vgl. Streminger 2017; Pietsch 2019, S. 39 ff.), darüber Gedanken gemacht, wie Menschen „ticken", vor allem in Bezug auf ökonomische Handlungen. Wenn von Adam Smith die Rede ist, wird immer nur von der sagenhaften „unsichtbaren Hand" gesprochen und dem Egoismus der Menschen bzw. des Unternehmers, der in einer freien Marktwirtschaft den Wohlstand der Menschen erwirtschaftet (vgl. Smith 2009, S. 451). Dabei hat sich Smith in seinem früheren Werk über die *„Theorie der ethischen Gefühle"* (vgl. Smith 2010), im englischen Original für unseren Zweck treffender als *„Theory of moral sentiments"* bezeichnet, mit den moralischen Grundlagen des menschlichen Verhaltens beschäftigt. Sittliches Verhalten sei, so Smith, nicht in erster Linie rational angelegt, sondern sei ein emotionaler Tatbestand des Menschen. Wir Menschen leiden mit anderen Menschen mit – was mit dem altgriechischen Begriff *sym-pathos* = Mit-Leiden gemeint ist – und nehmen Anteil an ihrem Leben, trauern und freuen uns mit ihnen (vgl. Pietsch 2019, S. 44). Der Gegensatz zwischen Ökonomie und Ethik wird vor allem durch das in der Ökonomie vorherrschende Menschenbild des *Homo oeconomicus* verstärkt: Diese mitfühlende, emotionale Eigenschaft des Menschen auch in seinen ökonomischen Verhaltensmustern steht fundamental konträr zu dem rationalen, egoistischen Bild des ökonomischen Menschen, um das Mindeste zu sagen.

Der indische Ökonom und Träger des Alfred Nobel Gedächtnispreises für Wirtschaftswissenschaften, Amartya Sen, hat in seinem Buch „Ökonomie für den Menschen" (vgl. Sen 2000) eindrucksvoll darauf hingewiesen, dass Ökonomie und Ethik keinen Gegensatz darstellen müssen. Konkret tritt er zwar für die Freiheit ein, auch in der Wirtschaft. Diese hätte in den letzten ein- bis zweihundert Jahren einen großen Wohlstand bei gleichzeitiger Demokratie und langer Lebenserwartung der Menschen geschaffen (vgl. Sen 2000, S. 9). Gleichzeitig mahnt er aber auch, die großen ethischen Probleme der Menschheit wie Mangel, Armut und Unterdrückung nicht zu vergessen (vgl. Sen

2000, S. 9). Die Kunst sei, die Freiheit des Einzelnen mit den sozialen Geboten zu verbinden (vgl. Sen 2000, S. 10). Sen setzte sich in der Vergangenheit immer für die Beseitigung der Armut, die Wiederherstellung der Gerechtigkeit, die Selbstbestimmung der Frauen und die Menschenrechte ein und zeigt so in seiner Person, dass ethisches Handeln und Ökonomie miteinander *vereinbar sein können*, es aber derzeit nicht (immer) sind.

Da sind wir an einem weiteren Punkt der zumindest teilweisen Unvereinbarkeit von Ökonomie und Ethik angelangt. Wie kann es sein, dass einerseits die Marktwirtschaft, auch in ihrer sozialen Form wie bei uns in Deutschland, einen *Wettbewerb* befürwortet, in dem der schnellere, bessere, überlegenere den Gewinn erzielt und somit eine gnadenlose Marktselektion erfolgt, frei nach dem Motto „jeder kämpft für sich alleine"? Gleichzeitig aber wird ein moralisch-sittliches Handeln in Form von Mitgefühl mit dem anderen, *Solidarität* und Hilfsbereitschaft von uns Menschen verlangt? Ich möchte das an dieser Stelle nicht falsch verstanden wissen: Die ordoliberalen Vordenker der Sozialen Marktwirtschaft in Deutschland wie Alfred Müller-Armack (vgl. Pietsch 2019, S. 220 ff.) haben den Wettbewerb und die vollkommene Konkurrenz bei gleichzeitigem staatlichen Rahmen deswegen gefördert, weil sie sich so ein Ringen um die besten Ideen und Produkte etc. versprachen. Wir sind damit vor allem in der Nachkriegszeit in Deutschland sehr gut gefahren.

Nicht erst in den Jahren nach der Finanzkrise 2008/2009 sei die *kritische Rückfrage* erlaubt, inwieweit beide Ansätze, der zum Teil gnadenlose Kampf um Marktanteile im Wettbewerb zu anderen Unternehmen mit der ethischen Maxime des solidarischen Miteinanders aller Menschen kompatibel ist? Ich denke ja, wenn dafür Sorge getragen wird, dass die Verlierer des fairen Wettbewerbs nicht ins ökonomische Nichts abgleiten, sondern vom Staat aufgefangen werden und sie alle eine zweite Chance erhalten. Scheitern gehört zum Unternehmertum dazu und darf heutzutage kein ewiges Schandmal sein, das man mit sich herumträgt. Der Münchner Kardinal Reinhard Marx hat in seinem Buch „Das Kapital. Ein Plädoyer für den Menschen" (vgl. Marx 2008) zu recht angemerkt (vgl. Marx 2008, S. 84), dass die Wirtschaft kein Selbstzweck sei und *im Dienst des Menschen* stehen sollte. Wenn das aber so sein soll, dann müsse der Staat, so Kardinal Marx, zwangsweise in die Wirtschaft eingreifen und in den Bereichen den Marktmechanismus regulieren, wo er den Menschen schadet. Der Wettbewerb alleine schaffe dies nicht aus eigener Kraft (vgl. Marx 2008, S. 84). Dieser Eingriff des Staates gelte ganz generell dort, wo die wirtschaftliche Freiheit des Einzelnen missbraucht würde. Dabei ist er ganz auf der Linie von Amartya Sen. Entsprechend bräuchten wir in Deutschland neben einer wehrhaften Demokratie auch eine „wehrhafte Soziale Marktwirtschaft" (Marx 2008, S. 89).

Reinhard Marx spricht hier ein weiteres wichtiges Thema im Verhältnis von Ökonomie und Ethik an: Ist die Ethik der Ökonomie unterzuordnen oder muss es nicht eher umgekehrt so sein, dass der Markt den moralisch-ethischen Ansprüchen der Menschen genügen muss? Konkreter formuliert: Muss der Markt dem Menschen dienen oder die Menschen dem Markt? Welche Methoden sind dabei einzusetzen, die ökonomischen Begriffe, Modelle und Prämissen oder die ethischen (vgl. auch Oermann 2015, S. 17). Dieser Streit wurde über viele Jahre, vor allem in den 1980 er- und 1990er-Jahren, in der Disziplin der Wirtschaftsethik ausgetragen. Exemplarisch sei hier die *ökonomistische Ethik* Karl Homanns versus die *integrative Wirtschaftsethik* Peter Ulrichs genannt (vgl. Oermann 2015, S. 17 und vertiefend exemplarisch Wurzer 2014; vgl. zum Verhältnis zwischen Ökonomie und Ethik allgemein u. a. Göbel 2020, S. 65 ff.). Vereinfacht ausgedrückt plädiert Homann dafür, innerhalb des von der Ökonomie vorgegebenen Rahmens der Optimierungen, der Anreize etc. ethische Anforderungen geltend zu machen (vgl. auch Homann und Lütge 2013, Heidbrink et al. 2019, S. 129). Ulrich dagegen favorisiert eindeutig das Primat der Ethik vor der Ökonomie, eine Ökonomie, die „lebensdienlich" ist (vgl. vor allem Ulrich 2016). Ein blinder Glaube an den globalen Markt als „Überhöhung" des ökonomischen Denkens sei ebenso abzulehnen wie der Gedanke, der Mensch sei für den Markt da. Umgekehrt werde ein Schuh daraus: Das Schaffen von Werten für eine Gesellschaft freier Bürger. Die moralischen Grundlagen des Marktes stehen dabei unter Beobachtung.

Beide Ansätze der Über- oder Unterordnung von Ökonomie und Ethik greifen aus meiner Sicht zu kurz. Weder kann die Ökonomie alleine durch ethische Rahmenbedingungen „flankiert" werden und so einen Rahmen schaffen, noch können die Menschlichkeit und Solidarität und alle weiteren Bedürfnisse des „guten Lebens" alleiniges Bestimmungsmerkmal des wirtschaftlichen Handelns sein. Die Ökonomie gehorcht bestimmten Gesetzmäßigkeiten, die sich in der Vergangenheit bewährt haben: Eine mehr oder minder freie Marktwirtschaft mit freier Preisbildung, freiem aber gegen Missbrauch kontrollierter Wettbewerb, freie Unternehmensgründung, Internationalisierung, staatliche Sozialfürsorge etc. mit dem prinzipiellen Ziel des profitablen Wachstums, wiewohl nicht um jeden Preis. Die Ethik fokussiert den Menschen und seine Bedürfnisbefriedigung von knappen Gütern. Wer aber liefert innovative Produkte und Dienstleistungen, wenn der *per definitionem* unsolidarische Wettbewerb, der nur Gewinner und Verlierer produziert, im Sinne einer menschlichen Solidarität abgeschafft wird?

Welchen Anreiz haben Unternehmen und Unternehmer noch zu investieren, wenn der Gewinn nicht nur den Mitarbeitern, sondern allen Menschen im Sinne der sozialen Fürsorge zur Verfügung stehen soll? Vollkommene Barmherzigkeit, die ethisch geboten ist, verträgt sich nicht mit den harten Bedingungen des Marktes und der freien Konkurrenz. Nur der Wettbewerb und der Anreiz auf den „Pioniergewinn" (Joseph Schumpeter, vgl. Pietsch 2019, S. 155 ff.) treibt den Unternehmer an und schafft den „Wohlstand für alle", den Ludwig Erhard zu recht eingefordert hat. Anstelle einer Über- und Unterordnung steht daher aus meiner Sicht ganz klar die Zielsetzung der *Gleichrangigkeit von Ökonomie und Ethik*. Was das im Einzelnen bedeutet, werden wir in den konkreten Anwendungsfeldern in den Kap. 4 bis 6 vertiefen.

Ein gutes und anschauliches Beispiel dazu, wie eine Gleichrangigkeit zwischen Ökonomie und Ethik aussehen kann, ist eine stärkere *Bindung der Ökonomie an bestimmte Werte*. Wohl wissend, dass jede Wertediskussion schnell subjektiv geführt wird – man denke etwa an die Auseinandersetzung zwischen Anhängern wirtschaftlicher Freiheit, exemplarisch Milton Friedman (vgl. Friedman 2016), und den Verfechtern eines starken Staates, exemplarisch John Maynard Keynes (vgl. Keynes 2017) – kann man sicher einige Werte definieren, auf die wir uns alle einigen können und die die zeitgenössische Ökonomie bestimmen sollten (vgl. dazu Huber 2013, S. 161 ff.; Küng 2010, S. 308 ff.; Heinisch et al. 2019, S. 83 f.). An oberster Stelle stehen sicher die *Menschenwürde*, die *körperliche Unversehrtheit* und die *Achtung vor dem Leben*. Alles was in der Ökonomie passiert sollte sich in erster Linie daran orientieren. Wir werden dies in den Kap. 4 ff. ausführlich diskutieren und konkretisieren.

Darüber hinaus gehören dazu Werte wie *Vertrauen* – ohne das kein Vertrag und keine Kooperation von Unternehmen untereinander stattfindet – und Verlässlichkeit, die Achtung des Anderen, (Verteilungs-)*Gerechtigkeit* und *Solidarität*, aber auch Wahrhaftigkeit und Toleranz, was das *Diskriminierungsverbot* mit einschließt. Ebenso ist das Ziel des Wirtschaftens wertebehaftet. Es macht einen Unterschied, ob ich mir nur die Profitmaximierung zum Ziel nehme oder die Förderung des Gemeinwohls. Last but not least geht es in der Ökonomie vor allem um die Nachhaltigkeit, aus Sicht der jungen Generation um eine „generationengerechte Wirtschaft" (Heinisch et al. 2019, S. 84). Eine solche *wertebasierte Ökonomie* wäre meiner Meinung nach die ideale, *gleichrangige Koexistenz von Ökonomie und Ethik*. Was es bedeutet, wenn die ethische Kontrolle aus dem Ruder läuft, wollen wir uns im folgenden Kapitel ansehen.

2.4   Das Nichts: Irrwege und Abgründe des Wirtschaftens

Um die Frage beantworten zu können, warum eine intensive Diskussion wirtschaftsethischer Themen dringend notwendig ist, müssen wir im Folgenden exemplarisch einige Themen näher beleuchten, die in der heutigen Ökonomie aus moralischer und ethischer Sicht verwerflich sind. Beschäftigen wir uns zunächst mit den Fehlentwicklungen, die mit der die Wirtschaft bestimmenden Ordnung zusammenhängen.

Die Wirtschaftsordnung
Die Marktwirtschaft in ihrer Ausprägung als *Soziale Marktwirtschaft* war in der Geschichte der Bundesrepublik seit 1949 die bestimmende Wirtschaftsordnung (vgl. im Fol-

genden vor allem Pietsch 2019, S. 224 ff.). Vielfach wird die Marktwirtschaft heute mit dem *Kapitalismus per se* gleichgesetzt, was ich für die Zwecke dieses Kapitels *grosso modo* so stehen lassen möchte. Sie beruhte vor allem darauf, dass das freie Spiel der Marktkräfte von Angebot und Nachfrage zugelassen wurde, bei freier Preisgestaltung und freiem Wettbewerb. Das Eigentum an den Produktionsmitteln gehört mehrheitlich privaten Unternehmen und Unternehmern mit Ausnahme der öffentlichen Güter. Die Koordination des Wirtschaftsprozesses an sich erfolgt dezentral über die Preisfunktion. Die Preise senden die Knappheitssignale an den Konsumenten und sorgen so für die richtige Verteilung der Waren und Dienstleistungen an die kaufbereiten und kaufkräftigen Kunden. Sie sorgen somit dafür, dass die Wünsche, Bedürfnisse und Pläne der einzelnen Wirtschaftssubjekte aufeinander abgestimmt werden und regelt sich im Idealfall selbst.

Der Idealtypus der *reinen Marktwirtschaft*, den es so in der Realität nicht gibt, sieht vor, dass die maximal mögliche Freiheit des Einzelnen in einer freien Gesellschaft dadurch existiert, dass das Individuum in seiner wirtschaftlichen Entscheidung vollkommen frei ist. Es kann auf Basis seiner Wünsche und Bedürfnisse und seines individuellen Budgets frei definieren, welche Produkte und Dienstleistungen es erwirbt, welche Verträge es abschließt oder wie es sich etwa am Arbeitsmarkt einbringen möchte, um die individuelle Existenz abzusichern. Selbst liberale ökonomische Denker wie etwa Milton Friedman (vgl. zu seinem liberalen Wirtschaftsprogramm Friedman 2016) sehen allerdings einen Mindestanteil an staatlichen Aktivitäten, die die marktwirtschaftliche Ordnung absichern müssen (vgl. Friedman 2016, S. 46 ff.). So definiert der Staat als „Spielleiter und Schiedsrichter" (Friedman 2016, S. 49) die Regeln des Spiels, sorgt also für die Gesetze bspw. für Ruhe und Ordnung und sanktioniert ökonomisches Fehlverhalten in Form von monetären oder nicht-monetären Strafen. Daher sind hoheitliche Aufgaben wie Polizei, Militär, Grenzschutz etc. vom Staat bereitzustellen. Alles andere würde in eine anarchische Situation der vollkommenen Regellosigkeit und Willkür führen. Der Staat muss die Eigentumsrechte sichern und einen freien, ungehinderten Wettbewerb auf Basis der findigsten Innovationen und der besten Leistung zulassen, damit der Unternehmer seinen leistungsgerechten Lohn auch erzielen kann und gleichzeitig die Konsumenten die Wahl aus verschiedenen Produktalternativen haben. Frei nach dem Motto „Konkurrenz belebt das Geschäft".

Monopole sind entsprechend bereits in der Entstehung zu verhindern bzw. zu beseitigen. Ausnahmen bilden hier sogenannte öffentliche Güter wie etwa die Infrastruktur von öffentlicher Nahverkehr, Straßen, Parks und öffentliche Anlagen, Flughäfen, Kultureinrichtungen wie Theater, Oper etc. Weitere Ausnahmen sind vor allem das Geldwesen, beginnend mit dem Druck und der Ausgabe von Geldscheinen und die Steuerung des monetären Systems eines Staates *in toto*. In allen anderen Bereichen sehen Verfechter der freien Marktwirtschaft *mutatis mutandis* das freie Spiel der Marktkräfte, sei es im freien Unternehmertum, im (privaten) Schulwesen mit staatlichen Bildungsauftrag oder der freien Berufswahl. Alles ist dem freien Spiel von Angebot und Nachfrage und dem im Wettbewerb um die beste Marktlösung untergeordnet. Das ethische Grundprinzip der Einkommensverteilung müsste dann gemäß Friedman lauten: „Jedem dasjenige, was er und die in seinem Besitz befindlichen Mittel erwirtschaften." (Friedman 2016, S. 193).

Nach dem Zweiten Weltkrieg wurde, aufgrund der Erfahrungen mit der staatlichen Wirtschaftslenkung während der Zeit der Nationalsozialisten, ein neues Wirtschaftsmodell entwickelt. Erfinder dieser Wirtschaftsordnung war der Kölner Ökonom Alfred Müller-Armack (vgl. Müller-Armack 1990), der diese Wirtschaftsordnung unter Federführung des damaligen Wirtschaftsministers Ludwig Erhard in die realpolitische Praxis umgesetzt hat. Die nennt sich bis heute die *Soziale Marktwirtschaft* und hatte zum Ziel, die (freie) Marktwirtschaft mit Hilfe sozialstaatlicher Elemente einzubetten, um so die negativen Auswirkungen einer ungebremsten Marktwirtschaft zu verhindern (vgl. Müller-Armack 1990, S. 103 ff.). Als Kern der Sozialen Marktwirtschaft sollte gemäß Müller-Armack der freie Wettbewerb aufrecht erhalten bleiben, ebenso müsse der Geldwert stabil gehalten aber auch die Zinsbildung zur Sicherung einer Wettbewerbsstruktur vor allem auf den Gütermärkten reguliert werden (vgl. Müller-Armack 1990, S. 112). Bei Müller-Armack finden sich Passagen zum staatlichen Mindestlohn (vgl. Müller-Armack 1990, S. 119), progressive Einkommensteuer d. h. der Steuersatz steigt mit der Einkommenshöhe bei gleichzeitiger Gewährung von Kinderbeihilfen, Miet- und Wohnbauzuschüssen. Selbst vor einer „bewussten Beeinflussung der Betriebsformen" (vgl. Müller-Armack 1990, S. 135) zugunsten von kleineren und mittleren Unternehmen schreckte Müller-Armack nicht zurück. Er favorisierte proaktive Währungskorrekturen in Form von Auf- und Abwertungen zur Beeinflussung der Handelsströme und eine staatliche Konjunkturpolitik (vgl. Müller-Armack 1990, S. 153). Oberstes Ziel für Müller-Armack war es: „Wir verschreiben uns damit nicht einer fühllosen Organisationsform, sondern können gewiss sein, auf dem Wege dahin unseren sozialen und ethischen Überzeugungen folgen zu können." (Müller-Armack 1990, S. 157).

Trotz dieser sozialen Einbettung der Marktwirtschaft erleben wir heute, im Jahr 2020, eine Reihe von Phänomenen in der Wirtschaft, die mit dieser ethischen und sozialen

Ausrichtung nichts mehr zu tun haben. Einige Beispiele sollen dies erläutern, ohne diese näher auszuführen (vgl. dazu Kap. 4). So erleben wir die *Ausschaltung des freien Wettbewerbs* bei Anbietern wie Amazon, Google und Co. Wir werden täglich, vor allem zu Zeiten der Corona-Pandemie, Zeuge, wie systemrelevante Berufe wie etwa die der Krankenschwestern, Pflegerinnen und Pfleger, Kindergärtnerinnen, Kuriere und Logistikmitarbeiterinnen und -mitarbeiter täglich lebensnotwendige Leistungen für die Wirtschaft aber vor allem für die Gesellschaft erbringen, gleichzeitig von ihrem Einkommen kaum über die Runden kommen. In den USA werden diese Menschen *„working poor"* genannt, arm, wiewohl sie hart arbeiten. Mieten haben sich vor allem in den Großstädten und Metropolen in schwindelige Höhen entwickelt und sind für den Normalbürger zum Teil unerschwinglich geworden – vom Kauf einer Immobilie und der damit verbundenen Altersabsicherung einmal abgesehen.

Die Einkommens- und Vermögensschere hat sich in den letzten Jahrzehnten weiter auseinanderentwickelt, die Ungleichheit ist gestiegen. Dies ist auch leicht einzusehen, wenn man sich nur die Entwicklung am Immobilienmarkt vor Augen führt: Die Immobilienbesitzer sind „im Sitzen" reicher geworden, da vor allem in einzelnen Metropolen wie etwa München die Kaufpreise für Eigentumswohnungen sich innerhalb von zehn Jahren nahezu *verdreifacht* haben (vgl. BR24 Faktenfuchs 2020). Gleichzeitig laufen die Mietpreise davon und immer mehr Menschen können sich die Mieten an den bevorzugten Metropolstandorten nicht mehr leisten.

Unsere Wirtschaft ist auch nicht nachhaltig genug. Schon lange wird eine *ökologisch-soziale Marktwirtschaft* gefordert (vgl. Kohl 2020, S. 87 ff.). Die Polarkappen schmelzen, Permafrostböden schmelzen, der Regenwald wird abgeholzt, das Vermüllen der Weltmeere mit Plastik droht, sukzessive alle Fischarten drastisch zu dezimieren. Millionen Arten von Tieren sind bereits ausgestorben, weitere werden folgen. Der Klimawandel und die Erhöhung der durchschnittlichen Temperatur auf Erden sind heute schon irreversibel und werden, so nichts dagegen unternommen wird, die Erde sukzessive zu einem riesigen Wüstengebiet verwandeln auf wir Menschen nicht mehr leben können. Was fehlt ist ein globaler Masterplan für eine solche nachhaltige Ökonomie (vgl. Heinisch et al. 2019, S. 57). Jeder von uns kennt die zahlreichen Probleme, die uns durch die Übernutzung unserer Ökologie drohen zur Genüge. Ich brauche hier nicht weiter die ethischen Herausforderungen der Ökonomie durch die Umwelt aufzuzählen, zumal ich an späterer Stelle des Buches noch einmal darauf zurückkommen werde (vgl. Kap. 4). Dabei gibt es bereits viele kluge Ideen zur Vermeidung eines ökologischen Kollapses (vgl. exemplarisch Heinisch et al. 2019, S. 59 ff.; Pietsch 2020, S. 260 ff.). Die Wirtschaftsethik ist u. a. gefordert, Vorgaben zu entwickeln, wie eine nachhaltige Wirtschaftsordnung entwickelt werden kann, die gleichzeitig das Gemeinwohl der Bürger stärker in den Vordergrund rückt, mehr Solidarität anstelle einer gnadenlosen Ellenbogengesellschaft walten lässt. Ich werde darauf zurückkommen.

Die Globalisierung

Die Globalisierung hat in der Vergangenheit unbestreitbar eine Reihe von Erfolgen zu verzeichnen (vgl. etwa Pietsch 2017, S. 64 ff.): So wurden etwa die Transport- und Kommunikationskosten dramatisch gesenkt hat, der Warenexport zwischen 1960 und 2008, gemessen in konstanten Preisen, nahm um den Faktor 15 zu. Waren sind immer mehr global erhältlich, die Warenvielfalt und der globale Wettbewerb der Unternehmen erhöht die Produktauswahl aus Sicht der Konsumenten bei niedrigeren Preisen. Die Wohlfahrt durch die Globalisierung lässt sich daran ablesen, dass die Anzahl der Menschen, die von nur 1,25 Dollar am Tag leben müssen, sich von 1981 bis 2005 um mehr als 27 Prozent, das sind über 500 Millionen Menschen verringert hat (vgl. Pietsch 2017, S. 67). Allerdings war dieser Rückgang weltweit unterschiedlich verteilt. In Indien und Subsahara haben sich die prekären Verhältnisse eher noch verschärft. Zwischen den Staaten hat sich der Wohlstand ebenfalls auseinanderentwickelt, etwa die EU verglichen mit Afrika. Profitiert haben vor allem die gut ausgebildeten jungen Leute, die in den Metropolen leben und aus den gehobenen Schichten kommen und gut bezahlte internationale Jobs ergattern konnten. Auf der Strecke blieben vornehmlich die älteren, schlecht ausgebildeten Arbeitnehmerinnen und Arbeitnehmer in ländlichen Regionen und lokalen Jobs, die je nach Industrie der globalen Konkurrenz zum Opfer fielen. Diese Entwicklungen können den Wirtschaftsethiker ebenfalls nicht kalt lassen und sind Anlass genug, sich darüber Gedanken zu machen, wie diese Verhältnisse nicht nur zu bewerten, sondern auch zu ändern sind.

Die Unternehmen

Die Zeiten der Kinderarbeit sind Gott sei Dank lange vorbei, zumindest hier in Deutschland. Das Kinderschutzgesetz verhindert den Einsatz von Kindern z. B. in der Produktion. Arbeits- und Einsatzzeiten sind klar geregelt. Dennoch verleitet der zum Teil sehr intensive Wettbewerb manche Unternehmen dazu, auch vor Betrügereien nicht zurückzuschrecken. Die Cum-Ex Geschäfte sind uns allen noch gegenwärtig, ähnlich wie der Dieselskandal bei VW oder in den 1980er-Jahren der Umwelt-Skandal bei dem Unternehmen Sandoz. Das permanente Gebot der Kosteneinsparungen führen dazu, dass Unternehmen zwar legal aber ethisch fragwürdig vielfach Gewinne in Steueroasen verschieben wie etwa Apple in Irland. Investmentbanker unterstützen schon lange nicht mehr die Realwirtschaft, sondern setzen auf fallende Kurse – zu Zeiten der Corona-Pandemie – und spielen wie in einem globalen Casino. Mit dem Unterschied, dass am Ende sie auf jeden Fall reicher geworden sind und viele Menschen ärmer. Die Liste potenzieller Verfehlungen bei Unternehmen ist lang und reicht von der Korruption (FIFA), Steuerhinterziehung (Panama Papers), dem Beitrag zur Klimaerwärmung (CO_2-Emissionshandel) und Umweltschädigung (Giftmüllexporte, Fracking, Rodung von Regenwäldern, Überfischung der Weltmeere, toxische Düngemittel (Glyphosat) und Schädlingsbekämpfung), über die Begrenzung des Zugangs zum Markt von Arzneimitteln, bis hin zu nichtartgerechten Tierhaltung, Lebensmittelskandale, Produktpiraterie, Schmuggel, Waffenhandel und Vieles mehr. Die Liste ist lang. Grund genug, sich auch intensiv Gedanken zu einer Unternehmensethik zu machen.

Der Einzelne als Meinungsführer und Privatperson

Meinungsführer wie etwa Politiker, Unternehmer und Top Manager, Personen des öffentlichen Lebens müssen sich ebenso wie Privatpersonen an ihrem Handeln messen lassen. Nur dass den Meinungsführern, vor allem wenn sie medial präsent sind, eine Vorbildfunktion zukommt. Das Einkommen der Manager muss sich an ihrem Beitrag zum Unternehmen messen lassen und in vernünftiger Relation zu dem Gehalt der einfachen Mitarbeiter stehen. Boni sollten nicht gezahlt werden, wenn ein Unternehmen Verluste einfährt. Korruption und Bestechung sind selbstverständlich tabu, wiewohl es in den Unternehmen immer noch vereinzelte Fälle gibt. Dies muss genauso konsequent bekämpft werden wie Diskriminierungen am Arbeitsplatz. Da gilt sowohl für die Diskriminierung aufgrund der Religion, Geschlecht, Nation, Hautfarbe, Kultur, sexueller Orientierung, Alter etc. Generell ist ein ethischer Umgang mit allen Mitarbeitern dringend geboten. Mobbing ist allerdings immer noch an der Tagesordnung. Für den Unternehmer gilt das Ideal des *ehrbaren Kaufmanns – und ich würde es ergänzen um die ehrbare Führungskraft –*, der bzw. die seinen Mitarbeitern gegenüber stets ethisch vorbildlich entgegentritt und als Vorbild dienen kann. Viele Unternehmen haben sich bereits eine solche interne Charta gegeben.

Neueste Entwicklungen im Rahmen der Digitalisierung und KI

Schließlich werden wir uns auch die ethischen Herausforderungen der Digitalisierung und der Künstlichen Intelligenz (KI) ansehen müssen. Allerorts bekannt ist das berühmte Beispiel, wohin das autonome Fahrzeug steuern muss, wenn es nicht mehr ausweichen kann und nur die Auswahl hat, ob es ein junges Mädchen oder einen älteren Mann überfährt. Welches ist die ethisch richtige Entscheidung? Gibt es die in diesem Zusammenhang überhaupt? – Ja, es darf keinen Unterschied machen, die Würde aller Menschen ist gleich. Aber dazu später. – Oder nehmen Sie die („Triage")-Entscheidung der behandelnden Ärzte während der Corona-Pandemie im Krankenhaus von Bergamo:

Wessen Beatmungsgerät wird abgeschaltet, das des jungen Mannes oder der alten Frau? Es braucht eine Ethik im Umgang mit autonom agierenden Maschinen. Oder denken Sie etwa an den Einsatz von KI im Rahmen der Kreditvergabe oder der Bewerberauswahl im Unternehmen. Wer stellt sicher, dass das System nicht auf Basis der historischen Daten und der statistischen Analyse bestimmte Bewerber, etwa die weiblichen oder die mit dem ausländisch klingenden Namen, diskriminiert? Es lassen sich sicher noch mehr Themen und Situationen definieren, die nur im Rahmen von ethischen Diskussionen und Handlungsmaximen zu lösen sind. Wie aber kommen wir zu ethischen Handlungsmaximen? Welchen Prinzipien muss die Ethik folgen, um sich in solchen ökonomischen Grenzsituationen für die richtige Vorgehensweise entscheiden zu können. Wir sollten daher an dieser Stelle mehr über die Theorien und Prinzipien der Ethik wissen. Das folgende dritte Kapitel wird sich daher relativ ausführlich mit der Geschichte der ethischen Ideen beschäftigten, auf deren Basis wir am Ende ein geeignetes Instrumentarium zur Entscheidung zur Verfügung haben.

Literatur

Albert, H. (1959). Der logische Charakter der theoretischen Nationalökonomie. In: *Jahrbücher für Nationalökonomie und Statistik* (171, S. 1 ff.). Stuttgart: Lucius & Lucius.

Andreae, K. (18. Juli 2016). Vermögensteuer ist die falsche Antwort. *FAZ online.* https://www.faz.net/aktuell/wirtschaft/wirtschaftspolitik/vermoegensteuer-hilft-nicht-gegen-chancenungleichheit-14345031.html. Zugegriffen am 24.08.2020.

Anzenbacher, A. (1998). *Christliche Sozialethik: Einführung und Prinzipien.* Paderborn: Ferdinand Schöningh.

Aristoteles. (2006). *77 Tricks zur Steigerung der Staatseinnahmen. Oikonomika II* (Griechisch/Deutsch. Hrsg. von Brodersen, K.). Stuttgart: Reclam jun.

Atkinson, A. B. (2015). *Inequality – What can be done?* Cambridge: Harvard University Press.

Bendel, O. (2021). *Wirtschaft.* Gabler Wirtschaftslexikon. https://wirtschaftslexikon.gabler.de/definition/wirtschaft-54080. Zugegriffen am 21.01.2021.

BR24/Faktenfuchs. (30. Januar 2020). #Faktenfuchs: Gibt es in München eine Immobilienblase? *BR24 online.* https://www.br.de/nachrichten/bayern/faktenfuchs-gibt-es-in-muenchen-eine-immobilienblase,RoUyZZb. Zugegriffen am 24.08.2020.

Dettling, W. (11. Juni 1993). Wie modern ist die Antike? *Die Zeit online.* https://www.zeit.de/1993/24/wie-modern-ist-die-antike. Zugegriffen am 07.06.2020.

Diogenes Laertius. (1998). *Leben und Meinungen berühmter Philosophen.* Hamburg: Felix Meiner.

Doering, D. (10. August 1998). Ein Ur-Vater der Ökonomie. Xenophons Buch vom Hauswesen in der Klassiker-Reihe. *Frankfurter Allgemeine Zeitung online.* https://www.faz.net/aktuell/feuilleton/wirtschaft/rezension-sachbuch-ein-urvater-der-oekonomie-11319384.html. Zugegriffen am 07.06.2020.

Erhard, L. (1964). *Wohlstand für alle, 8. Aufl., bearbeitet von Wolfram Langer.* https://www.ludwig-erhard.de/wp-content/uploads/wohlstand_fuer_alle1.pdf. Zugegriffen am 07.06.2020.

Felber, C. (2010). *Die Gemeinwohl-Ökonomie: Das Wirtschaftsmodell der Zukunft* (9. Aufl.). Wien: Deuticke.

Fratzscher, M. (2016). *Verteilungskampf. Warum Deutschland immer ungleicher wird.* München: Hanser.

Friedman, M. (2016). *Kapitalismus und Freiheit* (Mit einem Geleitwort von Horst Siebert, 11. Aufl). München: Piper.

Gabriel, M. (2020). *Moralischer Fortschritt in dunklen Zeiten. Universale Werte für das 21. Jahrhundert.* Berlin: Ullstein.

Göbel, E. (2020). *Unternehmensethik. Grundlagen und praktische Umsetzung* (6., überarb. Aufl.). München: UVK.

Grundgesetz. (2007). *Grundgesetz für die Bundesrepublik Deutschland. (Hrsg.) Deutscher Bundestag* (Textausgabe Januar 2007). Ulm: Ebner & Spiegel.

Habeck, R., & dpa. (26. August 2019). Grünen-Spitze für Vermögensteuer. „Höhere Vermögen müssen einen größeren Beitrag zum Steueraufkommen leisten". *Der Tagesspiegel online.* https://www.tagesspiegel.de/politik/gruenen-spitze-fuer-vermoegensteuer-hoehere-vermoegen-muessen-einen-groesseren-beitrag-zum-steueraufkommen-leisten/24942698.html. Zugegriffen am 24.08.2020.

Heidbrink, L., Lorch, A., & Rauen, V. (2019). *Wirtschaftsphilosophie zur Einführung*. Hamburg: Junius.

Heinisch, F. et al. (2019). *Ihr habt keinen Plan. Darum machen wir einen. 10 Bedingungen für die Rettung unserer Zukunft* (Der Jugendrat der Generationen Stiftung, herausgegeben von Claudia Langer und einem Vorwort von Harald Lesch). München: Blessing.

Homann, K., & Lütge, C. (2013). *Einführung in die Wirtschaftsethik*. Wien: LIT.

Huber, W. (2013). *Ethik. Die Grundfragen unseres Lebens. Von der Geburt bis zum Tod*. München: C.H. Beck.

Kant, I. (1995). *Kritik der reinen Vernunft* (Immanuel Kant, Werke in sechs Bänden, Bd. 2). Köln: Könemann.

Keynes, J. M. (2017). *Allgemeine Theorie der Beschäftigung, des Zinses und des Geldes* (Neuübersetzung von Nicola Liebert). Berlin: Duncker & Humblot.

Kohl, W. (2020). *Welche Zukunft wollen wir? Mein Plädoyer für eine Politik von morgen*. Freiburg: Herder.

Küng, H. (2010). *Anständig wirtschaften. Warum Ökonomie Moral braucht*. München: Piper.

Lütge, C., & Uhl, M. (2018). *Wirtschaftsethik*. München: Franz Vahlen.

Marx, R. (2008). *Das Kapital. Ein Plädoyer für den Menschen*. München: Pattloch.

Marx, K. (2009). *Das Kapital. Kritik der politischen Ökonomie* (Ungekürzte Ausgabe nach der zweiten Auflage von 1872). Köln: Anaconda.

Menge, H.(1981). *Langenscheidts Taschenwörterbuch Lateinisch. Lateinisch- Deutsch. Deutsch-Lateinisch* (33. Aufl., bearbeitet von Pertsch, E.). Berlin: Langenscheidt.

Menge, H., Schäfer, K.-H., & Zimmermann, B. (2000). *Langenscheidts Taschenwörterbuch Altgriechisch-Deutsch, Deutsch-Altgriechisch* (10. Aufl.). Berlin/München: Langenscheidt.

Middelhoff, T. (2019). *Schuldig. Vom Scheitern und Wiederaufstehen*. Asslar: Adeo.

Müller-Armack, A. (1990). *Wirtschaftslenkung und Marktwirtschaft. Sonderausgabe*. München: Kastell.

Oermann, N. O. (2015). *Wirtschaftsethik. Vom freien Markt bis zur Share Economy*. München: C.H. Beck.

Papst Franziskus. (2020). *Wage zu träumen! Mit Zuversicht aus der Krise. Im Gespräch mit Austen Ivereigh*. München: Kösel.

Pietsch, D. (2017). *Grenzen des ökonomischen Denkens. Wo bleibt der Mensch in der Ökonomie?* Köln/Lohmar: Eul.

Pietsch, D. (2019). *Eine Reise durch die Ökonomie. Über Wohlstand, Digitalisierung und Gerechtigkeit*. Wiesbaden: Springer.

Pietsch, D. (2020). *Prinzipien moderner Ökonomie. Ökologisch, ethisch, digital*. Wiesbaden: Springer.

Piketty, T. (2014). *Das Kapital im 21. Jahrhundert*. München: C.H. Beck.

Piketty, T. (2020). *Kapital und Ideologie*. München: C.H. Beck.

Rohls, J. (1999). *Geschichte der Ethik* (2. Aufl.). Tübingen: Mohr Siebeck.

Sen, A. (2000). *Ökonomie für den Menschen. Wege zu Gerechtigkeit und Solidarität in der Marktwirtschaft*. München: Hanser.

Smith, A. (2009). *Wohlstand der Nationen* (Nach der Übersetzung von Max Stirner, herausgegeben von Heinrich Schmidt). Köln: Anaconda.

Smith, A. (2010). *Theorie der ethischen Gefühle* (Übersetzt von Walter Eckstein, neu herausgegeben von Horst D. Brandt). Hamburg: Felix Meiner.

Stelter, D. (2020). *Coronomics: Nach dem Corona-Schock: Neustart aus der Krise*. Frankfurt a. M.: Campus.

Streminger, G. (2017). *Adam Smith. Wohlstand und Moral. Eine Biographie*. München: C.H. Beck.

Ulrich, P. (2016). *Integrative Wirtschaftsethik: Grundlagen einer lebensdienlichen Ökonomie*. Bern: Haupt.

Wurzer, M. (2014). *Wirtschaftsethik von ihren Extremen her: Darstellung und Kritik der Ansätze von Karl Homann und Peter Ulrich*. Würzburg: Königshausen und Neumann.

3

Eine kurze Geschichte der Ethik

3.1 Prähistorie und altorientalische Kulturen

Es ist entgegen der landläufigen Meinung nicht so, dass die Geschichte der Ethik mit den antiken Klassikern wie Platon und Aristoteles begonnen hat. Auch in anderen Gegenden der Welt hat man sich schon zu Urzeiten Gedanken zu einem ethischen Leben gemacht. So diente das Handeln der Menschen in der Steinzeit und den prähistorischen Kulturen vor allem dem *Erhalt des Lebens* (vgl. Rohls 1999, S. 10). Das war vom Ziel des guten Lebens zunächst weit entfernt. Zunächst versuchten die Menschen als Jäger und Sammler zu überleben, in späteren Zeiten betrieben sie als Sesshafte die Acker- und Viehzucht. Auch primitive Gesellschaften definierten so etwas wie einen ethischen Kanon, der maßgeblich war für ihr tägliches Zusammenleben. So erklärten etwa Häuptlinge von der polynesischen Insel bestimmte Bäume, Wasserstellen oder auch Handlungen wie das Essen in der Gegenwart eines kirchlichen Hauptes als

© Der/die Autor(en), exklusiv lizenziert durch Springer Fachmedien
Wiesbaden GmbH, ein Teil von Springer Nature 2021
D. Pietsch, *Die Ökonomie und das Nichts*,
https://doi.org/10.1007/978-3-658-33277-8_3

tabu, das polynesische Wort für verboten (vgl. Rohls 1999, S. 11).

Auch in China, Indien und Ägypten, die lange vor der Blütezeit der griechischen Antike eine Hochkultur darstellten, existierten bereits ethische Prinzipien, an denen sich die Bevölkerung ausrichtete. So glaubten die Chinesen im Rahmen ihrer alten Reichsreligion an das *Tao* als das Prinzip der geordneten Welt mit einem männlich-aktiven Prinzip des *yang* und einem weiblich-passiven Prinzip des *yin* (vgl. Rohls 1999, S. 12; von Glasenapp 1996, S. 142 ff.). *Tao* bedeutet Weg, vor allem der Weg der Gestirne am Himmel. Das sittliche Verhalten muss sich in das Weltganze, das Tao, einordnen lassen und mit ihm in Harmonie leben.

Konfuzius (551–479 v. Chr.), so die latinisierte Fassung des chinesischen *K'ung-fu-tse*, der chinesische Lehrer und Weise hat in seinen fünf kanonischen, *wu-ching* (u. a. *I-ging*), und vier klassischen Büchern, szu-shu (darunter *Lun-yü*), eine Sammlung von Gesprächen des Konfuzius mit seinen Schülern, diese Idee der Sittlichkeit weitergeführt (vgl. Glasenapp 1996, S. 174 ff. und Konfuzius, herausgegeben von Schwartz 1994). Er forderte die Erziehung des Menschen zur Sittlichkeit. Sein Ideal war der *gerechte, beherrschte und nachsichtige Weise*, der dem Staat dient und das politische und religiöse Zeremoniell achtet (vgl. Rohls 1999, S. 13). Konfuzius wurde im Staat Lu geborgen, verlor im Alter von drei Jahren seinen Vater und wuchs in ärmlichen Verhältnissen auf (vgl. im Folgenden Jaspers 1997, S. 61 ff.). Mit 19 Jahren gründete er eine Familie, hatte einen Sohn und zwei Töchter und begann als Aufseher der Äcker und Herden einer vornehmen Familie. Mit 32 wurde er Lehrer der Söhne eines Ministers und lehrte sie dort die alten chinesischen Rituale.

Er musste vor der Bedrohung durch Adelsfamilien fliehen und widmete sich im Anschluss etwa 15 Jahre seinen

Studien (vgl. Jaspers 1997, S. 62). Konfuzius bekleidete im Anschluss auch politische Ämter wie etwa Justiz- und Bauminister und wurde sogar Kanzler (vgl. zur Biografie auch Schuman 2016). Er lebte in einer Zeit, in der sich die einzelnen Fürsten kleiner Staaten gegenseitig bekämpften und die staatliche Einheit Chinas bedroht war (vgl. Poller 2005, S. 24). Auf der Suche nach einem Staat, in dem er seine politischen Vorstellungen verwirklichen konnte, begann Konfuzius eine zwölfjährige Wanderzeit. Es war eine der „Hundert Schulen" bzw. „Hundert Meister", die damals in China aktiv waren und die Vielfalt der philosophischen Strömungen repräsentierten (vgl. Habermas 2019, Bd. 1, S. 384). Nach seiner Wanderzeit studierte er das „Buch der Wandlungen", *I Ging*, das älteste Buch Chinas in 64 Hexagrammen, in der beschrieben wird, wie man in einer konkreten Situation handeln soll. Konfuzius starb im Alter von 73 Jahren, nicht ohne seine Überlieferungsschriften und seine umfangreiche Lehrtätigkeit im Schülerkreis dokumentiert zu hinterlassen (vgl. Jaspers 1997, S. 63).

Neben einer globalen ethischen Richtschnur wie die Sittlichkeit forderte er auch konkrete Einstellungen und Verhaltensweisen ein (vgl. Glasenapp 1996, S. 176 ff.): So müsse der Mensch durch seine Erziehung *zur richtigen Erkenntnis* gelangen. Dies gelinge nur, wenn man sich dem Studium der Vergangenheit am Beispiel sittlicher Vorbilder hingebe. Einer patriarchalischen Familienstruktur folgend sollten die Kinder geliebt, die Eltern geehrt werden. Die fünf Werte der *Würde, Weitherzigkeit, Wahrhaftigkeit, Eifer und Güte* (vgl. Glasenapp 1996, S. 177) stehen im Mittelpunkt der Konfuzianischen Ethik. Auch bei Konfuzius existiert ähnlich wie im Buddhismus und dem Christentum eine *„Goldene Regel"* als praktische Richtschnur des Handelns: „Dse-gung fragte: Gibt es ein Wort, das für das ganze Leben als Richtschnur dienen könnte? Der Meister sprach: Wie wäre es mit gegenseitigem Verstehen (im Sinne von gegenseitiger Rücksichtnahme, Anm. DP)? Was Dir selbst unerwünscht ist, füge auch keinem anderen zu" (Lun-yü XV. 23, zitiert nach Konfuzius, Ausgabe Ernst Schwartz (Hrsg.) 1994, S. 108). Bei seinen ethischen Geboten beruft sich Konfuzius allerdings *nicht auf einen Gott* (Glasenapp 1996, S. 179).

Der greise Weisheitslehrer *Lao-tse* (604–530 v. Chr.), ursprünglich Bibliotheksarchivar (zur Biografie vgl. Lao zi 1994; möglicherweise hat Lao-Tse so nicht gelebt, sondern es wurden die mündlich tradierten Lehren schließlich exemplarisch der Person Lao-Tse zugeordnet) von *lao* = chinesisch der Greis und *tse* = Meister, greift den Gedanken des Tao wieder auf und gilt als Begründer des Taoismus. Während es Konfuzius vornehmlich um die Sittlichkeit geht, strebt Lao-tse die traditionelle Tugend in Einklang mit der Weltordnung Tao an. In seinem Werk *Tao-te-ching = Das Buch (ching) vom Weltgesetz (tao) und seinem Wirken*, das er wohl nicht alleine verfasst hat und eher einer Kompilation verschiedener Verfasser im Umfeld *Lao-tse* ist, beschreibt *Lao-tse* seine ethischen Vorstellungen (vgl. Glasenapp 1996, S. 189 ff.). Es gäbe keine größere Schuld für den Menschen als die Billigung der Begierden, kein größeres Übel als sich nicht bescheiden zu können und sich der Gewinnsucht hinzugeben (zitiert nach Glasenapp 1996, S. 191). Aufgabe des Menschen sei daher die Versenkung in das Ewige, die Freiheit von Begierde und das Leben in Demut (ebenda S. 192). Der Weise lebt friedlich und zurückgezogen; er orientiert sich am *tao*, der Harmonie des Weltganzen (zu weiteren Autoren der chinesischen Ethik und exemplarischer Texte, vgl. Höffe 1998, S. 52 ff.).

In *Indien* herrschen zwei religiöse und philosophische Strömungen vor, die die Ethik dieses großen Landes über viele Jahrhunderte bis heute bestimmen: Der *Buddhismus* und der *Hinduismus*. Der Begriff des Buddhismus (vgl. Glasenapp 1996, S. 74 ff.; Poller 2005, S. 28 ff.; Pietsch

2014, S. 277 ff.; Hutter 2010, S. 163 ff.). leitet sich aus dem Sanskrit ab und bedeutet der „Erwachte oder Erleuchtete" zum Sinn der Erkenntnis. Buddha (560–480 v. Chr.), – eigentlich Siddhârta, = der, der sein Ziel erreicht hat –, Gautama, war ein wohlbehüteter, reicher Fürstensohn aus dem Geschlecht der Sakya, der am Fuße des Himalaya lebte. Im Alter von 29 Jahren kam er, ausgelöst durch seine Gänge durch die Gassen der Stadt mit all seiner Armut und dem Elend, zu der Erkenntnis, dass er sich auf die Suche machen müsste nach der Erlösung der Menschen vom Leid dieser Welt. Er verließ über Nacht Frau und Sohn und gab sich sechs Jahre der Askese hin – Hermann Hesse hat *Buddha*, eigentlich *Siddhârta*, in seinem gleichnamigen Roman ein ergreifendes Denkmal gesetzt (zur Biografie vgl. Zotz 1991; Jaspers 1997, S. 33 ff.). Eines Nachts kam ihm unter einem Feigenbaum die Erleuchtung für seine Lehren. Er begann seine Predigt in Benares, sammelte viele Jünger um sich und lehrte mehr als vier Jahrzehnte im östlichen Teil Nordindiens (vgl. Jaspers 1997, S. 35). Seine Anhänger verließen Heimat, Beruf und Familie und schlossen sich ihm in festen Mönchsgemeinschaften an. Nach seinem langen erfüllten Leben starb Buddha mit den Worten: „Vergänglich ist jede Gestaltung; strebt ohne Unterlass." (zitiert nach Jaspers 1997, S. 38).

Die Lehre Buddhas, der selbst keine einzige geschriebene Zeile hinterlassen hat (vgl. Glasenapp 1996, S. 89), lässt sich in dem achtgliedrigen Weg eindrucksvoll zusammenfassen (Hutter 2010, S. 165; Rohls 1999, S. 15): „*rechte Einsicht, rechter Entschluss, rechte Rede, rechte Tat, rechter Wandel, rechtes Streben, rechte Wahrheit, rechte Versenkung.*" Das Ziel des Lebens ist dabei die Erreichung des Nirwana, den Zustand „in dem nichts mehr weht", in dem die ewigen Begierden ausgelöscht sind. Neben den relativ globalen Vorgaben, existieren im Buddhismus auch sehr konkrete ethische Handlungsmaxime. So definieren die fünf Gebote des Buddhismus, die *panca-shila*, das Verbot des Tötens, des Stehlens, der ungerechten Sinneslust außerhalb der Ehe, des Lügens und des Rausches (vgl. Hutter 2010, S. 173). Daraus abgeleitet dürfen Buddhisten keinen Handel etwa mit Waffen oder Gift treiben oder Berufe ausüben, in denen Lebewesen getötet oder gequält werden. Ständige Meditation soll von Affekten wie Begierde, Hass, Faulheit oder Eitelkeit freimachen. Werte wie Geben, *Dana*, Mitleiden, *Karuna*, und Güte, *Maitri*, sind unverzichtbarer Bestandteil des buddhistischen Ethikkodexes (vgl. Pietsch 2014, S. 281). Dies schließt auch das Diskriminierungsverbos aufgrund von Rasse, Nationalität, Religion, Geschlecht, Hautfarbe etc. ein. Ein Leben in Askese, Meditation und Zurückhaltung sind die Mittel auf dem Weg zur Erlösung, dem *Nirwana*. Häufig wird auch das mönchische Ideal propagiert mit der sexuellen Enthaltsamkeit, dem Fasten und der Eigentumslosigkeit (vgl. Rohls 1999, S. 15. Zur buddhistischen Philosophie insgesamt vgl. vor allem Zotz 1996).

Der *Hinduismus* (vgl. Glasenapp 1996, S. 13 ff.; Meisig und Meisig 2010, S. 133 ff.; Pietsch 2014, S. 282 ff.) kennt im Gegensatz zum Buddhismus weder Religionsstifter noch Kirchenorganisation oder geistliches Oberhaupt. Der Begriff *Hindu* leitet sich aus dem Sanskrit *Sindhu* ab und bedeutet schlicht der Fluss Indus. Die Religion, die Philosophie gilt daher für alle Menschen, die an dem Fluss Indus leben. Maßgeblich für die Ethik der Hindus sind die vier Schriften der *Veden*. Da die Hindus glauben, dass das Leben des Menschen und seine Position in der Gesellschaft von seinen Taten, Karma, *im früheren Leben* abhängt, wird nur eine strenge Einhaltung der ethischen Vorgaben in der Gegenwart zu einer Wiedergeburt in einer höheren Kaste führen. So ist es kein Wunder, dass es klare Lebensregeln für den Hindu gibt (vgl. Pietsch 2014, S. 284 f.; Glasenapp 1996, S. 65): Als Kind und Schüler soll sich der Hindu um die vedischen Schriften und die Religion, *Dharma*, bemühen und sie am besten auswendig kennen. Nach Ende des Studiums, *dîkshâ*, soll der Hindu eine Familie gründen, den Wohlstand mehren aber auch im Alter sich der Askese und der Erlösung widmen. Zum Abschluss seines Lebens muss sich der fromme Hindu einem Leben als bettelnden Wandermönch hingeben, *Sannyâsî*, der alle irdischen Besitztümer von sich abgestreift hat. Wenn dies auch in der Realität doch eher selten passiert, ist die *innerweltliche Askese* doch ein ethisches Grundprinzip des Hinduismus.

Konkrete ethische Vorgaben existieren auch im Hinduismus. Neben der täglichen, teilweise minutiösen Regelung des Tagesablaufs mit dem morgendlichen Reinigungsbad, der sakralen Behandlung des Mittagsmahls und der Abendandacht (vgl. Glasenapp 1996, S. 70), gibt es auch klare Vorgaben für das Leben. Das strenge indische Kastensystem, man könnte es salopp gesagt mit einzelnen gesellschaftlichen Schichten in Deutschland vergleichen, gebietet für einzelne Kasten klare Speisevorschriften (kein Fleisch, da auch hier analog dem Buddhismus das Tötungsverbot greift, kein Alkohol) und regelt sowohl die Heirat in der gleichen Kaste, Endogamie, und die Berufswahl. Wie man hier deutlich sehen kann, greift der Hinduismus sehr stark in die ethischen Regeln des Zusammenlebens der indischen Gesellschaft ein. Dies gilt auch heute noch und ist für uns in Zusammenhang mit der Betrachtung wirtschaftsethischer Gesichtspunkte in globaler Hinsicht von fundamentaler Bedeutung (zur Vertiefung in weitere indisch Texte der Ethik vgl. Höffe 1998, S. 45 ff.; zur indischen Philosophie generell und zum Hinduismus im Besonderen vgl. Hiriyanna 1990).

Zum Abschluss dieses Kapitels wollen wird uns noch exemplarisch der Ethik im alten *Ägypten* (vgl. Rohls 1999, S. 19 ff.) zuwenden, wohl wissend, dass auch im Land der Sumerer, in Babylonien oder auch Persien ethische Vorschriften galten. Man denke etwa an den *Codex von Ham-*

murapi, der vor allem eine Sammlung von Rechtssprüchen Babylons enthält (vgl. Rohls 1999, S. 19; ausschnittsweise vgl. Höffe 1998, S. 36 f.) oder den *altpersische Zoroastrismus,* eine Religion mit dem Schöpfergott Ahura Mazda, am deutlichsten vorgetragen von *Zarathustra* (628–551 v. Chr., und unvergesslich porträtiert durch den Philosophen Friedrich Nietzsche, „also sprach Zarathustra"). Israel und die jüdische Ethik werden wir an späterer Stelle (vgl. Abschn. 3.2) im Zuge des Christentums mit seinem *Dekalog* d. h. die *Zehn Gebote,* der beide Religionen als ethisches Prinzip verbindet, behandeln. An der Spitze des alten ägyptischen Staates stand wie wir alle noch aus der Schule wissen, der *Pharao.* Ihm, dem absoluten Monarchen, dem nicht nur weltliche, sondern auch göttliche Macht zugeschrieben wurde, sind zahlreiche Baudenkmäler, die Pyramiden gewidmet. Dies war Teil des königlichen Totenkults.

Die ethischen Lebensregeln des alten ägyptischen Reiches regelt die *Ma'at* (vgl. im Folgenden Assmann 2000, S. 134 ff.). Der Begriff Ma'at umfasst mehrere Bedeutungen und kann am ehesten mit Recht, Gerechtigkeit, Wahrheit und Ordnung beschrieben werden (vgl. ebenda S. 134). Ma'at schreibt jedem Ägypter Regeln für eine verantwortliche Lebensführung vor. In diesem Begriff verschmelzen soziale Normen, ägyptisches Recht und Moral. Gut und Böse ergeben sich gemäß dieser Weisheit ohne göttlichen Rekurs als Gelingen und Scheitern: Gut ist, was gelingt und somit nützlich und förderlich ist. Böse ist das, was misslingt und somit schädlich. Man hat diese Weisheit auch nicht ganz zu Unrecht, wie Assmann meint (vgl. ebenda S. 136), *utilitaristisch* genannt. Denn das Gute ist das Nützliche (von lateinisch *utilis* = nützlich).

„Ma'at ist das Prinzip der Beständigkeit, des Wahren, Rechten und Guten, das sich *auf lange Sicht* (Kursivschrift im Original) als solches erweist. Weisheit besteht darin, diese Ma'at zu erkennen und im eigenen Reden und Handeln zu realisieren." (Assmann 2000, S. 136 ff.). Diese Weisheit prangert das Ellenbogendenken ebenso an wie die Gier. „Dauer ist nur in der Gemeinsamkeit zu finden; ägyptisch: in der Liebe der Anderen." (Assmann 2000, S. 138). Werte wie *Rücksicht, Solidarität, Vertrauen, Kommunikation, Gemeinschaft* spielen eine große Rolle in dieser Ethik. Eine moralische, ethische Lebensführung bringt den Menschen den Göttern nahe. Der Schwache soll vor dem Starken gerettet werden. Konkreter wird die Ma'at durch die Normen beim Totengericht (vgl. Assmann 2000, S. 143). Der Mensch soll nicht töten, nicht stehlen, nicht lügen, Unzucht treiben, keinen Schmerz zufügen, keine Tiere quälen etc. Mit dem Totengericht werden die ethischen Maximen quasi auf eine theologische Basis gestellt (vgl. Assmann 2000, S. 145). Es werden die Tugenden der Selbstbeherrschung, der Hilfsbereitschaft, der Rechtschaffenheit und der Großzügigkeit hochgehalten (vgl. Höffe 1998, S. 30 ff.). Auch die goldene Regel existiert bei den alten Ägyptern: „Tu niemandem etwas Böses an, um nicht heraufzubeschwören, dass ein anderer es dir antue." (zitiert nach Höffe 1998, S. 33).

Welches Zwischenfazit können wird aus der Beschreibung der ethischen Prinzipien in diesem Kapitel bereits ziehen? Über alle Religionen bzw. besprochenen Philosophien greift die *Goldene Regel* des „was Du nicht willst, dass man Dir tu, das füge auch keinem anderen zu". Wir werden später bei Kant darauf zurückkommen. Solidarität und Nächstenliebe werden einem Ellenbogendenken vorgezogen. Wir werden uns diesen Aspekt vor allem bei der Diskussion über die richtige Wirtschaftsordnung noch einmal in Erinnerung rufen müssen. Askese herrscht vor, Luxus und Überkonsum wird abgelehnt. Nicht alles zu haben, ist die Maxime, sondern die Suche nach der Harmonie, nach sich selbst, zum Teil erkauft unter der Besitzlosigkeit. Siddhârta Gautama hat es so vorgelebt. Modern übersetzt könnte man sagen „weniger ist mehr". Handel mit bestimmten Produkten wie Waffen, Gift etc. ist in manchen Religionen bzw. Ethiken der Prähistorie und der Hochkulturen Chinas, Indiens und Ägypten verpönt. In manchen Kulturkreisen werden auch die Produkte gemäß Kastenzugehörigkeit vorgeschrieben. *Werte und einzelne Tugenden* sollten für die Menschen ebenfalls eine überragende Rolle spielen. Sie sind auch für die aktuellen ethischen Überlegungen von großer Bedeutung und müssen nicht nur von Führungspersönlichkeiten und Meinungsführern, sondern auch von jedem Einzelnen in der Gesellschaft und Wirtschaft Beachtung finden. Schließlich müssen wir konstatieren, dass die Geschichte der Ethik, die für unsere Diskussion notwendig ist, nicht erst mit der griechischen Antike beginnt wie so häufig diskutiert und geschrieben wird. Nach dieser interessanten Einsicht in die Gedanken der alten Hochkulturen, wollen wir uns jetzt erst den ethischen Ideen der griechischen Antike und anschließend den moralischen Vorstellungen des Mittelalters zuwenden.

3.2   Antike und Mittelalter: Von den Anfängen in Griechenland bis Thomas von Aquin

Am Anfang der abendländischen Literatur steht der Sänger und Dichter *Homer*, der wohl zwischen der zweiten Hälfte des 8. Jahrhunderts und der ersten Hälfte des 7. Jahrhundert vor Christus lebte und seine unvergänglichen Werke der *Odyssee* und der *Ilias* schrieb (vgl. vertiefend die glänzend geschriebene Einführung des Münchner Gräzisten Martin Hose, Hose 1999, S. 24 ff.). Man weiß sonst nichts schriftlich Dokumentiertes über sein Leben (vgl.

Kytzler et al. 1992, S. 13 ff.). Homer lebte in einer Zeit, in der die Griechen eine erste Hochkultur geschaffen hatten. Im sogenannten „Seevölkersturm" ging die, von der luxuriös und intellektuell anspruchsvoll lebenden adligen Oberschicht geprägte Hochkultur zu Ende. Völkerwanderungen aus Südeuropa zerstörten Paläste und die Infrastruktur dieses Reiches. Erst im achten Jahrhundert kam es zum Wiederaufschwung, zur Renaissance dieser adligen Hochkultur. Der Adel bewahrte sich die Erinnerung an die glanzvolle Vorkatastrophenzeit durch die Förderung des Heldengesangs (vgl. Kytzler et al. 1992, S. 15 ff.). Einer dieser Sänger war Homer.

In beiden Werken geht es Homer vor allem um die Darstellung der *aristokratischen Ethik* seiner Zeit, vor allem der kriegerischen Ehre, der *timé*. Die Ilias, die wenige Tage des Kampfs um Troja schildert, beginnt mit den Worten: „Singe, Göttin, den Zorn des Peleiaden Achilleus ..." (Homer, nach der Ausgabe von Snell 1956, S. 4). Der Zorn bezieht sich auf die verletzte Ehre des Achill, deren Bedeutung in der Adelskultur, der wohl auch Homer angehörte, einen sehr hohen Stellenwert besaß und entsprechend die Handlungen initiierte (vgl. Hose 1999, S. 30 f.). Auch in der Odyssee muss sich der Held Odysseus nach seinen mehrjährigen Irrfahrten und Abenteuern bei seiner Heimkehr in Ithaka den zahlreichen Freiern erwehren, die seine Frau Penelope während seiner Abwesenheit bedrängten. Auch hier steht die Frage der Ehre im Rahmen der *Adelsethik* im Vordergrund der Überlegungen, die bestimmte Handlungsweisen vorschreibt. Homer konnte dieses adlige Umfeld deswegen so gut beschreiben, da man annahm, dass er selbst dieser Schicht entstammte oder ihr zumindest nahestand (vgl. Hose 1999, S. 25; zur Vertiefung von Homer und seiner Welt vgl. Patzek 2002).

Eine andere Art der Ethik vertrat der griechische Schriftsteller *Hesiod*, (vor 700 v. Chr., genaue Daten sind unbekannt) der in seinen überlieferten Werken *Theogonie* d. h. Götterentstehung und *Erga kai hemerai* (Werke und Tage) das Loblied auf den rechtschaffenen, arbeitenden Ackerbauern singt bzw. das Konzept der Weltentstehung erläutert (vgl. Hose 1999, S. 36 ff.; Rohls 1999, S. 34 f.). Hesiod war als Sohn eines Grundbesitzers traditionell als Hirte tätig (vgl. Kytzler et al. 1992, S. 25). Daher kannte er das Landleben und die Tätigkeit als Ackerbauer und Viehhirte sehr gut. Im Gegensatz zu Homer empfiehlt Hesiod in Auseinandersetzung mit seinem Bruder Perses, nicht nach fremdem Besitz zu streben, sondern eigener, ehrlicher Arbeit, idealerweise des Ackerbauers nachzugehen (vgl. Hose 1999, S. 40). Es gelten vor allem die ethischen Maxime von *Recht, Fleiß, Ehrlichkeit, Gastfreundschaft* etc. (vgl. Flashar 2013, S. 68) Er bezieht sich, im Gegensatz zu Homer, nicht auf den Adel, sondern auf den einfachen Menschen.

Auch die griechischen Lyriker wie etwa *Pindar* (etwa 522–446 v. Chr.), geboren und aufgewachsen in Theben, schreiben in ihren Werken vor allem für die männlichen Mitglieder der Adelsklasse, der er selbst gemäß Herkunft entstammte – er wurde zur musischen Unterweisung nach Athen geschickt (vgl. Lesky 1993, S. 226) –, die öffentliche Wettkämpfe und athletische Übungen vorführten, die vor allem der Kriegsvorbereitung dienen. Nur so sei die oberste Tugend, die *areté* (Vortrefflichkeit), zumeist übersetzt mit Tüchtigkeit und Tapferkeit, zu erreichen. Generell, so das Ideal Pindars, möge das geistige und körperliche Streben der Männer in Harmonie zueinander sein (vgl. Rohls 1999, S. 36).

Der antike griechische Tragödiendichter *Sophokles* (etwa 497–406 v. Chr.) beschrieb ebenfalls ein aus seiner Sicht gültiges Wertesystem, um die Zuhörer seines Stückes ethisch zu läutern. Dies ist nicht ganz unwichtig, wissend, dass Sophokles Teil des zehnköpfigen Strategen-Kollegiums war, dessen Kopf der überragende griechische Staatsmann Perikles war (vgl. Lesky 1993, S. 312). So widersetze sich die Heldin *Antigone* in der gleichnamigen Tragödie dem positiven Gesetz des Herrschers Kreon, ihren toten Bruder nicht zu bestatten und folgte lieber dem göttlichen Gesetz der *Dike*, der Göttin der Gerechtigkeit (vgl. Sophokles Antigone, Verse 446–470, Ausgabe 1980). Sie stellte so das religiös-ethische Gesetz und Wertesystem, dem auch Sophokles nahestand, über das staatliche und bestattete ihren Bruder.

Weitere griechische Schriftsteller und Historiker wie *Herodot* (etwa 490–430 v. Chr.) und *Thukydides* (etwa 454–399 v. Chr.) schrieben ebenfalls ethische Passagen, etwa über die Zerbrechlichkeit des Glücks oder die Sittenverderbnis im Bürgerkrieg (vgl. Höffe 1998, S. 74 ff.; für eine exzellente Übersicht über die griechische Literatur vgl. Lesky 1993). Auch der *Eid des Hippokrates von Kos* (460–370 v. Chr.), der wohl berühmteste Arzt der Antike, verpflichtet den Arzt, sich zum Nutzen des Kranken einzusetzen und Schaden und Unrecht von ihm abzuwehren (vgl. Höffe 1998, S. 78).

Die *vorsokratischen Philosophen* (vgl. vor allem Kirk et al. 1994; Hirschberger 1980, Bd. 1, S. 14 ff.; Russell 1999, S. 25 ff.) – so nennt man alle griechischen Philosophen vor *Sokrates* – wie etwa die *Pythagoreer*, die etwa an die Seelenwanderungslehre glaubten und sich bis heute durch den Satz des Gründers Pythagoras einen Namen machten, gaben sich ebenfalls eine ethische Maxime. Die pythagoreische Lehre hatte sich in enger Verzahnung mit der mathematischen Forschung der Zeit zu einer Philosophie entwickelt (vgl. Dihle 1998, S. 168). Um den Kreislauf der Wiedergeburt der Seele zu durchbrechen und mit der göttlichen Seele vereint zu werden, sollte der Körper durch *asketische Lebensweise* gereinigt werden. In der Gemeinschaft der Pythagoreer – heute würde man vermutlich von einer

Sekte sprechen –, gab es konkrete Handlungsempfehlungen, was wie zu essen ist z. B. kein Brot brechen, keine heiligen Fische berühren etc. (vgl. Kirk et al. 1994, S. 254). Selbstbeherrschung, Bildung und Verzicht waren die ethischen Maßgaben der Pythagoreer zur Erlangung der Tugend d. h. die Harmonie zwischen Vernünftigem und Unvernünftigem in der Seele (vgl. Poller 2005, S. 43; Rohls 1999, S. 38 f.). Für einen weiteren Vorsokratiker, Protagoras (490–411 v. Chr.), war *der Mensch das Maß aller Dinge („pánton chremáton métron anthropon einai"*, Platon Theaitetos 152a, Ausgabe Hülser 1991, S. 185*)*, was sicher in der Diskussion der heutigen Ökonomie und ihrer Wirtschaftsordnung des Kapitalismus einen ethischen Wert *sui generis* darstellt.

Wieder andere wie etwa *Demokrit* (etwa 460–370 v. Chr.) aus Thrakien, weit gereister Sohn reicher Eltern, ist die *Lust* das oberste Ziel des Strebens. Allerdings ist hiermit nicht die sinnliche Lust gemeint, sondern ein Leben in Optimismus und vor allem guter Laune. Demokrit gibt dafür eindrucksvolle Beispiele, die auch für die heutigen ökonomischen Handlungen von Bedeutung sind (Demokrit Frgm.3, Stobaeus Anth. IV, 39,25 und Demokrit Frgm. 191, Stobaeus Anth. III,1,210, zitiert nach Kirk et al. 1994, S. 469):

„Wer in guter Laune leben will, darf nicht zu viele Dinge treiben, weder im privaten Bereich noch im öffentlichen Leben, und bei dem, was er jeweils treibt, darf er nicht über das hinauswollen, was seine eigene Fähigkeit und Natur erlauben. (…) Zu guter Laune gelangen die Menschen nämlich durch Mäßigung des Genusses und ein entsprechendes Maß der Lebensführung (…) Wer nämlich die Besitzenden und von den anderen Menschen glücklich gepriesenen bewundert und in Gedanken jede Stunde bei ihnen verweilt, wird gezwungen, ständig etwas Neues zu unternehmen und sich aus Gier daran zu machen, etwas zu tun, was nicht wieder gut zu machen ist und von den Gesetzen verboten wird."

Am besten trifft man das sittliche Ideal Demokrits mit dem Wort *Euthymie (euthymía)*, das vor allem die *heitere Gelassenheit* desjenigen bezeichnet, der die Fähigkeit zur Einsicht und zum Verstehen der Welt besitzt (vgl. Dihle 1998, S. 169).

Seinen eigentlichen Höhepunkt erreicht die antike griechische Ethik allerdings erst mit den großen abendländischen Philosophen *Platon* (427–347 v. Chr.) und *Aristoteles* (384–322 v. Chr.), die auf Basis der Erkenntnisse des weisen *Sokrates* ihre ethischen Ideen entwickelten. Sokrates war der Lehrer Platons und wurde von diesem in zahlreichen überlieferten Dialogen intensiv beschrieben. Es heißt, Sokrates soll zumindest kurzfristig Bildhauer gewesen sein wie sein Vater. Er nahm auch als schwer bewaffneter Kämpfer (Hoplit) am Peloponnesischen Krieg teil und beeindruckte vor allem dadurch, dass er Entbehrungen wie Kälte, Hunger und Durst gelassen ertrug und im Kampf Entschlossenheit und Mut zeigte (zum Leben und Lehre von Sokrates vgl. auch die spannend geschriebene Passage bei Precht 2015, S. 118 ff.).

Sokrates war im ständigen Dialog mit seinen Zeitgenossen über das *Wesen der Tugend.* Er war bereits 62 Jahre alt, Athen lag bereits über zwei Jahrzehnte in kriegerischen Auseinandersetzungen mit Sparta, als Sokrates Hauptwirken begann. Athen war dem Zusammenbruch nahe, die großen griechischen Werte der Gemeinschaft schienen unterzugehen, das Erlahmen geistiger Tätigkeit war greifbar (vgl. Kytzler et al. 1992, S. 166). Sokrates ging es vor allem darum, diesem Trend entgegenzuwirken und zu ergründen, was etwa die Besonnenheit (s. Platons Dialog *Charmenides*), die Tapferkeit (*Laches*), die Frömmigkeit (*Euthyphron*) (vgl. Flashar 2013, S. 69) oder generell was Tugend (*Hippias minor*) ist (vgl. die Platon-Ausgabe gesammelte Werke von Hülser 1991). Im Gegensatz zu den Sophisten, den rhetorisch geschliffenen Weisheitslehrern seiner Zeit, war

Sokrates der Meinung, dass das Wissen um die Tugend herausgearbeitet werden müsse. Dabei bediente er sich der *Maieutik*, d. h. der Hebammenkunst:

Er fragte so lange bei seinem Gegenüber, ausgewählten Weisheitslehrern, den Sophisten, nach, bis diese schließlich ihr Nicht- oder Scheinwissen offenbaren mussten und eine Phase der Ausweglosigkeit, *aporie*, erreichten. Dann erarbeiteten die Gesprächsteilnehmer gemeinsam eine Definition der einzelnen Tugenden. Erst wenn ich weiß, was genau die Tugend ist, so das Credo von Sokrates, bin ich in der Lage tugendhaft zu handeln. Tugend (*areté*) ist für Sokrates vor allem Einsicht (vgl. Windelband 1993, S. 63). Nur derjenige, der die richtige Einsicht und Erkenntnis, *epistéme*, von sich, *gnothi seautón*, und den Dingen selbst hat, ist in der Lage tugendhaft zu handeln. Sokrates hat immer wieder gemahnt, sich an die Gesetze zu halten. Als er der Verführung der Jugend zur Gottlosigkeit (*asébeia*) angeklagt wird, entzieht er sich konsequenterweise nicht der Verantwortung und setzt seinem Leben selbst ein Ende (vgl. Platon, die Apologie des Sokrates, Ausgabe 1995).

Platon (427–347 v. Chr.) setzt auf den Diskussionen und Ideen seines Lehrers Sokrates auf und versucht, die ethisch-moralischen Fragen in seinen Dialogen tiefer zu durchdringen. Er entstammte einer vornehmen Familie Athens und war mit den politisch und gesellschaftlich Führenden verwandtschaftlich verbunden (vgl. im Folgenden Kytzler et al. 1992, S. 166 ff.; Windelband 1993, S. 82 f.). Als Sohn dieser vornehmen Familie genoss Platon eine umfangreiche Erziehung in Sport, Grammatik, Kunst, Musik und Dichtung. Er soll in seiner Jugend sogar eigene Gedichte angefertigt haben. Im Alter von 20 schloss er sich Sokrates an und blieb etwa zehn Jahre bis zu dessen Tod bei ihm. Im Anschluss an den Tod seines geliebten Lehrers begab Platon sich auf Bildungsreise u. a. nach Megara zu Euklid und nach Kyrene zu Theodoros. Auf seiner ersten

Sizilienreise begegnete er dem damals bekanntesten Vertreter des pythagoreischen Schule, Archytas von Tarent. Angeblich geriet Platon am Ende der Sizilienreise in Gefangenschaft und sollte als Sklave verkauft werden, konnte sich aber wieder befreien und kehrte nach Athen zurück (angeblich wurde ein Lösegeld von einem Bekannten aus Kyrene namens Annikeris für ihn gezahlt, vgl. Lesky 1993, S. 572).

Etwa 20 Jahre später kaufte er nordwestlich von Athen ein Grundstück im Hain eines lokalen Heiligen, *Akademos*. Dort gründete er eine Gemeinschaft, die nach strengen Regeln zusammenlebte: Materielles oder gar eine geschäftliche Tätigkeit waren ebenso verpönt wie leibliche Genüsse. Alle strebten nach Erkenntnissen und Weisheit und dadurch zu sittlicher Perfektion. Dies sollte im Wesentlichen durch den ständigen Dialog, das Miteinander-Reden (*dialégesthai*) geschehen. Platon hat seine Werke entsprechend mehrheitlich in Dialoge gegliedert, die das interne geistige Ringen der Gemeinschaft um Definitionen und Zusammenhänge dokumentieren sollten. Der Philosoph Jürgen Habermas hat Recht, wenn er bemerkt, dass bei der Lektüre der zahlreichen Dialoge Platons nicht leicht zu erkennen ist, wann Platon die Erkenntnisse und Weisheiten des Sokrates oder seine eigenen kundtut (vgl. Habermas 2019, Bd. 1, S. 434). Auf Einladung von Dionysos II., dem Sohn des Tyrannen Dionysos I., reiste Platon ein zweites Mal nach Syrakus in Sizilien. Platon konnte allerdings diesen nicht wie gehofft für (s)eine Staatsreform gewinnen. Auch eine dritte und letzte Sizilienreise brachte nicht den gewünschten Erfolg. Dionysos II. ließ sich nicht als gelehriger Schüler Platons zu einem Leben als Philosoph hinreißen (vgl. Lesky 1993, S. 574). Platons Freund Dion leitete den Umsturz Dionysos II. ein und versuchte die platonischen Ideen zum Staat umzusetzen, fiel aber einem politischen Komplott zum Opfer und wurde ermordet. Platon widmete dem toten

Freund ergreifende Zeilen, ein Epigramm in Distichen (vgl. Lesky 1993, S. 574). Die letzten Lebensjahre widmete Platon ganz seiner Akademie. Er starb im hohen Alter von 80 Jahren in Athen und hinterließ weder Frau noch Kinder aber ein reichhaltiges Werk.

Der Kern der Platonischen Ethik ist die Gerechtigkeit, *dikaiosyne*, als eine der Grundtugenden. Gerechtigkeit ist für Platon vor allem, „dass jeder das seinige und gehörige hat und tut" (Platon, Politeia, 433e, Hülser 1991 V, S. 307). Jeder Staatsbürger soll also sich nur um diejenigen Tätigkeiten bemühen, für die er geeignet sind, die seinem Beruf entsprechen und sich aus anderen Dingen heraushalten. Die individuelle Gerechtigkeit ergibt sich aus der optimalen Kombination der drei Seelenteile, das Vernünftige, das Begehrliche und das Muthafte (Platon, Politeia 435a ff., Hülser V 1991, S. 311 ff.). Platon sieht die Tugenden und ethischen Eigenschaften nicht als Teil sinnlicher Eigenschaften, sondern diese werden nur mit dem „geistigen Auge" wahrgenommen. Diese außerhalb der sinnlichen Welt vorkommenden *Erscheinungen in der geistigen Welt* nennt Platon *ideai* (von *eidein* = sehen) d. h. Ideen: Die geistig wahrnehmbare Idee der Tugend erst erlaubt dem Menschen tugendhaft zu handeln. Einfacher ausgedrückt: Erst wenn ich intellektuell verstanden habe, was die Tugend ist, kann ich diese, etwa die Gerechtigkeit, in die Tat umsetzen (vgl. Rohls 1999, S. 50). Wenn ich als Mensch *an der Idee der Tugend teilhabe*, *méthexis*, dann erst bin ich in der Lage, die Tugend anzuwenden. Nur die Gerechtigkeit führt schließlich zur Glückseligkeit, der *eúdaimonía*. Die Gerechtigkeit ist dabei auch die höchste Tugend, *areté*, in wörtlicher Übersetzung auch „Bestheit, Bestform" (vgl. auch Flashar 2013, S. 70) weil sie die anderen, jeweils eigenen Seelenteilen zugeordnete Grundtugenden Besonnenheit (*sophrosyne*), Tapferkeit (*andreia*) und Weisheit (*sophía*) beinhaltet. Mit den Worten Platons:

„Zu welchem von diesen, sprach er, rechnest Du nun die Gerechtigkeit? Ich denke, sprach ich, zu dem schönsten was sowohl um sein selbst willen als wegen dessen was daraus erfolgt, dem der glückselig sein will wünschenswert ist." (Platon Politeia 357d, 358a, Hülser V 1991, S. 107 f.).

Allen Tugenden übergeordnet ist die *Idee des Guten*. Platon verdeutlicht die Idee des Guten u. a. anhand des berühmten *Höhlengleichnisses* (vgl. Platon Politeia 514a ff., Hülser V 1991, S. 509 ff.): Die Menschen sind von Kindesbeinen an in einer unterirdischen Höhle gefesselt. Sie können nur vor sich geradeaus sehen. Licht empfangen sie nur über den Schein des Feuers in der Höhle. Von den Dingen des Lebens sehen sie nur die Schatten an der Wand und nicht die realen Gegenstände. Wenn sich der Mensch aber plötzlich seiner Fesseln entledigen und den schmalen Weg durch die Höhle zum Licht gehen könnte, wäre er plötzlich in der Lage, die *wahren Dinge* zu sehen und nicht mehr nur die Schatten an der Wand. Wenn der Mensch nach diesen Erkenntnissen wieder in die Höhle zurückgehen würde, könnte er die Dinge nicht mehr mit den gleichen Augen sehen. Außerdem würden diejenigen, die neben ihm in der Höhle gefesselt waren und nicht die Gelegenheit hatten, im hellen Sonnenlicht die Dinge zu sehen, kein Wort von den neuen Erkenntnissen glauben. Erst durch den Aufstieg aus der Höhle kann der Mensch die Erkenntnis des wahren Guten erkennen (zu den Hintergründen des Höhlengleichnisses vgl. etwa Böhme 2000, S. 20 ff.):

„Gott mag wissen, ob er richtig ist; was ich am wenigsten sehe, das sehe ich so, dass zuletzt unter allem Erkennbaren und nur mit Mühe die Idee des Guten erblickt wird, wenn man sie aber erblickt hat, sie auch gleich dafür erkannt wird, dass sie für alle die Ursache alles Richtigen und Schönen ist ..." (Platon, Politeia 517b, c, Hülser V 1991, S. 515).

Nur wer die Idee des Guten verinnerlicht hat, der erkennt die wahren Dinge und Tugenden. Damit gleicht sich der Mensch Gott an (*homoíosis theo*, Platon, Theaitetos, 176b, Hülser 1991 VI, S. 259). Die sinnliche Lust lehnt Platon zugunsten der *eúdaimonía*, der gelungenen Lebensführung im Einklang mit der philosophischen Ethik ab (zur Darstellung der Arten der Lust in Platons Dialog *Philebos*, vgl. Gadamer 1983, § 7, S. 119 ff.). Der wahre Mann und Herrscher soll philosophieren. Analog sieht Platon die Philosophen als Herrscher des Staates, die sogenannten *Philosophenkönige*, an (zur Vertiefung vgl. u. a. Pietsch 2019, S. 11 ff.). Versucht man schließlich, die ökonomische Sichtweise aus den ethischen Überlegungen Platons herauszudestillieren, muss man Folgendes festhalten: Indem Platon das philosophische, erkenntnisfokussierte Leben favorisiert und seine *Ideenlehre* hochhält, werden Dinge wie Ökonomie, sinnliche, körperliche Begierden für sich zweitrangig. Die Ideenlehre verbindet sich mit einer asketischen Ethik (vgl. Rohls 1999, S. 52).

Typische ökonomische Aktivitäten sind Aufgaben der „unteren Schichten" und nicht der Philosophen. Materielles Streben ist zweitrangig im Vergleich zum Bemühen um Erkenntnis und eine ausgeglichene Seele. Die Tugend der Gerechtigkeit zieht Platon dem Streben nach materiellem Reichtum vor, was man schon daran erkennen kann, dass in dem idealen Staat nach Platon kein Privateigentum existiert, zumindest für die Klasse der Wächter. Allerdings weisen Heidbrink et al. zu Recht daraufhin, dass nicht von einer generellen Geringschätzung Platons in Bezug auf die Ökonomie ausgegangen werden kann, da er doch einige Themen wie Arbeitsteilung, Handel, Zins etc. aufgreift (vgl. Heidbrink et al. 2019, S. 28; Pietsch 2019, S. 12). So fordert Platon, dem individuellen Reichtum dadurch Grenzen zu setzen, dass jeder, *der mehr als das Vierfache eines armen Bürgers besitzt*, den Überschuss dem Staat schenken solle (vgl. Platon, Nomoi 744e und 745a, Hülser 1991 IX, S. 381). Platons Schüler Aristoteles baut auf dessen Ethik auf, setzt aber zum Teil deutlich andere Akzente.

Aristoteles (384–322 v. Chr.) gilt wie bereits in Abschn. 2.2 erwähnt als Begründer der Ethik. Er wurde in der ionischen Kolonie Stageira in Makedonien als Sohn eines Arztes geboren. Seine Mutter entstammte ebenfalls einer Medizinerfamilie. Beide Eltern starben als Aristoteles noch minderjährig ist. Sein Vormund Proxenos kümmerte sich um die Ausbildung seines Zöglings und so trat Aristoteles im Alter von 17 Jahren in die Akademie Platons ein und wurde dessen bester und eifrigster Schüler (zur Biografie von Aristoteles, vgl. Flashar 2013, S. 10 ff.). Bald nach dem Tod Platons verließ Aristoteles Athen, nicht zuletzt der antimakedonischen Stimmung in Athen geschuldet, und wurde an den Hof des Herrschers Hermias nahe Pergamon gerufen (vgl. Flashar 2013, S. 37). Später wurde er, vermutlich vermittelt durch Hermeias, auf Einladung Philipp II. der Lehrer von dessen Sohn Alexander (dem Großen, vgl. Flashar 2013, S. 46 ff.). Acht Jahre danach gründete er seine eigene Schule, das *Lykeion*. Nach dem Tod Alexanders und der wieder aufkommenden antimakedonischen Stimmung floh Aristoteles in das Haus seiner Mutter in Chalkis auf Euböa wo er kurz darauf vermutlich an Magenkrebs starb (vgl. Flashar 2013, S. 59; Ricken 1997, S. 532). Schilderungen zu Aristoteles' Tod, nach denen er sich entweder mit einem vergifteten Wein getötet oder sich ins Meer gestürzt haben soll (vgl. Flashar 2013, S. 58 f.) sind wohl eher als Anekdoten und nicht als Tatsachenberichte zu bezeichnen.

Aristoteles war mit Abstand der berühmteste Schüler Platons und grenzte sich deutlich von seinem Lehrer ab, wie das in den Geisteswissenschaften häufig der Fall ist (vgl.

Precht 2015, S. 224). Von den drei ethischen Schriften, die Aristoteles verfasst hat, die *Eudemische Ethik* (EE), die *Nikomachische Ethik* (EN bzw. *Ethica Nicomachea*) und die *Große Ethik* (MM bzw. *Magna Moralia*), ist die Nikomachische Ethik mit Abstand die bekannteste und einflussreichste (vgl. im Folgenden vor allem Flashar 2013, S. 67 ff.; Precht 2015, S. 250 ff.). Es ist in der Forschung bis heute strittig, wer der Namensgeber der Nikomachischen Ethik ist, da sowohl der Sohn des Aristoteles als auch sein Vater Nikomachos hießen, Es könnte allerdings auch eine dritte Person des gleichen Namens gewesen sein (vgl. Flashar 2013, S. 67). Aufgrund der herausragenden Bedeutung der Nikomachischen Ethik für die ethischen Überlegungen des Aristoteles wollen wir uns im Folgenden auf diese konzentrieren.

Aristoteles unterscheidet drei Arten von Wissenschaften (vgl. auch im Folgenden Rohls 1999, S. 62 ff.): die theoretischen (*theoría*), die poetischen (*poiesis*) und die praktischen (*praxis*). Die theoretischen Wissenschaften beziehen sich auf die Erkenntnis, die poetischen auf das Hervorbringen von Produkten und die praktischen Wissenschaften auf die richtige Entscheidung. Die Ethik gehört für Aristoteles zu den praktischen Wissenschaften, zur praktischen Philosophie. Ziel der Ethik ist für Aristoteles die Art des menschlichen Handelns, das auf einer *richtigen Entscheidung* beruht. Nicht die theoretische Erkenntnis der Tugend steht dabei im Vordergrund, sondern das richtige Handeln, das gute Leben. Wobei Aristoteles dabei unterstellt, dass das „gute Leben" und somit das richtige Handeln nur in der *Polis* d. h. im Staat möglich ist. Alles menschliche Handeln verfolgt einen bestimmten Zweck, ein bestimmtes Ziel, bei Aristoteles *telos* genannt. Folgerichtig wurde die Ethik des Aristoteles auch *teleologische Ethik* genannt:

Jede Handlung, jede Entscheidung ist zielgerichtet und verfolgt das Gute (vgl. Flashar 2013, S. 72). Das oberste

Ziel des menschlichen Handelns ist die Glückseligkeit, die *eúdaimonía*. Dabei ist die *Eudämonie* wie sie nicht übersetzt im Deutschen stehen gelassen wird, beileibe nicht mit Ansehen, Macht und Geld oder Reichtum gleichzusetzen. Denn, und hier unterscheidet Aristoteles ganz genau, die vorgenannten Punkte sind *nur Mittel zum Zweck* und nicht das Ziel an sich sind um das es Aristoteles geht (vgl. Rohls 1999, S. 63 f.). Das Glück des Menschen liegt gemäß Aristoteles in der *bestmöglichen Nutzung der Vernunft*. Dabei ist wesentlich für das Verständnis der Eudämonie bei Aristoteles, dass dieser Vernunftgebrauch ein Leben lang stattfindet und in seiner Bestform (die wörtliche Übersetzung der Tugend *areté*) erfolgt (vgl. Rohls ebenda, S. 65). Das daraus resultierende sittliche wertvolle Handeln erzeugt dann in der Konsequenz die Lust (*hedoné*, vgl. Flashar 2013, S. 76), auch hier wieder als die geistige Lust verstanden. Moralisch sittliches Verhalten ist vor allem etwas, was man nicht wissenschaftlich exakt vorgegeben kann, sondern sich auch im Laufe des Lebens durch die Erfahrungen und Einsichten prägt (vgl. Flashar ebenda, S. 73). Ziel des menschlichen Handelns ist ein Handeln nach der Tugend, daher häufig auch *Tugendethik* genannt.

Aristoteles weist zu Recht darauf hin, dass die Mehrheit der Tugenden nicht auf der Perfektion der Vernunft und den intellektuellen Fähigkeiten des Menschen beruht, sondern vielmehr dem Willens- und Gefühlsleben geschuldet ist (vgl. Siebeck 1910, S. 108). Folglich unterscheidet er zwei verschiedene Arten der Tugend: Die *ethische* und die *dianoetische*. Während die dianoetische vom Verstand abhängt und die Weisheit, *sophía*, und die Klugheit, *phrônesis*, umfasst und vor allem durch die Bildung hervorgerufen wird, erwächst die ethische aus der praktische Gewöhnung an das richtige Handeln (vgl. Siebeck ebenda S. 108). Einsicht und Erfahrung, so könnte man grob diese beiden Tugenden differenzieren. Konkreter gefasst entstehen die *ethi-*

schen Tugenden, dadurch, dass der Mensch seine Begierden durch die Vernunft beherrscht und die daraus resultierenden Tätigkeiten im Laufe seines Lebens einübt. Das tugendhafte Verhalten ist eine bereits im Menschen vorhandene Charaktereigenschaft, die in der Kombination mit der Vernunft und dem praktischen (Aus-)Üben im Laufe des Lebens zur Gewohnheit wird (vgl. die griechischen Begriffe ethos mit kurzem und langen e, Gewöhnung und Charakter, Sittlichkeit, Flashar 2013, S. 77).

Um in einem Beispiel das Ganze etwas zu verdeutlichen, muss man zunächst wissen, dass Aristoteles für das moralische Handeln einen neuen Begriff einführt, den der Mitte (*mesotes*). Maßstab des moralischen, freiwilligen Handelns des Menschen ist, dass die Handlung sowohl ein zu viel als auch ein zu wenig vermeidet (vgl. Rohls 1999, S. 67). Da Aristoteles immer bemüht war, seine wissenschaftlichen Erkenntnisse so konkret wie möglich zu formulieren, hat er auch für die wenig greifbaren ethischen Maxime Beispiele vorgelegt. So hat er in einer Tabelle (vgl. Flashar 2013, S. 79) zwölf ethische Tugenden mit den jeweiligen Extrema dargestellt. Ich möchte zur Veranschaulichung nur drei besonders markante herausgreifen:

> So ist die Tapferkeit (andreía) die ethisch anzustrebende Mitte aus Feigheit (zu wenig) und Tollkühnheit (zu viel). Großzügigkeit (eleuthería) die Mitte aus Geiz (zu wenig) und Verschwendungssucht (zu viel) und schließlich Freundschaft (philía) die ideale Mitte aus Schmeichelei (zu wenig) und Streitlust (zu viel). Schwieriger wird die Begriffsbestimmung dagegen bei der Gerechtigkeit (dikaiosyne). In den ersten drei Kapiteln seines fünften Buches der Nikomachischen Ethik (vgl. Aristoteles 2007, EN V 1129 a ff., S. 187 ff.) definiert Aristoteles die allgemeine Gerechtigkeit als gegeben, wenn der handelnde Mensch sich an Recht und Gesetz hält (vgl. Aristoteles 2007, V 1129 a, S. 189), in der staatlichen Gemeinschaft die Eudämonie hervorbringt bzw.

bewahrt (vgl. Aristoteles 2007, V 1129 b, S. 190/191) und sich gegenüber dem anderen Menschen (sic!) als die vollkommene Tugend erweist (vgl. Aristoteles 2007, V 1129 b, S. 191).

Innerhalb der Gerechtigkeit unterscheidet Aristoteles zwei partikulare Gerechtigkeitsformen: die austeilende, *distributive*, und die *ausgleichende* Gerechtigkeit. Wie der Name schon sagt, betrifft die *austeilende* Gerechtigkeit die Verteilung von Geld, Mitteln oder etwa Ämter an die einzelnen Bürger eines Staates. So wäre ein zu viel an Ämtern für eine Person eine unzulässige „Ämterhäufung" und ein zu wenig eine mutwillige Vorenthaltung von Ämtern, was beides nicht gerecht sei (vgl. Flashar 2013, S. 86). Eine Verteilung sei dann gerecht, wenn die Stellung der Bürger und ihrer Leistung zueinander proportional zur Verteilung der Ämter oder materiellen Güter ist. Jemand, der überproportional mehr für den Staat und die Gemeinschaft leistet, solle auch überproportional materiell von ihm profitieren. Wir werden auf diese Diskussion später noch einmal zurückkommen, wenn es um die Entlohnung von Krankenschwestern, Altenpflegern oder etwa Erzieherinnen geht.

Die *ausgleichende* Gerechtigkeit behandelt vor allem die Tauschgerechtigkeit und regelt die Vertragsbeziehungen freiwilliger, z. B. Kauf gegen Geld, und unfreiwilliger Art, z. B. Vertragsverletzungen durch Diebstahl, Betrug etc. Ein gerechter Tausch ist dann gegeben, wenn Leistung und Gegenleistung im angemessenen Verhältnis zueinander stehen. Aristoteles gibt dafür auch ein Beispiel (vgl. Aristoteles 2007 V 1133 a 9 ff.): Der Baumeister (*oikodomos*) muss dem Schuster (*skytotómos*), soviel an Haus geben wie der Schuhmacher ihm proportional an Schuhen. Wenn ein Haus etwa, gemessen im (Geld-)Wert der Schuhe 100 Einheiten beträgt, dann müssen auch diese 100 Schuhe für das Haus eingetauscht werden. Somit werden die Sachen gemäß ihrem proportionalen Tauschwert aneinander angeglichen (vgl. auch zu den ökonomischen Aspekten der Ethik des Aristoteles in Pietsch 2019, S. 15 ff.).

Neben den ethischen Tugenden differenziert Aristoteles noch in *dianoetische Tugenden*. Wie oben bereits ausgeführt, konzentrieren sich die dianoetischen Tugenden auf den Intellekt des Menschen. Dabei systematisiert Aristoteles weiter in diejenigen Tugenden, die sich auf das Ewige, Unveränderliche und das Veränderliche d. h. die Welt des Handelns beziehen (vgl. Flashar 2013, S. 88). Die Tugenden sind im Einzelnen (vgl. Flashar 2013, S. 88): Wissenschaftliche Erkenntnis (*epistéme*), Weisheit (*sophía*), Denken (*nus*), Klugheit (*phrónesis*) und praktisches Können (*techné*). Dabei beziehen sich die ersten drei Tugenden auf das Unveränderliche und die letzten zwei auf das Veränderliche. Das ist auch leicht ersichtlich, wenn man sich vorstellt, dass die wissenschaftliche Erkenntnis etwa im Falle der Philosophie oder Theologie sich mit der Erkenntnis der Welt oder Gott beschäftigt, was nur in der Kombination aus Denken und Weisheit möglich ist – man könnte auch statt Weisheit von (Vor-)Wissen sprechen. Klugheit und praktisches Können sind sicherlich notwendig, wenn ich mich in meinem Alltag und meinem Handeln ethisch zurechtfinden möchte. *Techné* ist aber wie auch im heutigen Sprachgebrauch eher das „Know How", die richtige Herangehensweise und nur Mittel zum Zweck. Viel wichtiger für ethisches Handeln ist in diesem Zusammenhang eher die *Phrónesis*, gemeint als ethische Klugheit. Derjenige, der über eine hohe *Phrónesis* verfügt, hat gemäß Platon und Aristoteles die Idee des Guten verstanden (vgl. Flashar 2013, S. 89).

Die Darstellung der Ethik des Aristoteles muss notgedrungen unvollständig bleiben, da sie Teil seiner umfassenden wissenschaftlichen Lehre ist und in zahlreichen überlieferten Büchern und Schriften niedergelegt ist. Zur rechten Einordnung der Ethik gehört, sich bewusst zu machen, dass es Aristoteles und Platon zwar *auch* um ethisches Verhalten des Menschen ging. Dies trifft vor allem auf die Beschreibung der Tugenden zu, das ethische Zusammenleben des Menschen im Staat aber auch auf gesellschaftliche und ökonomische Prinzipien. So war Aristoteles im Gegensatz zu seinem Lehrmeister Platon schon der Meinung, dass es Privateigentum geben dürfe. Allerdings müsse der Staat dafür sorgen, dass die Verteilung des Eigentums nicht zu *sozialer Ungerechtigkeit* führt (vgl. Rohls 1999, S. 71). Neben der Ethik behandelt Aristoteles in seiner Nikomachischen Ethik vor allem die *Freundschaft* (*philía*), ihren Wert an sich für das Leben des Menschen und vor allem für seine Glückseligkeit. Die Bücher VIII und IX widmen sich diesem Thema ausführlich (vgl. Aristoteles 2007, VIII 1155 a ff.).

Darüber hinaus haben sowohl Aristoteles als auch sein Lehrer Platon immer wieder klargestellt, dass das erstrebenswerte Ideal des Menschen die theoretische, auf die wissenschaftliche Erkenntnis abzielende Lebensform ist (*bios theoretikos*). Für beide gehörten ökonomische Themen nicht zum Alltag des Philosophen. Es war eher die Aufgabe der niederen Schichten, oder aus Sicht Platons der Stand der Ernährer des Staates, nicht der Philosophenkönige. Schließlich hat sich Aristoteles auch u. a. mit Fragen der Logik, der Metaphysik, der Kunst aber auch den Naturwissenschaften (*physik*) beschäftigt. Er war ein *universaler Gelehrter des Abendlandes*, bei dem Ethik zwar ein wichtiger aber auch nur ein Teil des Ganzen darstellte.

Am griffigsten und pragmatischsten hat der Philosoph Richard David Precht die Ethik des Aristoteles auf den

Punkt gebracht und auf das Leben der heute lebenden Menschen verwiesen (Precht 2015, S. 254):

> „Ein ethisches Leben zu führen bedeutet demnach die ständige Arbeit an sich selbst, das Formen des moralischen Gesamtkunstwerks. Am Ende steht ein Lebewesen, das tugendhaft handelt, weil es durch und durch tugendhaft ist. Seine Charaktertugenden wie Tapferkeit, Besonnenheit, Freigiebigkeit und Hochherzigkeit und seine Vernunfttugenden wie Klugheit, Weisheit und Gerechtigkeit sind voll entwickelt und befinden sich im Einklang miteinander. Und sein rationales Urteilsvermögen ist durch so viel Wissen und Erfahrung geschärft, dass man zu guten und gerechten Handlungen kommt. Man kennt das Leben – und man kennt sich selbst. Und auf dieser erfahrungsgesättigten Basis lässt sich das richtige sittliche Leben führen."

Ethisches Handeln ist also das gelungene Zusammenspiel aus Bildung, Vernunft und praktischer Lebenserfahrung. Dies ist sicher eine wichtige Erkenntnis, vor allem wenn wir im zweiten Teil dieses Buches über die Anforderungen der (Wirtschafts-)Ethik an die handelnden Menschen diskutieren. Je größer die Auswirkungen eines Menschen und sein Handeln auf die Wirtschaft als Ganzes sind (Top Management, Unternehmer etc.), desto strenger werden die Maßstäbe, die an die einzelnen Tugenden der Personen angelegt werden. Dies müssen wir vor allem für unsere Überlegungen im Kap. 5 (vor allem im Abschn. 5.1) im Auge behalten. Während für Platon und Aristoteles das gute Leben, die Suche nach der Eudämonie in der Polis gesucht wurde, entwickelten sich im Laufe des 4. Jahrhunderts v. Chr. im Zuge des Zerfalls der Attischen Demokratie und des Stadtstaates Athen zwei neue, miteinander konkurrierende philosophische Schulen: Die *Stoiker* und die *Epikureer*. Betrachten wir nun zunächst die Ethik der stoischen Philosophie.

Die *Stoá*, benannt nach der Säulenhalle auf dem Marktplatz Athens, *stoa poikilé* (vgl. Panitz 1974, S. 1; zur Philosophie der Stoiker allgemein vgl. Hirschberger 1980, Bd. 1, 247 ff.; Russell 1999, S. 271 ff.), war eine der wirkmächtigsten philosophischen Schulen des Abendlandes. In ihr wirkten so bedeutende Philosophen wie *Zenon* (340–260 v. Chr.), *Cicero* (106–43 v. Chr.), Lucius Annaeus *Seneca* (4 v. Chr. – 65), *Epiktet* (55–135, vgl. Epiktet 2006) und der Philosophenkaiser *Marc Aurel* (121–180), die jeweils in der älteren, mittleren und jüngeren Stoa wirkten. Ihnen allen war die Idee gemeinsam, dass der Mensch ein naturgemäßes Leben führen solle (*secundum naturam vivere*) und damit dann eine Seelenruhe (*ataraxía, tranquillitas animi*) erreichen könne (vgl. Panitz a. a.O. S. 22, Rohls 1999, S. 74). Ziel des Menschen, so die Stoiker, müsse das Leben frei von Affekten (*apátheia*) sein, also frei von Lust, Begierde, Kummer etc. So schreibt Seneca, u. a. Politiker und Lehrer des römischen Kaisers Nero, (Seneca, de tranquillitate animi, zitiert in der Ausgabe nach Fink in Seneca 2008, S. 483):

> „Ich will ganz mir selbst gehören, an mir arbeiten, nichts Unangemessenes tun, nichts, was nach fremdem Urteil schielt („nihil, quod ad iudicem spectet"), ich will von öffentlichen und privaten Sorgen frei, die Ruhe lieben."

Bei all seinem Handeln müsse der Mensch sich von seiner Vernunft (*logos, ratio*) leiten lassen, zielgerichtet vorgehen und innerlich gefestigt sein. So schreibt Cicero, der Staatsmann und Philosoph, der die griechische Philosophie auch im lateinischen Sprachraum bekannt machte, in seiner Schrift über das pflichtgemäße Handeln (Cicero, de officiis I 101/102, zitiert in der Ausgabe von Nickel 2008, S. 85):

> „Jede Handlung muss aber frei sein von Ziellosigkeit und Nachlässigkeit, und man darf nichts tun, wofür man keinen überzeugenden Grund angeben kann; so etwa lautet die Definition der Pflicht. Man muss aber erreichen, dass die

Antriebskräfte (appetitus) der Vernunft gehorchen und ihr weder vorauseilen noch sie aus Bequemlichkeit und Feigheit im Stich lassen und ruhig bleiben und frei sind von jeder inneren Verwirrung; daraus werden innere Festigkeit (constantia) und Mäßigung (moderatio) immer und überall hervorleuchten."

Ähnlich wie auch bei Aristoteles geht es auch den Stoikern um ein tugendhaftes Leben. Dabei sind die vier Kardinaltugenden die *Einsicht*, die *Tapferkeit*, die *Selbstbeherrschung* und die *Gerechtigkeit* (vgl. Panitz 1974, S. 23). Wichtig ist die innere Einstellung, populär ausgedrückt die „stoische Ruhe". Die Stoiker sahen in ihren Mitmenschen Brüder, als Teile des gesamten Kosmos. Alle stehen unter dem gleichen Natur- und Vernunftgesetz (vgl. Panitz 1974, S. 24). Entsprechend sind alle Menschen auch Kosmopoliten, also Bürger der Welt und sich eng verbunden.

Neben dem tugendhaften und naturgemäßen Leben ist die *Freiheit* für den Menschen wesentlich (vgl. Panitz 1974, S. 130 ff.). Der Mensch solle in keiner Weise gezwungen werden, einen bestimmten Lebensstil zu pflegen, sondern müsse so leben können, wie er es wünscht (vgl. Panitz 1974, S. 139). Daher dürften auch keine Sklaven gehalten werden – was für uns heute natürlich eine Selbstverständlichkeit darstellt. Der Mensch lebe ehrlich (*honestum*) und bescheiden, wohlwollend gegenüber seinen Mitmenschen, vor allem gegenüber seinen Eltern, Geschwistern und seinem Land. Der Mensch müsse auch das Unvermeidliche, etwa Krankheit und Tod, letztendlich hinnehmen, da er es nicht selbst in der Hand hat. So schreibt etwa Epiktet, ein freigelassener Sklave (Epiktet, *Encheiridion*, zitiert nach Nickel 2006, S. 11/12):

„Wenn Du aber Krankheit, Tod oder Armut zu entgehen suchst, dann wirst Du unglücklich sein. Hüte Dich also vor

Abneigung gegenüber allen Dingen, die nicht in unserer Macht stehen, und gib ihr nur nach gegenüber den Dingen, die in unserer Macht stehen, aber gegen die Natur (para physin) sind."

Der Mensch müsse letztlich nicht nur im Einklang mit der Natur und dem Recht leben, sondern sich auch Gottes Willen unterwerfen, da er alle Dinge der Welt regiert (vgl. Poller 2005, S. 97). Ein sittliches Leben ist nur ein Leben im Zusammenwirken mit dem göttlichen Gesetz. Allerdings verlangt es auch, dass jeder Bürger seine Pflicht erfüllt und sich für seine Mitmenschen und seinen Staat einsetzt. Dabei ist der persönliche Reichtum zweitrangig; im Gegenteil wird eher ein Leben der Entsagung und der Härte gegen sich selbst verlangt (vgl. Poller 2005, S. 96). Ein aktives politisches Leben wie es etwa dem Politiker und Philosophen Cicero vorschwebte (vgl. auch den stoischen Philosophenkaiser *Mark Aurel*), ist den Anhängern der philosophischen Schule des Epikur dagegen fremd (vgl. zu weiteren charakteristischen Texten der stoischen Philosophie u. a. Panitz 1974).

Der griechische Philosoph *Epikur* (341–271 v. Chr.) von der ägäischen Insel Samos, Begründer der epikureischen Schule, stellte den Lustbegriff, *hedoné*, in den Mittelpunkt seiner Lehre. Lust ist für Epikur das, wonach der Mensch gemäß seiner natürlichen Anlagen strebt (vgl. im Folgenden vor allem Epikur 1981, S. 5 ff. und Epikur 2011, vor allem S. 68 ff.; zur Philosophie der Epikureer vgl. Hirschberger 1980 Bd. 1, S. 275 ff. und Russell 1999, S. 260 ff.). Ähnlich wie die Kinder versucht auch der Erwachsene, seine Lustempfindungen zu steigern und Schmerzen tunlichst zu vermeiden. Unter der Lust versteht Epikur aber nicht die sinnliche Lust (*hedoné kinetiké*), die maßlos ist und den Genuss sucht, sondern einen Zustand in dem der

Körper schmerzfrei, gesund und die Seele keinerlei Unruhe aufweise (*ataraxía*). Diese Lust (*hedoné katastematiké*) gilt es zu erlangen (vgl. Epikur 1981, S. 6). Epikur vergleicht den ersehnten ruhen Zustand der Seele mit der Meeresstille (*galéne*). Lust ist aber bei Epikur nicht gleich Lust: Er unterscheidet zwischen einer natürlichen, notwendigen Lust bzw. Begierde und den sinnlosen Begierden. So muss jeder Mensch zwar essen und trinken, um zu überleben. Niemand sagt aber, dass es kostbare und üppige Speisen sein müssen (vgl. Diogenes Laertius 1998, X 149, Lehrsatz XXIX, S. 292). Das Streben nach persönlichem Reichtum gefährde das persönliche Lebensziel, da man sich in Abhängigkeit von anderen, mir wohlwollenden Menschen begebe, sich Gefahren aussetze und Reichtum eine permanente Unruhe mit sich bringe (vgl. Epikur 1981, S. 7). Ähnliches gelte auch für öffentliche Ämter. Daher solle sich der Mensch bescheiden und der asketischen Selbstgenügsamkeit hingeben (*autárkeia*). Man müsse zwar nicht darben wie etwa die *Kyniker*, aber man solle mit wenigen Dingen zufrieden sein (vgl. Epikur 1981, S. 7).

Interessant ist auch, dass Epikur soziale Normen und Vorgaben der Gesellschaft ablehnte. So könne es keine Gerechtigkeit oder Ungerechtigkeit an sich geben, da Ungerechtigkeit erst dann zum Problem wird, wenn sie Schmerzen zur Folge hat (vgl. Epikur 1981, S. 7). Der Mensch werde dennoch gerecht handeln, da die verursachte Ungerechtigkeit meistens nicht verborgen bleibt und eine Seelenunruhe, oder konkreter gesagt „Gewissensbisse" und Angst vor der Entdeckung verursacht. Dies verursache Unlust und die sei schädlich für das Streben nach Glückseligkeit (vgl. Rohls 1999, S. 79). Da Epikur ein Anhänger der naturwissenschaftlichen Atomtheorie war, ging er konsequenterweise davon aus, dass Körper und Seele eines Menschen in einzelne, unteilbare (*a-tomos*) Bestandteile zerfallen. Da dem Menschen nach seinem Tod weder Bewusstsein noch Empfindungen erhalten bleiben, ist damit alles zu Ende. Folglich braucht der Mensch auch den Tod nicht zu fürchten (vgl. Epikur 1981, S. 9/10).

Höchstes Glück war für Epikur, die vom Menschen selbst gesetzten Ziele zu erreichen und ein seelisches Gleichgewicht zu erzielen, das von äußeren, materiellen Dingen vollkommen unabhängig ist (vgl. Poller 2005, S. 93). Insbesondere der Weise verzichtet auf Ruhm und Einfluss, befreit sich von ökonomischen Zwänge und hält sich auch aus der Politik fern (vgl. Poller 2005, S. 93). Epikur hielt wie viele Philosophen den Wert der Freundschaft hoch, die um ihrer selbst willen zu erstreben sei (vgl. Poller 2005, S. 93). Den besten Einblick in die Gedankenwelt des Epikur und seiner Schule erhält man, wenn man sich ausgewählte Lehrsätze ansieht, die aus verschiedenen antiken Quellen zusammengetragen wurden (vgl. u. a. Epikur 1981). So kennen wir etwa die für uns relevanten ethischen Grundsätze Epikurs aus einer Vielzahl so unterschiedlicher Quellen wie von den neuplatonischen Philosophen Porphyrius, Damaskios und dem griechischen Historiker Plutarch. Im lateinischen Sprachraum von Seneca, *epistulae morales*, und Cicero, *de finibus*, vor allem erstes Buch. Für uns ist an dieser Stelle vor allem die Gedankenwelt Epikurs in ökonomischen Bereichen interessant. So zitiert Plutarch die ethische Lehre Epikurs (Plut. Mor. 37a F 548 Us, zitiert nach Epikur 1981, S. 157):

„Das Glück und die Seligkeit beruhen nicht auf einer Menge Geldes oder auf der Wichtigkeit der Geschäfte oder auf Ämtern und Macht, sondern auf Schmerzlosigkeit und Mäßigung der Leidenschaften und auf einer Seelenverfassung, die das Naturgemäße als Grenze setzt."

Die Forderung nach dem Verzicht von öffentlichen Ämtern und dem Leben in Selbstgenügsamkeit gipfelt in dem berühmten Spruch Epikurs (nach Plutarch, Plut. Mor. 1128 ff. F. 551 Us, zitiert nach Epikur 1981, S. 157): „Lebe im Verborgenen" (*láthe biósas*)".

Die berühmten Hauptlehrsätze (*kyriai doxai*) von Epikur (vgl. Epikur 1981, S. 47 ff.; Diogenes Laertius 1998, X 139 ff., S. 287 ff.) fassen die wesentlichen Erkenntnisse des Epikureismus noch einmal treffend zusammen. Darin streicht Epikur noch einmal heraus: „Ein lustvolles Leben ist nicht möglich ohne ein einsichtsvolles, lobwürdiges und gerechtes Leben." (Diogenes Laertius 1998, X 140, Lehrsatz V, S. 288).

Nachdem wir einen kurzen Überblick zu den wesentlichen ethischen Themenbereichen der griechischen und römischen Antike gewonnen haben – der Vollständigkeit halber sei noch auf den antiken Skeptizismus verwiesen, etwa *Sextus Empiricus*, der in der zweiten Hälfte des zweiten Jahrhunderts nach Christus lebte, der die Erkenntnis von Wirklichkeit und Wahrheit in Frage stellt bzw. gänzlich ausschließt, (vgl. vertiefend etwa Gabriel 2009, vor allem S. 37 ff.) –, wollen wir uns nun der *christlichen Ethik* zuwenden, die bekanntlich durch die Geburt von *Jesus von Nazareth* eingeleitet wurde.

Eine Darstellung der Ethik kommt ohne eine Beschreibung der wesentlichen moralischen Grundsätze des historischen *Jesus von Nazareth* aus. Dabei spielt es an dieser Stelle keine Rolle, ob dieser historische Jesus schlicht ein Wanderprediger war oder, wie das Christentum annimmt, der Sohn Gottes (zum historischen Jesus vgl. u. a. Theißen und Merz 2011; Schüle 2012, S. 26 ff.). Der in Bethlehem, unweit von Jerusalem, in einfachsten Verhältnissen geborene und in Nazareth lehrende Jesus war kein politischer Revolutionär. Er wollte nichts Geringeres als die nahe Ankunft des Gottesreiches verkünden. Zwar gab es in dieser Zeit viele solcher umherziehenden Prediger (vgl. etwa Precht 2015, S. 374), doch wurde Jesus, der nie selbst etwas Schriftliches hinterlassen hat (vgl. Pieper 2012, S. 20), zum wirkmächtigsten Verkünder seiner Zeit. Er wurde im *Neuen Testament*, vor allem in den Evangelien umfangreich porträtiert.

Wahrscheinlich wurde der historische Jesus wohl in Nazareth und nicht in Bethlehem geboren und lag wohl auch so nie in der Krippe; die Weisen des Morgenlandes reisten vermutlich auch nicht zu ihm (vgl. Pieper 2012, S. 20). Jesus war Jude, sein Name *Jeschua*, hebräisch für „Gott hilft". Jesus war die gräzisierte Form des aramäischen Namens (vgl. Pieper 2012, S. 20; Küng 2012, S. 45). Er war weder Priester, noch hatte er eine theologische Ausbildung (vgl. Küng 2012, S. 47). Stattdessen war er eher der Anführer einer Bewegung, die aus Laien, vor allem einfachen Leuten bestand (vgl. Küng 2012, S. 47). Daher lehrte er in Parabeln und Gleichnissen, die auch vom einfachen Volk gut zu verstehen waren. Mit seiner Lehre richtete er sich gegen die herrschende jüdische Lehrmeinung der Hohepriester, Ältesten aus den einflussreichsten Familien und der Schriftgelehrten (vgl. Küng 2012, S. 47).

Die von dem Evangelisten Matthäus festgehaltene *Bergpredigt* hält die für seine Ethik wichtigsten Inhalte fest (Mt 5–7, im altgriechischen Original nachzulesen bei Nestle und Aland 1995; vgl. Lauster 2014, S. 28; Anzenbacher 1998, S. 25). Teil dieser Bergpredigt sind die Seligpreisungen (Mt 5,3–10), die eine kategorische Umkehr und den Einsatz für die Armen, Leidenden, Hungernden fordern. Es werden die Barmherzigen, Menschen mit reinem Herzen, die Friedfertigen und die wegen Gerechtigkeit, *dikaiosyne*, verfolgten seliggepriesen (vgl. auch Lauster

2014, S. 28). Das alles sollte betrachtet werden vor dem Hintergrund der Ewigkeit, *sub specie aeternitatis*, des nahenden Gottesreiches (vgl. Lauster 2014, S. 29). Jesus predigte die Umkehr, *metanoia*, den Gewaltverzicht und propagierte stattdessen die Feindesliebe. Er verkörperte selbst ein Leben in Bescheidenheit, ohne das permanente Streben nach dem *Mammon*, hebräisch für Geld. Sein Motiv war das der „liebenden Selbsthingabe" (Lauster 2014, S. 29), ein Leben, das weniger ein egoistisches war, sondern ein Leben gemäß der Natur und der Solidarität mit den Armen und Schwachen.

Dabei hat Jesus in gelebter jüdischer Tradition die Bedeutung und Gültigkeit des Dekalogs, der zehn Gebote, immer zusammengesehen (vgl. Ratzinger und Benedikt XVI 2006, Bd. 1, S. 100, s. auch Mk 10,19 und Lk 16,17). Das Gebot „Du sollst nicht töten, nicht ehebrechen, nicht stehlen, lügen, Vater und Mutter ehren etc." sind die klaren Regeln aus dem *Alten Testament*, das Jesus natürlich impliziert, wenn er sein Seligpreisungen verkündet. Joseph Ratzinger, Papst emeritus Benedikt XVI ergänzt, dass die in Matthäus genannte geistige (*ptochoi to pneúmati*) und materielle Armut dazu führen kann, sich voller Gier nach dem materiellen Besitz zu verzehren. Dies führe zu einer Gottesvergessenheit (vgl. Ratzinger 2006, Bd. 1, S. 107).

Für unsere Diskussion der Ethik ist entscheidend, dass Jesus mit seinen Botschaften des Neuen Testaments und der jüdischen Tora, die fünf Bücher Mose, das wesentliche Fundament unserer Grundrechte gelegt hat, die auch in unserem Grundgesetz verankert sind wie Freiheit, Gleichheit, Menschenwürde, Brüderlichkeit und Gleichberechtigung (vgl. Lohfink 2013, S. 400 f.). Jesus stand für eine *Nächsten- und Feindesliebe*, Dienen ohne Hierarchie, eine Vergebung und Verzicht auf Gegenleistung, zumindest im gesellschaftlichen Umgang (vgl. Küng 2012, S. 289). Für die christliche Ethik bedeutet das vor allem, dass der Mensch als Person, als freies Individuum und Träger der Menschenrechte gesehen wird (vgl. Anzenbacher 1998, S. 179 ff.). Er ist ein moralisch handelndes Subjekt, das sich in der Welt orientiert und fehlerbehaftet ist (theologisch: voller Sünde). Die Menschen müssen daher ihr Zusammenleben und Verhalten untereinander so regeln, dass jeder an der gesellschaftlichen Kommunikation und Kooperation teilnehmen kann, die ihm die Chance auf ein gutes Leben ermöglicht (vgl. Anzenbacher 1998, S. 185). Das bedeutet konkret ein *solidarisches Handeln* des Einzelnen mit anderen Menschen im Sinne des *Gemeinwohls*. Vor allem verstehen sich alle Tätigkeiten der Gesellschaft, so die christliche Ethik, als Hilfestellungen (*subsidiär*) für den Einzelnen in der Solidargemeinschaft (vgl. Anzenbacher 1998, S. 213).

Das bedeutet natürlich auch, dass die Wirtschaft, die Ausgestaltung ihres Systems und die Handlungen der einzelnen Akteure, Privatpersonen wie Staats- und Unternehmenslenker, an dieser Maxime der Solidargemeinschaft ausgerichtet sein sollten. Immer unterstellt, dass die christliche Ethik nach wie vor einen vorherrschenden Einfluss auf die Ökonomie haben sollte. Wir werden in den Kapiteln der praktischen Umsetzung (Kap. 4 ff.) auf diesen Gedanken zurückkommen. Der evangelische Theologe Wolfgang Huber hat u. a. mit Verweis auf den indischen Nationalökonomen Amartya Sen (vgl. Sen 2000) bereits einige konkrete Implikationen dieser christlichen Ethik für die Wirtschaft skizziert (vgl. Huber 2013, S. 161 ff.):

1. Gleiche Würde des Menschen

Das bedeutet vor allem die Anerkennung der persönlichen Menschenwürde jedes Einzelnen, etwa die Verhinderung von Armut, die Förderung des Wohlstands und der Einsatz für menschenwürdige Arbeitsbedingungen ohne Kinderarbeit, Rassismus, ohne Ausbeutung vor allem von Frauen und Gleichberechtigung aller Menschen.

2. Nachhaltigkeit

Die Nachhaltigkeit der Wirtschaft zwingt zur Berücksichtigung der Lebensbedingungen auf dieser einen Erde, vor allem im Hinblick auf künftige Generationen. Huber unterstreicht vor allem die herausragende Bedeutung von ökologischer Verantwortung, wirtschaftlicher Stabilität bzw. Wohlstand und der sozialen Gerechtigkeit (vgl. Huber 2013, S. 162).

3. Kein permanentes Streben nach Materiellem

Man solle dankbar sein für das, was man besitzt aber nicht permanent nach Mehr an Besitz oder materiellen Reichtümern streben. Stattdessen solle man Hilfe denjenigen zukommen lassen, die nichts oder nur wenig haben. Hier wirkt das normativ-ethische Vorbild Jesu fort. Man könne nicht zwei Herren dienen: Geld und Gott (Mt 6,24).

4. Vertrauen

Ökonomisches Handeln im Alltag funktioniert nicht ohne Vertrauen. Vertrauen etwa der Handelspartner untereinander, zwischen Konsument und Produzenten, in Unternehmen zwischen Führungskraft und Mitarbeiter etc. Bestechung, Betrug und Korruption zerstören das Vertrauen in die handelnden Personen nachhaltig und sind Gift für die Ökonomie. Daher sind Menschen mit klarer ethischer Überzeugung und sozialer Verantwortung gefragt, die sich an die Werte dieser christlichen Ethik halten (vgl. Huber 2013, S. 164).

An dieser Stelle soll der erste Ausblick auf die Auswirkungen einer christlichen Ethik auf die Ökonomie genügen.

Der Weg des Christentums dauerte bis heute gut zweitausend Jahre und damit auch ihre Ethik. *Paulus* (5–67), ein griechisch ausgebildeter Jude mit römischem Bürgerrecht, und viele weitere Anhänger Jesu zu allen Zeiten setzten sich mit Jesus und seinen Lehren auseinander und verbreiteten sie. Die wesentliche Punkte haben sich zumindest in der christlichen Ethik kaum verändert: Das Handeln und Verhalten Jesu galt viele Jahrhunderte als Maßstab ethischer Normen. Die Starken beschützen die Schwachen, Alten und Kranken, die Liebe ist im Zentrum des Christentums und wird eine Tugend neben den bereits in der Antike existierenden (vgl. Rohls 1999, S. 109). Nicht das diesseitige Leben, sondern das *jenseitige* nach dem Tod ist das worauf es ankommt. Die Erkenntnisse des Christentums werden mit den Ideen der Stoa und Platons vermengt. Wir haben bereits ausschnittsweise die Vertreter der jüngeren Stoa wie Seneca und Epiktet zu Wort kommen lassen (s. o.).

Der *Neuplatonismus* mit seinem wichtigsten Vertreter, *Plotin* (205–270; vgl. Plotin 1990), vertritt die Auffassung, dass der Mensch sich vom Sinnlichen und Körperlichen reinigen (*katharsis*) soll, um sich dem rein Geistigen, der Erkenntnis zu widmen (vgl. Rohls 1999, S. 132). Äußere Askese führt dazu, dass sich der Mensch der Körperlichkeit und Sinnlichkeit enthalten und so seiner eigentlichen Bestimmung, Gott ähnlich zu werden, nachkommen kann (vgl. Rohls 1999, S. 132). Plotin gründete in Rom eine Philosophenschule und gab so seine Lehren weiter, schrieb aber griechisch. Der griechische Kirchenvater *Origines* (185–254) versuchte im 2. Jahrhundert nach Christus eine Synthese aus antikem und christlichem Geist (vgl. Küng 1996, S. 45 ff.), was auch auf seine Ethik zutrifft. So brachte er Christentum und Griechentum zusammen (vgl. Küng 1996, S. 56 ff.). Einen weiteren Meilenstein christlicher Ethik lieferte allerdings Augustinus, den wir hier in aller gebotenen Kürze in seinen ethischen Positionen behandeln wollen.

Augustinus, (354–430) in Thagaste, dem heutigen Algerien geboren (vgl. Küng 1996, S. 80) wurde erst als Erwachsener im Alter von 32 Jahren zum Christentum bekehrt. Davor übte er den Beruf eines Redners, Rhetor, aus und hatte sogar bereits früh Familie. Das Bekehrungserlebnis fand angeblich in seinem Mailänder Haus statt, wohin er als Rhetoriklehrer gezogen war. Dort soll ihm eine Knaben- oder Mädchenstimme geboten haben, die Bibel an einer zufälligen Stelle aufzuschlagen („nimm und lies") (vgl. Precht 2015, S. 389 f., *„tolle et lege"*). Dies sah Augustinus als ein göttliches Zeichen an und bekehrte sich zum Christentum. Nach dem Tod seiner Frau lebte er als Mönch in seiner Heimatstadt Thagaste und wurde zum Priester geweiht und vier Jahre später zum Bischof von Hippo regius, in der Nähe von Thagaste ernannt (vgl. Küng 1996, S. 80; Precht 2015, S. 390 f.).

Die Bedeutung Augustinus für die christliche Kirche, vor allem des lateinischen Westens, kann nicht hoch genug eingeschätzt werden. Er gilt als „Vater aller lateinisch-westlichen Theologie" (Küng 1996, S. 79). Da Augustinus kaum griechisch lesen konnte – er war im lateinischen Sprachraum aufgewachsen und beschäftigte sich intensiv mit den Klassikern wie Cicero, Vergil etc. – war er auf Übersetzungen angewiesen (vgl. Flasch 2013, S. 47; Küng 1996, S. 84). Er kombinierte die philosophischen Strömungen der Antike, namentlich die Stoá, den Neuplatonismus (Plotin) mit den Gedanken des Christentums (vgl. auch im Folgenden Flasch 2013, S. 47; Precht 2015, S. 395). So geht die Welt aus der göttlichen Vernunft hervor. Die Ideen (Platon) als Urbilder der Dinge der Welt werden von Gott entwickelt. Die menschliche Vernunft kann diese Ideen nur erfassen, wenn sie sich vom Sinnlichen freimacht. Während die Sinnesdinge vergänglich sind, bleiben die Ideen bestehen. Sein Glück findet der Mensch nur in der Schau der ewigen und wahren Welt. Mit Augustinus verschiebt sich der Blick von den äußeren Dingen der Welt auf das Innere des Menschen (vgl. Windelband 1993, S. 231). *Noli foras ire: in te ipsum redi: in interiore homine habitat veritas* (Aug. de ver. rel. 39,72, zitiert nach Windelband 1993, S. 231. Nicht nach außen sollst Du gehen, sondern kehre ein in Dich selbst: Im Inneren des Menschen sitzt die Wahrheit).

Der Wille des Menschen ist frei (vgl. Rohls 1999, S. 155). Prinzipiell hat der Mensch die Möglichkeit, nicht zu sündigen (*posse non peccare*). Allerdings hat der Mensch nach dem Sündenfall Adams diese Möglichkeit nicht mehr. Dadurch, dass Adam die Willensfreiheit missbraucht hat, kann der Mensch gar nicht mehr anders als sündigen (*non posse non peccare*, vgl. Windelband 1993, S. 237; Rohls 1999, S. 156). Der Mensch ist auch durch Nachdenken, sittliches Streben oder etwa die moralischen Tugenden nicht in der Lage, die Gnade Gottes zu erwirken (vgl. Flasch 2013, S. 48). Die moralischen Tugenden werden den theologischen Tugenden untergeordnet (vgl. Rohls 1999, S. 157). Die Philosophie ist die „Magd der Theologie" (vgl. Precht 2015, S. 395; *ancilla theologiae*). Stattdessen vergibt Gott nach seinem Gutdünken die Gnade an den Menschen seiner Wahl. Gleichzeitig handelt Gott gerecht, auch wenn uns diese Gerechtigkeit nicht immer einleuchtet (vgl. Flasch 2013, S. 49). Damit ist ohne eigenes Zutun vorherbestimmt, wer die Gnade Gottes erhält und wer nicht (Prädestination). Der freie Wille bleibt somit auf der Strecke (vgl. Windelband 1993, S. 237). Daher bleibt dem Menschen auch nichts anderes übrig, als in Gott zu vertrauen und ihn zu lieben. Damit verbunden ist die Liebe (*caritas*) zu seinem Nächsten (vgl. Rohls 1999, S. 157).

Der Gegensatz zwischen Gott und Böse spiegelt sich auch in der Gesellschaft. In seiner Schrift *de civitate dei* (deutsch: Der Gottesstaat, vgl. Augustinus, Ausgabe 2007) unterscheidet Augustinus zwei Staaten oder Bürgerschaften (*civitates*): In dem einen, der *civitas dei* d. h. dem Gottesstaat, leben alle Menschen, die nach dem Vorbild Gottes leben und nach ihm Streben durch ihre Liebe und Handeln. In dem anderen, der *civitas diaboli* oder dem Teufelsstaat, leben Menschen, die sich gegenseitig bekämpfen, ihren Stolz lieben und nach Macht und Herrschaft streben (vgl. Rohls 1999, S. 158; Windelband 1993, S. 238). Dort leben die Menschen in „Ichsucht", anstelle sich um die Liebe Gottes, ausgedrückt in der Liebe zum Nächsten, zu bemühen. Selbstliebe ist zwar erlaubt aber nur, wenn es nicht in Egoismus umschlägt. Eine Ansicht, die auch für die Moderne eine nachvollziehbare ethische Ansicht darstellt. Ziel dagegen muss es sein, in einer Gemeinschaft der Freude an Gott einträchtig miteinander zu leben (vgl. Rohls 1999, S. 162).

In der Konsequenz hat Augustinus mit seiner Gnadenlehre und vor allem der Lehre der *Erbsünde* Adams an alle Menschen die Grundlagen nicht nur für eine positive Entwicklung der christlichen Lehre gelegt. So weist u. a. Hans Küng darauf hin, dass Augustinus durch die Verteufelung der Fleischeslust für eine Unterdrückung der Sexualität in der abendländischen Theologie gesorgt hat (vgl. Küng 1996, S. 104 f.). Das Mittelalter wird sich vor allem in Form der Kirchenväter, der sogenannten *Patristik* (von lateinisch = *patres* d. h. Väter) oder auch der *Scholastik* (von altgriechisch = *scholastikós* d. h. seine Muße der Wissenschaft widmend oder einfach: Student) verstärkt um die Verbindung von ethischen Positionen in Kombination mit dem einen christlichen Gott bemühen (vgl. etwa Rohls 1999, S. 163 ff.; Flasch 2013, S. 139 ff.).

Der spätantike römische Politiker und neuplatonische Philosoph *Boethius* (etwa 480–524) verteidigt dagegen die menschliche Freiheit vor dem Hintergrund der göttlichen Vorsehung (vgl. Rohls 1999, S. 166 f.). Analog der antiken Ethik geht es dem Menschen in seinem Handeln vor allem um die Erreichung der Glückseligkeit. Diese ist nur durch eine Ausrichtung des gesamten Lebens an Gott zu erreichen. Boethius war Christ, entstammte einer der mächtigsten und einflussreichsten Familien Roms und diente u. a. als Konsul unter König Theoderich und wurde verdächtigt, an einer Verschwörung teilgenommen zu haben und wurde zum Tode verurteilt (vgl. u. a. Gigon in Boethius 2002, S. 309 f.; Dihle 1989, S. 509). Er übersetzte auch Teile der Werke von Aristoteles und Platon ins Lateinische und sorgte so für die Verbreitung deren Ideen im lateinischen Westen (vgl. Flasch 2013, S. 59). So verbindet Boethius die antike mit der christlichen Ethik. In seinem Werk „Trost der Philosophie" (*consolatio philosophiae*, vgl. Boethius, Ausgabe 2002), das er kurz vor seiner Hinrichtung in der Haft verfasst hat, unterstreicht Boethius das Streben nach Glückseligkeit und prangert vor allem die fehlgeleitete Suche nach dem vermeintlichen Glück an (Boethius, Ausgabe von 2002, Buch III, 2. Prosastück, S. 93 f.):

> „Einige, die es für das höchste Glück (*summum bonum*) halten, an nichts Mangel zu haben, setzen ihre Mühen daran, in Reichtum zu schwimmen; andere (…) streben (…) danach, Auszeichnungen zu erlangen und bei ihren Mitbürgern in höchster Achtung zu stehen. Manche setzen das höchste Gut in die höchste Macht; sie versuchen, selbst zu herrschen oder sich an die Herrscher zu drängen."

Wie wir sehen, sind die äußeren Werte wie etwa Ruhm, Macht, Reichtum nicht die Dinge, die zur Glückseligkeit führen und sollten daher nicht den ersten Platz in der Hierarchie einnehmen. Entscheidend ist für Boethius die Frage, wie einerseits die schicksalhafte Vorbestimmung der Weltordnung und die freie Entscheidung und Verantwortung des Menschen zusammenpassen (vgl. Dihle 1989, S. 510).

Bevor wir aber einen Sprung in das 13. Jahrhundert, zu *Thomas von Aquin* (1225–1274) und seinen ethischen Positionen machen, wollen wir uns kurz mit moralisch-ethischen Anforderungen des Islam auseinandersetzen, der im 7. Jahrhundert von Nordafrika aus seinen Siegeszug begann (vgl. u. a. Küng 2004; Rohls 1999, S. 194 ff.). *Islam* bedeutet wörtlich übersetzt „Hingabe an Gott bzw. Ergebung in Gottes Willen" (vgl. Glasenapp 1996, S. 364). Im Mittelpunkt steht dabei der Prophet Mohammed (570–632), der den Glauben an den einen Gott Allah verkündet.

Mohammed wurde als Sohn eines Kaufmanns in Mekka geboren. Sein Vater starb, als Mohammed ein halbes Jahr alt war, seine Mutter gut fünf Jahre später. Er wächst bei seinem Großvater und seinem Onkel auf. Zunächst Hirte, wurde er zum Kaufmann ausgebildet und war als Handelsreisender unterwegs. Mohammed begann, bei der Witwe eines Händlers zu arbeiten, die er später heiratete. Mit seiner Frau Hadiga (Chadidscha) hatte er dann mehrere Kinder. Mit etwa 40 Jahren zog er sich dann gemäß dem islamischen Glauben nach einem Offenbarungserlebnis ins nahe Gebirge zurück, meditierte und betete (vgl. zur Biografie u. a. Küng 2004, S. 133 ff.; Pietsch 2014, S. 264 f.). Nach den Schilderungen eines Verwandten Mohammeds ereignete sich die Offenbarung nach mehreren Tagen und Nächten der Einsamkeit in der Wüste. Durch seine zahlreichen Reisen kannte Mohammed auch die anderen Religionen und deren Kerninhalte, vor allem das Christentum und das Judentum. Mohammed begann mit der Verkündigung seiner Lehre, die nicht allen gefiel. Nach dem Tod seiner Frau und der immer stärkeren Anfeindungen verließ Mohammed Mekka und wanderte nach Medina aus („Hidschra"), wo er von einflussreichen Bürgern Schutz angeboten bekam. Kurz vor seinem Tod unternahm Mohammed noch einmal eine Wallfahrt nach Mekka, seine sogenannte „Abschiedswallfahrt". Kurze Zeit später starb er dann in Medina.

Hauptquelle der islamischen Lehre ist der *Koran*, eine Sammlung aus 114 Suren d. h. Abschnitten, die u. a. religiöse Vorschriften und ethische Vorgaben für den gläubigen Muslim enthalten und das Wort Gottes verkündet. Neben dem Glauben an Gott, Allah, und seinen Propheten Mohammed als oberste Pflicht, kennt der Muslim vier weitere Pflichten (vgl. Glasenapp 1996, S. 398 f.):

Das fünfmalige tägliche Ritualgebet, *salât*, das in Richtung Mekka gewendet vorgenommen wird und dem eine rituelle Waschung mit Wasser oder Sand der Wüste vorausgeht. Ferner das Fasten im Fastenmonat *Ramadân*, einem ganzen Monat, in dem von Sonnenaufgang bis Sonnenuntergang weder gegessen noch getrunken werden darf. Daneben gibt es eine Armensteuer, *zakât*, die jedem Wohlhabenden abverlangt wird zur Spende an die Armen und schließlich die einmal im Leben von jedem gläubigen Muslim vorzunehmende Pilgerfahrt nach Mekka. Für unsere Zwecke sind vor allem die Auswirkungen der ethischen Vorgaben für die islamische Wirtschaft interessant.

So lehnt der Islam die Trennung von Ökonomie und Ethik ab (vgl. Küng 2004, S. 728). Stattdessen sind *Ökonomie und islamische Ethik zwingend ineinander verwoben.* Zwar gibt es von Natur aus unterschiedliche Begabungen und soziale Stellungen in der Gesellschaft, die zu respektieren sind. Gleichzeitig aber gibt es die Pflicht derer, die ökonomisch besser gestellt sind, sich mit seinen Nachbarn und anderen Mitgliedern der Gesellschaft zu solidarisieren. Dies gilt nicht nur für die Pflichtabgabe an die Armen in Höhe von 2,5 Prozent des Vermögens (vgl. Küng 2004, S. 730), sondern auch für die Forderung nach persönlicher Bescheidenheit und der Suche nach der sozialen Gerechtigkeit (vgl. Küng 2004, S. 729). Das Leitbild islamischen wirtschaftlichen Handelns ist eine Wirtschaft basierend auf sozialer Gerechtigkeit in Selbstverantwortung und Ausgewogenheit. Abgelehnt wird ein durch Gier angerichteter Schaden in der gesellschaftlichen und ökologischen Umwelt (vgl. Küng 2004, S. 729, Küng zitiert hier den Ökonomen und Nahostexperten Dieter Weiss). Gewinnmaximierung darf dabei nur solange als Ziel im Mittelpunkt einer islamisch geprägten Ökonomie bleiben, solange sich die sozialen und ökologischen Kosten im Rahmen halten (vgl. Küng 2004, S. 733).

Eine weitere Besonderheit in der islamisch geprägten Ökonomie ergibt sich aus dem Verbot der Scharia, dem islamischen Recht, Zinsen zu nehmen (*Riba*). Die Sure 2, Vers 275 *verbietet das Zinsnehmen*. Dies stelle eine Kapitalerhöhung ohne Gegenleistung dar und führe zu einem ungleichen Tausch von Waren und Geld, was beides in Koran und Sunna verboten ist (Koran, Sure 3, 130, vgl. Financial Islam 2020). Um dieses Modell trotzdem zu einem beiderseitigen Erfolg für Kreditgeber und Kreditnehmer zu führen, haben sich verschiedene Alternativen im islamischen Finanzwesen („Islamic Finance") eingebürgert: So etwa können die unternehmerischen Gewinne in einem vorab fixierten Verhältnis, etwa 75 zu 25 Prozent, geteilt werden oder muslimische Banken Häuser für den Kunden kaufen und diese mit einem Aufschlag weiterreichen (vgl. Kloft 2017). Andere Formen sind die Beteiligung des Kreditnehmers durch seine Arbeitskraft als Entschädigung für den Kredit oder ein Leasingvertrag mit höherer Ratenzahlung etc. (vgl. Küng 2004, S. 726). Anhand dieses Beispiels können wir erkennen, welche Auswirkungen religiöse Lehren und Überzeugungen, in diesem Fall des Islam, auf die ethischen Prinzipien einer Ökonomie haben können (zu ausgewählten ethischen Texten des Koran vgl. auch Höffe 1998, S. 62 f.).

Wir werden dieses Thema an späterer Stelle wieder aufgreifen, wenn wir die berühmte Schrift des Soziologen Max Weber *„Die protestantische Ethik und der „Geist" des Kapitalismus"* und die darin beschriebenen Kerngedanken erörtern. Im Folgenden wollen wir einen Sprung in das Hochmittelalter und Thomas von Aquin machen, der den Abschluss dieses Kapitels bilden soll. Mir ist dabei bewusst, dass viele Vertreter der Patristik d. h. der Kirchenväter wie etwa Clemens von Alexandria, Benedikt von Nursia oder Isidor von Sevilla, der Mystiker wie Hildegard von Bingen oder Meister Eckhardt (vgl. zur christlichen Mystik etwa Leppin 2007) hier nicht explizit besprochen werden können. Sie alle eint, dass sie in den ersten acht Jahrhunderten nach Christus wesentlich zur Entstehung der christlichen Lehre beigetragen haben (vgl. vertiefend exemplarisch Fiedrowicz 2010).

Thomas von Aquin, von adeliger Herkunft und Dominikaner, war ein großer Anhänger des Aristoteles. Er lehrte u. a. in Paris und Neapel und war am päpstlichen Hof des Clemens IV in Viterbo tätig (vgl. Slenczka 2005, S. 126 ff.). In seinen Schriften kombinierte er die Aristotelische Lehre mit den Erkenntnissen des Christentums und wird so einer der größten Theologen seiner Zeit. Allerdings wäre es zu einfach und vor allem unzureichend, Thomas und dessen Denken als „christlichen Aristotelismus" zu charakterisieren (vgl. Flasch 2013, S. 379). Ihm kam zugute, dass die Hauptschrift des Aristoteles, die Nikomachische Ethik, erst im 13. Jahrhundert vollständig übersetzt zur Verfügung stand (vgl. Rohls 1999, S. 204). Einerseits hält Thomas an den Aristotelischen Kardinaltugenden des rechten Maßes fest wie etwa der Klugheit (*prudentia*), der Gerechtigkeit (*iustitia*), der Mäßigung (*temperantia*) und der Tapferkeit (*fortitudo*). Diese Tugenden entsprechen dem aristotelischen Prinzip der rechten Mitte (*mesotes*) zwischen verschiedenen Extrema. Andererseits folgt er dem christlichen

Prinzip des Glaubens an den einen Gott und den christlichen Werten wie Glaube, Liebe und Hoffnung (vgl. Flasch 2013, S. 391). Die menschliche Erkenntnis ist allerdings vor allem auf Gott ausgerichtet. Nur so findet der Mensch zur Glückseligkeit. Sämtliche Handlungen des Menschen sind letztlich dem *Gewissen des Menschen* (*conscientia*, bei Aristoteles *synderesis*) unterworfen. Das Gewissen allerdings folgt der christlichen Lehre und nimmt diese zum Maßstab (vgl. Rohls 1999, S. 207).

In seinem Hauptwerk, der *Summa theologiae*, formuliert Thomas vor allem im zweiten Teil wesentliche Grundlagen seiner Ethik (vgl. u. a. Flasch 2013, S. 390 f.). So ist der Mensch in seinem Willen und Handeln frei. Ethische Werte entspringen den natürlichen Neigungen – man könnte populär auch von Intuitionen sprechen – die allerdings immer im Zusammenspiel mit der menschlichen Vernunft formuliert werden. Auch über die Ökonomie hat Thomas sich Gedanken gemacht (vgl. im Folgenden vor allem Pietsch 2019, S. 25 ff.; Heidbrink et al. 2019, S. 33 f.). Die Ökonomie sei notwendig, die physischen und psychischen Bedürfnisse zu befriedigen und sei vor allem Teil des sozialen Handelns des Menschen. Oberstes Ziel der Ökonomie ist das *Wohlergehen des Gemeinwesens* und das *bonum commune*, das Gemeinwohl (vgl. auch Flasch 2013, S. 387). Beim Gütertausch solle eine Tauschgerechtigkeit herrschen (*iustitia commutativa*), bei der Verteilung von Waren und Vermögen von vornherein eine gerechte Verteilung (*iustitia distributiva*).

Dabei gilt vor allem, dass zwar die Bürger eines Landes mit dem Nötigsten versorgt werden sollen, allerdings solle dies nicht zu einer unnötigen Vermehrung des Reichtums führen. Die Arbeit des Menschen solle zur Ehre Gottes gereichen und ein Beitrag zur Schöpfung leisten. Sie helfe, Müßiggang zu vermeiden und den Leib abzuhärten. Allerdings zieht Thomas analog seinem intellektuellen Vorbild Aristoteles die geistige Arbeit der körperlichen vor. Wichtig ist für Thomas auch ein gerechter Preis, *pretium iustum*, der sich aus einem gesunden Verhältnis zwischen Nachfrage nach dem Produkt, also Bedürfnissen des Menschen, und dessen Eigenschaften zur Bedürfnisbefriedigung ergibt. Der Wert gemessen in Geldeinheiten muss im Falle eines Naturalientauschs gleich sein. Rare Güter mit hoher Nachfrage können teurer verkauft werden als häufig vorkommende, die keine hohe Nachfrage aufweisen (vgl. Pietsch 2019, S. 27). Zinsnehmen lehnt Thomas ab mit dem Argument, es werde ein um die Zinsen erhöhter Geldbetrag verkauft, der so nicht existiere.

Letztlich ist aber alles Handeln des Menschen an Gott auszurichten. So schreibt Thomas in seiner Schrift gegen die Heiden, *Summa contra gentiles* (vgl. Thomas, Capitulum XCIII, Ausgabe Albert et al. 2009, S. 351):

„Wie nämlich der Mensch menschliche Dinge, wie Geld und Ehre, austeilt, so teilt Gott alles Gutsein des Universums aus. Die genannten Tugenden sind also in Gott im umfassenderen Ausmaß als im Menschen; denn wie sich die Gerechtigkeit des Menschen zu Staat und Hauswesen verhält, so verhält sich die Gerechtigkeit Gottes zum Universum. Daher bezeichnet man auch die Tugenden (*virtutes*) Gottes im Verhältnis zu unseren Tugenden als „urbildlich"."

Am Ende dieses zweiten Kapitels zur Geschichte der ethischen Ideen angelangt, lohnt es sich noch einmal, die für unsere Zwecke wesentlichen Erkenntnisse zusammenzufassen. Wir haben gesehen, dass es bereits zu Beginn der abendländischen Literatur, mit Homer und Hesiod, ethische Überlegungen gab, die sich etwa in Form der Adelsethik oder der Vorzüge einer ländlichen, genügsamen Lebensweise äußerten. Bereits die Vorsokratiker wie etwa

Protagoras rückten den Menschen mit seinen Bedürfnissen als „Maß aller Dinge" in den Vordergrund der Überlegungen. Da sollte er auch für eine ökonomische Ethik stehen (!) Manche Denker der Antike wie etwa Demokrit plädierten für ein gemäßigtes Leben mit einem moderaten Genuss unter Beachtung der göttlichen Gesetze. Die bedeutendsten griechischen Philosophen der Antike, Platon und Aristoteles, sahen in der Glückseligkeit, der *Eudaimonie*, das höchste Ziel des Menschen. Beide sahen ein *tugendhaftes Leben* als wesentlich an, um die Glückseligkeit zu erreichen. Während Platon sogar konkrete Vorschläge machte, dass der *Reiche nicht mehr als das Vierfache des Armen* haben möge, pries Aristoteles die rechte Mitte der einzelnen Tugenden. Ziel war für Aristoteles das gute Leben, das nur durch eine Kombination aus Bildung, Vernunft aber auch praktischer Lebenserfahrung zu erreichen war. Dabei stand für ihn die *Gerechtigkeit* im Vordergrund, die einerseits bereits in der Verteilung zu beachten sei und andererseits bei der *Korrektur die Ungleichheiten* zu beseitigen habe. Diese Idee kann unschwer als Maxime für das heutige Wirtschaften übertragen werden.

Die Stoiker priesen die Vernunft, forderten ein Leben gemäß der Natur, in dem Gerechtigkeit, Mäßigung aber auch ein Einsatz für die Gemeinschaft inbegriffen war. Epikur und seine Anhänger plädierten eher für ein Leben im Verborgenen, fern ab jeglicher Betätigung für die Öffentlichkeit. Ihre größte Sorge war die Suche nach einem Leben ohne Schmerzen, geistiger Lust aber auch der persönlichen Askese, dem Verzicht auf jegliches Streben nach persönlichem Reichtum. Mit dem Auftauchen von Jesus Christus und seinem normativ-ethischen Vorbild prägte sich die christliche Ethik, die sukzessive mit den philosophischen Ideen der Antike verschmolzen wurden. Jesus lebte ein Leben vor, das friedlich und gewaltfrei war und sich vor allem in der Liebe zu seinen Nächsten speiste. Er sorgte sich um die Armen, Schwachen und Ausgegrenzten der Gesellschaft, forderte Solidarität und Barmherzigkeit ein und lebte es selbst vor. Er wandte sich gegen die Armut aber auch das Streben nach Geld und übermäßigem Gewinn und forderte Solidarität mit den Schwächsten der Gesellschaft ein. Von diesem Einsatz gegen die Armut wird vor allem im zweiten Teil die Rede sein (vgl. Abschn. 4.2).

Augustinus und die Kirchenväter versuchten in der Folge, diese Lehren mit der ethischen Auffassung der Antike zu verbinden. So plädierte Augustinus für eine Gottes- und Nächstenliebe, verurteilte aber die „Ichsucht", eine Übersteigerung der natürlichen und notwendigen Selbstliebe. Nicht nur das Christentum und darin grundlegend die jüdische Tradition mit ihren ethischen Regeln wie dem Dekalog, sondern auch der Islam prägten den Menschen und gaben ihm ethisch-moralische Lebensregeln mit auf den Weg. So wird der gläubige, wohlhabende Muslim zur Pflichtabgabe an die Armen aufgefordert mit der gleichzeitigen Maßgabe, sich mit ihnen solidarisch zu zeigen und sie nicht nur finanziell zu unterstützen. Der Muslim solle ein Leben in Gottesgläubigkeit aber auch in Bescheidenheit und im Einsatz für die soziale Gerechtigkeit leben. Auch die Umwelt solle nicht vernachlässigt werden, ähnlich der christlichen Bewahrung der Schöpfung. Thomas von Aquin schließlich rang um die intellektuelle Vereinbarkeit von Christentum und aristotelischer Lehre. Er forderte in der Ökonomie ähnlich Aristoteles eine Verteilungsgerechtigkeit aber auch eine Tauschgerechtigkeit, einen gerechten Preis, Zinsverbot und ein gemäßigtes Leben. In diesem Leben sollte das Streben nach Reichtum als alleiniger Zweck keinen Platz haben.

Nach diesem kurzen Ausflug zu den ethischen Positionen der Antike und des Mittelalters wollen wir uns langsam dem ausgehenden Mittelalter und der frühen Neuzeit widmen. Auch hier gab es eine Reihe von großen Denkern, deren Ideen für unsere wirtschaftsethischen Überlegungen wertvoll sind. Beginnen wir aber noch in der christlich-ethischen Umwelt, namentlich bei Martin Luther und seinen reformatorischen Mitstreitern. Im Sinne des Gesamtwerks müssen wir auch hier wieder selektiv vorgehen und uns auf die wesentlichen ethischen Ideengeber konzentrieren. Mir ist bewusst, dass dabei die Gedanken so bekannter Humanisten wie *Francesco Petrarca* (1304–1374), *Marsilio Ficino* (1433–1499) oder auch *Erasmus von Rotterdam* (1466–1536) ausgeblendet werden. Sie alle setzten zwar auf der Antike auf, ergänzten diese aber um eigene Akzente (sehr anschaulich und spannend beschrieben von Precht 2017, S. 72 ff.).

Eine Ausnahme bildet hier lediglich der (Staats)Philosoph und Diplomat *Niccolò Machiavelli* (1469–1527). Umfassend humanistisch ausgebildet, erlebte Machiavelli als Rat seiner Heimatstadt Florenz, damals eine Republik, die reale Politik und die handelnden Menschen (vgl. u. a. Fenske et al. 1987, S. 244 ff.). Die auf seinen diplomatischen Missionen im In- und Ausland erworbenen Erkenntnisse und Erfahrungen dokumentierte er in seinem bekanntesten Werk „Der Fürst" (*Il Principe*). Trotz aller in der Antike studierten und gelobten Tugenden des Menschen und den idealen ethischen Vorgaben gehe es dem Realpolitiker vor allem um die *Macht*, so Machiavelli (vgl. auch Precht 2017, S. 88 ff.). Anstelle von Moral und religiösem Glauben zähle lediglich der rationale, kühle Pragmatismus zum Gewinn und Erhalt der Macht. Die Moral diene lediglich als Herrschaftsinstrument und gäbe entsprechende Handlungsmaxime vor, nach denen sich ein Fürst zu orientieren hat. Als *ultima ratio* seien sogar Grausamkeiten oder Hinterlist erlaubt. So sinnierte Machiavelli etwa darüber, ob es als Fürst besser ist, geliebt als gefürchtet zu werden (vgl. Machiavelli, Il Principe, Kap. XVII, Ausgabe 1986, S. 126 ff.) oder inwieweit der Herrscher freigiebig sein oder sein Wort halten solle (vgl. Machiavelli 1986, Kap. XVI, S. 122 ff., XVIII, S. 134 ff.). Schließlich widmete Machiavelli sogar ein Kapitel (vgl. Machiavelli 1986, XXI, S. 172 ff.) der Frage, was ein Fürst tun muss, um Ansehen zu gewinnen. Hier geht es nicht um ideales ethisch-moralisches Handeln, sondern ganz pragmatisch um die Gewinnung der „Wählergunst" und der Sicherung der eigenen Machtposition.

So war Machiavelli der Meinung, dass der Fürst zwar prinzipiell milde sein sollte. Allerdings dürfe er es mit der Milde (*pietà*) auch nicht übertreiben. Am Beispiel des grausamen *Cesare Borgia*, einem italienischen Renaissance-fürsten und Kardinal, der auch nicht davor zurückschreckte, missliebige Gegner ermorden zu lassen, beschrieb Machiavelli die Eigenschaften eines Fürsten. Er, Cesare Borgia, habe durch seine Grausamkeit (crudeltà) die von ihm regierte Region Romagna geordnet und Frieden (pace), Ergebenheit und Treue (*fede*) wiederhergestellt (vgl. Machiavelli 1986, Kap. XVII, S. 127) Gerade einem neu an die Macht gekommenen Fürsten sei es gar nicht anders möglich, als den Ruf der Grausamkeit aufzubauen, um seine Macht abzusichern (vgl. Machiavelli 1986, Kap. XVII, S. 129). Idealerweise strebt der Fürst beides an: sowohl geliebt als gefürchtet zu werden. Wenn man sich aber entscheiden müsse, dann doch eher gefürchtet als geliebt. Machiavelli glaubte nicht an das Gute im Menschen. Er sah sie vor allem als „undankbar, wankelmütig, unaufrichtig, heuchlerisch, furchtsam und habgierig" (vgl. Machiavelli 1986, Kap. XVII, S. 129). In der Not wenden sie sich gegen den Fürst. Dann ist es gut zu wissen, dass man noch andere, grausamere Mittel vorbereitet hat. Allerdings dürfe die

Furcht auch nicht so weit gehen, dass man gehasst werde (vgl. Machiavelli 1986, Kap. XVII, S. 131).

Auch für das Einhalten des gegebenen Fürstenwortes hat Machiavelli wenig übrig. Zwar sei es prinzipiell moralisch geboten und lobenswert, das dem Volk gegebene Wort zu halten. Weiter komme man aber damit, wenig auf sein gegebenes Wort zu geben und eher die Menschen zu hintergehen (vgl. Machiavelli 1986, Kap. XVIII, S. 135). Da Machiavelli auch die Herrscher seiner Zeit beobachtete und historische Studien betrieb, wusste er genau, dass sich mehrheitlich diejenigen Regenten durchgesetzt haben, die eher auf Hinterlist als auf Redlichkeit gesetzt hatten (vgl. Machiavelli 1986, Kap. XVIII, S. 135). Der Fürst solle zwar die Eigenschaften „Milde (*pietà*), Treue (*fede*), Aufrichtigkeit (*integrità*), Menschlichkeit (*umanità*) und Frömmigkeit (*religione*)" (Machiavelli 1986, Kap. XVIII, S. 139), letztere vor allem, vortäuschen. Der Schein ist mehr als das Sein.

Sehr interessant ist auch Machiavellis Einschätzung der Freigiebigkeit im Vergleich zur Sparsamkeit. Raten Sie mal, was für einen Herrscher langfristig besser ist, die Freigiebigkeit oder die Sparsamkeit? *Prima facie* würde man sagen, dass die Antwort auf der Hand liegt: je mehr Wohltaten für das Volk, desto höher steigt die Wählergunst. Aber genau das Gegenteil ist der Fall! Das erklärt Machiavelli so (vgl. Machiavelli 1986, Kap. XVI, S. 123 f.):

Die Freigiebigkeit in Form von öffentlichen, prachtvollen Bauten, kulturellen Darbietungen etc. kostet den Staat und den Herrscher viel Geld, was er sich natürlich über höhere Steuern und Abgaben des Volkes wieder hereinholen muss. Damit trifft er alle, die Armen überproportional – ihr Geld reicht sowieso kaum zum Leben –, aber nur wenige davon profitieren, weil sie die Kulturleistungen würdigen können. In der Folge muss er sparen, was ihm dann den Ruf des Geizes einbringt. Damit zieht sich der Fürst den Hass und die Verachtung seiner Untertanen auf sich, was ihn unbeliebt macht und seine Machtposition gefährdet. Anders herum ist es mit der Sparsamkeit: Der sparsam haushaltende Fürst kommt mit dem ihm vom Volk über Steuern und Abgaben zur Verfügung gestellten Geld aus. Er kann seine Pläne, Bauten, kulturelle Einrichtungen etc. umsetzen, den Staat gegen Angreifer verteidigen, ohne zusätzliches Geld von seinen Untertanen einzufordern. Da davon die meisten Menschen in seinem Staat profitieren und nur wenige einen Schaden haben, etwa die Bauunternehmer, die jetzt weniger Aufträge bekommen, macht der Fürst sich unter dem Strich bei den meisten seiner Bürger beliebt. Eine klare Umkehrung der Verhältnisse!

Schließlich schildert Machiavelli im 21. Kapitel seines Buches „Der Fürst" (vgl. Machiavelli 1986, Kap. XXI, S. 173 ff.), was ein Fürst tun sollte, um Ansehen bei seiner Bevölkerung zu gewinnen. Vor allem sei dies durch große Unternehmungen (*grandi imprese*) und außerordentliche Beweise seiner Tatkraft (*rari esempli*). Machiavelli verknüpft seine Schilderungen immer mit konkreten historischen Beispielen. So führte der Fürst Ferdinand von Aragon, König von Sizilien und später u. a. König von Kastilien und Leon, Kriege und beschäftigte damit seine Untertanen, vor allem den Adel. Diese dachten dann weniger an Umsturz als über die Strategien nach, wie diese Kriege zu gewinnen seien. Das Militär wurde von der Kirche finanziert, so dass er auch persönlich kaum Einbußen hatte und das Volk zur Kasse bitten musste.

Der Fürst müsse sich entscheiden, ob er im Krieg Freund oder Feind eines kriegsführenden Landes sein wolle. Nur so könne er vom Sieg profitieren. Dies sei allemal besser als die Neutralität. Außerdem zeige dies Mut und Entschlossenheit.

Am Ungeschicktesten sei es aus Sicht des Fürsten eines Staates allerdings, sich von vorneherein mit dem Mächtigeren zu verbünden, da ersterer im Falle des Sieges in die Abhängigkeit des Mächtigeren gerate. Dies sei tunlichst zu vermeiden. Nach innen solle der ideale Fürst die tüchtigen Männer (*uomini virtuosi*) fördern, seine Bürger ermutigen, in aller Ruhe ihrer Beschäftigung nachzugehen, etwa im Handel, in der Landwirtschaft, um den Wohlstand eines Landes zu fördern. Das Volk müsse darüber hinaus mit Festen und kulturellen Veranstaltungen unterhalten werde. Beim Zusammentreffen mit seinen Untertanen dürfe sich der Fürst allerdings nicht mit ihnen gemein machen. Seine Würde und Habitus als Fürst müsse er immer wahren und sich entsprechen distanzieren.

Man tut Machiavelli sicherlich unrecht, wenn man in seiner Schrift „Der Fürst" – er hat noch viele weitere Schriften verfasst, etwa die dreibändigen *Discorsi* zur Innen- und Außenpolitik – eine Anleitung zum unmoralischen Leben eines Fürsten sieht. Vielmehr hat er, der studierte und vielbelesene Humanist, im Gegensatz zu den theoretischen ethischen Überlegungen der Antike seine aus der politischen Erfahrung gespeiste *realpolitische Ethik* gegenübergestellt: Die Tugenden seien ja ganz nett und sollten prinzipiell verfolgt werden, etwa Milde, Zuverlässigkeit, Ehrlichkeit. Im Leben kommt man, so zeigt die jahrelange Erfahrung, mit zum Teil gegenteiligen Eigenschaften und Vorgehensweisen wesentlich weiter. Dies muss man sicher immer im Zusammenhang mit der damals vorherrschenden Zeit und Machiavellis persönlichen Lebensumständen sehen (er wurde anlässlich der Niederlage der florentinischen Republik und der Machtübernahme der Medici abgesetzt und sogar gefoltert; später lebte er mit seiner Familie und sechs Kindern in relativer Armut auf einem kleinen Landgut in der Nähe von Florenz, vgl. u. a. Precht 2017,

S. 87). Machiavelli schildert als politisch versierter und erfahrener Politiker die machtpolitische Realität seiner Zeit, die in einem auffallend krassen Missverhältnis zur moralischen Lehre der Zeit bzw. der Antike stand. Viele spätere Philosophen haben sein Gedankengut aufgegriffen (vgl. u. a. Poller 2005, S. 178).

3.3 Neuzeit: Von Luther bis zu Kant und seinen Nachfolgern

Martin Luther (1483–1546), der große Reformator, war im engen Sinne kein Philosoph, sondern ein Theologe und europäischer Denker (vgl. Flasch 2013, S. 677), dessen Theologie die Weltgeschichte verändert hat. Er ist im Übergang zur Moderne eine „welthistorisch bedeutsame Figur" geworden (Habermas 2019, Bd. 2, S. 9). Luthers theologische Lehre profitierte u. a. von der schnellen Vervielfältigung durch die Druckpresse. Der Kampf des Augustinermönchs und Theologieprofessors vor allem gegen den Ablasshandel und die kirchlichen Verhältnisse seiner Zeit (vgl. zu den Gründen der lutherischen Reformation Küng 1996, S. 153 f.) machten ihn weltberühmt. Luther war der Meinung, dass die Sündenschuld nur von Gott zu erlassen ist und nicht vom Papst oder seinen beauftragten Priestern (vgl. Rohls 1999, S. 253). Damit sprach er den Gläubigen aus dem Herzen, denn die Ablasspraxis entsprach einer Stufe des moralischen Denkens, das die christliche Ethik bereits hinter sich gelassen hatte (vgl. Habermas 2019, Bd. 2, S. 22). Berühmt wurden vor allem seine 95 Thesen an der Schlosskirche in Wittenberg, in denen er sich vor allem gegen den Missbrauch des Ablasshandels etwa durch Ablassbriefe wandte (die wahrscheinlich so nie an der Schlosskirche hingen, vgl. zur Biografie vor allem Schilling 2017 und Köhler 2016).

Martin Luther wurde 1483 in Eisleben als Sohn eines vom Bauernsohn zum arrivierten Bergwerksteilhaber aufgestiegenen Mannes geboren (vgl. Köhler 2016, S. 17 ff.; Kaier 1974, S. 186 ff.). Nach dem Besuch der Lateinschule und der Universität Erfurt, die er als „Magister der freien Künste" verließ, sollte er sich nun dem juristischen Studium widmen. Auf einer Wanderung wurde Luther von einem schweren Gewitter überrascht, ein Blitzstrahl schlug unmittelbar neben ihm ein. In seiner höchsten Not versprach er, Mönch zu werden, sollte er unversehrt aus dieser Situation herauskommen. Nachdem er das Unwetter überlebt hatte, plagte ihn sein Gewissen, das Gelübde zu erfüllen und er trat gegen den Willen seiner Familie in das Kloster der Augustiner-Eremiten, in dem die Eremiten als Bettelmönche lebten, in Erfurt ein. Nach Priesterweihe und Theologiestudium, das er mit einem Doktor der Theologie abschloss, übernahm er an der Universität Wittenberg die wichtigste Professur der Bibelerklärung. Nach intensivem Studium der Bibel und der inneren Konflikte schlug er dann, zumindest wurde das so kolportiert, die 95 (Diskussions)-Thesen an die Schlosskirche zu Wittenberg an. Der Rest der Geschichte ist bekannt. Luthers Thesen, sein reformatorisches Konzept und seine Thesen führten zur Erschütterung der damals geltenden christlichen Lehre. Er konnte und wollte seine Thesen auch vor der Obrigkeit, etwa vor Kaiser Karl den V. in Worms nicht widerrufen (vgl. Kaier 1974, S. 192). Auf der Wartburg, in der Abgeschiedenheit des Thüringer Waldes, übersetzte er das Neue Testament ins Deutsche und schaffte so die Grundlagen der deutschsprachigen Bibellektüre und Messe. Gleichzeitig hat er entscheidend dazu beigetragen, die deutsche Sprache zu standardisieren. Luther starb im Alter von 62 Jahren an den Folgen eines bereits länger währenden Herzleidens. Er hinterließ eine Frau, Katharina von Bora, und sechs Kinder (zu den detaillierten, vor allem inhaltlichen Auseinandersetzungen Luthers, seine Rolle im Bauernkrieg etc. vgl. u. a. Köhler 2016, S. 165 ff. und 287 ff.).

Sämtliches Handeln und Verhalten des Menschen sind alleine durch den Glauben qualifiziert (vgl. im Folgenden Barth 2009, S. 462 ff., hier S. 466). Der Mensch kann nicht durch Geldzahlungen, sondern alleine durch seine sittliche Erneuerung die Sünden von Gott erlassen bekommen. Seine Rechtfertigung erhält der Mensch alleine durch den Glauben an Gott *(„sola fide")*, nicht durch seine Werke (vgl. Rohls 1999, S. 255). Gott alleine kann dem Menschen seine Gnade gewähren (*„sola gratia"*). Die zehn Gebote, der Dekalog, sind genauso wichtig für den Christen wie die Bergpredigt, die u. a. zur Solidarität zu den Mitmenschen, den Armen und Schwachen der Gesellschaft aufruft (vgl. Barth 2009, S. 468). Gefordert wird die Liebe zu Gott und seinem Nächsten. Luther lehnte das geistliche bzw. weltliche Recht des Papstes ab. An seine Stelle tritt alleine das göttliche Recht, an das der Mensch sich zu halten habe.

Der Christ solle sich seiner Arbeit widmen, für den Ertrag werde Gott sorgen. Unsere ethischen Handlungen sind von Christus beeinflusst, der in dem Menschen lebt und wirkt (vgl. Barth 2009, S. 472). Neben der Arbeit solle der Mensch an Gott glauben, täglich zu ihm beten, etwa das Vaterunser und das Glaubensbekenntnis, und sich für seine Mitmenschen einsetzen. Glaube und Liebe sind die Maxime, an denen sich der Christ in seinem Alltag orientieren soll (vgl. Barth 2009, S. 484). Die Bibel nahm Luther wörtlich (*„sola scriptura"*):

Der gläubige Christ müsse darin lesen und sich an dem Vorbild von Jesus Christus (*„solus Christus"*) orientieren (s. den Abschnitt über die Ethik Jesu, Abschn. 3.2). Nur die entsprechende Lektüre und Verarbeitung biblischer Normen und Handlungsvorgaben, etwa der Einsatz Jesu für die Schwachen und Ausgestoßenen der Gesellschaft, seien Orientierungen für den Menschen (vgl. vertiefend dazu

Jähnichen und Maaser 2017, die ausgehend von einer Bibelrezeption von einer *„inventiven"*, d. h. *erfindenden Ethik* sprechen, da der Mensch auf Basis der Bibelnormen seine Handlungen an die Gegebenheiten anpassen kann). Die in seiner Zeit häufig gelebte Ehelosigkeit in der mönchischen Abgeschiedenheit und Askese sind aus Sicht Luthers nur Ratschläge und keine Verpflichtung für den Menschen (vgl. Rohls 1999, S. 260). Der Mensch erreicht stattdessen die ideale Lebensweise, indem er Gottes Geboten z. B. dem Liebesgebot und den weltlichen Gesetzen folgt, gleichzeitig in der Welt tätig wird. Wichtig ist dabei für Luther, dass der Mensch in seinem Willen unfrei ist: Das Gute (Gott) und das Böse (Satan) ringen miteinander um die Richtung des menschlichen Willens. Der Mensch sündigt je nach Ausgang dieses Kampfes zwar, aber nicht freiwillig (vgl. Rohls 1999, S. 256). Die Buße und die anschließende Gnade sind dann alleinige Sache Gottes.

Luthers Mitstreiter, der Theologe und Gräzist *Philipp Melanchthon* (1497–1560, gräzisierte Variante von seinem eigentlichen Namen, *Philipp Schwartzert*, vgl. Melanchthon 1997, Einleitung von Schmidt, G. R., S. 4), führt die protestantische und die aristotelische Ethik zusammen (vgl. Rohls 1999, S. 261). Melanchthon, in Bretten bei Karlsruhe geborener Humanist und Gräzistik-Professor (vgl. die glänzend geschriebene Biografie von Heinz Scheible, Scheible 2016), war der eigentliche Ethiker der Reformation (vgl. Scheible 2016, S. 109). Bereits in frühen Jahren fiel er durch seine exzellente und umfassende Kenntnis u. a. des Lateinischen und Altgriechischen auf. Er studierte die antiken Klassiker sehr intensiv, schrieb sogar lateinische Gedichte und publizierte eine griechische Grammatik, die sehr viele Auflagen erreichte. Ziel seiner Theologie war es, das Leben der Menschen zu verbessern (vgl. Scheible 2016, S. 109). Ferner hat er zahlreiche ethische Schriften herausgebracht, etwa *In Ethica Aristotelis commentarius*, in der er ausgewählte Stellen der Nikomachischen Ethik des Aristoteles kommentierte, oder die *Ethicae doctrinae elementa*, eine Vorlesung über die Lehrsätze der Ethik (vgl. Scheible 2016, S. 111 ff.). Für Melanchthon besteht das ethische Handeln (*honesta actio*) vor allem aus der Kombination des menschlichen Geistes und dessen Willen als „Wirkursachen" (vgl. im Folgenden Melanchthon, Ausgabe von 1997, S. 14 f.). Als „Hilfsursachen" treten noch drei Elemente hinzu: Die christliche Lehre (*doctrina*), natürliche Antriebe (*naturales impetus*), Gewöhnung und Disziplin (*assuefactio seu disciplina*).

Wichtig waren für Melanchthon dabei die Tugenden, die man sowohl dem intensiven Studium der griechischen (z. B. Aristoteles) und römischen Klassiker (etwa Cicero *de officiis*) entnehmen kann. Ferner die ethischen Handlungsmaxime, die sich aus dem Evangelium ergeben wie etwa die aus der Bergpredigt und dem Handeln Jesu entnommene Beispiele und Normen. So schrieb Melanchthon (Melanchthon 1997, S. 143):

> „Folglich sind die Philosophen und die anderen Schriftsteller, welche Grundsätze eines ehrbaren Lebens vermitteln, nicht zu verachten, sondern sorgfältig zu studieren, damit das Urteil über weltliche Angelegenheiten und soziale Verhaltensweisen geschärft wird. (…) Alle Gelehrten empfehlen, uns sollten bestimmte Argumente und Ausdrücke, die geistiges Allgemeingut sind, zur Verfügung stehen, damit wir daraus unsere Redebeiträge zu sittlichen Fragen sooft als nötig speisen können."

Allerdings reicht die philosophische Tugendlehre alleine nicht aus, sie muss durch die Gnade Gottes ergänzt werden (vgl. Scheible 2016, S. 113). Im Gegensatz zu Luther lehnte Melanchthon die Unfreiheit des menschlichen Willens ab.

Er setzte vielmehr für eine ethische Verantwortung menschlichen Handelns die *Freiheit des menschlichen Willens* voraus. Nur in der Kombination aus dem Wort Gottes, dem Geist und dem freien Willen des Menschen ist ethisch verantwortungsvolles Wirken möglich (vgl. Rohls 1999, S. 261). An Melanchthon kann man sehr gut erkennen, wie die Reformatoren bemüht waren, die antiken ethischen Grundprinzipien mit der christlichen Lehre zu verbinden. Durch ihre Arbeit an der Originalsprache kamen sie auch so dicht wie möglich an die Intentionen der Autoren heran, seien es die antiken Philosophen oder die Autoren des Neuen Testaments.

Weitere wirkmächtige Reformatoren wie der Schweizer Pfarrer *Huldrych Zwingli* (1484–1531), Mitübersetzer der „Zürcher Bibel", und *Jean Calvin* (1509–1564) Jurist und Theologe aus Genf, gingen in der Richtung von Luther und Melanchthon weiter und verknüpften diese Gedanken mit je eigenen Akzenten. Bei Zwingli soll der Staat das sittliche Verhalten seiner Mitbürger sicherstellen (zur Vertiefung der Ethik Zwinglis vgl. etwa Neugebauer 2017). Daher wird die Zürcher Kirche in den Staat integriert. Bei Calvin ist es die *Prädestinationslehre*, die Lehre, dass die göttliche Erwählung des Menschen vorherbestimmt ist (*praedestinatio*). Beides hat Konsequenzen für die christliche Lehre und vor allem für die Ethik. Zwingli beschrieb in seinem Glaubensbekenntnis „Von der wahren und der falschen Religion" in Abgrenzung zu Luther, dass Christus bei der Feier des Abendmahls nicht leiblich anwesend sei, sondern diese Feier lediglich ein Akt des Gedächtnisses und des Dankes sei (vgl. Poller 2005, S. 185). Er setzte sich sehr für die Armen ein und übersetzte gemeinsam mit anderen Theologen die Bibel aus der altgriechischen (NT) und hebräischen Originalsprache (AT) in die eidgenössische Sprache und schuf damit die „Zürcher Bibel" noch vor der Luther-Übersetzung. In Zürich vereint Zwingli die Kirche mit dem weltlichen Rat des Staates: Dieser Rat wird zum obersten Sittenwächter der Gemeinschaft, die göttliche Gerechtigkeit gilt als Maßstab für das Gemeindeleben (vgl. Rohls 1999, S. 266). Das bedeutet unter anderem, dass Zinsnehmen und Pachtabgaben verboten sind (vgl. Rohls 1999, S. 266).

Noch bedeutender für unsere Zwecke ist allerdings die *Prädestinationslehre* Johannes Calvins. Wenn, wie Calvin lehrte, *Gott vorherbestimmt* hat, wer erlöst wird und wer der Verdammnis überlassen wird (vgl. Poller 2005, S. 185), dann hat das ganz praktische Konsequenzen und das Leben und Handeln des Menschen. Nachdem niemand weiß, ob er zu den Ausgewählten gehört, versucht jeder, gottesfürchtig zu leben und etwa dem Dekalog gemäß zu leben. Die zehn Gebote und die Bergpredigt rücken daher in den Vordergrund moralischen Handelns. Dazu gehört auch, den Gesetzen gemäß zu leben und Gott und seinen Nächsten zu lieben. In der Arbeit aber, und das ist das neue Element bei Calvin, zeigt sich besonders der Status des Menschen als von der Gnade Gottes ausgewähltem. In seiner Heimatstadt Genf, einer großen Handelsstadt jener Zeit, führte die Hochschätzung der Arbeit im Rahmen der frühkapitalistischen Marktwirtschaft – im Gegensatz zur Negativbeurteilung der reinen Geldwirtschaft, *chrematistiké*, bei Aristoteles – zu einer *moralischen Legitimation des frühen Kapitalismus* (vgl. Rohls 1999, S. 270; Poller 2005, S. 186). Wir werden später auf diesen Gedanken zurückkommen, wenn wir uns mit Max Weber beschäftigen. Entsprechend waren in Genf Verbrechen und Armut aber auch Laster relativ unbekannt und die biblischen Sitten und Gebräuche inkl. Armenfürsorge weit verbreitet (vgl. Poller 2005, S. 186). Eine Bestätigung der Auserwählung durch Gott erhält der Mensch vor allem durch den materiellen Erfolg, etwa den Aufbau eines Vermögens. So stellte Calvin mit seiner Prädestinationslehre einen entscheidenden Baustein in Richtung kapitalistischen Wirtschaftens und Ethik dar.

Allerdings muss man der Fairness halber einräumen, dass für Calvin der öffentliche Wohlstand ein hohes Gut darstellte, den es zu erreichen galt (vgl. im Folgenden Busch 2007). So verurteilte Calvin das Gegeneinander der Menschen wie es vor allem im kapitalistischen Konkurrenzdenken gang und gebe war. Wichtig war ihm auch der Unterschied zwischen Kredit und Wucher: Wucher beute fremde Not des Kreditnehmers aus, während ein sogenannter „Produktivkredit" (vgl. dazu auch Rohls 1999, S. 270) helfe, die Wirtschaft anzukurbeln und damit produktiv zu sein. Calvin ging es vor allem um ein gedeihliches Miteinander der Menschen und die gelebte Solidarität. Der Nächste solle nicht zum Objekt für den eigenen Profit missbraucht werden (vgl. Busch 2007). Armut betrachtete Calvin als „unerträglichen Skandal" (Busch 2007).

„Die soziale Ungerechtigkeit und die Tränen der sozialen Opfer verwunden auch Gott." (zitiert nach Busch 2007). Luxus sei dagegen ebenfalls ein Skandal, da er Ausdruck von grenzenlosem Egoismus sei. Daher sei es die Verpflichtung der Reichen, ihre Güter und das *Vermögen mit den Armen zu teilen*. Die Wirtschaft müsse für den Menschen da sein und nicht umgekehrt. Gott hat alle Menschen gleich geschaffen und fordert zu Recht die Gleichheit unter den Menschen (vgl. Busch 2007). Dennoch bleibt unter dem Strich, dass das Streben nach materiellem Wohlstand in den Gegebenheiten des frühkapitalistischen Systems ein wesentlicher Antrieb der Menschen war. Er zeigte ihnen, dass sie auf dem Weg zu den Auserwählten Gottes waren, die hoffen konnten, von ihm die Gnade zu empfangen.

Wir machen einen Sprung in das *absolutistische Zeitalter*. Die Herrscher jener Zeit wie etwa *Ludwig der XIV.*, der „Sonnenkönig", regierten mit absoluter Macht, ohne sie etwa mit den Ständen zu teilen. Die Naturwissenschaften und die Mathematik machten enorme Fortschritte. Die Mystik und der Aberglaube aber auch die Vorstellung, die Welt sei durch göttliche Gewalt alleine geregelt, wurden durch die naturwissenschaftlichen Erkenntnisse immer weiter erschüttert (vgl. Rohls 1999, S. 328 f.). Die Welt war nun stärker durch die Vernunft durchdrungen und ließ sich anhand ihrer Fähigkeiten besser strukturieren und erkennen. Einer der sogenannten „Rationalisten" war der französische Philosoph, Mathematiker und Naturwissenschaftler *René Descartes* (1596–1650). Descartes hatte zunächst Jura studiert, dann aber durch die Begegnung mit einem Arzt und Naturforscher seine Liebe zur Naturwissenschaft, vor allem für die Mathematik und Physik entdeckt. Als Naturwissenschaftler versuchte er, die Philosophie nach logischen Gesetzmäßigkeiten zu strukturieren („die rationalistische Wende"). Konkret forderte er in seiner *„Discours de la méthode"* (Diskussion zur Methode) (vgl. Descartes, Ausgabe 1996, S. 30 ff.):

1. Nur als wahr anerkennen, was nicht angezweifelt werden kann und ich „evidenterweise erkenne, dass sie wahr ist" (S. 31). Übereilte Schlüsse und Vorurteile (*préventions*) sind sorgfältig zu vermeiden.
2. Ein Problem in so viele kleine Teilprobleme (*parcelles*) zerlegen wie nötig (Deduktion).
3. Vom einfachsten Problem zum schwierigsten fortschreiten, also einer entsprechenden gedanklichen Ordnung (*ordre*) vorzugehen (Induktion) und
4. Durch Aufzählungen (*dénombrements*) und allgemeine Übersichten (*revues générales*) die Vollständigkeit der Untersuchung prüfen (Rekursion).

Eine ähnlich stringente Vorgehensweise forderte Descartes jetzt konsequenterweise auch für die Ethik. Im dritten Teil seiner *„Discours de la méthode"* beschreibt Descartes seine moralischen Grundsätze (vgl. Descartes 1996, S. 37 ff.). Einerseits will er sich den Gesetzen und den Sitten seines Heimatlandes unterwerfen, dabei allerdings die Grundregeln der Religion ebenso weiter beachten. Allerdings nahm er sich vor, alle moralischen Regeln nach seiner eigenen Methode auf den Prüfstein zu stellen. Bis dahin aber wollte er vor allem dem Vorbild der besonnensten (*mieux sensés*) Bürger folgen. Die von ihm selbst geprüften und für wahr angenommenen moralischen Regeln wollte er konsequent anzuwenden. Dabei ging es Descartes vor allem darum, dem Vorbild der Philosophen zu folgen, die ihre Leidenschaften (*affections*) unter Kontrolle hatten und damit freier und glücklicher als andere Menschen wurden (vgl. die Erläuterungen zur Stoá in Abschn. 3.2, vor allem die jüngere bei Seneca und Epiktet). Dabei umfasst diese Leidenschaftslosigkeit ebenfalls die Mäßigung und die Konzentration auf sich selbst und weniger auf äußerliche Dinge.

Schließlich wollte Descartes sein Leben lang versuchen, seinen Verstand zu trainieren (*cultiver ma raison*) und gemäß seiner Methode voranschreiten, um zu Erkenntnis zu gelangen. Dabei wollte er seine Weisheiten nicht nur den Büchern oder dem Gespräch mit den Gelehrten (*gens de lettres*) entnehmen, sondern vor allem in das praktische Leben eintauchen. Descartes gibt uns hiermit weniger Inhalte für eine praktische (Wirtschafts)Ethik mit auf den Weg, sondern alleine *seine Methode*, jegliche Ethik in der Theorie und in der Praxis kritisch zu hinterfragen. Ihm schwebte eine wissenschaftlich fundierte Ethik vor, in der die Affekte von der Vernunft kontrolliert würden (vgl. Rohls 1999, S. 330). Wir werden diese Methodik von Descartes im Hinterkopf haben, wenn wir uns mit den wirtschaftsethischen Themen der Kap. 4 ff. auseinandersetzen und kritisch hinterfragen.

Ein weiterer Philosoph und politische Theoretiker mit konkreten Auswirkungen auf ethische Vorstellungen war der Engländer *Thomas Hobbes* (1588–1679). Als Wunderkind besuchte Hobbes bereits mit 14 die Universität Oxford und studierte dort Logik und Physik. Nach seinem Abschluss wirkte er mehrheitlich als Erzieher in einer der führenden Adelsfamilien Englands. Kurzzeitig war er auch Privatsekretär des Philosophen Francis Bacon (zur Biografie vgl. u. a. Braun et al. 1984, S. 122 f. und Fenske et al. 1987, S. 316 f.). Sein Hauptwerk „*Leviathan*", gilt zwar der Staatsphilosophie, ist hier allerdings aufgrund seiner Sicht auf die Menschen und seiner Vertragstheorie interessant. Im berühmten Kap. 13 seines Werkes Leviathan (vgl. Hobbes, Ausgabe 1996, Kap. XIII, S. 102 ff.) nennt Hobbes drei wesentliche Konfliktursachen der menschlichen Natur: 1. Die *Konkurrenz* mit dem Ziel zu gewinnen 2. Das *Misstrauen*, da die Menschen Sicherheit haben wollen und 3. Die *Ruhmsucht* mit dem Ziel, ein möglichst hohes Ansehen zu erlangen.

Daraus ergebe sich, so Hobbes, eine schwierige Situation: Wenn es keine, alle Menschen begrenzende Macht gäbe und jeder sich ausleben könne wie er wolle, führe dies unweigerlich zu einem „Krieg eines jeden gegen jeden" (in der kürzeren lateinischen Fassung des Leviathan berühmt geworden als „*bellum omnium contra omnes*"). Der Mensch sei seinen Mitmenschen buchstäblich ein Wolf: Der Mensch ist des Menschen Wolf, häufig lateinisch zitiert als „*homo homini lupus*" (vgl. die lateinische Widmung Hobbes' in seinem Werk „Vom Bürger", de cive, Ausgabe 2017, S. 6). Auf die heutige Zeit übertragen, könnte man mit Höffe (vgl. Höffe 2016, S. 217) meinen, dass die Menschen überall dort miteinander in Konflikt geraten, wo sie um den gleichen Gegenstand ringen, sei es im Rahmen der Güterknappheit der kapitalistischen Konkurrenzwirtschaft oder in einer sozialistischen. Die Menschen können so zu erbitterten Gegnern werden und haben Angst voreinander (vgl. Höffe 2016, S. 217).

Abhilfe könne da nur ein Vertrag zwischen den Menschen schaffen, indem alle ihre Rechte und Macht auf eine Person oder eine Versammlung übertragen. Dieser *Gesellschaftsvertrag* schaffe einen starken Staat, den Leviathan (so genannt nach dem mächtigen Seeungeheuer aus dem Buch Hiob im Alten Testament), der dann die Interessen der Bevölkerung *in puncto* Sicherheit und Gemeinwohl wahrnehme (vgl. Fenske et al. 1987, S. 319 f.; Braun et al. 1984, S. 130 ff.). Dieser Staat sei dann nicht mehr von Gott legitimiert, sondern beruhe auf logischen – hier kommt der Logiker Hobbes zum Tragen – und praktischen Regeln (vgl. auch Precht 2017, S. 259). Hobbes forderte angesichts der Armut unter den Bauern seiner Zeit und der empfundenen sozialen Ungerechtigkeit, dass *der Staat zum Beispiel für die Zuteilung des adäquaten Privateigentums sorgen solle* (vgl. Rohls 1999, S. 330). Jeder solle weiterhin die Möglichkeit des Eigentumserwerbs besitzen, allerdings von einem starken Staat kontrolliert, der von den ökonomischen Einzelinteressen der Bevölkerung unabhängig ist (vgl. Rohls 1999, S. 330). So werde jeder Bürger vor der Willkür des jeweils anderen geschützt und der Staat bietet eine vernünftige Lösung zur Natur des menschlichen Zusammenlebens (vgl. Precht 2017, S. 260). Der Staat rechtfertige sich aus dem Eigeninteresse aller Bürger und ihrer freien Zustimmung (vgl. Höffe 2016, S. 216). Was der Selbsterhaltung der Menschen diene, sei moralisch gut, was diese behindere, moralisch schlecht (vgl. Rohls 1999, S. 334). Wir sehen hier, wie weit sich Hobbes bereits von der mittelalterlichen und antiken Tugend- und religiös bedingten Ethik wegbewegt hat.

Diese Idee der *Vertragsethik* bei Hobbes wird u. a. vom gebürtigen Genfer und Wahlfranzosen *Jean-Jacques Rous-*

seau (1712–1778) fortgeführt (zur Biografie vgl. u. a. Braun et al. 1984, S. 162 f.; Einleitung Heine in Rousseau 1997, S. 7 ff.). Rousseau war ein vielseitig interessierter und begabter Mann: Er dichtete, vertonte seine Stücke und schrieb philosophische, pädagogische und staatstheoretische Abhandlungen. Letztere sollen hier für unsere Zwecke näher betrachtet werden. Ausgangspunkt der Überlegungen bei Rousseau ist sein Menschenbild:

> „Der Mensch ist frei geboren und überall liegt er in Ketten. Einer hält sich für den Herren der anderen und bleibt doch mehr Sklave als sie." (Rousseau 1997, 1. Buch, 1. Kapitel, S. 36). So beginnt das erste Kapitel des ersten Buches von Rousseaus berühmtestem Werk „Der Gesellschaftsvertrag oder Grundlage des öffentlichen Rechtes" (*du contrat social ou Principes du droit politique*).

Rousseau kritisierte darin die Gesellschaft seiner Zeit und den Menschen in der Zivilisation. Der Mensch sei durch das Zusammenleben in der Gemeinschaft eitel geworden, liebe vor allem sich selbst (*amour propre*, im Gegensatz zu der positiv belegten Selbstliebe, *amour de soi*, vgl. Höffe 2016, S. 271) und vergleiche sich ständig mit anderen Menschen. Früher, im Naturzustand, in der jeder mit seiner Familie und Sippe lebte, war man eher unabhängig und frei von der sie umgebenden Gemeinschaft. Die negativen Eigenschaften des Menschen hätten sich erst durch das Herausbilden der Zivilisation und der Kultur ausgeprägt (vgl. Precht 2017, S. 419). Im Gegensatz zu dem idealen Naturzustand lebe der Mensch seinen Egoismus aus und stehe in unnatürlicher Weise permanent mit seinen Mitmenschen in Konkurrenz. Dieses wettbewerbsmäßige Verhalten der Menschen werde vor allem durch das Privateigentum verstärkt: Der Mensch teile jetzt in mein und Dein, umzäunt seinen Besitz und schaffe damit Besitzende und Nicht-Besitzende, Reiche und Arme. Gleichzeitig herrschten die Besitzenden über die Nicht-Besitzenden. Die Gesellschaft zerfalle in Herrscher und Sklaven (vgl. Höffe 2016, S. 272; Rousseau 1997, 4. Kapitel über die Sklaverei, S. 40 ff.). Außerdem zerstöre der zu seiner Zeit existierende Staat die Freiheit des Menschen und sei Ausgangspunkt zahlreicher Kriege und Elends (vgl. Höffe 2016, S. 273). Der ursprüngliche Naturzustand der Menschen, in der der Mensch zunächst instinktiv und später kommunikativ zusammenlebt und sich selbst versorgt, werde durch ein kapitalistisches Wirtschaftssystem ersetzt, das zu enormer Ungleichheit und zu Abhängigkeiten führe (vgl. Rohls 1999, S. 403). Dieser unbarmherzige Konkurrenzkampf führe zu einem despotischen Staat, der unbedingt beseitigt werden müsse.

Dem stellte Rousseau eine neue Konzeption der Gesellschaft gegenüber, in der jeder Mensch frei leben könne und die mit einem Vertrag besiegelt werden kann. Auf den Punkt gebracht verlangte Rousseau (Rousseau 1997, S. 47):

> „Man soll eine Art von Vereinigung finden, welche mit ihrer gesamten gemeinschaftlichen Kraft die Person und das Vermögen eines jeden der Verbündeten verteidige und beschütze, und in welcher jeder, der sich dem Gesetz anschließt, dessen ungeachtet nur sich selbst gehorche und ebenso frei bleibe, wie er vorher war."

Die Lösung sah Rousseau also in einem Gemeinwesen, auf das sich alle einigen könnten und in dem jeder der beteiligten Bürger seine Ansprüche an eine Allgemeinheit abträte, die dann seine Rechte und Ansprüche verteidige. Diese aus einzelnen Individuen mit unterschiedlichen Interessen und Bedürfnissen zusammengesetzte Einheit solle dann zu einer gesellschaftlichen Einheit werden, die über einen Gemeinwillen (*volonté générale*) verfüge (vgl. Braun et al. 1984, S. 173). Der allgemeine Willen (davon zu unterscheiden, der Wille aller *volonté des tous*) hat das Gemeinwohl zum obersten Ziel und wird durch den Staat und die Gesetze sichergestellt. Der allgemeine Wille ist der politische Souverän, die Gewalt liegt beim Volk. Oder um es wiederum mit Rousseau zu sagen (Rousseau 1997, S. 48):

> „Jeder von uns setzt gemeinschaftlich seine Person und seine gesamte Gewalt unter die höchste Leitung des gemeinschaftlichen Willens (*volonté générale*), und wir nehmen in die Gemeinschaft ein jedes Mitglied als einen von dem Ganzen untrennbaren Teil auf."

Moralische Verhaltensweisen entsprängen gemäß Rousseau nicht der Vernunft. Vielmehr seien diese von einer Art *emotionalen, empathischen Fähigkeit des Menschen* abgeleitet. Es seien eher die menschlichen Instinkte, – Rousseau verwendete allerdings das Wort „Gewissen" (*la conscience*) – die den Menschen ethisch handeln lässt: Nicht das Verfolgen allgemeingültiger ethischer Regeln, die vernunftbestimmt sind, wird zum Maßstab des Handelns erkoren, sondern die Selbstliebe, die Verfolgung eigener Interessen und Bedürfnisse aber auch das Mitleid mit anderen Menschen.

In seiner berühmten pädagogischen Schrift „Émile oder über die Erziehung" (*Émile ou de l'éducation*) verwies Rousseau darauf, dass der Mensch von Natur aus weiß bzw. empfindet, was gut und was schlecht ist. Das Wissen um das Gute werde nicht aus einer höheren Philosophie abgeleitet, sondern finde sich von Natur aus *im Herzen der Menschen* (vgl. Höffe 1998, S. 225). Daher, so die Schlussfolgerung, reiche es für die Erziehung eines Menschen aus, sich moralisch zu bilden und wachsen zu lassen. Das Gute sei ja bereits im Menschen vorhanden (vgl. Precht 2017, S. 424). Rousseau plädierte entsprechend für eine liberale

Erziehung. Nicht nur die Einlassungen Rousseaus zum Gemeinwesen und zum Gesellschaftsvertrag und seine pädagogisch-moralische Schrift „Émile" prägten das Denken seiner Zeit (etwa Kant, vgl. Poller 2005, S. 244 f.). Sie geben uns auch heute hilfreiche Einsichten in die Ethik. So wäre einmal sehr interessant, wenn sich heute alle oder die meisten Bürger auf eine gemeinschaftlich (*volonté générale*) getragene *Wirtschaftsordnung* festlegen könnten, die dem Gemeinwohl aller Bürger dient. Aber dazu später.

Angeregt durch den Rationalismus Descartes versuchte sich auch der niederländische Philosoph und Sohn portugiesischer Einwanderer *Baruch de Spinoza* (1632–1677, latinisiert Benedictus de Spinoza, ursprünglich Bento de Espinosa) u. a. an der Ethik. Er konzipierte seine Ethik analog einem mathematischen Lehrbuch mit Definitionen, Lehrsätzen, Axiomen und Beweisen (vgl. Spinoza 1996). Seine Kernthese ist, dass das Leben des Menschen vor allem von seinen Affekten beherrscht werde (vgl. Spinoza 1996, dritter Teil, S. 95 ff.). Diese könnte man genauso mathematisch analysieren als ob sie geometrische Körper wären (*„more geometrico"*, benannt nach dem neulateinischen Untertitel der Ethik Spinozas, *Ethica, ordine geometrico demonstrata d. h. Ethik nach geometrischer Methode dargestellt*). Ziel des Menschen müsse es sein, nicht Knecht seiner Affekte zu werden, sondern sie mit Hilfe der Vernunft zu gestalten (vgl. auch Habermas 2019, Bd. 2, S. 153).

Prinzipiell folge der Mensch den Naturgesetzen. Tugendhaftes Handeln erkenne der Mensch vor allem durch die Vernunft (vgl. Spinoza 1996, fünfter Teil, S. 235 ff.). Nur so könne der Mensch erkennen, was für ihn und seine Mitmenschen gut sei. Dabei spiele Gott eine große Rolle: Er ist die unendliche Substanz und definiert die verschiedenen Daseinsformen der Realität und die Welt der Objekte (vgl. vertiefend u. a. Specht 1994, S. 338 ff.). Der Mensch strebe nach der vollkommenen Erkenntnis. Da diese bei Gott liege, müsse der Mensch eins werden mit Gott und Gott erkennen (vgl. Habermas 2019, Bd. 2, S. 153). Ziel des menschlichen Strebens sei die Glückseligkeit als Tugend *sui generis*. Spinoza begriff seine Ethik als rational, man könnte auch sagen, leidenschaftslos, analog der intellektuellen Liebe zu Gott (*amor intellectualis Dei*, zur Vertiefung in die generelle Philosophie Spinozas vgl. u. a. Habermas 2019, Bd. 2, S. 151 ff.).

Der liberale englische Philosoph und Publizist, *John Locke* (1632–1704) baute als Empirist auf erfahrungsbegründetem Wissen auf. Locke hatte ein Stipendium erhalten und an der Universität Oxford u. a. Logik, Griechisch und Latein studiert. Er war dann später Dozent für Griechisch, Rhetorik und Ethik. Durch Erbschaften finanziell unabhängig, brachte es Locke ebenfalls zu einem Bachelor in Medizin. Später war er u. a. sogar Leibarzt des Earls of Shaftesbury, an dessen politischer Karriere er lebhaft Anteil nahm. Er stand als Berater von ihm und anderen Politkern damit selbst im politischen Leben (vgl. Euchner 2011, Kap. 1 ff. zur Vertiefung). Sämtliche Erkenntnis sei vor allem in der inneren (*reflection*) und äußeren Erfahrung (*sensation*, eigentlich: Sinneswahrnehmung) der Menschen begründet (vgl. Brandt 1994, S. 360 ff., hier: S. 362). Dies bedeutet natürlich auch, dass sich die Erkenntnis aus einer Kombination aus Sinneswahrnehmung und vernünftiger Verarbeitung des Erfahrenen im Denken erfolgt. Locke ging folgerichtig davon aus, dass auch moralische Prinzipien nicht angeboren sind, sondern sich im Laufe des Lebens *durch die Erfahrung* herausbildeten (vgl. Mahlmann 2015). Gleichzeitig seien Normen und moralische Handlungen kulturabhängig und müssten begründet werden. Menschliche Handlungen würden immer in Relation zu einem Gesetz bewertet, sei es göttlich oder bürgerlich. In der Beurteilung von gut und böse folgte Locke dem hedonistischen Prinzip: Gut ist was Lust bringt und

Schmerzen vermeidet (vgl. Mahlmann 2015). Ungleich bedeutender für die ethische Theorie war allerdings nicht Locke, sondern vor allem der schottische Philosoph, Ökonom und Historiker David Hume.

David Hume (1711–1776) war ebenso wie Locke ein Empirist. Wir wollen uns mit ihm aus drei Gründen etwas intensiver auseinandersetzen:

Erstens hatte er sich vorgenommen, „der Newton der Wissenschaften vom Menschen zu werden." (Kulenkampff 1994, S. 434). Damit verfolgte er den für uns interessanten Aspekt, den Menschen in seinem Verhalten zu verstehen und vor allem die menschliche Natur durch Erfahrung und Beobachtung auf seine grundlegenden Prinzipien zu zerlegen. Dem diente vor allem sein Hauptwerk *„Traktat über die menschliche Natur"* („A Treatise of Human Nature: Being an Attempt to introduce the experimental Method of Reasoning into Moral Subjects"). Der englische Naturforscher Isaac Newton (1642–1726) hatte dies in Bezug auf Gravitation getan, als er die Bewegungsgesetze formulierte und damit die klassische Mechanik und deren Kernprinzipien begründete. Hume wollte es Newton gleichtun und die psychischen Vorgänge des Menschen genauso rigoros nach Ursache und Wirkung erforschen wie Newton die Gegenstände der Natur (vgl. Habermas 2019, Bd. 1, S. 230).

Zweitens war er eng mit dem Begründer der modernen Ökonomie, Adam Smith (1723–1790), befreundet und übte einen enormen intellektuellen Einfluss auf diesen aus, was ich später noch skizzieren werde. So übernahm Smith vor allem den Gedanken Humes von der Selbstliebe und der Sympathie der Menschen zu sich selbst und untereinander.

Drittens schließlich begründete Hume die *Gefühlsethik*: Er war der Meinung, dass Moral weniger in der Vernunft als vielmehr im sinnlichen Empfinden des Menschen, also sehen, hören, tasten aber auch der damit verbundenen Empfindung beruht (vgl. Precht 2017, S. 330). Gegen den Rationalismus von Hobbes und das Vernunftrecht hatte Hume argumentiert, dass die menschlichen Handlungen nicht rational sondern *emotional motiviert* sind (vgl. Habermas 2019, Bd. 2, S. 229). Hume beschränkte sich dabei nicht auf ethische Handlungen, sondern führt die Gesetzmäßigkeiten in Ökonomie, Politik und Gesellschaft auf psychologische Gesetzmäßigkeiten der Menschen, namentlich dem Charakter und dem Gefühl, zurück. Darüber hinaus sind die Erkenntnisse der Natur- und der Geistes- und Sozialwissenschaften (*moral sciences*) gedanklich aufs Engste miteinander verwoben (vgl. Habermas 2019, Bd. 2, S. 263). Damit setzte Hume seine Akzente diametral gegensätzlich etwa zu dem großen Königsberger Philosophen Immanuel Kant, den wir direkt im Anschluss an Hume (nach einem kurzen Ausflug zu Adam Smith) behandeln wollen. Kant stellte nicht nur die *Pflicht* in den Vordergrund menschlichen Handelns, sondern vor allem die *Vernunft*. Doch der Reihe nach. Zunächst ein paar biografische Anmerkungen (vgl. u. a. Habermas 2019, Bd. 2, S. 228; Grayling 2019, S. 240 ff.).

Hume genoss bereits zu Lebzeiten als Moralphilosoph und Publizist eine überragende Reputation. Zwar war ihm keine akademische Karriere vergönnt – er bewarb sich vergeblich um Professuren in Edinburgh und Glasgow, begann aber bereits mit 23 Jahren (!) mit seinem dreibändigen Traktat über die menschliche Natur, die er binnen zwei Jahren abschloss. In Edinburgh als Sohn einer alten aber nicht mehr vermögenden Familie geboren, studierte Hume bereits im Alter von elf Jahren (!) Philosophie, nachdem er sich von dem eigentlichen Fach Jura abgewandt hatte. Er verließ die Universität allerdings mit 15 wieder ohne Abschluss und stürzte sich in private Studien. Trotz familiärer Bindung an die schottische Kirche – ein Onkel war Priester in der schottischen Kirche – wandte er sich bereits im Alter von 18 Jahren von der Kirche ab und wurde bekennender Atheist. Nach einer erfolglosen Zwischenstation als Schreibhilfe eines Kaufmanns in Bristol (vgl. Streminger 2011, S. 113 ff.), zog er sich nach La Flèche, einem bekannten Jesuitenkolleg in Frankreich zurück, in dem schon Descartes erzogen wurde. Dort schrieb er auch sein Hauptwerk, *A Treatise of Human Nature* (Eine Behandlung der menschlichen Natur). In späteren Jahren war er Privatsekretär des britischen Botschafters in Paris und wurde in den dortigen Salons ein gerne gesehener Gast. Nach seiner Rückkehr nach Edinburgh lebte er noch einige Jahre in einem eigenen Haus bis er dann 1776 im Alter von 65 an Krebs verstarb.

In seinem ethischen Hauptwerk *„An Enquiry Concerning the Principles of Morals"* (Eine Untersuchung über die Prinzipien der Moral) schrieb Hume (Hume, Ausgabe 2012, S. 158 f.):

> „Da nun Tugend ein Endzweck und um ihrer selbst willen, ohne Entgelt oder Belohnung, lediglich um der unmittelbaren Befriedigung willen, die sie gewährt, erstrebenswert ist, so muss notwendigerweise irgendein *Gefühl* (Hervorhebung DP) vorhanden sein, an welches sie rührt, eine innere Neigung oder ein inneres Empfinden, oder wie immer man es sonst nennen mag, das zwischen dem moralisch Guten und Bösen unterscheidet und das sich dem einen zuwendet und das andere verwirft. (…) Der Verstand, weil kühl und gleichgültig, liefert kein Handlungsmotiv und weist nur dem von Begierde oder Neigung empfangenen Impuls den Weg, indem er uns Mittel zur Erreichung des Glücks und Vermeidung des Unglücks zeigt."

Der Philosoph Richard David Precht bringt es auf den Punkt, wenn er sagt, dass die Vernunft ohne die Gefühle nicht alleine funktionieren könne. Sie sei nichts anderes als eine „Marketingabteilung" die erst im Nachhinein rechtfertigt, was die Gefühle vorher entschieden haben (vgl. Precht 2017, S. 330). Hume stellte folglich das Gefühl (*sentiment*) der Vernunft (*reason*) gegenüber. Ein moralisches Urteil zu fällen, ist keine Frage der vernünftigen, logischen Argumentation alleine, sondern eine gefühlsmäßige Übereinstimmung mit dem Urteil oder der Handlung (vgl. dazu auch Habermas 2019, Bd. 2, S. 229). Hume erläuterte dies am Beispiel der Frage an einen Menschen, warum er Gymnastik treibe (vgl. Hume 2012, S. 158). Die Antwort, zum Erhalt der Gesundheit kann weiter hinterfragt werden warum man Gesundheit generell anstrebe. Weil man den Schmerz hasse. Warum hasst man den Schmerz. Etwas, wie z. B. Gesundheit, wird *um seiner selbst willen* geliebt und stimmt mit dem menschlichen Gefühl und der Neigung der Menschen überein, gesund sein und leben zu wollen.

Noch plakativer ist ein weiteres Beispiel: Zu Zeiten der Corona-Krise standen im Zentrum der Epidemie in Norditalien nicht genügend Beatmungsgeräte zur Verfügung. Nach welchen Kriterien trifft man jetzt die Auswahl, wer ein Beatmungsgerät erhalten sollte? Logisch rational wäre sicher, es denjenigen zu geben, die jünger und vermeintlich widerstandsfähiger wären und noch ihr Leben vor sich haben. Aber was für eine Horrorvorstellung wäre ein solches Vorgehen vor allem für die ältere Bevölkerung! Ich denke, wir werden uns schnell darüber einig werden, dass wir gefühlsmäßig sofort sagen werden, dass jedes Leben gleich viel wert ist: Die Würde des Menschen ist unantastbar. Wenn man das christliche Gebot mit zurate ziehen möchte, muss man sagen, vor Gott sind alle Menschen gleich viel wert!

Moralische Argumentationen müssen mit den Prinzipien der menschlichen Natur übereinstimmen (*naturalistische Ethik*). Konkret bedeutet das, dass moralische Urteile nur dann berechtigt sind, wenn sie sich auf Einstellungen oder Affekte (*passions*, auch mit Neigungen übersetzbar) des

Menschen beziehen und mit ihnen übereinstimmen. Dass man Tiere nicht leiden lässt, ist nicht nur mit der Einstellung zu ihnen als Gottes Geschöpfe ersichtlich. Außerdem empfinden wir Mitleid mit den armen Kreaturen. Normale Menschen werden Tierquälerei daher als abscheulich aufs Strengste ablehnen. Da Hume in seinem Hauptwerk des Traktats über die menschliche Natur (s. o.) vor allem den Menschen und seine Handlungsweisen verstehen wollte, untersuchte er auch, warum sich Menschen überhaupt moralisch verhalten. Dies lässt sich am besten vor dem Hintergrund von Humes Theorie der Gerechtigkeit erläutern (vgl. im Folgenden Kulenkampff 1994, S. 451 ff.).

Gerechtigkeit kann unschwer als menschliche Tugend gesehen werden. Nach alter Tradition wurde sie grob als *suum cuique* d. h. jedem das Seine definiert. Dieses „Mein" und „Dein" setzt allerdings eine funktionierende Rechtsordnung voraus, die das Eigentum klar regelt und Vorgehensweisen bei der Nichtbeachtung, etwa Diebstahl, Beschädigung etc. vorsieht. Hume war der klaren Meinung, dass die Menschen nicht ohne funktionierende Rechtsordnung überleben können, da sonst niemand in Ruhe, Friede und Sicherheit lebt. Da die Einhaltung der Gerechtigkeit nur durch eine Rechtsordnung gesichert werden kann, ist die Gerechtigkeit quasi Mittel zum Zweck. Sie wird daher von den Menschen gebilligt, weil sie *nützlich* ist. Diese Billigung alles Nützlichen beruht auf der Tatsache, dass wir Menschen von Natur aus mit Selbstliebe ausgestattet sind. Die *Selbstliebe* (*Self-Love*) sorgt dafür, dass wir versuchen, individuell unseren Nutzen zu maximieren: Wir genießen schöne Urlaube, kaufen uns schöne Kleidung, hören entspannte Musik oder machen uns einfach einen schönen Tag.

Wie passt das aber zusammen mit der Tatsache, dass wir auch mit unseren Mitmenschen mitempfinden, Mitleid haben, ihnen helfen wollen, altruistisch handeln? Hume stellt neben das Prinzip der Selbstliebe noch ein zweites den Menschen motivierendes Prinzip hinzu: Die *Sympathie* (*Sympathy*). Wir interessieren uns also auch für das Wohl anderer Menschen, nicht nur innerhalb der Familie. Die Sympathie, die Fähigkeit des *Mit-Leidens* und Mit-Freuens mit unseren Mitmenschen ist für uns auch ein Wert an sich. Sie nutzt uns so auch direkt und bereitet uns Annehmlichkeiten. Moralische Regeln sind keine Pflichten, sondern Regeln der Klugheit (vgl. Kulenkampff 1994, S. 455). Sie werden im Laufe des Lebens durch die Erfahrung im Umgang mit anderen Menschen erworben. Dies ist auch leicht einzusehen, wenn man überlegt, dass ältere Menschen viel an Weisheit gewonnen haben und wissen, wie man intuitiv in bestimmten Situationen moralisch-ethisch korrekt reagiert.

Hume löste sich durch seine Moralphilosophie von den metaphysischen Überlegungen seiner Zeit (vgl. auch Spierling 2017, S. 135). Moralische Diskussionen beschränkten sich auf die Interpretation der Heiligen Schrift und die Predigten in der Kirche. Die christliche Moral bestand lange aus der Maxime „Gott sagt es so" und daher soll auch so gehandelt werden (vgl. Grayling 2019, S. 243). Hume war aber seiner Natur nach *Skeptiker*, wenn auch kein radikaler. Er zweifelte an den Gottesbeweisen und bestritt die Verbindung von Ethik und Religion. Besonders deutlich wird seine skeptische Position in seinem Werk über die *(Eine) Untersuchung über den menschlichen Verstand* (*An Enquiry Concerning Human Understanding*). In Abschnitt IV legte er seine skeptischen Zweifel an den Tätigkeiten des Verstandes (*sceptical doubts concerning the operations of the understanding*) dar (vgl. Hume 2016, S. 79 ff.). Die moralische Überzeugung bildet sich aber natürlich im Menschen. Der Verstand kann zwar die Inhalte des eigenen Bewusstseins (*perceptions*) ordnen, etwa nach Ähnlichkeit (*resemblance*), unmittelbare Nachbarschaft in Raum und Zeit (*contiguity in place and time*) oder Ursache und Wirkung (*cause and effects*, vgl. Grayling 2019, S. 244 f.).

Wenn ich also mit dem Fuß einen Ball ins Tor schieße, dann kann ich verstandesmäßig erkennen, dass mein Fuß es war, der mit seinem Impuls den Ball ins Tor beförderte (Ursache und Wirkung). Ferner kann ich sinnliche Eindrücke (*impressions*) mit meinen gedanklichen Ideen (*ideas*) übereinanderlegen: Ich weiß wie ein Fußball idealerweise aussieht und ob der mir zu Füßen liegende und mit meinen Augen wahrgenommene ein Fußball ist. Moralische Entscheidungen fällen wir aber vornehmlich nicht mit dem Verstand, sondern mit unserer Emotion, mit dem Gefühl. Wir lernen Fremdsprachen nicht, weil wir rational wissen, es bringt mich persönlich und beruflich weiter. Wir lernen sie, weil wir gerne diese Sprache beherrschen wollen, weil sie uns interessiert, gut klingt, wir Menschen kennen, deren Muttersprache das ist und wir uns mit ihnen unterhalten wollen etc. (vgl. Grayling 2019, S. 247).

Hume war der Meinung, dass die Menschen ein angeborenes moralisches Gespür haben (*innate moral sense*, Grayling 2019, S. 247; verstärkt durch die moralische Erziehung und die Sozialisation, vgl. Habermas 2019, Bd. 1, S. 276 Fußnote). Dieser von *Anthony Shaftesbury* und *Francis Hutcheson* übernommene Begriff als innere Sinn für gut und böse ist allen Menschen gemeinsam, wenn auch durch die einzelnen Charaktere unterschiedlich ausgeprägt (vgl. Spierling 2017, S. 154). Er unterscheidet *zwei Arten von Tugenden* (vgl. Grayling 2019, S. 248 f.):

Die natürlichen (*natural*) und die künstlichen (*artificial*). Die natürlichen sind als Anlage bereits im Menschen vorhanden und machen seine Natur aus wie etwa die Fähigkeit zur Freundschaft, Vertrauen, Großzügigkeit, Fairness, Geduld, Klugheit etc. Sie sind natürlich auch Charaktereigenschaften mit mehr oder weniger großer Ausprägung. Menschen haben einen angeborenen Sinn für Fairness bzw.

Unfairness, wie auch verhaltensökonomische Experimente gezeigt haben (vgl. Precht 2017, S. 337). Die künstlichen Tugenden bestehen darin, dass wir sozialen Normen gehorchen wie etwa Höflichkeit, Gerechtigkeit und natürlich auch den Regeln des Rechts oder den Vereinbarungen. Menschen sind ebenfalls in der Lage, von sich selbst zu abstrahieren und moralische Urteile mit dem Anspruch auf Allgemeingültigkeit zu fällen (vgl. Rohls 1999, S. 365). Wenn ich etwa darüber nachdenke, welche ethischen Abwägungen bei einem autonomen Fahren zu treffen sind — etwa bei einem unvermeidbaren Unfall, in welche Richtung soll das Auto automatisch gelenkt werden? – können wir von unserer individuellen Situation abstrahieren und uns in die Lage der potenziell Betroffenen hineinversetzen. Es muss also möglich sein, die Rolle eines *neutralen Betrachters* zu beziehen (vgl. Rohls 1999, S. 365). Eine interessanter Gedanke, der auch bei dem Philosophen John Rawls eine Rolle spielt, wie wir im nächsten Kapitel erfahren werden.

Hume machte auch konkrete Vorschläge, was als tugendhafte Eigenschaften oder Handlungen zu werten ist wie etwa das Wohlwollen (vgl. Hume 2012, Zweiter Abschnitt, S. 15 ff.), die Gerechtigkeit (vgl. Hume 2012, Dritter Abschnitt, S. 23 ff.), Nützlichkeit (vgl. Hume 2012, Fünfter Abschnitt, S. 59 ff.) oder auch Eigenschaften, die für uns selbst nützlich sind (vgl. Hume 2012, Sechster Abschnitt, S. 85 ff.): Besonnenheit, Fleiß, Willensstärke, Sparsamkeit etc. Angenehm für uns selbst sind Mut, Selbstwertgefühl, für andere gute Manieren, Höflichkeit, Reinlichkeit, Charme etc. (vgl. Hume 2012, Abschnitte 7 und 8, S. 106 ff.). Habermas fasst die Darstellung der Tugenden Humes treffend zusammen, wenn er schreibt (Habermas 2019, Bd. 2, S. 274):

„Aus den emotionalen Wurzeln sowohl des Mitgefühls wie der Selbstliebe entwickelt er einen breit gestreuten Katalog von Tugenden mit dem Ziel, den klassischen Gegensatz von Altruismus und Eigeninteresse zu entschärfen und durch das Kontinuum eines versöhnten Nebeneinanders von sozialen und „ich-bezogenen Tugenden" (Anführungszeichen im Original) zu ersetzen."

Die Wirkung von David Hume, der im deutschsprachigen Bereich der Philosophie zu Unrecht eine geringere Bedeutung gewonnen hat, darf nicht unterschätzt werden (vgl. im Folgenden u. a. Kulenkampff 1994, S. 455 ff.). So griff sein Freund und Moralphilosoph Adam Smith, der Begründer der modernen Nationalökonomie, u. a. den Gedanken der Sympathie und des unbeteiligten Beobachters von Hume auf. Hume lieferte auch Gedanken für den Utilitarismus, namentlich Mill und Bentham, und weckte sogar den großen Königsberger Philosophen Immanuel Kant nach eigenen Aussagen aus seinem „dogmatischen Schlummer" (Prolegomena, vgl. Kant, Ausgabe 1995c, Bd. 3, S. 15). Selbst für den Skeptizismus lieferte Hume Anregungen. Wir wollen uns im Folgenden in aller Kürze mit den ethischen Gedanken Adam Smiths beschäftigen, die vor allem für die moderne Ökonomie berühmte Ideen und Konzepte lieferten.

Adam Smith (1723–1790), war, was nur wenige wissen, nicht nur der Begründer der modernen Nationalökonomie, sondern vor allem Moralphilosoph (vgl. im Folgenden Pietsch 2019, S. 39 ff.; zur Biografie vertiefend Streminger 2017). In Schottland, in der Nähe von Edinburgh geboren, war Smith zwar körperlich ein schwächliches aber intellektuell hochbegabtes Kind. Er studierte bereits mit 14 Jahren an der Universität Glasgow und lernte dort u. a. den schottischen Moralphilosophen Francis Hutcheson kennen. Als einziges Kind von der Mutter alleine großgezogen – sein Vater starb bereits ein halbes Jahr vor seiner Geburt – wuchs er in einem religiösen Milieu auf. Moral, allerdings, so lernte es Smith von Hutcheson, könne auch *unabhängig von der Kenntnis Gottes* erkannt werden. Smith wechselte dann im Alter von 17 Jahren nach Oxford und widmete sich u. a. dem Buch Humes über die menschliche Vernunft (Treatise, s. o.). 1751 erhielt Smith zunächst einen Lehrstuhl für Logik, ein Jahr später, 1752, einen für Moralphilosophie an der Universität Glasgow. Sein Biograf Gerhard Streminger weist zurecht darauf hin, dass die *„moral philosophy"* sich zu Zeiten von Adam Smith nicht nur auf die Moral und Ethik, sondern auf das gesamte menschliche Verhalten bezog (vgl. Streminger 2017, S. 46). Somit wird die Nationalökonomie nicht als isoliertes Wissensgebiet, sondern als Teil eines umfassenden geistes- und gesellschaftswissenschaftlichen Ansatzes gesehen, die den Menschen in seinem Verhalten *in toto* erklären soll.

In seinem Werk *„Theory of Moral Sentiments"* (Theorie der ethischen Gefühle, vgl. Smith 2010) ging Smith der Frage nach, warum und unter welchen Bedingungen Menschen sich moralisch verhalten. Moralisch-sittliches Verhalten sei beim Menschen von Natur aus angelegt. Dabei folgte er der Argumentation Humes, dass moralisches Handeln vor allem den menschlichen Emotionen entspringt und nicht auf reiner Verstandestätigkeit beruht. Wir leiden mit anderen Menschen mit – Sympathie (von altgriechisch *sym* = mit und *pathos* = das Leiden) – nehmen Anteil an ihrer Freude und ihrem Leid. Smith beschäftigte sich in diesem Werk auch mit den Affekten des Menschen (vgl. Smith 2010, S. 39 ff.). Wir können uns etwa durch unsere Sympathie in den Ärger und die Freude eines Freundes hineinversetzen und empfinden die Beleidigung des Freundes ebenfalls genauso wie wir uns mitfreuen über eine Wohltat oder ein positives Erlebnis, etwa die Geburt eines Kindes. Zu den *unsozialen Affekten* zählte Smith etwa Hass und Vergeltungsgefühl, zu den *sozialen Affekten* u. a. Edelmut, Menschlichkeit, Mitleid, Freundschaft und insgesamt wohlwollende Neigungen (vgl. Smith 2010, S. 58). Eine Mittelstellung zwischen sozialen und unsozialen Affekten nehmen *egoistische Affekte* ein. Das Mit-Leiden wird vor allem auf uns selbst projiziert und bewertet die Freude oder Trauer aus der eigenen, egoistischen Perspektive (vgl. Smith 2010, S. 61). Wenn z. B. einer meiner besten Freunde plötzlich zu großen Reichtum kommt, dann werden wir uns einerseits mit ihm freuen, andererseits werden wir aus egoistischer Sicht doch auch Neid empfinden, da wir nicht so reich geworden sind wie unser Freund. Das sind alles zutiefst menschliche Eigenschaften.

Im Laufe seines Werkes behandelte Smith so unterschiedliche Themen wie den Ursprung des menschlichen Ehrgeizes und auch der Standesunterschiede, beschrieb den menschlichen Antrieb nach Lob und die Furcht vor dem Tadel oder den Einfluss von Brauchtum und aktueller Mode auf die sittliche Billigung oder Missbilligung. Es ist hier nicht der Ort, sämtliche moralphilosophischen Erkenntnisse Smiths auszubreiten (vgl. vertiefend Smith 2010). Entscheidend für unsere Zwecke ist die Tatsache, dass Smith sich, angeregt von Hutcheson und Hume, intensiv mit dem realen Menschen und seinem Verhalten und seinen Emotionen auseinandergesetzt hat. Smith beschrieb den Menschen mit allen seinen Vorzügen, der Fähigkeit, Freundschaften einzugehen, der Sympathie, der Solidarität aber auch des Altruismus d. h. sich selbst und seine Bedürfnisse zurückzustellen, um anderen zu helfen. Angeregt durch die antiken Klassiker, die er an der Schule und der Universität ausgiebig studierte, ging Smith der Frage nach dem tugendhaften Handeln nach. Seiner Meinung nach ist die eigene Selbstbeherrschung, der „*self-command*" die notwendige Grundbedingung für moralisch-ethisches Handeln. Nur die Selbstbeherrschung hilft dem Menschen, seine Tugenden wie Gerechtigkeit, Klugheit, Wohlwollen erfolgreich zu gestalten. Dadurch beherrscht er gleichzeitig seine Affekte und es gelingt ihm, sein inneres und äußeres Gleichgewicht zu erhalten.

Vor dem Hintergrund dieser moralphilosophischen Schrift Smiths über die Theorie der ethischen Gefühle ist auch seine berühmteste Schrift über den *Wohlstand der Nationen („An Inquiry into the Nature and the Causes of the Wealth of Nations")* entstanden. Entgegen der landläufigen Meinung, dass beide Werke in seinen Nuancierungen unterschiedlich seien – die Welt der Sympathie und der Moral auf der einen Seite, die egoistischen Nutzenüberlegungen der Ökonomie und das Streben nach Gewinn auf der anderen Seite – entspringen beide doch einem gemeinsamen Kurs über die Moralphilosophie (vgl. Walter Eckstein in seiner Einleitung in Smith, Ausgabe 2010, S. XLV). Die Welt der Moral lässt sich einfach nicht von der ökonomischen Welt separieren, da beide Aspekte unweigerlich zum Leben dazugehören. Was in diesem, meinen Buch zu zeigen sein wird (!). In seiner berühmtesten Passage beschreibt Smith, wie der Mensch durch sein egoistisches Wesen, dem Streben nach persönlichem Fortkommen unwillkürlich auch den Wohlstand für andere befördert (vgl. Smith 2009, S. 451):

„Indem er (das Individuum, Anm. DP) den einheimischen Gewerbefleiß dem fremden vorzieht, hat er nun seine eigene Sicherheit vor Augen, und indem er den Gewerbefleiß so leitet, dass sein Produkt den größten Wert erhalte, beabsichtigt er lediglich seinen eigenen Gewinn und wird in diesem wie in vielen anderen Fällen von einer *unsichtbaren Hand* (*invisible hand*, Hervorhebung DP) geleitet, dass er einen Zweck befördern muss, den er sich in keiner Weise vorgesetzt hatte (…) Verfolgt er sein eigenes Interesse, so befördert er das der Nation weit wirksamer, als wenn er dieses wirklich zu befördern die Absicht hätte."

Smith beschrieb darin in Kontinuität zu seinem Werk zur Theorie der ethischen Gefühle die menschliche Natur und seine Verhaltensweisen. Egoismus, persönliche Gier oder auch rücksichtsloses Gewinnstreben sollen durch die positiven Eigenschaften des Menschen wie Sympathie, Altruismus, Gerechtigkeit aber auch durch die strenge Gesetzgebung ausdifferenziert werden. Dort, wo moralisches und tugendhaftes Handeln nicht durch die Selbstbeherrschung des Menschen möglich ist, muss der Staat durch Recht und Gesetz eingreifen und für die Durchsetzung der Moral sorgen. Smith hat mit seinem Klassiker der Nationalökonomie zusammen mit seinem früheren Werk zur Theorie der ethischen Gefühle nicht nur ein bahnbrechendes Buch verfasst, sondern auch Anregungen für ein *realistisches Menschenbild* geliefert. Darüber hinaus hat er seine Erkenntnisse aus den geistes- und gesellschaftswissenschaftlichen Studien zusammengetragen und somit interdisziplinär gearbeitet. Gleichzeitig hat er aber auch die Rolle des Staates skizziert – er hat auch in seinem etwa 1000 seitigen Werk über den Wohlstand der Nationen u. a. über die Steuerpolitik des Staates referiert, vgl. Smith 2009, S. 848 ff.) – und ebenso ein wertvollen Beitrag zu die ethischen Diskussionen in der Ökonomie geliefert. Smith folgte eher den intellektuellen Wegen Humes mit seiner Gefühlsethik. Damit stand er, was seine moralische Konzeption anbelangt, im Widerstreit zu einem der größten Philosophen seiner Zeit, der die Vernunft in der Moral hervorhebt: Immanuel Kant.

Der Königsberger *Philosoph Immanuel Kant* (1724–1804) gilt bis heute wohl als einer der bedeutendsten und berühmtesten Philosophen der westlichen Welt. Grayling zählt ihn neben Platon und Aristoteles zu den drei größten Gestalten der abendländischen Philosophie- geschichte (vgl. Grayling 2019, S. 256). Zur Begründung führt er an, dass alle drei sich durch ihre intellektuelle Schaffenskraft, ihre Durchdringung auch der tiefgelegensten Teile der schwierigsten Fragen und den schieren inhaltlichen Umfang ihres Schaffens von den anderen Philosophen deutlich abheben (vgl. Grayling 2019, S. 256). Kant wurde als viertes von neun Kindern eines Sattler- und Riemermeisters in Königsberg geboren (vgl. Höffe 1995, S. 8). Kant ist neben Melanchthon und Wolff der dritte große Philosoph deutscher Philosophie, der als Handwerkersohn auf die Welt kam (vgl. Paulsen 1899, S. 27). Seine Eltern, vor allem seine Mutter war streng gläubig im Pietismus groß geworden. Diesem pietistischen Herkunftsmilieu fühlte Kant sich ein Leben lang verbunden (vgl. Paulsen 1899, S. 29). Vor allem der moralischen Atmosphäre seines Elternhauses und der Umgebung gedachte er noch im hohen Alter: Die Treue zum Beruf verbunden mit einem Berufsethos, die strenge Gewissenhaftigkeit und vor allem die tiefe Frömmigkeit (vgl. Paulsen 1899, S. 29).

Abgesehen von einigen Jahren als Hauslehrer, die er außerhalb Königsbergs verbrachte aber noch innerhalb der Grenzen des damaligen Preußen (vgl. Paulsen 1899, S. 26), lebte und lehrte Kant als Professor für Logik und Metaphysik in seiner Geburtsstadt Königsberg. Zeitweilig war er auch als Bibliothekar der königlichen Schlossbibliothek in Königsberg tätig (vgl. Spierling 2017, S. 162). Kant lebte bis zur Übernahme seiner Professur eher ärmlich aber in kultivierter Geselligkeit und blieb zeitlebens unverheiratet (vgl. Spierling 2017, S. 162). Erst mit 46 Jahren erhielt er den Ruf an die Universität und erst mit 63 konnte er ein eigenes Haus erwerben und sich sowohl einen Diener als auch eine Köchin leisten (vgl. Poller 2005, S. 248). Ansonsten war Kant „... *ein deutscher Professor alten Stils, arbeiten, lehren, Bücher schreiben ist der Inhalt seines Lebens. Bedeutende Erlebnisse, aufregende Krisen, außer intellektuel-*

len, kommen darin nicht vor.“ (Paulsen 1899, S. 26). Sein Hauptwerk, die Kritik der reinen Vernunft, veröffentlichte er erst 1781, mit 57 Jahren (!). Grayling schreibt (Grayling 2019, S. 256; ähnliche Überlegungen gibt es auch bei Paulsen 1899, S. 68 mit Verweis auf den relativ frühen Tod Spinonzas und Descartes’):

> *„If Immanuel Kant had died at the age of fifty it is possible we would never have heard of him.“* (Wenn Immanuel Kant im Alter von fünfzig gestorben wäre, wäre es möglich, dass wir niemals von ihm gehört hätten, Übersetzung DP).

So vermeintlich langweilig und vorhersehbar verlief das Leben Kants nicht wirklich bzw. die meiste Zeit seines Lebens. Einer seiner Biografen, Manfred Kühn, räumt glänzend mit dieser Vorstellung auf: So pflegte Kant später in seinem Haus durchaus kurzweilige intellektuelle Zirkel, nahm in seiner frühen Zeit an dem gesellschaftlichen Leben seiner Zeit als beliebter und charmanter Universitätslehrer teil und galt lange als *„eleganter Magister“*. Einen Doktortitel hat er zeitlebens nicht erworben und sich auch nicht darum bemüht (vgl. Höffe 2016, S. 299, zur Vertiefung seiner Biografie vgl. vor allem die meisterhaft geschriebene Darstellung von Manfred Kühn, Kühn 2004, hier: S. 410 ff. aber auch Geier 2003). Dennoch hält sich die Legende des pedantisch um seinen minutiös geplanten Tagesablauf bemühten alten Universitätsprofessors hartnäckig (vgl. u. a. Weischedel 1975 über die „Pünktlichkeit des Denkens“, S. 177 ff.). Wahrscheinlich ist es die Kombination aus beiden Seiten, die den Menschen Kant ausmachten.

Viel spannender verlief auf jeden Fall der Denkweg Kants. Da er ein sehr umfassendes und bahnbrechendes Werk auf den Weg gebracht hat, müssen wir uns hier allerdings sehr stark auf seine *Moralphilosophie* konzentrieren (für eine gut und verständlich lesbare Einführung in die gesamte Philosophie Kants vgl. u. a. Höffe 2014). Von den berühmten drei Fragen, die Kant gestellt hat:

> *1. Was kann ich wissen? 2. Was soll ich tun? 3. Was darf ich hoffen?* (vgl. Kant, Kritik der reinen Vernunft, Ausgabe 1995a, Bd. 2, II. Transzendentale Methodenlehre, 2. Hauptstück, 2. Abschnitt, S. 652; dazu kam später noch die vierte Frage: *4. Was ist der Mensch?*, vgl. u. a. Geier 2003, S. 9)

beantworten wir hier im Wesentlichen die zweite Frage nach der Ethik. Mit Manfred Geier kann man zurecht sagen, dass es *ohne Kant keine moderne Moralphilosophie* gegeben hätte, die dann von den modernen Philosophen wie John Rawls, Jürgen Habermas oder auch Karl-Otto Apel rezipiert und weiterentwickelt worden ist (vgl. Geier 2003, S. 253). Nachdem Kant erst, wie wir gesehen haben, in seinem letzten Lebensdrittel an seinen „Kritiken" arbeitete, hat sich in der Kantforschung eingebürgert, in einen *vorkritischen* und einen *kritischen* Kant zu unterscheiden. In seiner vorkritischen Zeit, beeinflusst vor allem von Hume und Rousseau, geht Kant von der Annahme aus, dass die *moralischen Grundlagen unabhängig von Wissenschaft und Religion* sein müssen (vgl. Rohls 1999, S. 416; Geier 2003, S. 247 ff.). In seinem Beschluss zur Metaphysik der Sitten schreibt Kant (vgl. Kant, Ausgabe 1995b, MdS, S. 586):

> „Die Religionslehre als Lehre der Pflichten gegen Gott liegt außerhalb der Grenzen der reinen Moralphilosophie."

Zwar seien die biblischen und religiösen Lehren pädagogische Impulse zur moralischen Besserung des Volkes. Die wahre Substanz der Moral hat die Philosophie allerdings klarer und eindeutiger erfasst (vgl. Habermas 2019, Bd. 2, S. 323). In seiner empirischen Analyse des Menschen und seines Verhaltens kommt er zu dem Schluss, dass vor allem psychologische Ursachen wie etwa *das Gewissen* das morali-sche Handeln prägen (vgl. Rohls 1999, S. 416). Mit Paulsen kann man sagen (vgl. Paulsen 1899, S. 309), dass Kants Moral „die Wiederherstellung der gemeinen Gewissens-moral" darstellt. Im Übergang zur kritischen Phase, etwa in seinen moralphilosophischen Schriften zur *(Die) Metaphysik der Sitten* (vgl. Kant, Ausgabe 1995b, Bd. 5, S. 243 ff., vor allem S. 451 ff.) aber auch der *Kritik der praktischen Vernunft* (vgl. Kant 1995c, KpV, Ausgabe 1995, Bd. 3) wird die Moral und das daraus abgeleitete Handeln nicht mehr vor-nehmlich im Gefühl wie noch bei Hume, sondern *in der praktischen Vernunft* gesehen (vgl. Die Kritik der praktischen Vernunft, Kant, Ausgabe 1995c, Bd. 3). Die Moral basiert vor allem auf einem praktischen, allgemeingültigen Gesetz, das seinen Ursprung in der *Vernunft* und nicht in einem Ge-fühl hat (vgl. Rohls 1999, S. 416). Dabei ist zurecht zu be-tonen, dass die *Kritik der reinen Vernunft*, die sich im Wesentlichen mit der Erkenntnistheorie auseinandersetzt („Was kann ich wissen?"), bereits die methodologischen Grundlagen der Moralphilosophie Kants legt (vgl. Spierling 2017, S. 166 ff.; Habermas 2019, Bd. 2, S. 341). Der Mensch ist nur durch seine Vernunft und den freien Willen in der Lage, moralisch selbstbestimmt zu handeln.

Im Unterschied zu Hume, mit dem er sich intensiv aus-einandersetzt, geht Kant davon aus, dass die kognitiven Fähigkeiten des Menschen weit umfassender sind als ge-dacht. So kann der Mensch nicht nur mit Hilfe seines Ver-standes die aufgenommenen Sinnesreize verarbeiten, son-dern sich vor allem durch ihn in der Welt orientieren (vgl. Habermas 2019, Bd. 2, S. 299). Im Kern kann man sagen, dass die Bedingungen zur Erkenntnismöglichkeit von Ob-jekten im Subjekt d. h. im Menschen selbst zu finden ist (vgl. Ostritsch 2020, S. 51). Wir wissen daher auch nicht, wie *„das Ding an sich"* ist, sondern nur, wie die *Gegenstände für uns erscheinen*. Das ist, stark vereinfacht ausgedrückt, der

Kern von Kants Erkenntnistheorie und seinem *transzendentalen Idealismus* (vgl. Ostritsch 2020, S. 51). Kants Menschenbild ist auch ein ganz anderes: Der Mensch ist ein aus der Natur und der Intelligenz zusammengesetztes Wesen. Er orientiert sich in der Welt mit seinem Verstand an den Gesetzen der Kausalität. Gleiches gilt für die moralischen Gesetze, die der Mensch mit Hilfe seiner Vernunft erkennt und autonom handeln kann (vgl. Habermas 2019, Bd. 2, S. 302).

Überhaupt akzentuiert Kant vor allem die *Vernunft*: Sie lässt den Menschen die Welt erkennen („den bestirnten Himmel über mir") aber auch gleichzeitig die Moral („das moralische Gesetz in mir", Kant KpV Beschluss, Ausgabe 1995c, Bd. 3, S. 480). Sämtliche Moralbegriffe entstammen lediglich der Vernunft, und das auch *a priori* d. h. ohne erfahrungsbezogene Basis (vgl. Poller 2005, S. 253). Ein moralisches Gefühl könne, da es sinnlich ist, keine Basis für moralische Gesetze sein (vgl. Kühn 2004, S. 239). Die Gesetze der praktischen Vernunft, so wie Kant sie unterscheidet, haben einen imperativen d. h. auffordernden Charakter („Du sollst"). Da sie unbedingt d. h. ohne Ausnahme gelten sollen, nennt Kant sie „kategorisch" („Du sollst auf jeden/keinen Fall …"). Wir kennen diesen Begriff landläufig, wenn man davon spricht, dass jemand ein Angebot „kategorisch ablehnt". Das verstärkt die Intensität der Ablehnung. Eine solche „Verstärkung" hat Kant damit auch gemeint. Der „kategorische Imperativ" von Kant gehört zu den häufigsten Zitaten in der Philosophiegeschichte. Bereits Schulkinder müssen ihn auswendig lernen, wenn sie Kant und die Aufklärung behandeln. Er lautet in seiner Grundform:

„Handle so, dass die Maxime Deines Willens jederzeit zugleich als Prinzip einer allgemeinen Gesetzgebung dienen könne." (Kant, Ausgabe 1995c, KpV § 7 Grundgesetz der reinen praktischen Vernunft, S. 310).

Kant hat diesen kategorischen Imperativ verschiedent-
lich modifiziert (vgl. Kant, Metaphysik der Sitten, Ausgabe
1995b, S. 243 ff. und Grundlegung zur Metaphysik der Sitten, zweiter Abschnitt, vgl. Kant Ausgabe 1995c, Bd. 3,
S. 215 und 216). Der Kern bleibt allerdings immer der
gleiche:

Die *Ethik definiert nur Maxime* und nicht Gesetze für
Handlungen. Gesetze werden von der Rechtsstaatlichkeit
erlassen (vgl. Kant 1995b, Metaphysik der Sitten, S. 470).
Der Mensch ist einerseits repräsentiert durch viele unterschiedliche Individuen mit je eigenen Leidenschaften, Neigungen und Interessen aber auch Hoffnungen und Ängs-
ten. Mit Cicero ist sich Kant einig, dass die Ethik auf der
Vernunft basiert (vgl. Kühn 2004, S. 321). Andererseits
verfügt der Mensch über eine Vernunft, die es ihm ermöglicht, guten Willens zu sein und dem kategorischen Imperativ zu folgen. Die praktische Vernunft definiert autonom
den sittlichen Gehalt seiner Handlungen (vgl. Geier 2003,
S. 242). Das bedeutet, dass der Mensch aus sich selbst heraus *qua* Vernunft den moralischen Kompass erarbeitet, der
ihn in seinen Handlungen leitet. Das Gute wird um seiner
selbst willen angestrebt. Weder das zu erwartende Glück,
noch die Zufriedenheit oder Nützlichkeit ist das Ziel des
moralischen Handelns. Es ist auch nicht vom Temperament oder Charakter des Einzelnen abhängig, sondern alleine vom *guten Willen* (vgl. Precht 2017, S. 491). Was zählt
ist einzig und alleine die gute Absicht des moralisch Handelnden (vgl. Precht 2017, S. 492). Damit handelt es sich
bei Kant um eine *Gesinnungsethik*. Wir werden die Unterschiede zur Verantwortungsethik noch bei der Darstellung
Max Webers kennenlernen.

Gut aber ist der Wille gemäß Kant nur dann, wenn er
durch die Pflicht definiert ist (vgl. Rohls 1999, S. 417;
Paulsen 1899, S. 310; Kühn 2004, S. 325). Dabei gilt, dass
die Pflicht nur um der Pflicht willen genüge getan wird.

Daher wird die Ethik Kants häufig als *Pflichtethik* tituliert, oder *deontologische Ethik* (deon = altgriechisch für Pflicht). So schreibt Kant in der Einleitung der Metaphysik der Sitten (vgl. Kant, Ausgabe 1995b, Bd. 5, S. 259):

> „Wenn daher ein System der Erkenntnis a priori aus bloßen Begriffen M e t a p h y s i k heißt, so wird eine praktische Philosophie, welche nicht Natur, sondern die Freiheit der Willkür zum Objekt hat, eine Metaphysik der Sitten voraussetzen und bedürfen: d.i. eine solche zu h a b e n ist selbst Pflicht, und jeder Mensch hat sie auch, obzwar gemeiniglich nur auf dunkle Art an sich; …" (Sperrungen im Original)

Und weiter im zweiten Teil in der Einleitung über die Tugendlehre:

> „d.i. er (der Mensch, Anm. DP) muss sich verbunden finden seine *Pflicht* (Hervorhebung DP) zu tun, ehe er noch und ohne dass er daran denkt, dass Glückseligkeit die Folge der Pflichtbeobachtung sein werde. (…) Die größte moralische Vollkommenheit des Menschen ist: seine Pflicht zu tun und zwar aus Pflicht." (vgl. Kant, Ausgabe 1995b, Bd. 5, S. 456 und 474).

Wichtig ist Kant dabei, dass die Metaphysik der Sitten davon handelt, was geschehen *soll* und keine gewöhnliche Moral analog der Summe praktisch-technischer Lebensregeln darstellt. Dies wäre allenfalls eine empirisch gewonnene „*Physik der Sitten*", da in der praktischen Lebenswelt erfahr- und beobachtbar. Es geht auch nicht um die Voraussetzungen des menschlichen Wollens. Das sei Aufgabe der Psychologie (vgl. Grundlegung zur Metaphysik der Sitten, Vorrede, vgl. Kant Ausgabe 1995c, Bd. 3, S. 177). Ihm geht es aber um die *Meta-Physik* der Sitten, etwas, das außerhalb des beobachtbaren Rahmens der Natur liegt. Sie soll die Prinzipien eines *reinen Willens* des

Menschen untersuchen (vgl. Kant Ausgabe 1995c, Bd. 3, S. 177). Der Mensch bestimmt sich selbst ein moralisches Gesetz, mit dem er seine individuelle Freiheit begrenzt. Dabei definieren weder Gott noch die Gesellschaft, was moralisch gut ist, sondern ausschließlich das autonom handelnde Subjekt (vgl. Ostritsch 2020, S. 53; Kühn 2004, S. 361). Diese Idee der Autonomie bezeichnet Kant als das „oberste Prinzip der Sittlichkeit" (vgl. Kühn 2004, S. 330). Ein solches moralisches Gesetz liegt außerhalb der wirklichen in der intelligiblen Welt, das nur mit vernünftiger Erkenntnis *a priori* begriffen werden kann. Somit ist auch Kants praktische Philosophie bzw. Metaphysik der Sitten vollkommen von der empirischen Wirklichkeit losgelöst (vgl. Paulsen 1899, S. 303 f.). Ebenso lassen sich moralische Begriffe nicht von der Erfahrung ableiten, sondern basieren auf der reinen Vernunft (vgl. Kühn 2004, S. 329).

Die Ethik ist für Kant aber nicht nur von der Pflicht geprägt, sondern auch vom *Zweck* (vgl. Kant 1995b Metaphysik der Sitten, S. 460 f.): Die Ethik enthalte zwar Pflichten im Sinne der Einhaltung des selbst gegebenen moralischen Gesetzes. Gleichzeitig ist sie aber auch ein System der Zwecke der reinen praktischen Vernunft. Ein anderer Mensch kann mich zwar zwingen, etwas zu tun was ich nicht möchte, etwa als reines Mittel zum Zweck. Dieser andere kann mich aber nicht zwingen, dass ich mir diese Aktivität zum eigenen Zweck erkläre. In den Worten Kants (Grundlegung zur Metaphysik der Sitten, zweiter Abschnitt, vgl. Kant Ausgabe 1995c, Bd. 3, S. 226):

> *„Handle so, dass Du die Menschheit sowohl in Deiner Person, als in der Person eines jeden anderen jederzeit zugleich als Zweck, niemals bloß als Mittel brauchst."*

Kant erläutert diesen praktischen Imperativ am Beispiel des Selbstmords und der Selbstverstümmelung (vgl. Kant

Ausgabe 1995c, Bd. 3, S. 226): Der Mensch ist keine Sache und darf daher nicht als bloßes Mittel gebraucht werden, sondern muss als Zweck an sich gedacht werden. Allerdings darf auch niemand anderes den Menschen zu einer Sache degradieren und als Mittel gebrauchen. Der Erhalt der Menschheit, die Menschheit selbst ist ein Zweck an sich selbst (vgl. Kant Ausgabe 1995c, Bd. 3, S. 227).

Nehmen wir ein Beispiel aus der Ökonomie: Wenn mich ein (Investment)Banker z. B. zwingen möchte, einen großen Teil meines Vermögens zu Spekulationszwecken in Hedgefonds zu investieren, etwa weil er sich schnell große Gewinne bzw. Provisionen dadurch erhofft, dann sind es die Zwecke (oder Ziele) des Bankers und nicht meine. Ich möchte vielleicht risikoärmer in Immobilien oder herkömmliche Aktien investieren, die zwar weniger schnell Gewinne abwerfen, dafür aber die sicherere Geldanlage darstellen. Das oberste Ziel der Tugendlehre Kants ist es, so nach einer Maxime der Zwecke zu handeln, dass diese Zwecke zu haben für jedermann ein allgemeines Gesetz sein kann (vgl. Kant 1995b, Metaphysik der Sitten, S. 478). Auf unser Beispiel übertragen würde das bedeuten, dass der Investmentbanker sich fragen lassen muss, ob er die Investition in Hedgefonds für alle Investoren mit genügendem Geld als allgemeine Regel definieren könnte. Was aber wäre, wenn alle Vermögenden einen Teil ihres Geldes in Hedgefonds investierten und so die Spekulationsblase weiter anheizen, anstelle die reale Wirtschaft mit ihren Bankeinlagen zu unterstützen?

Kant hat daher seinen kategorischen Imperativ auch noch in einer weiteren Variation eingeführt. Demzufolge soll der Mensch so handeln, dass er sowohl sich als auch andere Personen jederzeit zugleich als Zweck und nicht bloß als Mittel braucht (vgl. Rohls 1999, S. 418). Ich darf andere Menschen nicht zum bloßen Mittel zum Zweck, *zu einem reinen Instrument* degradieren. Der Mensch verfügt über einen inneren Wert, eine Würde und darf daher nicht benutzt werden (vgl. auch Precht 2017, S. 494). Kant konkretisiert die verlangten Tugenden bzw. Pflichten und beschreibt auch die Laster bzw. Untugenden gegen sich selbst und andere (vgl. Kant 1995b, Metaphysik der Sitten, S. 506 ff. Die folgenden Paragrafen beziehen sich alle auf dieses Werk):

Der Mensch darf keinen Selbstmord begehen (§ 6), sich selbst nicht schänden, keine unmäßige Nahrungsaufnahme betreiben (§ 8), er soll Lüge, Geiz und falscher Demut vermeiden (§ 9). Ferner soll er seine Mitmenschen lieben i. S. einer Menschenliebe, achten und mit Wohlwollen gegenüberstehen. Es gibt darüber hinaus auch Pflichten zur Wohltätigkeit (§ 29 ff.), zur Dankbarkeit (§ 32 ff.) und teilnehmenden Empfindung d. h. Mitfreude und Mitleid (*sympathia moralis*) gegenüber seinen Mitmenschen. Zu vermeiden (§ 36 ff.) seien vor allem der Neid (*livor*), Missgunst (*invidentia*), Undankbarkeit und Schadenfreude aber auch Hochmut, üble Nachrede und Verhöhnung (§ 42 ff.). Kant preist die Freundschaft – er schreibt die Metaphysik der Sitten im hohen Alter von 73, 1797, sieben Jahre vor seinem Tod – als Symbiose von Liebe und Achtung (§ 47). Er beschreibt sogar im letzten Teil der Metaphysik der Sitten die aus seiner Sicht erwünschten Umgangstugenden (virtutes homileticae, § 48) wie etwa Zugänglichkeit, Gesprächigkeit, Höflichkeit, Gastfreundlichkeit, „Gelindigkeit" d. h. die höfliche Form des Widerspruchs mit Argumenten ohne zu streiten.

Kant entwirft ferner im Rahmen seiner ethischen Methodenlehre (vgl. Kant 1995b, Metaphysik der Sitten, S. 575 ff.) eine *ethische Didaktik*: moralisches Handeln ist zwar ein Produkt der praktischen Vernunft, könne und müsse aber auch *gelehrt werden* (vgl. Kant 1995b, Metaphysik der Sitten, S. 575). Dabei sind folgende Grundsätze zu beachten: die Tugend müsse eingeübt werden (§ 49), die Tugendlehre muss systematisch und nicht fragmentarisch sein wie jede Wissenschaft (§ 50). Die Tugend erfordert einen *moralischen Katechismus* analog dem religiösen (vgl. Kant 1995b, Metaphysik der Sitten, S. 579 ff.). Allerdings muss dieser moralische Katechismus dem religiösen vorangehen „und kann nicht bloß als Einschiebsel in die Religionslehre mit verwebt, sondern muss abgesondert, als ein für sich bestehendes Ganze, vorgetragen werden." (Kant 1995b, Metaphysik der Sitten, S. 577). Die katechetische Lehrart unterscheidet sich dabei sowohl von der rein dogmatischen, in der der Lehrer alleine referiert, als auch von der dialogischen, da der Schüler noch nicht alleine in der Lage ist, die richtigen Fragen analog Sokrates zu stellen. Die Einübung des moralischen Verhaltens erfolgt natürlich auch durch die frühkindliche Sozialisation bei der elterlichen Erziehung, später durch Gleichaltrige. Gesellschaftliche Normen, seien sie religiös oder kulturell bedingt, bestimmen unser moralisches Verhalten ebenso wie der Kontext (vgl. die Forschungen zur Verhaltensökonomie, der Sozialpsychologie etc., vgl. Pietsch 2019, S. 257 ff.; Precht 2017, S. 498).

Wir können zusammenfassend festhalten, dass Kants Moral sich vor allem um die Autonomie des menschlichen Willens dreht (*„Die Autonomie des Willens als oberstes Prinzip der Sittlichkeit"*, vgl. Grundlegung zur Metaphysik der Sitten, zweiter Abschnitt, Kant Ausgabe 1995c, Bd. 3, S. 240 ff.). Voraussetzung für die Autonomie des Willens ist die Freiheit des Menschen. Einerseits als Unabhängigkeit von externer Autoritäten; der sittlich-rationale Wille strebt nach dem Guten und gibt sich dabei selbst ein moralisches Gesetz. Andererseits ist der Wille auch frei von sinnlichen Leidenschaften. Die Vernunft und nicht die sinnlichen Triebe bestimmen das Leben des Menschen. Der sittliche

Wert und die Bedeutung des menschlichen Lebens beruhen einzig und alleine darauf, was der Mensch *Gutes tut* und nicht, was er an Positivem oder Negativem in der Welt erleidet (vgl. Paulsen 1899, S. 335). Die Revolution des Gedankengangs in Kants Moralphilosophie muss man sich folgendermaßen klar vor Augen führen:

War die Moral im Mittelalter vor allem an die christliche Religion gebunden und oberstes Primat, gelang Kant durch die *Entkoppelung von Wissen und Glauben*, Glauben und Vernunft die Entwicklung einer Moralphilosophie unabhängig von religiösen Einflüssen (vgl. u. a. Habermas 2019, Bd. 2, S. 344). Moralisches Handeln wird alleine aus der Autonomie der menschlichen Vernunft heraus begründet. Methodologisch, also a priori und damit ohne Erfahrungswissen ist Moral möglich. Kant verwirft damit den Anspruch des ethischen Empirismus, der ethisches Handeln nur aufgrund von Erfahrungswissen erlaubt (vgl. Höffe 1995, S. 24).

Allerdings muss man einräumen, dass eine solche Vernunftmoral auch seine Grenzen kennt. So richtet sich der kategorische Imperativ vor allem an einzelne Individuen. Ein solidarisches Handeln im Sinne einer kollektiven Vorgehensweise einer Gesellschaft kann dann konsequenterweise nur eine glückliche Fügung einer abgestimmten Gewissensentscheidung vieler Individuen sein (vgl. Habermas 2019, S. 357). Wenn sich also nicht alle Beteiligten einer Gesellschaft darüber verständigen können, dass die zunehmende ökonomische Ungleichheit in Deutschland ein Problem darstellt, kann auch keine gemeinschaftlich getragene Lösung entstehen und umgesetzt werden. Jede Moralphilosophie, natürlich auch die Kants, ist von den persönlichen Lebensumständen auch nicht unabhängig. So stammt Kant aus eher bescheidenen Verhältnissen. Seine Tugendlehre etwa nimmt schon vielfach die Perspektive der

„kleinen Leute" ein (vgl. Paulsen 1899, S. 343). So verweist
Kant in seinem Abschnitt der Tugendlehre über die Wohltätigkeit (vgl. Kant 1995b, Metaphysik der Sitten, § 31,
S. 548) darauf, dass die Wohltätigkeit vielfach einfach nur
vom glücklichen Umstand eines ererbten Vermögens abhängt, im Einklang mit der Begünstigung einzelner Menschen und der Ungerechtigkeit der Regierung bei der Verteilung des Wohlstandes. Kann man das dann noch als
Wohltätigkeit bezeichnen, wenn das große Vermögen keine
eigene Leistung *sui generis* darstellt?

Kant war in diesen „einfachen Verhältnissen" groß geworden: Er hielt den preußischen Wert der Pflichterfüllung,
die gewissenhafte und zuverlässige Erfüllung der sittlichen
Gebote bei harter, entbehrungsreicher Arbeit als Werte
hoch. Dies war die Moral des „gemeinen Mannes" (vgl.
Paulsen 1899, S. 343 f.). Dennoch muss abschließend festgehalten werden, dass es wohl in der westlichen Welt keinen wirkmächtigeren Moralphilosophen als Kant gegeben
hat. An ihm haben sich Generationen von (Moral-)Philo-
sophen kritisch abgearbeitet. Für unsere Zwecke soll die
Darstellung von Kants Ethik zunächst ausreichen. Kant
war nicht nur ein typischer Vertreter der Aufklärung, der
die herausragende Rolle der Vernunft neu definierte, sondern gleichzeitig ein Vorläufer des *Deutschen Idealismus*.
Dieser bahnbrechenden philosophischen Epoche und der
Ethik ihrer Kernvertreter wollen wir uns nun in aller gebotenen Kürze zuwenden. Beginnen wir chronologisch zunächst bei Fichte.

Johann Gottlieb Fichte (1762–1814) wurde als ältestes
von acht Kindern einer armen Handwerkerfamilie in Ram-
menau in der Oberlausitz geboren (zur Biografie vgl. Kühn
2012; Wundt 1927, S. 3 ff.; Poller 2005, S. 273 f.; Siep
1995, S. 40 ff.). Das Schicksal wollte es, dass der adlige und
vermögende Freiherr von Miltitz die Predigt des über-

regional bekannten Pfarrers in dem Dorf Fichtes hören wollte. Leider kam er zu spät, so dass die Predigt bereits vorüber war. In dem Dorf erzählte man ihm von dem hochbegabten Dorfjungen Johann Gottlieb Fichte, der die Predigt nahezu Wort für Wort wiedergeben könne. Der Freiherr war von dem Jungen und der auswendig wiederholten Predigt so angetan, dass er ihn gleich mitnahm und ihm eine bestmögliche Bildung angedeihen ließ. So besuchte Fichte u. a. eine der berühmtesten Höheren Schulen Deutschlands, die Schulpforta. Das anschließende Theologiestudium in Jena und Leipzig brach er dann allerdings ab. Sein Gönner war verstorben und die Witwe unterstützte ihn nur noch eine Zeit lang. Fichte musste sich als Hauslehrer in Sachsen, der Schweiz, Polen und Westpreußen durchschlagen.

Und wieder griff das Schicksal bei Fichte ein: Einer seiner Schüler wollte unbedingt in der Philosophie Kants unterrichtet werden. Das dazu notwendige Studium der Schriften Kants war für ihn ein inneres intellektuelles Erlebnis. Mit 29 Jahren verfasste er im Geiste Kants ein Werk zum *„Versuch einer Kritik aller Offenbarung"*, das er Kant persönlich überreichte. Da Fichte immer noch finanziell angeschlagen war, bat er den berühmten Philosophen um ein Darlehen. Das lehnte Kant zwar ab, ermöglichte Fichte aber, das für gut befundene Werk anonym zu veröffentlichen. Die Öffentlichkeit hielt dieses Werk für die lange erwartete vierte Kritik Kants zur Religion. Als bekannt wurde, dass Fichte und nicht Kant der Autor dieser Schrift war, wurde Fichte mit einem Schlag berühmt. Dies verhalf ihm zu einer ersehnten Professur für Philosophie an der Universität Jena. Aufgrund einer religionskritischen Schrift geriet er allerdings in einen Atheismus-Streit – er wurde wegen Verbreitung atheistischer Ideen verklagt – und Fichte trat von seiner Professur zurück. Er wurde dann über die Zwischenstation in Erlangen Dekan und später kurzzeitig

Rektor der Friedrich-Wilhelms Universität in Berlin. Durch seine Frau mit dem Lazarettfieber angesteckt, verstarb er im Alter von nur 51 Jahren.

Fichte entwickelte nicht nur die Philosophie Kants weiter, sondern wurde auch zum Mitbegründer der *Philosophie des Deutschen Idealismus*, gemeinsam mit Friedrich Schelling und Georg Wilhelm Friedrich Hegel. Kerngedanke seiner Philosophie war, dass uns die Welt der Dinge wie sie uns erscheint, so in Wirklichkeit gar nicht existiert (vgl. im Folgenden Weischedel 1975, S. 196; Precht 2017, S. 523). Was wir sehen ist nur das Bild, das der Mensch wahrnimmt. Alle Sinneseindrücke werden aber von dem Menschen, dem Ich, gefiltert und auf Basis der Erfahrungen, des Unterbewusstseins etc. individuell interpretiert. Das *Ich*, der Mensch und sein Bewusstsein, *setzt das Nicht-Ich* d. h. die Welt der Objekte. Jeder Mensch hat also eine eigene Sicht auf die physische und psychische Welt. Es existiert also nur das *Ideelle* d. h. das Geistige, das Ich mit seinen Vorstellungen. Daher der Begriff *Idealismus*. Diese Vorstellungen entsprechen aber nicht der realen Welt. Sie sind von dem individuellen, freien Bewusstsein des Menschen abhängig. Diese Begriffe des Ich und des Nicht-Ich wurde zwar von vielen Zeitgenossen aufgegriffen, eine gewisse Befremdung blieb allerdings bestehen. So erwähnt etwa Rüdiger Safranski, dass Goethe den Streit Fichtes mit Studenten, die ihm nachts Fensterscheiben einwarfen, mit den Worten kommentierte (Safranski 2004, S. 386):

> „Sie haben also das *absolute Ich* in großer Verlegenheit gesehen und freilich ist es von den Nicht-Ichs, die man doch *gesetzt* hat, sehr unhöflich durch die Scheiben zu fliegen." (Hervorhebungen im Original)

Fichte war es daran gelegen, die Philosophie auf eine wissenschaftliche Grundlage zu stellen. In seiner Schrift

„Über den Begriff der Wissenschaftslehre oder der sogenannten Philosophie" (vgl. Fichte 1794, hier Ausgabe
2016) versuchte er, die Philosophie als Wissenschaft zu definieren. Dabei folgte er seinem Gedanken der Abhängigkeit von dem Ich (Fichte 1794, hier Ausgabe 2016, § 2,
S. 38):

> „So unsere eben beschriebene Wissenschaft. Sie ist als solche
> nicht etwas, das unabhängig von uns, und ohne unser Zu-
> tun existiere, sondern das erst durch die Freiheit unseres
> nach einer bestimmten Richtung hin wirkenden Geistes
> hervorgebracht werden soll."

Fichte unterscheidet wie Kant zwischen der durch Gesetze definierte Rechts- und eine dem Menschen inne-
wohnende Sittenlehre. Dabei ist die Rechts- der Sittenlehre
untergeordnet. Ziel des Menschen muss es sein, ein vernünftiges und freies Ich zu sein (vgl. Rohls 1999, S. 437).
In seiner 1798 veröffentlichten Schrift „System der Sittenlehre nach den Prinzipien der Wissenschaftslehre" definiert
Fichte seine Grundlagen der Ethik (vgl. im Folgenden vor
allem Wundt 1927, S. 215 ff.). Analog Kant muss der
Mensch aus Pflicht gemäß seinem Gewissen handeln. Die
Erziehung zur Moral soll am besten in einer Gemeinschaft
erfolgen, in der das Sittengesetz sich am besten entfalten
kann. Die ideale Gemeinschaft dafür sieht Fichte in der
Kirche (vgl. Wundt 1927, S. 437). Dem Priester kommt
dabei eine besondere moralische Vorbildrolle als öffentlicher Volkslehrer zu. Fichte stellt vor allem die Pflicht zum
Diskurs heraus, mit deren Hilfe die Menschen sich über die
moralischen Grundlagen austauschen und einigen (vgl.
Precht 2017, S. 529). Wir werden dieses Thema bei der
Diskussion der Diskursethik bei Jürgen Habermas wie-
derfinden.

Das System der Sittenlehre (vgl. Fichte 1798, Ausgabe 1995; vgl. dazu auch die Erläuterungen von Kühn 2012, S. 370 ff.) folgt dem Aufbau der Wissenschaftslehre mit seiner strengen methodologischen Struktur. Sie führt stärker an die konkrete Lebenswirklichkeit des Menschen und seinem konkreten Handeln heran. Das sittliche Handeln ist für Fichte das freie, selbstbestimmte Handeln, geprägt durch den autonomen Willen. Er nennt das die *Selbsttätigkeit*. Eingebettet in seine „Ich-Philosophie", ist das sittliche Gesetz der Ausdruck des *reinen Ichs*. Fichte liefert zeitgleich mit seiner Sittenlehre auch den Anstoß für die Naturlehre: Die Natur ist für den Menschen nichts anderes als die sinnliche Bestimmung unseres Wesens. Der sinnliche Teil des Menschen ist ebenfalls Natur, namentlich die Triebe: Bildungs- und Selbsterhaltungstrieb und Begierde. Aufgabe des Sittlichen ist es, gemeinsam mit dem aus dem ich entspringenden Reflexionsvermögen, die Triebe miteinander zu vereinigen. Der sinnliche Trieb dient dabei nur als Mittel zum Zweck, um in Übereinstimmung mit uns selbst zu kommen. Das Gewissen als reiner Trieb versucht, das sittliche Gesetz zu erfüllen. Als Maxime formuliert: Handle nach deinem Gewissen.

Im Unterschied zu Kant, dessen Tugend- und Pflichtlehre sich vor allem an den Einzelnen richtet („Handle so, dass …"), verfügt die Gemeinschaft bei Fichte über einen sittlichen Wert *sui generis*. Wir werden das später sehen, wenn es um das moralische Handeln in der Familie geht. Ausgangspunkt der Sittlichkeit ist bei Fichte das Wesen des Bösen. Die Laster der Menschen machen es ihm schwer sittlich zu handeln. Das Hauptlaster ist für Fichte die Trägheit, da aus ihr alle anderen Laster entstehen. So ist die Feigheit etwa die Trägheit, sich körperlich oder geistig anzustrengen, um einem anderen zu helfen. Der Feige nutzt auch Lüge und Betrug, um seine Ziele zu erreichen. Der

Mensch steigt in mehreren Stufen vom sinnlichen zum sittlichen Leben empor: In der ersten Stufe herrscht nur der sinnliche Trieb, hier ist der Mensch nur Tier. Wird dann in der zweiten Stufe der sinnliche Trieb durch die Reflexion ergänzt, wird der Mensch zumindest zum verständigen Tier. Erst wenn der Mensch sich von seiner sinnlichen Natur loszureißen vermag, erklimmt er die heroische Phase, die erst durch die *Erfüllung der Pflichten in der Gemeinschaft* erreicht wird. Konkret nennt Fichte die Pflicht, die persönliche Freiheit der anderen Mitglieder der Gemeinschaft anzuerkennen und zu fördern. Daher sind auch alle Arten von Gewalt gegen andere untersagt. Lüge und sogar Notlüge werden von Fichte als sittlich verwerflich eingestuft. Der wahrhaft sittliche Mensch ist ein *Philanthrop*, eine Menschenfreund: Er hat keinen einzigen persönlichen Feind.

Der sittliche Mensch fördert die Moralität in der Gesellschaft, achtet andere Menschen wie er sich selbst achtet und geht mit gutem Beispiel voran. In seiner Spätphilosophie ergänzt Fichte die Sittenlehre um konkrete Gesinnungen wie die Selbstlosigkeit, Liebe, Wahrhaftigkeit und Einfachheit. Ausführlich behandelt Fichte auch die Sittlichkeit innerhalb der Familie als kleinste Einheit der Gesellschaft – Fichte war auch Familienvater. Der Ehe an sich maß er eine hohe sittliche Bedeutung bei. Die Eltern haben die Pflicht zur Fürsorge und Erziehung der Kinder. Sie sollen ihre Kinder auch zur Moral erziehen und dabei mit gutem Beispiel vorangehen. Wie oben bereits erwähnt geht es Fichte vor allem um die Förderung und Verbreitung der Moral in der menschlichen Gemeinschaft, sei sie lokal, regional oder national. Dabei spielen, wie gesagt, vor allem der wechselseitige Diskurs und das Ringen um die gemeinsame ethische Position eine große Rolle. Die Kirche und vor allem die Priester haben dabei eine hervorgehobene Position als

Vorbild bei der Vermittlung religiös bedingter moralischer Inhalte inne. Selbst Künstler sind in ihrer künstlerischen Darstellung angehalten, die Sittengesetze einzuhalten und sich nicht jedem Geschmack des Zeitalters zu beugen.

Während die „niederen Volksklassen" vor allem der Pflicht nachgehen sollen, ihr jeweiliges Gewerbe zu betreiben, ist es die Pflicht der „höheren Volksklassen", der Staatsbeamten und der Regierenden mit akademischer Ausbildung, für Gerechtigkeit zu sorgen. Dies ist sicherlich ein Gedanke, der auch in der heutigen Zeit noch eine gewisse Geltung beansprucht. Dabei ist es dezidiert die Aufgabe der Gelehrten, die Menschen zu einer Beherrschung der sinnlichen Bedingungen des Lebens zu führen und sie zu vollkommener Übereinstimmung mit ihren Anlagen zu bringen. Modern ausgedrückt, sollen sowohl die sittlichen als auch intellektuellen Talente im Menschen gefunden und gefördert werden. Fichte gibt auch für einzelne Berufe moralisch-ethische Vorgaben mit auf den Weg, die hier nicht im Einzelnen beschrieben werden müssen (vgl. Fichte Ausgabe 1995, § 28 ff., S. 341 ff.).

Fichte fordert auch eine Reform der Universität ein mit einer überragenden Stellung der Philosophie als Wissenschaft der Wissenschaft. Die Studierenden sollten sich unabhängig vom Bürgertum in einer Art klösterlicher Zurückgezogenheit in der Gemeinschaft ihren Studien widmen. Schließlich sollte jedes Land nur eine Universität vorhalten, um den Patriotismus zu stärken und die deutsche Kleinstaaterei zu überwinden. Wir hören hier bereits den patriotischen Grundton Fichtes heraus, in dessen Geist auch seine berühmten *„Reden an die deutsche Nation"* verfasst worden sind. Dem Gedanken der Gemeinschaft folgend entwirft Fichte in seiner Schrift *„Der geschlossene Handelsstaat"* im Prinzip einen Staat mit sozialistischer Planwirtschaft. Ziel dieses Staates ist es in diesem Modell, allen Bürgern gleiche

Rechte und Glückserwartungen zu ermöglichen (vgl. Poller
2005, S. 275).

In seiner vergleichsweise populär verfassten Schrift „Die
Bestimmung des Menschen" betont Fichte noch einmal
das ideale Verhalten in der Gemeinschaft (Fichte, Ausgabe
2018, S. 116 f.):

> „Nachdem keine selbstsüchtigen Absichten mehr die Men-
> schen teilen, und ihre Kräfte im Kampfe untereinander
> selbst aufzureiben vermögen, bleibt ihnen nichts übrig, als
> ihre vereinigte Macht gegen den einigen gemeinschaftlichen
> Gegner zu richten, der ihnen noch übrig ist, die wider-
> strebende, ungebildete Natur (…) Hier ist jeder immer in
> Bereitschaft, seine Kraft an die Kraft des anderen anzu-
> schließen, und sie der des anderen unterzuordnen; wer nach
> dem Urteile aller das Beste am besten auszuführen wird, den
> werden alle unterstützen, und des Gelingens mit gleicher
> Freude genießen. Dieses ist der Zweck unseres irdischen Le-
> bens, den uns die Vernunft aufstellt, und für dessen unfehl-
> bare Erreichung sie bürgt."

Wie wir gesehen haben, hat Fichte die Ethik Kants u. a.
von der Individual- zur Gemeinschaftsethik weiterentwickelt. Ein weiterer Repräsentant des Deutschen Idealismus, Schelling, baute darauf auf.

Friedrich Wilhelm Joseph Schelling (1775–1854), hoch-
begabter Sohn eines evangelischen Pfarrers aus dem
württembergischen Leonberg, besuchte bereits mit 15 das
Tübinger Stift zum Studium der Theologie (zur Biografie
vgl. u. a. Röd 1996, Bd. II, S. 228 ff.; Braun 1995, S. 93 ff.
und Poller 2005, S. 277). Dort traf er in einer in der deutschen Geistesgeschichte einmaligen Konstellation auf zwei
weitere herausragende Köpfe, den Lyriker *Friedrich Hölderlin* (von Rüdiger Safranski glänzend porträtiert, vgl. Safranski 2019) und den kongenialen Mit-Philosophen *Georg*

Wilhelm Friedrich Hegel. Geprägt wurden die „Tübinger Drei" wie sie später genannt wurden, durch die Aufklärung. Sie alle teilten die Begeisterung für die Französische Revolution (1789). Schelling setzte sich vor allem mit der Philosophie Kants und Spinozas auseinander und war anfangs stark von der Philosophie Fichtes, namentlich der Wissenschaftslehre, beeinflusst. Da er aber nach Abschluss des Studiums nicht Pfarrer werden wollte, nahm er eine Stelle als Hauslehrer bei einem Adligen in Stuttgart an. Ein Jahr später begann er in Leipzig ein Studium der Mathematik, Naturwissenschaften und Medizin, das ihm die intellektuellen Grundlagen für seine Naturphilosophie legte. Von dort aus besuchte er u. a. seinen württembergischen Landsmann Friedrich Schiller, der ihn mit Goethe bekannt machte.

Überhaupt waren viele geistige Größen dieser Zeit der Romantik in einem lebhaften Austausch. So traf Schelling nicht nur auf Goethe, sondern auch auf den Dichter *Novalis*, alias Friedrich von Hardenberg, den Bildhauer und Architekten *Friedrich Tieck* und den Theologen *Friedrich Daniel Ernst Schleiermacher*. Goethe, der Schelling und vor allem seine Naturphilosophie sehr schätzte und auch privat mit ihm verkehrte (vgl. Safranski 2013, S. 449 ff.), vermittelte dem Dreiundzwanzigjährigen eine Professur in Jena neben Fichte. Schelling lehrte danach an den Universitäten Würzburg, Erlangen und München. Fünf Jahre lang war er sogar Philosophielehrer des späteren Bayerischen Königs Maximilian II., der ihn sehr verehrte und ihm ein Denkmal setzte. Schließlich wurde er Nachfolger von Hegel an der Universität in Berlin und wirkte dort bis zu seinem Tode 1854, knapp 80 jährig. Schelling starb während einer Kur in Bad Ragaz in der Schweiz.

Es würde hier für unsere Zwecke zu weit führen, das umfangreiche Werk Schellings und seine Kerngedanken an dieser Stelle wiedergeben zu wollen (zur Einführung in

Schellings Denken vgl. u. a. Frank 1995 und Röd 1996, Bd. 2, S. 230 ff.). Da uns vor allem Schellings praktische Philosophie, namentlich die moralisch-ethischen Überlegungen interessieren, seien die anderen Themenbereiche – die natürlich Schellings wesentliche Philosophie ausmachen! – nur kursorisch behandelt.

Für Fichte existierte die Natur nicht, wie wir gesehen haben, objektiv als „Ding an sich" (Kant), sondern nur als Produkt eines subjektiven Ichs: Die Natur wird nur durch den Menschen und seine verständige Wahrnehmung erlebt. Schelling drehte das Verhältnis um: Nicht die Natur ist Produkt des Geistes, sondern umgekehrt, der Geist ist das Produkt der Natur (vgl. Poller 2005, S. 278). Was meint Schelling damit? Durch sein intensives naturwissenschaftliches Studium in Leipzig erkennt Schelling, dass in der Natur ähnlich widerstreitende Kräfte wirken wie im menschlichen Geist (vgl. Precht 2017, S. 540). Ob es nun die Gesetze der Mechanik, der Elektrizität oder der Gravitation sind, diese materiellen Kräften wirken genauso in der Natur wie die Gedankengänge und biochemischen Vorgänge im Geist – oder modern gesprochen: im Gehirn. Daher sind der Geist, der in der Natur wirkt und die Natur des Geistes *Eines* (vgl. Precht 2017, S. 540). Alles ist Geist. Dies wird von modernen Philosophen bestritten: So kritisiert etwa der Bonner Philosoph Markus Gabriel diesen Ansatz, da man den Geist, das Ich, nicht auf die reinen biologischen Funktionen des Gehirns reduzieren kann (vgl. Gabriel 2015). Dieser Geist, der etwa in der Natur wirkt, ist unabhängig von unserem Ich. Fichte hatte die subjektive Abhängigkeit der Natur behauptet. Folglich bezeichnet Schelling seine Philosophie auch als „*Objektiven Realismus*" und die Fichtes als „*Subjektiven Realismus*".

Zur groben Vereinfachung des schwierigen Gedankenganges könnte man sich unter dem Geist vielleicht auch die naturwissenschaftlichen Gesetze vorstellen, die von unserem Denken unabhängig sind – man denke etwa an die Gesetze der Schwerkraft; Experten der Philosophie Schellings mögen mir diesen simplifizierten aber erläuternden Vergleich nachsehen! Die Natur ist folglich für Schelling eine *Einheit* aus realer, *objektiver Erscheinung* d. h. die Natur an sich, die Steine, die Wälder, Seen etc. und dem *Subjektiven*, dem Idealen (der Geist). Am besten macht man es sich anhand der Bildenden Kunst klar: Bilder und Gemälde, auf denen die Natur zu erkennen ist, stellen einerseits die reale, objektiv vorhandene Natur dar; andererseits nimmt der Künstler die Natur selektiv, nach subjektiven Gesichtspunkten dar. Er akzentuiert bestimmte Gegenstände, verfremdet das Licht oder spielt mit den – in der Realität so nicht vorhandenen – Farben. So ist das Gemälde ein Ganzes, das im Zusammenspiel aus objektiver Realität und Geist des Menschen, in diesem Fall des Betrachters, entsteht. Die Natur ist quasi ein dialektischer Prozess, ein Widerstreit dieser beiden objektiven und subjektiven Elemente, die nach Ausgleich streben. Dies ist der Kern von Schellings *Naturphilosophie* (zur Naturphilosophie Schellings, vgl. vertiefend Schmied-Kowarzik 1989, S. 247 ff.).

Von da aus ist es nur ein kleiner Schritt zu Schellings *Identitätsphilosophie*: Da Natur und Geist Eines sind bzw. zusammenwirken, Objekt (Natur) und Subjekt (Geist) daher ebenfalls identisch sind, sind auch das Reale und das Ideale übereinstimmend. Dieses Eine, Identische nennt Schelling das *Absolute* oder das *Göttliche*. Wie man unzweifelhaft erkennen kann, zeigen sich hierbei die Auswirkungen des Studiums der Theologie und der Naturwissenschaften in Schellings Philosophie. Diese Erkenntnisse und Umkehrung der Subjekt/Objektwahrnehmung entzweit Schelling von seinem anfänglich sehr bewunderten Vorbild Fichte. In der Zeit an der Münchner Universität schreibt Schelling sein religions- und *moralphilosophisches Hauptwerk*, die „Philosophischen Untersuchungen über das Wesen der menschlichen Freiheit und die damit zusammenhängenden Gegenstände"

Darin beschreibt Schelling, dass der Mensch grundsätzlich frei ist und daher zwischen gut und böse entscheiden kann (vgl. im Folgenden Rohls 1999, S. 508 f.). Einerseits wird der Mensch von seinem Willen, seinen Trieben gesteuert, andererseits ist er kraft seines Verstandes in der Lage, das Gute und das Böse abzuwägen und sittlich-moralisch zu handeln. Der Mensch wird im Laufe seines Lebens durch den Glauben an Gott, durch sein religiöses Bewusstsein an den Geist Gottes herangeführt. Das reine Sein Gottes wird zum Geist Gottes beim Menschen (vgl. Rohls 1999, S. 509). Gott hat die Welt frei erschaffen; der Mensch ist seinerseits frei, in dieser Welt in Gemeinschaft mit Gott zu leben oder aber aus dieser Gemeinschaft herauszutreten. Die Freiheit des Menschen beginnt mit der Menschwerdung des Gottessohns und der Ausgießung des Heiligen Geistes. Der Mensch muss sich entscheiden wie verantwortungsvoll er mit dieser Freiheit umgeht. In den Worten Schellings:

> „Daher die allgemeine Notwendigkeit der Sünde und des Todes, als des wirklichen Absterbens der Eigenheit, durch welches aller menschlicher Wille als ein Feuer hindurchgehen muss, um geläutert zu werden. Dieser allgemeinen Notwendigkeit ungeachtet bleibt das Böse immer die eigene Wahl des Menschen; das Böse als solches, kann der Grund nicht machen, und jede Kreatur fällt durch ihre eigene Schuld." (zitiert nach Höffe 1998, S. 286)

Die im Menschen widerstreitenden Kräfte, des Willens und des Verstandes, müssen miteinander in Einklang gebracht werden, um moralisches Handeln sicherzustellen.

Ebenso wie bei Gott verfügt der Mensch neben dem rationalen auch über ein vorrationales, emotionales Element. In der Abwägung dieser beiden Prinzipien kann der Mensch frei entscheiden, ob er sich dem Bösen oder dem Guten hinwenden möchte. Gott hat die Welt kraft seiner Macht und absoluten Persönlichkeit frei erschaffen und der Mensch kann entscheiden, ob er aus der Gemeinschaft mit Gott heraustreten möchte. Diese Freiheit des Willens besitzt der Mensch seit der Sohn Gottes auf die Erde gekommen ist (vgl. Rohls 1999, S. 509). Zum Willen des Menschen bemerkt Schelling (zitiert nach Höffe 1998, S. 285: Philosophische Untersuchung über das Wesen der menschlichen Freiheit).

„Der Wille des Menschen ist anzusehen als ein Band von lebendigen Kräften; solange nun er selbst in seiner Einheit mit dem Universalwillen bleibt, so bestehen auch jene Kräfte in göttlichem Maß und Gleichgewicht. Kaum aber ist der Eigenwille selbst aus dem Zentrum als seiner Stelle gewichen, so ist auch das Band der Kräfte gewichen; stattdessen herrscht ein bloßer Partikularwille, (…) und der daher streben muss, aus den voneinander gewichenen Kräften, dem empörten Heer der Begierden und Lüste (…) ein absonderliches Leben zu formieren oder zusammenzusetzen, welches insofern möglich ist, als selbst im Bösen das erste Band der Kräfte, der Grund der Natur, immer noch fortbesteht. Da es aber doch kein wahres Leben sein kann, als welches nur in dem ursprünglichen Verhältnis bestehen konnte, so entsteht zwar ein eigenes, aber ein falsches Leben, ein Leben der Lüge, ein Gewächs der Unruhe und der Verderbnis."

Schelling wurde zeitlebens vorgeworfen, kein systematischer Denker zu sein (vgl. etwa Poller 2005, S. 279), was ihn sicherlich zu Unrecht traf. Sein zentrales Thema bzw. der rote Faden seines Denkens war sicherlich der *Gedanke der Freiheit.* Die Lektüre der Werke Schellings, etwa die Vorlesungen zur Urfassung der Philosophie der Offenbarung, exemplarisch etwa Beginn der 14. Vorlesung, Bd. 1, S. 82) ist schon sehr anspruchsvoll und schwer zu verstehen. Dennoch übten die Gedanken Schellings eine mächtige Wirkung auf seine Zeitgenossen aus. Einer davon war sein jahrelanger Zimmergenosse am Tübinger Stift: Hegel.

Georg Wilhelm Friedrich Hegel (1770–1831) gilt als der bedeutendste Vertreter des deutschen Idealismus, der ein eigenes philosophisches System errichtete und einer der wirkmächtigsten Philosophen der Neuzeit. In Stuttgart in einem streng gläubigen, pietistischen Haushalt geboren, studierte Hegel in Tübingen Evangelische Theologie und Philosophie (zur Biografie Hegels vgl. Kaube 2020; Ostritsch 2020 und Vieweg 2019). Wie bereits erwähnt traf Hegel im Tübinger Stift auf Hölderlin und Schelling, eine einzigartige Verbindung der deutschen Geistesgeschichte. Sie alle waren begeistert und angesteckt von den Ideen der Französischen Revolution, namentlich von der Freiheit und Gleichheit (sehr interessant ist dabei auch zu erfahren, welches Lektürepensum alle drei absolvierten, vgl. Kaube 2020, S. 57 ff.). Hegel, der sich vor allem für Geschichte und alte Sprachen interessierte, erkannte auch sehr früh im Anschluss an Adam Smith die durch den Kapitalismus ausgelösten gesellschaftlichen Umwälzungen mit Armut, Entwürdigung und Veränderung der Lebensverhältnisse (vgl. Habermas 2019, Bd. 2, S. 475). Er sollte dadurch auch ein wichtiger Stichwortgeber u. a. für Karl Marx und das soziologische Gedankengut seiner Zeit werden.

Nacheinander erwirbt Hegel den Magister der Philosophie (1790) und ein theologisches Lizenziat (1793). Ebenso wie Schelling wollte er allerdings nicht als Pfarrer tätig werden und verdingte sich stattdessen als Hauslehrer für die Kinder eines adligen Schweizers in Bern, dessen sehr gut sortierte Privatbibliothek auf dessen Weingut er für seine philosophische Lektüre nutzt (vgl. Vieweg 2019, S. 108 ff.). So liest er Werke von Descartes, Hobbes, Spinoza, Locke, Hume etc. und legt so die Grundlagen seines breiten intellektuellen Wissens auch über die Philosophie hinaus, namentlich der Politik, der Sozialwissenschaften und der Ökonomie. Hölderlin, sein Freund aus Studientagen, vermittelt Hegel eine Hauslehrerstelle bei einem Bankier, Wein-Großhändler und Senator in Frankfurt (vgl. Vieweg 2019, S. 149). Der Hausherr war ebenfalls ein großer Bücher- und Kunstsammler, so dass Hegel sich weiter in seine Studien zur Politik und Ökonomie vertiefen konnte. Zusätzlich nahm er durch die regelmäßige Lektüre der britischen Tageszeitungen an der aktuellen englischen Politik Anteil.

Durch das Erbe seines 1799 verstorbenen Vaters war es Hegel möglich, sich stärker auf seine wissenschaftliche Karriere zu konzentrieren. Er veröffentlichte eine Schrift zur *„Differenz des Fichteschen und Schellingschen Systems der Philosophie"*. Mit dieser fulminanten Schrift wurde Hegel blitzartig in den Philosophenkreisen berühmt (vgl. Vieweg 2019, S. 206; Ostritsch 2020, S. 79 f.). Mit einer (Habilitations-)Dissertation zur Erlangung der *Venia Legendi* als Privatdozent über die Planetenbewegung bei Kepler und die Mechanik des Himmels bei Newton erlangte er die notwendigen Voraussetzungen für eine Universitätskarriere. Zusätzlich gab Hegel mit seinem Freund Schelling für ein Jahr das *Kritische Journal der Philosophie* heraus. Nachdem er allerdings anfangs mit bescheidenem Erfolg einige Zeit in Jena über Logik und Metaphysik gelesen hatte – zu Beginn waren es elf eingeschriebene Zuhörer mit abnehmender Tendenz (vgl. Vieweg 2019, S. 220) – wurde er Chefredakteur der Bamberger Zeitung in Bamberg (vgl. Kaube

2020, S. 182 ff.). Davor hatte er jahrelang an seiner Hauptschrift, die *Phänomenologie des Geistes* gearbeitet, von der
noch die Rede sein wird. Bereits ein Jahr später wurde er
zum Rektor des humanistischen Gymnasiums in Nürnberg
ernannt (vgl. Kaube 2020, S. 209 ff.). Auch hier hatte
Hegel wieder ausreichend Zeit für seine philosophische
Lektüre und zum Verfassen seiner Werke.

Erst 1816, mit 46 Jahren, erhielt Hegel seine erste
ordentliche Professur an der Universität Heidelberg (vgl.
Kaube 2020, S. 258 ff.). 1818 schließlich, am Gipfel seiner
akademischen Karriere, erhielt Hegel einen Ruf an die Universität von Berlin als Nachfolger von Fichte (vgl. Kaube
2020, S. 279 ff.). In diese Zeit fällt auch die Publikation
seines letzten persönlichen Werkes, die *Grundlinien der
Philosophie des Rechts*. 1829 wurde Hegel sogar kurzzeitig
Rektor der Universität. Er starb 1831 wohl entweder an
den Folgen der damals in Berlin grassierenden Cholera oder
infolge eines länger währenden Magenleidens (vgl. Ostritsch 2020, S. 11).

So übersichtlich das Leben Hegels war, so schwer über-
schaubar sind seine zahlreichen Schriften. Noch viel schwie-
riger ist es, die Kerngedanken dieses herausragenden
Denkers der deutschen Geistesgeschichte herauszuarbeiten.
Dies kann und soll hier seriöser weise nicht Gegenstand der
Betrachtung sein. Es kann hier lediglich darum gehen, die
Philosophie Hegels zu skizzieren, sofern sie einen *direkten
Einfluss auf seine Moralphilosophie* hat (zur Einführung in
Hegels Philosophie vgl. u. a. Zöller 2020; Vieweg 2019,
S. 193 ff.; Röd 1996, S. 247 ff.; Habermas 2019, Bd. 2,
S. 468 ff.; Kaube 2020, S. 318 ff.; Ostritsch 2020, vor allem
S. 91 ff.).

Wichtig ist sicherlich zu wissen, dass Hegel dem subjektiven Idealismus Fichtes und dem objektiven Idealismus
Schellings (s. o.) seinen *absoluten Idealismus* entgegensetzt

(vgl. im Folgenden vor allem Poller 2005, S. 282 f.). Hegel sieht in dem gesamten Weltprozess die Selbstentfaltung des Geistes. Im gleichen Maße wie die Welt entsteht, entsteht der schöpferische Geist. Diese Selbstentfaltung erfolgt in drei Stufen nach dem *dialektischen Prinzip* (nach altgriechisch *dialektiké techné*, die Kunst der Unterredung, *dialégesthai*, ein Gespräch führen):

Jeder Ausgangssituation, hier des subjektiven Geistes, das Setzen eines Seins, einer *These* (Thesis), wird eine Verneinung, eine *Antithese* entgegengesetzt, die dann wieder durch die *Synthese* aufgelöst wird (vgl. allerdings die Gefahren einer zu starken Schematisierung und Vereinfachung der Dialektik als Dreischritt, vgl. Ostritsch 2020, S. 17 ff.). Das ist natürlich zunächst vollkommen unverständlich und theoretisch abstrakt. Klarer wird es erst, wenn man sich diesen Dreiklang am Beispiel der Entwicklung des Geistes vor Augen führt (vgl. dazu sehr anschaulich Precht 2017, S. 596):

Zunächst leben wir als Menschen mit unserem je eigenen Bewusstsein. Wir werden geboren mit der Möglichkeit zu denken, mit den Sinnen zu erleben und uns aus der Welt unsere eigenen Vorstellungen zu machen. Erst innerhalb des Menschen wird sich der Geist selbst bewusst. Der Geist ist „An-sich". Das ist das *erste Stadium* des Geistes, der *subjektive Geist* – wir erinnern uns daran, dass Fichte der Meinung war, der Mensch könne seine Umgebung, die Natur nicht unvoreingenommen so erkennen wie sie ist, sondern nur subjektiv gefärbt, modern gesprochen: Eine selektive, von unserem Bewusstsein gefilterte und wahrgenommene Umgebung. Der gesamte *Weltgeist*, die Entwicklung der Welt erfolgt analog in drei Stufen.

Im *zweiten Stadium* werden wir als Menschen immer intelligenter, lernen von unserer Umgebung, von der Weltgeschichte und verstehen, wie wir mit unseren Mitmenschen zu leben und zu kooperieren haben. Was im ersten Stadium noch reine individuelle Psychologie war, die subjektive Wahrnehmung und das Erkennen der Welt wird nun zu einer intersubjektiv geteilten. Konkret: Wir entwickeln eine Kultur, ordnen, bestimmen, institutionalisieren unser Umfeld, den Staat, die Wirtschaft, die Gesellschaft und schaffen uns so eine Welt *außerhalb unseres Ichs*, der *objektive Geist*. Dieser objektive Geist tritt jetzt als Widerspruch bzw. Antithese zu unserem *subjektiven Geist* auf. Wiewohl wir als Menschen subjektiv die Welt wahrnehmen, gibt es so etwas wie objektiv vorhandene Institutionen, eine Kultur, die wir alle objektiv wahrnehmen können. Hier erst, im Zusammenspiel mit anderen Menschen, wird auch unser Handeln, unser Verhalten bedeutsam. Hier greift das Themenfeld der Ethik.

In der *dritten und letzten Stufe* schließlich, der *Synthese*, werden die Gegensätze von These und Antithese wieder aufgehoben. In unserem Beispiel: Der *absolute Geist* ist die Kombination aus *subjektivem Geist* („Ich und meine eigene Welt") und dem *objektiven Geist* („Die Welt außer mir, die anderen Menschen, die Natur, die Kultur, die Institutionen etc."). Alles wird umfasst von diesem *absoluten Geist*, der Religion, der Kunst und an höchster Stelle von der Philosophie. Diese zugegebenermaßen schwere theoretische Kost als Grundlage Hegelschen Denkens ist wichtig, um seinen ethisch-moralischen Überlegungen folgen zu können.

Hegel hat zwar seine ethischen Überlegungen vor allem in seinen Werken *„Grundlinien der Philosophie des Rechts"* (vgl. Hegel, Ausgabe 2004, Bd. 7) und in der *„Enzyklopädie der philosophischen Wissenschaften"* (vgl. Hegel, Ausgabe 1986, Bd. 8 und 9) dargelegt, hat allerdings keine eigenständige Ethik verfasst (vgl. Spierling 2017, S. 231). Der Ausgangspunkt für Hegels ethische Überlegungen – aber nicht nur dort – ist der *freie Wille* des Menschen (vgl. im

Folgenden vor allem Precht 2017, S. 597 ff.). Während Hume der Meinung war, der Mensch handele bei seinen Willensentscheidungen emotional und gemäß Kant aus Pflichtgefühl heraus, führt Hegel eine andere Begründung an. Hegel war außerdem der Meinung, dass Kants Forderung nach einer verallgemeinerbaren Maxime zu abstrakt und inhaltsleer sei. So könnten sogar unrechtmäßige und unmoralische Handlungen gerechtfertigt werden (vgl. Spierling 2017, S. 233). Der Mensch handelt vornehmlich nach seinen *Neigungen*, um sich ein *positives Selbstgefühl* und vor allem *Anerkennung* zu (ver)schaffen. Ich benötige zur Anerkennung die Gegenwart anderer Menschen, die meine Selbsterfahrung bestätigen. Diese Menschen müssen mir aber wichtig sein. So hat Hegel in seinem berühmten Kapitel über das Verhältnis von *Herr und Knecht* in seinem Hauptwerk der *„Phänomenologie des Geistes"* (vgl. Hegel, Phänomenologie des Geistes, Ausgabe 2019 Nachdruck, S. 127 ff.) allerdings darauf hingewiesen, dass die Anerkennung von zwei gleichberechtigten Personen ausgehen muss und nicht einseitig bleiben darf (vgl. Rohls 1999, S. 469).

Modern gesprochen könnte man grob vereinfacht sagen, dass die Anerkennung durch die Gruppe von Gleichaltrigen, die Peer Group, für die Jugendlichen mindestens genauso wichtig ist wie die der Eltern. Salopp gesagt, ich werde als Jugendlicher seltener eine Aktivität starten, die in meiner Peer Group als „uncool" gilt und umgekehrt mich auf Dinge konzentrieren, die mir die Anerkennung meiner Clique erbringt. Mit Hegel gesprochen: *Ich verwirkliche mich selbst im anderen.* Bildlich gesprochen komme ich also zu mir selbst durch den anderen. Auch hier schimmert klar das dialektische Prinzip durch: Meinem Selbst (*Thesis*) begegnet im anderen ein „Spiegel", die *Antithesis*, der mir mein Selbst zurückspiegelt und meine Aktivitäten, mein

Bewusstsein kommentiert. Um mir die Anerkennung anderer zu sichern, werde ich ggfs. meine Aktivitäten und Art und Weise des Handelns korrigieren (*Synthesis*).

Der Begriff der *Anerkennung durch den Anderen* ist nicht umsonst zum zentralen Punkt der Moraltheorie Hegels geworden. Damit hat Hegel sehr genau und hellsichtig die Rolle erkannt, die das Soziale, die Gemeinschaft für den Menschen gespielt. Der Mensch ist und bleibt, so hat bereits Aristoteles festgestellt, in seinen Grundanlagen ein *zoon politikón*, ein soziales (und staatenbildendes) Wesen. Soziologisch modern gesprochen könnte man *mutatis mutandis* auch von gesellschaftlichen *Normen* sprechen, die die anderen Menschen in meiner Gemeinschaft vorgeben und deren Verletzung u. a. die Sanktionen der ausbleibenden Anerkennung mit sich bringt. Ein für das beginnende 19. Jahrhundert sehr fortschrittlicher Gedanke. Recht und Moral sind allerdings nur Vorstufen einer sittlichen Gesellschaft. Diese sittliche Gesellschaft ist u. a. durch staatliche Institutionen sicherzustellen, in denen sich der freie Mensch in freier Anerkennung der anderen Menschen leben kann und so aus dem Einzelwillen der Allgemeinwille des Volkes erwachsen kann. Konkret: Indem sich der Einzelne als freier Mensch um sein Wohl und das seiner Familie kümmert, den anderen Menschen und dessen Familie in seinem Willen anerkennt, streben alle nach dem Gemeinwohl. Dies ist natürliche eine ideale Vorstellung des Verhaltens der Menschen untereinander, logisch aber vollkommen korrekt.

Die gesellschaftliche Sphäre fängt bei der *Familie* als Keimzelle an. Sie ist die *erste Form der Sittlichkeit* (vgl. Spierling 2017, S. 238). Diese gilt nur dann als Familie, wenn sie staatlich legitimiert ist d. h. die Eltern verheiratet sind. Dahinter verbirgt sich natürlich das konservative Familienbild der damaligen Zeit. Friedrich Engels, der Unternehmersohn und Mäzen von Karl Marx wird dieses

Familienbild später kritisieren (vgl. Precht 2017, S. 601). Die Familie wird durch Liebe, Vertrauen und natürlichem Gehorsam zusammengehalten. In ihr reifen die Kinder zu selbstständigen und sittlichen Persönlichkeiten heran (vgl. Spierling 2017, S. 239). Soziologisch würde man von Sozialisation sprechen. Ebenso konservativ ist auch die Ablehnung des Testaments durch Hegel, da Hegel das – vom Mann erwirtschaftete – Eigentum auch in der Familie behalten will (vgl. Precht 2017, S. 602). Das wiederum lehnen die Frühsozialisten um Claude-Henri de Saint-Simon ab. Wir werden diesem Thema spätestens bei der Diskussion der Erbschaftssteuer wiederbegegnen (s. Abschn. 6.1).

Die *zweite Form der Sittlichkeit*, gemäß Hegels Terminologie *des objektiven Geistes*, ist die *bürgerliche Gesellschaft*. Hier schließen sich die Individuen zur Befriedigung ihrer Interessen und Bedürfnisse zusammen (vgl. das Gedankengut Rousseaus zum Gesellschaftsvertrag, vgl. auch Ostritsch 2020, S. 41 ff.). Das Interesse des Einzelnen ist somit mit dem Gemeinwohl verflochten. Eine Pflicht- und Sollens-Ethik wie Kant sie vor Augen hatte, bringt in einer dynamischen Gesellschaft nichts. Es sei für den Bürger am besten, sich den gesellschaftlichen Gegebenheiten anzupassen bzw. nicht dagegen zu opponieren.

In ökonomisch-ethischen Fragen ist Hegel allerdings mit den liberalen Ökonomen seiner Zeit (etwa Jean-Baptiste Say und David Ricardo, vgl. u. a. Pietsch 2019, S. 74 ff. und 78 ff.) einig (Precht 2017, S. 605):

„Man darf dem Räderwerk des segensreichen Kapitalismus nicht in die Speichen greifen! Nicht mal auf die sanfte Weise durch die ausgleichende Hand des Sozialstaats. Statt auf Umverteilung mithilfe von Steuern und Abgaben verlässt er sich auf die innere Dialektik des Kapitalismus. Die Antithese zur bestehenden These der Verelendung bestehe darin, neue Märkte zu erschließen. Warum soll nicht ein Teil des heutigen Pöbels in Zukunft Bauer in neu erschlossenen Kolonien in Übersee werden?"

Allerdings hat Hegel genauso klar erkannt, dass die Ökonomie an sich nicht automatisch Moral schafft. Die von Hegel übersehbaren und nicht zu leugnenden elenden Arbeits- und Lebensverhältnissen in dem englischen frühkapitalistischen System zu Zeiten der Industrialisierung waren nicht zu übersehen. So schildert Hegel in seinen *„Grundlinien der Philosophie des Rechts"* (vgl. Hegel, Ausgabe 2004, Bd. 7) das Verhältnis zwischen dem zunehmenden Reichtum einzelner Gruppen innerhalb der bürgerlichen Gesellschaft und der immer größer werdenden Verelendung der an die Arbeit gebundene Klasse (vgl. Zöller 2020, S. 86). Jeder Bürger des Staates bringe unterschiedliche und ungleiche Voraussetzungen mit, etwa in Bezug auf Kapital, Intelligenz, Kraft, Bildung etc., so dass automatisch auch Ungleichheit in der bürgerlichen Gesellschaft geschaffen würde. Die Masse, der „Pöbel" verarmt (vgl. den berühmten § 244 in den Grundlinien der Philosophie des Rechts, vgl. auch Hoffmann 2009, S. 197), sie wendet sich mit Empörung gegen die Ungerechtigkeit der Gesellschaft (vgl. Spierling 2017, S. 242). Die Reichen, die sich alles kaufen könnten, würden ihre Selbstliebe (*philautia*) überziehen und stattdessen in Arroganz (*arrogantia*) flüchten. Sie verachten das Recht und pervertieren die Moralität (vgl. Vieweg 2019, S. 513).

Hegel hat allerdings schon die Notwendigkeit des Einzelnen zur sozialen Unterstützung gesehen. So sieht er eine moralische Verpflichtung des Einzelnen zur Wohltätigkeit, zur Unterstützung der Armen und Schwachen der Gesellschaft aber auch zur Hilfe bei einem Notfall (vgl. im Folgenden Vieweg 2019, S. 511). Gleiches gilt auch in der Gruppe. Die Gesellschaft in der Summe ist aufgefordert, *bürgerschaftliches Engagement* zu zeigen, kollektive Wohltätigkeit und Solidarität. Deswegen sah Hegel die staatlichen Leistungen zur Kinder-, Alten- und Behindertenhilfe positiv. Diese seien durch das staatliche Steueraufkommen zu decken. Eine solche Form der sozialen Unterstützung sei einer der Grundpfeiler eines sozialen Staates und der marktwirtschaftlichen Ordnung in einer modernen Gesellschaft.

Nur der Staat, nicht die bürgerliche Gesellschaft mit seiner Wirtschaft, alleine könne die Sittlichkeit bewahren (vgl. Precht 2017, S. 619). Der *Staat* stellt die *dritte Form der Sittlichkeit* dar. Als „selbstbewusste sittliche Instanz" vereinigte er die Prinzipien von bürgerlicher Gesellschaft und Familie. Der Mensch ist als Einzelner Mitglied des Staates und gewinnt durch den objektiven Geist des Staates an Wahrheit und Sittlichkeit (vgl. Spierling 2017, S. 244). Hegel setzt den Staat mit Gott gleich, denn das Sittliche des Staates ist das Göttliche in der weltlichen Realität (vgl. Spierling 2017, S. 246). Im Staat findet das Individuum seine vernünftige und sittliche Existenz quasi seine zweite Natur nach der ersten tierischen Natur (vgl. Spierling 2017, S. 250).

Hegel hat bereits erkannt, dass der ökonomische Prozess der Arbeitsteilung, verbunden mit dem technischen Fortschritt, zu einer *Entfremdung des Arbeiters mit seinem Produkt* führt (vgl. Rohls 1999, S. 476). Eine These, die Marx übernimmt und verschärft. Dadurch, dass ich jetzt nicht mehr sehe wie mein Produkt, etwa ein Tisch, von mir alleine entworfen und aus einem Stück final produziert wird, kann ich mich nicht mehr richtig mit meinem Produkt identifizieren. Vielleicht mache ich nur noch die Endkontrolle oder lege erste Skizzen an oder bringe Teile der Tischbeine in die richtige Form.

In seinem Hauptwerk, der „*Phänomenologie des Geistes*", beschreibt Hegel in Kap. VI den wahren Geist und die Sittlichkeit (vgl. Kap. VI.A, Hegel 2019, Nachdruck, S. 291 ff.)

bzw. die Moral und das Gewissen (vgl. Kap. VI.C, Hegel 2019, S. 394 ff.). Die Sittlichkeit nimmt für Hegel gegenüber dem Recht und der Moral eine gesonderte Rolle ein. Während das – staatliche definierte und umgesetzte Recht – das Verhalten des Menschen von außen regelt und einschränkt, sorgt das innere Pflichtbewusstsein dafür, dass Menschen sich moralisch verhalten (vgl. Zöller 2020, S. 42). In der Sittlichkeit sind beide Aspekte, die äußere und die innere Regelung des Verhaltens miteinander kombiniert (vgl. Zöller 2020, S. 42). Hegel unterscheidet dabei unter Rückgriff auf die Antike zwei Arten des sittlichen Lebens: Erstens der Mensch als natürliches Individuum im Rahmen der Familie unter einem göttlichen Gesetz und zweitens der Mensch als Staatsbürger innerhalb einer politischen Ordnung (vgl. Zöller 2020, S. 42).

Zwar lehnt Hegel einzelne Elemente der antiken griechischen Ethik ab, namentlich die inhumane Sklavenhaltung, die dramatische soziale Ungleichheit oder die politisch instabilen Verhältnisse, unterstützt aber die verinnerlichte Haltung des griechischen Bürgers zu den politischen und ethischen Gesetzen (vgl. Zöller 2020, S. 76). In der Antike war nur der politisch freie Bürger anerkannt und geachtet. Gemäß dem christlichen Menschenbild ist aber jeder Mensch vor Gott anerkannt und muss in seiner Eigenschaft als Mensch wertgeschätzt werden, unabhängig von seiner politischen Stellung. Moderne Sittlichkeit besteht für Hegel darin, sich sowohl an die staatlich-rechtlichen, d. h. die objektive Freiheit, als auch die subjektiven Regeln zu halten. Der Mensch erkennt aus freien Stücken das Recht an und handelt gemäß seiner freien Lebensentscheidung. Das Recht selbst, die Moralität und die Sittlichkeit sind immer in Zusammenarbeit mit dem Anderen entstanden: Sie sind gesellschaftlich entwickelt und sind Produkt des Geistes.

Die Vernunft, so war Hegel überzeugt, leitet den Menschen zu Tugend und Sittlichem und um Gerechtigkeit ringendes Handeln an. Vor allem die Geschichte ist Hegel dabei wichtig. In seiner Geschichtsphilosophie beschreibt Hegel die Entfaltung der Vernunft von dem *subjektiven Geist* des einzelnen Menschen zum *objektiven Geist* des Staates und dem ethischen Zusammenleben aller Menschen in diesem Staat. Der Staat verkörpert für Hegel den Willen Gottes (vgl. Poller 2005, S. 283). In seinen *Vorlesungen über die Philosophie der Geschichte* (vgl. Hegel, Ausgabe 2010) stellt Hegel die Weltgeschichte als ein sinnhaftes Ganzes dar, das sich zielgerichtet und mit innerer Notwendigkeit entwickelt. Die *Weltgeschichte ist eine Geschichte des Geistes.* Das Wesen des Geistes ist die Freiheit (vgl. Spierling 2017, S. 248). In der Weltgeschichte sieht Hegel vier historische Entwicklungsstufen: (1) Die orientalische Welt mit einem freien, willkürlichen Herrscher, die (2) griechische und (3) römische Antike mit einigen freien Bürgern aber unfreien Sklaven und schließlich (4) die christlich-germanische Welt, in der alle Menschen frei sind und die mit der Französischen Revolution endet (vgl. Spierling 2017, S. 250).

Hegel hat viele Philosophen, aber auch Politologen und Soziologen zu weiteren Studien angeregt und eine nach ihm benannten Denkrichtung und Schule, den *Hegelianismus*, begründet. Den weitreichendsten und wirkmächtigsten Einfluss hat er allerdings auf den Sozialphilosophen und Revolutionstheoretiker Karl Marx ausgeübt, mit dem wir uns im Folgenden kurz beschäftigen wollen.

Karl Marx (1818–1883) führte u. a. den Gedanken Hegels von der Entfremdung des Menschen von seiner Arbeit weiter. Er gehörte zum Kreis der sogenannten „Linkshegelianer", die vor allem die Armut, die staatliche Zensur und die Diskriminierungen kritisierten (vgl. Pietsch 2019, S. 101, zur Vertiefung in Karl Marx, seine Theorie und sein Leben Pietsch 2019, S. 98 ff. und die darin angegebene weiterführende Literatur). Er war nicht nur ein sehr belesener Philosoph, Soziologe und politisch denkender

Mann, sondern auch u. a. Zeitungsredakteur und kritisierte die damaligen gesellschaftlichen und ökonomischen Zustände. Er prangerte vor allem die elenden Zustände und Arbeitsbedingungen der Arbeiterschaft in seiner Zeit an. Vor allem war ihm ein Dorn im Auge, dass der Unternehmer, der „Kapitalist", als Eigentümer der Produktionsmittel den produzierten *Mehrwert* einstreicht, während diejenigen, die ihn erarbeiteten, die Arbeiter, leer ausgingen. Diese wurden nur mit einem geringen Lohn abgespeist, der gerade dazu ausreichte, die physische Existenz zu sichern. Die Arbeiter sanken auf das Niveau einer elenden Masse von Proletariern herab, während die Kapitalisten, die vermögende Bourgeoisie, nichts zum Mehrwert beitrügen, außer die Produktionsmittel zur Verfügung zu stellen. Als Mittel zur Bewältigung dieser krassen Unterschiede sah Marx mit seinem Freund und Barmer Unternehmersohn Friedrich Engels nur die *gesellschaftliche Revolution*. So einfach, so pauschal wie das klingt, hat Marx das sicherlich auch nicht gesehen, da er etwa das unternehmerische Risiko schon berücksichtigt hat. Für unsere Zwecke ist wichtig zu erwähnen, dass Marx zwar eine umfassende Kritik des Kapitalismus vorgelegt hat, allerdings *keine explizite Ethik* ausgearbeitet hat. Für unsere Zwecke sind die kritischen Überlegungen von Marx hinsichtlich der ökonomischen Verhältnisse seiner Zeit und insbesondere gegenüber dem Kapitalismus aufschlussreich.

Weniger wirkmächtig als Marx aber einflussreich als Ethiker seiner Zeit hat sich der evangelische Theologe und spätere Professor für Religionsphilosophie in Berlin, *Friedrich Schleiermacher* (1768–1834) herausgestellt (zur Biografie vgl. u. a. Jeanrond 1995). Schleiermacher ergänzte die Pflichtethik Kants und die Tugendethik der Antike, also etwa von Aristoteles und Platon – Schleiermacher war einer breiten Öffentlichkeit seinerzeit mehr als Übersetzer der Werke Platons als ein Philosoph bekannt, mit Ausnahme seiner Schrift „*Über die Religion. Reden an die Gebildeten unter ihren Verächtern.*" (vgl. Schleiermacher, Ausgabe 2004) –, durch eine *Güterethik*. Streng genommen umfasst die Güterlehre die Pflichten und Tugendlehre (vgl. Rohls 1999, S. 458 f.; Slenczka 2013, S. 164 ff.):

Bei Schleiermacher steht das Wesen des Menschen als vernünftiges Wesen, *animal rationale*, im Vordergrund. Schleiermacher definiert als höchstes Gut die Einheit von Vernunft und Natur. Der Mensch durchdringt die Natur mittels seiner Vernunft und verbindet so beide Elemente. Die Ethik und ethisches Handeln an sich sind eine natürliche Eigenschaft des Menschen. Während die antike Tugendlehre sich lediglich auf die prinzipielle Handlungsfähigkeit des Individuums konzentriert – nur wer tugendhaft ist, kann tugendhaft handeln – konzentriert sich die Pflichtethik Kants auf die Art des Handelns. Ich handle so, weil es *meine Pflicht* ist. Dabei, so Schleiermacher, wird schlicht vergessen, dass eine *Handlung an seinem objektiven, guten Zweck* gemessen werden muss. Bin ich tatsächlich so barmherzig und hilfsbereit wie es zweckmäßig wäre? Ist meine Hilfe für die anderen, armen, schwachen und kranken Menschen wirklich so selbstlos wie beabsichtigt oder steckt da nicht ein egoistischer, arglistiger Hintergedanke drin, der die Handlung ethisch entwertet? Die Güterlehre Schleiermachers ist somit die ethische Lehre von den *objektiv guten Zwecken* des Handelns und umfasst die Tugend- und die Pflichtethik. Die Güterethik folgt einer Reihe von guten Zwecken und verwirklicht sich u. a. in Ehe und Familie, dem Staat, der Gesellschaft, der Wissenschaft, der Kunst und der Kirche. Diese Institutionen und Kulturgüter sind alle Errungenschaften des Menschen und symbolisieren die Realisierung der Vernunft in der Natur. Der Mensch ist aufgefordert, an diesem Entstehungsprozess der Natur mitzuwirken.

Ähnlich wie Schleiermacher aus der Theologie heraus kommend, entwickelt der Däne *Sören Kierkegaard* (1813–1855) seine Philosophie. Als Sohn eines vermögenden Kopenhagener Kaufmanns als jüngstes von 7 Kindern geboren (vgl. zur biografischen Skizze Poller 2005, S. 309; für eine ausführliche Biografie vgl. das glänzend und spannend geschriebene Werk von Clare Carlisle, Carlisle 2020), studierte er Philosophie und evangelische Theologie an der Universität von Kopenhagen. Kierkegaard genoss sein Studentenleben und erst der Tod des Vaters ließ ihn sich ernsthaft mit seinem Studium auseinandersetzen und es mit einem Magister für Theologie abschließen.

Zwei Einschnitte in seinem Leben beeinflussten Kierkegaards Leben maßgeblich: Der frühe Tod des Vaters, der ihm erlaubte, sich mit dessen Vermögen auf die Philosophie und das Verfassen von Büchern zu konzentrieren. Ferner die Begegnung mit der zehn Jahre jüngeren Regine Olsen als 27 jähriger, mit der er sich relativ schnell verlobte. Nachdem die Zweifel daran, ob er überhaupt in der Lage sei, Regine glücklich zu machen immer stärker wurden, löste Kierkegaard diese Verlobung wieder schweren Herzens per Brief und legte den Verlobungsring postalisch bei. Schuld war wohl seine durch Melancholie ausgelöste innere Zerrissenheit gepaart mit dem Gefühl seiner religiösen Vorbestimmung, die eine Heirat ausschloss. Als Regine zwei Jahre später einen Freund von Kierkegaard heiratete, traf ihn das sehr schwer. Kierkegaards Schriften sind ohne diese autobiografische Geschichte nicht zu verstehen. In der Folge veröffentlichte Kierkegaard viele Schriften, darunter sein berühmtestes Werk *Entweder – Oder*, in der er u. a. sein ethisches Verständnis niederlegte. Kierkegaard starb 1855 mit nur 42 Jahren an den Folgen eines Schlaganfalls. Das väterliche Vermögen hatte er bis dahin nahezu restlos aufgebraucht.

Gemäß Kierkegaard hat sich der Mensch in seiner freien Wahl zwischen drei verschiedenen Lebensweisen zu entscheiden („entweder-oder"), der *ästhetischen*, der *ethischen* und der *religiösen* (vgl. vor allem Rohls 1999, S. 510 ff. und Precht 2019, S. 64 ff.). Die unterste Ebene stellt die *ästhetische* Lebensweise dar. Sie ist dadurch gekennzeichnet, dass sich der Mensch seiner eigenen Existenz hingibt und sich auf den äußerlichen Genuss konzentriert. Dabei spielt auch die Erotik, die Rolle des Verführers eine große Rolle. Die Verführung bleibt nur so lange interessant, so lange sie ihr Ziel erreicht und die Verführung gelingt. Danach stellt sich schnell wieder das Gefühl der Unbefriedigung her und das Spiel geht von vorne los. Ein solches Leben macht aber nicht dauerhaft glücklich, da es weder sinnvoll ist noch konstant und vor allem unfrei. Erst in der Distanz zu sich selbst, der Ironie, erkennt der Mensch seine innere Verzweiflung und beginnt, diese zu überwinden. Der Mensch fängt daher an, seine eigenen Begierden zu zügeln und dem Genuss zu untersagen. Ich handle deshalb ethisch, nicht weil andere Menschen das von mir erwarten, sondern weil ich mich aus diesem sinnlosen Kreislauf des fortwährenden Drangs nach Genuss lösen möchte. Erst die *ethische Lebensweise* ermöglicht es dem einzelnen Menschen, frei über mein Leben zu entscheiden und zu mir selbst zu finden. Hier fließen sicher biografische Eindrücke der ausschweifenden Studentenzeit und der aufgelösten Verlobung mit Regine Olsen mit ein.

Die dritte und oberste Lebensweise ist schließlich die *religiöse*. Erst dem Glaubenden – Kierkegaard war tief religiös, allerdings eher im spirituellen Sinn – gelingt diese religiöse Lebensform. In dieser Phase des Lebens erkennt der Mensch, dass er vor Gott alleine existiert. Das Ziel des Menschen muss es daher sein, eine Beziehung zu Gott einzugehen und seine Existenz vor Gott zu verstehen. Gott ist rational nicht erkennbar. Daher muss der Glaube an Gott und den als Mensch auf die Welt gesandten Christus die Vernunft ergänzen. Nur im Glauben selbst *existiert* der Mensch dauerhaft ohne jegliche Verzweiflung. Kierkegaard gilt daher nicht umsonst als Wegbereiter oder sogar als erster Vertreter der Existenzphilosophie, die später u. a. von Albert Camus und Jean-Pauls Sartre weitergeführt wurde. Allerdings baut Kierkegaard auch auf den Ideen auf, die schon Blaise Pascal in seinen *Pensées*, *Gedanken*, geäußert hatte.

Kierkegaard versucht, die religiöse Lebensform anhand einer Bibelstelle zu erläutern. Im Alten Testament soll Abraham seinen von Gott geschenkten Sohn Isaak opfern (Genesis 22,1–19, zitiert nach dem Stuttgarter Alten Testament 2004, S. 47 f.). Das ist die Probe Gottes, ob Abraham sich gottesfürchtig verhält. Bekanntlich erschien ein Engel, als Abraham seinen Sohn bereits auf den Alter mit dem Holz gelegt hatte und verhinderte das Opfer (Genesis 22,9–12, Stuttgarter Alten Testament 2004, S. 48). Abraham verstößt mit seinem Verhalten gegen die *ethische Pflicht des Vaters*, seinen Sohn zu schützen, sein Leben unter allen Umständen zu retten und ihm ein guter Vater zu sein. Der Gehorsam vor Gott, die religiöse Lebensweise, ist der ethischen vorzuziehen. Die ethische Lebensform ist daher nur die Vorstufe der religiösen, die sich auf das Unendliche bezieht. Selbstverständlich meinte Kierkegaard nicht wirklich, dass der Sohn in der religiösen Lebensform Gott zu opfern sei. Die Metapher diente lediglich zu Erläuterung der religiösen Verpflichtung im Vergleich zu der auf das endliche, ethische Leben bezogene. Kierkegaards Ideen reichen auch hinein in die Psychologie (vgl. Precht 2019, S. 71): Der Mensch ist als Sünder zur Angst verdammt, aus der er sich nur aus dem Glauben und der Reue heraus retten kann (vgl. Rohls 1999, S. 512; zur Einführung und Vertiefung in

Kierkegaards Denken und Philosophie, vgl. Liessmann 2013 und Carlisle 2020).

In eine ganz andere Richtung gingen die ethischen Überlegungen von *Jeremy Bentham* (1748–1832) und *John Stuart Mill* (1806–1873). Sie, vor allem Bentham, waren die Begründer des klassischen *Utilitarismus* (von lateinisch *utilis* bzw. *utilitas* = nützlich, Nutzen). Davon abgeleitet stellten sie bei ethischen Handlungen auch den gesellschaftlichen Nutzen in den Vordergrund. Jeremy Bentham, als Sohn eines vermögenden Rechtsanwalts nahe London geboren (vgl. im Folgenden vor allem Precht 2019, S. 140 ff.; Poller 2005, S. 300 und Rohls 1999, S. 485 ff.), galt als Wunderkind und begann bereits im Alter von zwölf Jahren ein Studium der Rechtswissenschaft und Philosophie in Oxford. Er war zwar mit 21 Jahren bereits zugelassener Anwalt, praktizierte allerdings nie. Seine Liebe zur Philosophie war stärker, vermögend genug zur ausschließlichen Beschäftigung mit ihr war er ja. Beeinflusst von David Hume und Adam Smith ist Bentham begeistert von dem *Nützlichkeitsprinzip*. Smith hatte ja bekanntlich u. a. herausgefunden, dass der Eigennutz des Kaufmanns den Wohlstand der Nation quasi *mit unsichtbarer Hand* bewirkt.

Bentham, der auch eine sehr große Vorliebe für die exakten Naturwissenschaften hegte, stellte die aus seiner Sicht einzig bedeutende moralische Frage: Was muss ich tun, um „das größte Glück für die größte Anzahl an Menschen" (Bentham 1776, S. 393), das *greatest-happiness-principle*, zu erreichen? Eine Handlung ist demzufolge moralisch richtig, wenn sie der größten Anzahl an Menschen nützt d. h. der Gemeinschaft. Innere Beweggründe des Individuums sind für die ethische Bewertung einer Handlung nicht entscheidend. Viel wichtiger ist die Bewertung der Folgen des Handelns für die Allgemeinheit. Damit ist die utilitaristische Ethik *konsequentialistisch* d. h. der moralische Wert der

Handlung wird aufgrund ihrer Konsequenzen beurteilt. Salopp gesagt „Der Zweck heiligt die Mittel". In seine Überlegungen lässt Bentham richtigerweise auch das Tierwohl mit einfließen. Tiere hätten das gleiche Schmerzempfinden wie die Menschen und seien daher ebenso leidensfähig. Ähnlich ergehe es ja auch Säuglingen und Menschen mit geistiger Behinderung. In seinem ethischen Hauptwerk *An Introduction to the Principles of Morals and Legislation*, deutsch: *Einführung in die Prinzipien der Moral und der Gesetzgebung*, beschreibt Bentham seine utilitaristische Ethik näher.

In Abgrenzung zur Antike wie etwa bei Platon und Aristoteles spielt für das ethische Verhalten des Menschen nicht die Tugend oder wie bei Kant das innere Pflichtgefühl eine Rolle. Einzig entscheidend und viel profaner ist es der Egoismus der Menschen und die Abschätzung der Folgen des Handelns in ihrer Auswirkung auf die Allgemeinheit. Das Kosten-Nutzen Kalkül steht hierbei im Vordergrund. Analog der Kategorisierung der Pflanzen und Tiere des schwedischen Naturforschers Carl von Linné (vgl. Pietsch 2014, S. 32 und 201) strukturiert Bentham die moralischen Fragen nach ihrer Nützlichkeit (vgl. auch Precht 2019, S. 146). Diese rationale, utilitaristische Sicht wurde zu Recht von vielen Zeitgenossen kritisiert. So prangerte etwa Goethe die Gefühllosigkeit der Ethik Benthams an. Dem Menschen sei nicht mit einer mathematischen Nützlichkeitsgleichung beizukommen (vgl. Precht 2019, S. 147). Wir werden darauf noch zu sprechen kommen, wenn wir uns mit der ökonomischen Nutzenmaximierung beschäftigen (vgl. Abschn. 4.5).

Bentham war mit dem Vater John Stuart Mills, James Mill, befreundet. Daher übte die Philosophie Benthams, vor allem dessen utilitaristisches Gedankengut, auch einen großen Einfluss auf John Stuart Mill aus. *John Stuart Mill* wurde 1806 als ältestes von neun Kindern in Pentonville, einem Stadtbezirk Londons, geboren (zur Biografie und seinem ökonomischen Gedankengut vgl. Pietsch 2019 und die dort angegeben Literatur. Ferner Röd 1996, Bd. 2, S. 316 ff. und Birnbacher 1995, S. 132 ff.). Der kleine John Stuart erhielt bereits im zarten Alter von drei Jahren seine ersten Griechisch- und Latein-Lektionen, so dass er bereits von klein auf die lateinischen und griechischen Klassiker im Original lesen konnte. Schon als Jugendlicher beschäftigte er sich mit Politischer Ökonomie, las Adam Smith und David Ricardo, die Klassiker der Nationalökonomie, und natürlich die Schriften des Freundes seines Vaters, Jeremy Bentham. Die frühe und intensive Ausbildung Mills durch seinen Vater hinterließ allerdings auch Spuren. Bereits als Zwanzigjähriger durchlebte Mill eine erste Depression, der im Laufe seines Lebens weitere folgten. Später heiratete Mill die Frauenrechtlerin Harriet Taylor, die ihn auch politisch stark beeinflusste. Mill zog für die liberale Partei, die Whigs, ins Parlament ein und machte sich konsequenterweise für die Rechte der Frauen stark. Er starb 1873 an den Folgen einer Wundrose d. h. einer bakteriellen Infektion der Haut.

Mill setzt philosophisch auf dem utilitaristischen Fundament Benthams auf (vgl. u. a. Precht 2019, S. 163 ff.). Allerdings führt ihm seine persönliche Krise, seine Depressionen, plastisch vor Augen, dass der Mensch nicht nur aus Verstand und Bildung besteht. Was nützt dem Menschen seine ganze Intelligenz, seine Vielbelesenheit und Bildung, wenn er nicht glücklich ist? Spielen denn nicht auch Gefühle für die Zufriedenheit des Menschen eine Rolle? Auf die Ethik bezogen: Glück und Lebensfreude stellen sich nicht automatisch ein, wenn man rational und moralisch richtig handelt (vgl. Precht 2019, S. 166). *Emotionen* spielen mindestens eine ebenso große Rolle wie David Hume mit seiner Gefühlsethik gezeigt hat. Zwar ist eine Handlung dann als sittlich zu bezeichnen, wenn sie zu einem Zuwachs an Glück führt, während sie moralisch-ethisch falsch ist, wenn sie das Leiden befördert. Allerdings steht dabei das Streben nach Lust im Vordergrund der Überlegungen. Die Lust versteht Mill dabei als geistige Erfüllung und Freude (*happiness*) analog der Weisheitssuche des Sokrates.

Die Motivation zum moralischen und utilitaristischen Handeln sind die gesellschaftlich geprägten Normen wie Anerkennung und Lob bzw. Missbilligung und Bestrafung durch andere Menschen oder etwa durch Gott. Wir fühlen mit anderen Menschen mit, empfinden Sympathie. Menschen handeln aber nicht durchwegs rational, sondern sind auch Gefühlswesen, die empathisch und altruistisch d. h. aufopfernd mit anderen Menschen umgehen. Sie nehmen gegenseitig aufeinander Rücksicht. Wir verfügen auch alle über ein Gefühl der Gerechtigkeit. Gerechtigkeit ist allerdings für Mill auch ein sozialer Nutzeneffekt, da eine gerechte Gesellschaft natürlich auch über einen hohen Nutzen für die Allgemeinheit verfügt. Mill war mit seinem utilitaristischen Gedankengut, vor allem auch mit seiner Weiterentwicklung ein wichtiger Wegbereiter nicht nur der Ethik, sondern vor allem auch der Politischen Ökonomie.

In eine ganz andere Richtung zielt die Ethik von *Arthur Schopenhauer* (1788–1860). Schopenhauer entstammte einer vermögenden Kaufmannsfamilie aus Danzig, die aus politischen Gründen – Danzig wurde preußisch, was der Vater ablehnte – dann nach Hamburg umsiedelte (zur Biografie vgl. Safranski 2018; Röd 1996, Bd. 2, S. 273 ff.; Spierling 2017, S. 253 ff.; Volkelt 1907, Zweiter Abschnitt, S. 6 ff.). Sein Vater wollte ihn der Tradition gemäß zum Kaufmann ausbilden. Dem Wunsch Arthur Schopenhauers, ein humanistisches Gymnasium besuchen zu dürfen, lehnte der Vater ab. Stattdessen schickte der Vater ihn auf Bildungsreise u. a. nach England, Frankreich, die Schweiz und Österreich. Danach begann er eine Kaufmannslehre zunächst in Danzig, die er später in Hamburg weiterführte. Nachdem der Vater 1805, Schopenhauer war zu dieser Zeit erst 17 Jahre alt, tot hinter seinem Haus gefunden wurde – man vermutete Selbstmord aus Depressionen – brach er die Lehre ab und zog mit Mutter und Schwester nach Weimar. Zu seiner Volljährigkeit erhielt Schopenhauer das väterliche Erbe ausbezahlt, das ihn finanziell unabhängig machte. Anfänglich studierte er Medizin in Göttingen, wandte sich dann aber schnell der Philosophie zu und promovierte an der Universität Jena. Durch den Volks- und Religionskundler Friedrich Majer wurde Schopenhauer mit dem antiken hinduistischen Denken, dem *Brahmanismus*, vertraut gemacht, das er in seine Philosophie einfließen ließ.

Der Zufall wollte es, dass die Mutter Schopenhauers in Weimar einen literarischen Salon unterhielt, in dem auch Goethe verkehrte. Beide wurden so aufeinander aufmerksam. Während Goethe in Schopenhauer einen merkwürdigen aber interessanten Mann sah (vgl. Safranski 2013, S. 499), war Schopenhauer von Goethe sofort begeistert. Beide diskutierten u. a. wochenlang intensiv über Goethes Farbenlehre. Schnell machte sich aber der besserwisserische und arrogante Wesenszug Schopenhauers bemerkbar, der ein eigenes Werk „*Über das Sehen und die Farben*" anfertigte und Goethe zuschickte. Nachdem sich Goethe dann doch nicht persönlich um die Drucklegung des Manuskripts kümmern wollte und es entsprechend delegierte, kam es zum Bruch. Schopenhauer warf Goethe vor, in seiner Farbenlehre lediglich „treffliche Beobachtungen gesammelt, doch keine richtige Theorie" (Safranski 2013, S. 501) entworfen zu haben.

Schopenhauer überwarf sich allerdings auch mit seiner Mutter, da er ihren Lebensstil missbilligte und sich zu patriarchalisch einmischen wollte. Er zog nach Dresden, wo er sein Hauptwerk *Die Welt als Wille und Vorstellung* schrieb. In der Vorbereitung zu diesem Werk las Schopenhauer u. a. 179 (!) Bücher zum Denken der Hindus und Uphanisaden (vgl. Precht 2019, S. 42). Nach ausgedehnten Italienreisen bemühte sich Schopenhauer um eine Dozentur an der Universität Berlin. Finanzielle Engpässe machten dies notwendig. Sein überbordendes Selbstbewusstsein veranlasste Schopenhauer, seine Vorlesungen zeitgleich mit denen des berühmten Professors Hegel zu legen. Nach dem missglückten Versuch, Hegel die Zuhörer abspenstig zu machen, gab Schopenhauer dieses Vorhaben allerdings auf. In Frankfurt wurde er schließlich sesshaft und schrieb weitere Werke u. a. die berühmten und am meisten rezipierten *Aphorismen zur Lebensweisheit.* 1860 erkrankte Schopenhauer an einer Lungenentzündung, an der er dann einige Monate später verstarb.

Wichtig für Schopenhauers Philosophie ist seine Persönlichkeit (vgl. im Folgenden Precht 2019, S. 35 ff.; Volkelt 1907, Dritter Abschnitt, S. 27 ff.). Andeutungsweise schimmerte sie in der Skizze seiner Biografie bereits durch. Schopenhauer war ein Einzelgänger, der in seiner Frankfurter Zeit mit seinem Hund *Atman,* Sanskrit für Atem, lebte. Typisch für die Überheblichkeit Schopenhauers ist die Geschichte der Parallelvorlesungen zu Hegel. Er hielt auch sein Hauptwerk *Die Welt als Wille und Vorstellung* der Kritik der reinen Vernunft Kants für ebenbürtig (vgl. Precht 2019, S. 40). Schopenhauer schätzte Frauen gering und war tendenziell antisemitisch eingestellt. Sicher hat der Streit mit seiner Mutter zu dem negativen Frauenbild ebenso beigetragen wie die Tatsache, dass er keine eigene Familie gründete und alleine blieb. Die Französische Revolution war vorüber, Napoleon besiegt und Europa war größtenteils verwüstet. Die Wirtschaft lag darnieder, die Armut grassierte und vielen erschien das Leben sinnlos und leer. In diese Stimmung hinein, getragen von *Pessimismus,* verfasste Schopenhauer seine Philosophie. Seine persönliche Situation und seine Lebensumstände waren vor allem in der zweiten Lebenshälfte auch nicht gerade dazu angetan, das Leben positiv zu sehen.

Zwei Kerngedanken stehen im Zentrum von Schopenhauers Philosophie, die er in seinem berühmtesten Werk als Titel und, was den ersten Teil anbelangt, auch in seinem ersten Satz formuliert: *Die Welt als Wille und Vorstellung* (vgl. Schopenhauer, Ausgabe 1988, Bd. 1, zitiert § 1, S. 31).

„Die Welt ist meine Vorstellung – dies ist eine Wahrheit, welche in Beziehung auf jedes lebende und erkennende Wesen gilt; wiewohl der Mensch allein sie in das reflektierte abstrakte Bewusstsein bringen kann: und tut er dies wirklich, so ist die philosophische Besonnenheit bei ihm eingetreten."

Schopenhauer stellt damit im Einklang mit Kant und auch Platon fest, dass wir die äußere *Welt nur als Erscheinung* wahrnehmen. Unterstützt wird dieser Gedanke durch die in den indischen Veden vorgebrachte Idee, dass die von uns sichtbare Welt nur eine Illusion, Maja, ist (vgl. Poller 2005, S. 289). Wir erinnern uns auch an Platons Höhlengleichnis mit den Schatten an der Wand der Höhle, die nicht mit der Realität außerhalb der Höhle in der Sonne gleichzusetzen sind (vgl. Abschn. 3.1). Selbstverständlich filtert unser Gehirn die Dinge der äußeren Welt, etwa den Tisch, an dem wir sitzen und interpretiert das Gesehene vor unserem eigenen Erfahrungshintergrund. Allerdings ist „Das Ding an sich" wie Kant es nannte zwar ebenso *unerkennbar*, da wir es mit unseren Sinnen wahrnehmen und subjektiv interpretieren d. h. mit unseren Gedanken zu dem Ding an sich kombinieren. Wir können es aber *erfahren*, indem wir uns selbst bewusst werden, dass es das Ding z. B. den Tisch gibt und wir dieses Ding interpretieren.

Ferner sieht Schopenhauer als Grundprinzip in der Welt und alles Seienden nicht die Vernunft, den *logos*, sondern „ein blinder triebhafter Wille, die Quelle des Leidens" (Spierling 2017, S. 258). In Schopenhauers eigenen Worten (Schopenhauer, Ausgabe 1988, Bd. 1, § 18, S. 151):

> „… vielmehr ist dem als Individuum erscheinenden Subjekt des Erkennens das Wort des Rätsels gegeben: und dieses Wort heißt WILLE (Großschreibung im Original). Dieses und dieses allein, gibt ihm den Schlüssel zu seiner eigenen Erscheinung, offenbart ihm die Bedeutung, zeigt ihm das innere Getriebe seines Wesens, seines Tuns, seiner Bewegungen."

Es ist also nicht die Vernunft des Menschen, sein Intellekt, der ihn antreibt, sondern nur sein *unbewusster Wille zum Leben*, zum Erhalt seiner Art z. B. im Fortpflanzungstrieb. Die Welt um uns herum ist folgerichtig für Schopenhauer nichts anderes als ein reiner, vernunftloser Wille. Der Wille bestimmt, beeinflusst und determiniert alle Vorgänge um uns herum, seien sie innere oder die äußere Prozess des Menschen, seien sie organisch oder anorganisch. Er ist die Urkraft und das Wesen der Welt. Jedem Handeln, auch dem ethischen, liegt ein klarer Wille, ein Wollen des Menschen zugrunde. Jetzt stellt sich natürlich die Frage, wie soll ich leben, wie ich soll ich mich verhalten, was soll ich tun, wenn mein Leben nicht durch die Vernunft (Kant), sondern durch einen irrationalen, triebhaften Willen gesteuert ist (vgl. Precht 2019, S. 45)?

Zunächst geht Schopenhauer davon aus, dass, wenn der Wille nichts anderes ist als ein unbedingter Drang zum Leben, die Moral selbst Bestandteil des menschlichen Willens werden muss. Wenn der Wille alles bewegt, muss die Moral zwingend einen Platz darin haben (vgl. im Folgenden vor allem Volkelt 1907, S. 324 ff.). Die erste Grundbedingung dcs moralischen Handelns ist die Freiheit des

Willens. Nur ein freier Mensch kann sich für ein moralisch-ethische Leben und Handeln entscheiden. Dies ist allerdings nicht mehr als eine *conditio sine qua non*, eine notwendige Vorbedingung. Denn das moralische Verständnis und das gemäße Handeln sind vor allem Fragen des menschlichen Charakters, der individuellen Tugenden und Laster, und seiner individuellen Motivation bzw. des Motivs. Damit wird der moralisch entscheidende Wille wichtiger als die Vernunft. Die Moral an sich bezieht ihre Legitimation nicht mehr aus der Vernunft, sondern aus dem irrationalen Willen.

Wie ist jetzt aber das Verhältnis von mir zu meinen Mitmenschen definiert, wenn ich den Willen als grundlegendes Prinzip in mir und der Welt sehe? Ganz einfach: Indem ich in den anderen Menschen wie bei mir selbst den Willen zum Leben intuitiv und unmittelbar erkenne. Ich merke, dass der Wille alles Lebende bestimmt, nicht nur mich selbst, sondern auch mein Gegenüber. Ich habe nun zwei Möglichkeiten zu handeln: Entweder ich setze meinen Willen unter Negation des Willens meines Gegenübers durch – ein Egoismus, der im extrem zu einer Verletzung, Unterdrückung und Vernichtung des anderen führen kann, oder ich habe Mitleid mit den anderen und helfe ihm. Dabei ist wichtig zu wissen, dass Schopenhauer, der von Hause aus *ein Pessimist* war (vgl. etwa die Ausführung von Volkelt 1907, S. 235 ff.), die Liebe zum Menschen immer als ein Mitleid gesehen hat.

Konkret zeigt sich unsere Liebe darin, dass wir an dem Schmerz, dem Leiden, der Hilflosigkeit oder dem Mangel etwa an Materiellem oder Nahrung der anderen teilhaben und mitempfinden. Die Menschenliebe ist daher gemäß Schopenhauer immer durch das Mitleid gespeist und ist der einzige moralische Antrieb. Erst die Einsicht, dass Menschen leiden, dass sie zu respektieren sind in ihrer Würde unabhängig von ihrem Intellekt lässt mich moralisch handeln. Daher sind auch Tiere leidensfähig und verdienen unser Mitleid. Schopenhauer grenzt sich dadurch auch von Kant ab, der ein moralisches Gesetz in jedem Menschen vermutete. Schopenhauer bringt diesen Kerngedanken seiner *Mitleidsethik* in seinen kleinen philosophischen Schriften *Parerga und Paralipomena* (vgl. Schopenhauer, Ausgabe 1988, Bd. 2, Kap. VIII Zur Ethik, § 109 S. 183) klar auf den Punkt:

> „Daher möchte ich, im Gegensatz zu besagter Form des Kantischen Moralprinzips, folgende Regel aufstellen: bei jedem Menschen, mit dem man in Berührung kommt, unternehme man nicht eine objektive Abschätzung desselben nach Wert und Würde, ziehe also nicht die Schlechtigkeit des Willens, noch die Beschränktheit seines Verstandes und die Verkehrtheit seiner Begriffe in Betrachtung; da Ersteres leicht Hass, Letzteres Verachtung gegen ihn erwecken könnte: sondern man fasse allein seine Leiden, seine Not, seine Angst, seine Schmerzen ins Auge: – da wird man sich stets mit ihm verwandt fühlen, mit ihm sympathisieren und, statt Hass oder Verachtung, jenes *Mitleid* (Hervorhebung DP) mit ihm empfinden, welches allein die *agape* (altgriechisch für (Nächsten-)Liebe, im Original in altgriechischer Schrift) ist, zu der das Evangelium aufruft. Um keinen Hass, keine Verachtung gegen ihn aufkommen zu lassen, ist wahrlich nicht die Aufsuchung seiner angeblichen „Würde" (Anführungszeichen im Original), sondern, umgekehrt, der Standpunkt des *Mitleids* (Hervorhebung DP) der allein geeignete."

Schopenhauer weist zu Recht darauf hin, dass ein solches Mitleid nicht allen Menschen gleichermaßen gegeben ist. Bereits in seiner Preisschrift über die Freiheit des Willens hat Schopenhauer darauf hingewiesen, dass der moralische Lebenswandel vor allem eine Frage des – ursprünglichen und unveränderlichen – Charakters eines Menschen ist (vgl. Schopenhauer, Ausgabe 1988, Die Welt als Wille und Vorstellung, Bd. 2, S. 696). Nur der Gerechte vermeidet Leid gegenüber anderen Menschen d. h. *„neminem laede"* (verletze Niemanden). Es bleibt dem Menschen also nichts anderes übrig, als seinen natürlichen *Willen* zum Egoismus *zu überwinden*, am Leid der Mitmenschen teilzuhaben und sich moralisch-gerecht zu verhalten. Schopenhauer war aber realistisch genug zu erkennen, dass die meisten Menschen sich in höchstem Maße rücksichtslos, egoistisch, ungerecht verhalten. Zudem sind sie nicht selten von Hass und Bosheit durchdrungen und mit geringer Intelligenz ausgestattet (vgl. Volkelt 1907, S. 343).

Zusammenfassend kann man sagen, dass Schopenhauer mit seiner antirationalistischen, gefühlsmäßigen und intuitiven (vgl. Volkelt 1907, S. 346) Ethik im klaren Gegensatz zu der Vernunft- und Pflichtethik Kants steht. Es ist das Gefühl des Mitleids mit meinen Mitmenschen, das mich intuitiv zum moralischen Handeln antreibt (vgl. Safranski 2018, S. 474 f.). Mitleid sei ein Urphänomen des Menschen, die schmerzhafte Verbundenheit des Menschen mit einer Welt voller Qual (vgl. Safranski 2018, S. 474). Schopenhauer hat daher die Tür für die irrationalen Empfindungen in der Ethik geöffnet: Der Mensch ist nicht nur wie bei Kant ein vernunftbetontes, rational handelndes Wesen, das immer einen moralischen Kompass mit sich herumträgt. Stattdessen ist er auch beherrscht von Gefühlen wie Liebe, Mitleid, Erbarmen und Aufopferung, durchdrungen von Stimmungen, Fantasien und rücksichtsloser Begeisterung. Aber natürlich auch vom Gegenteil, dem Egoismus, der Gefühlskälte etc. Wir werden auf diese emotionalen Teile des menschlichen Verhaltens spätestens dann zurückkommen, wenn wir in den späteren Kapiteln (4 ff.) auf die aktuellen wirtschaftsethischen Herausforderungen zu sprechen kommen.

Jetzt kommen wir zu dem Philosophen, der nicht nur, aber auch *in puncto* Moral keinen Stein mehr auf dem anderen gelassen hat und mit der konventionellen Sicht auf die Ethik gebrochen hat („Die Umwertung aller Werte", Nietzsche, Ausgabe 1994, Bd. 3, Ecce Homo, S. 485): Friedrich Nietzsche. Doch widmen wir uns zunächst kurz seiner Biografie (vgl. Röd 1996, S. 371 ff.; Simon 1995, S. 203 ff.; Spierling 2017, S. 297 ff.; Precht 2019, S. 331 ff.; Poller 2005, S. 326 ff.; Safranski 2019a mit dem Fokus auf sein Denken).

Friedrich Wilhelm Nietzsche (1844–1900) wurde in Röcken, einem Dorf in der preußischen Provinz Sachsen, heute Sachsen-Anhalt, als Sohn eines lutherischen Pfarrers und seiner Frau geboren. Der Vater war ein Anhänger des preußischen Königs Friedrich Wilhelm IV und nannte folgerichtig seinen Sohn nach ihm. Sein Vater starb als Nietzsche fünf Jahre alt war, was Nietzsche zeitlebens mit einem Trauma zurückließ. Die Mutter zog zusammen mit seiner Mutter, seiner Schwester Elisabeth, der Großmutter und zwei unverheirateten Großtanten nach Naumburg, einem kleinen Ort zwischen Halle und Jena. Nietzsche besuchte dort u. a. das angesehene Gymnasium Schulpforta, ein ehemaliges Zisterzienserkloster, das auch schon Fichte besucht hatte. Er war ein sehr guter Schüler. In seiner Freizeit dichtete und musizierte er und wurde schnell ein großer Anhänger der Antike. Schon früh begeisterte sich Nietzsche auch für die Musik Wagners, den er 1868 auch persönlich kennenlernte. 1864 nahm er ein Studium der Klassischen Philologie und der evangelischen Theologie an der Universität Bonn auf. Nach einem Semester allerdings beendete Nietzsche sein Theologiestudium und wollte sich ganz auf das Studium der Klassischen Philologie konzentrieren. Er folgte seinem geliebten Lehrer Friedrich Ritschl nach Leipzig. Später nahm Nietzsche auch an dem Deutschen Krieg zwischen Preußen und Österreich teil, wurde nach einem schweren Reitunfall verletzt und für dienstunfähig erklärt. In Leipzig entdeckte er in einem Antiquariat Schopenhauers Werk *Die Welt als Wille und Vorstellung* (s. o.), das in von Anfang an faszinierte.

1869 begann die für Nietzsches Werk bedeutsame Freundschaft mit Richard Wagner und dessen Frau Cosima. Er besuchte beide regelmäßig in deren Landhaus in Tribschen, nahe Luzern. Die Bewunderung für Wagners Musik kannte kaum Grenzen. Nietzsche, der junge Altphilologe aus Leipzig, wurde im Gegenzug fast wie ein Sohn von den Wagners behandelt. Beide, Nietzsche wie Wagner, waren Anhänger der Philosophie Schopenhauers und beeindruckt von dessen Sicht auf das Unbewusste, das Tragische und das Mythische. Im Laufe der Jahre kam es aber zum Bruch mit Wagner, der, vom Erfolg in seinem Bayreuther Festspielhaus berauscht, sich mehr seinem Ruhm hingab als sich Zeit für Nietzsche zu nehmen (vgl. Precht 2019, S. 347). Ferner wurde Nietzsche auch u. a. von Wagners Antisemitismus abgestoßen, der immer stärker zutage tritt. Die Probleme zwischen den beiden lagen allerdings tiefer, angefangen von Wagners herrischer Persönlichkeit über Diskussionen zur Qualität der Kompositionen von Brahms bis hin zu philosophisch-theologischen Differenzen (vgl. dazu u. a. Safranski 2019a, S. 131 ff.).

Auf Betreiben seines Förderers und Lehrers Ritschl wurde Nietzsche von 1869 an für etwa zehn Jahre außerordentlicher Professor für klassische Philologie in Basel, allerdings ohne formale Promotion oder Habilitation. Er nahm an dem deutsch-französischen Krieg 1870/71 kurzzeitig als Sanitäter teil, fing sich dort u. a. eine Diphterie-Erkrankung ein. Sein allgemeiner Gesundheitszustand verschlechterte sich in den darauffolgenden Jahren immer weiter – inzwischen waren Migräneanfälle, Magenprobleme und eine sehr starke Kurzsichtigkeit hinzugekommen – so dass Nietzsche schließlich gezwungen war, seine Lehrtätigkeit 1879 zu beenden. Danach betätigte er sich als freier Philosoph an unterschiedlichen Orten mit mildem Klima wie etwa in Oberitalien, an der Riviera oder an seinem Sommerzufluchtsort Sils Maria im Oberengadin. Die Liebe zu einer russischen Generalstochter wurde von dieser nicht erwidert, blieb aber eine Freundin. Während der Zeit der Reisen schrieb Nietzsche unentwegt an seinen zahlreichen Werken. 1889, ein Jahr vor seinem Tod erlitt Nietzsche in Turin einen geistigen Zusammenbruch, vermutlich in Folge einer progressiven Paralyse im Rahmen einer Syphilis-Infektion. Die Frage ist auch, ab wann sich die Krankheit mit der geistigen Dämmerung bereits in dem Werk Nietzsches bemerkbar gemacht hat. Nach dem Tod der Mutter pflegte ihn seine Schwester. Nietzsche war zu diesem Zeitpunkt aber schon nicht mehr Herr seiner Sinne und verstarb 1900 mit nur 55 Jahren an den Folgen eines Schlaganfalls in Kombination mit einer Lungenentzündung.

Nietzsche hat kein in sich geschlossenes System der Philosophie hinterlassen. Stattdessen hat er in verschiedenen Feldern experimentiert (zu seinem Denken *in nuce* vgl. Riehl 1900, S. 39 ff.; Precht 2019, S. 331 ff.; Safranski 2019a; Simon 1995, S. 203 ff.; Poller 2005, S. 327 ff.; Spierling 2017, S. 303 ff.). Nietzsche sah sich als zukunftsweisender Philosoph und vor allem als einer, der die ewigen Gewissheiten der Philosophie mit dem Hammer zertrümmerte. Gemäß seinen Neigungen war er mal als Künstler, mal als Wissenschaftler und als Philosoph aber auch als Psychologe unterwegs. Er übernahm von Schopenhauer die Sicht von der Welt als Wille und Vorstellung, wobei er den Willen mit dem *Dionysischen* und die Vorstellung mit dem Schein- und Traumhaften des *Apollinischen* gleichsetzte (Apollinisch = von Apollon, griechischer Gott des Lichts, der Heilung, der sittlichen Reinheit und des Maßes und der

Ordnung; Dionysisch = griechischer Gott des Weines, der Freude, der Fruchtbarkeit aber auch des Wahnsinns und der Ekstase). Der Gedanke, dass das ordnende, rationale Element mit dem irrationalen, triebhaften sich im permanenten Kampf befindet, ist nicht neu und findet sich bereits bei Schelling, wird aber bei Nietzsche pointierter herausgearbeitet und formuliert.

In seinem Erstlingswerk, *Die Geburt der Tragödie aus dem Geist der Musik*, wollte er vor allem die Musik Wagners verherrlichen und den Kern der Tragödie ausarbeiten. Darin stellte Nietzsche fest, dass die apollinische und die dionysische Lebensform in der Tragödie zu einer Einheit verschmelzen. Allerdings führt letztlich die Philosophie zum Untergang der Tragödie, da sich die rationale, theoretische apollinische Kultur (des Sokrates z. B.) durchsetzt zu Lasten der dionysischen, irrationalen. Das Leben gleiche aber in seiner Irrationalität und Triebhaftigkeit eher dem dionysischen als dem apollinischen Element, so Nietzsche. Erst durch die Musik Wagners kommt das Dionysische wieder zu zum Vorschein. Die Dramen Wagners lassen die Tragödie aus der Musik heraus wiedergeboren werden.

In einer zweiten Phase seines Schaffens widmete sich Nietzsche der Wissenschaft. So entstanden etwa die Schriften, *Die fröhliche Wissenschaft* oder *Menschliches, allzu Menschliches – ein Buch für freie Geister*, das er Voltaire widmete. Nietzsche hat vor allem in dieser Schrift klar die psychologischen und methodischen Fehler vor allem der Wissenschaftler offengelegt. So schreibt er etwa über die Philosophen (Menschliches, allzu Menschliches – ein Buch für freie Geister, Nietzsche Ausgabe 1994, Bd. 1, S. 257):

„Alle Philosophen haben den gemeinsamen Fehler an sich, dass sie vom gegenwärtigen Menschen ausgehen und durch eine Analyse desselben ans Ziel zu kommen meinen.

Unwillkürlich schwebt ihnen „der Mensch" (Anführungszeichen im Original) als eine *aeterna veritas* (Kursivschrift
im Original), als ein Gleichbleibendes in allem Strudel, als
ein sicheres Maß der Dinge vor. Alles, was der Philosoph
über Menschen aussagt, ist aber im Grunde nicht mehr als
ein Zeugnis über den Menschen eines *sehr beschränkten*
(Kursivschrift im Original) Zeitraums. Mangel an histori-
schem Sinn ist der Erbfehler aller Philosophen …"

In seiner dritten Lebensphase widmete er sich ausgiebig
vor allem dem Thema der Moral. Nietzsche verfasste die
Schriften *Jenseits von Gut und Böse, Zur Genealogie der
Moral, Ecce Homo,* einer autobiografischen Skizze, *Also
sprach Zarathustra,* in dem er ein neues, dionysisches Zeit-
alter prophezeit und *Der Antichrist,* in dem er mit dem
Christentum und seinen Werten abrechnet. Was er in die-
sen Werken schrieb, war zum Teil wirklich harter Tobak.
Bereits in seinem Zarathustra lässt er den gleichnamigen
Protagonisten erklären (Also sprach Zarathustra, Nietzsche,
Ausgabe 1994, Bd. 2, S. 97):

> *„Ich lehre euch den Übermenschen.* (Kursivschrift im Origi-
> nal) Der Mensch ist etwas, das überwunden werden soll.
> Was habt ihr getan ihn zu überwinden? Alle Wesen bisher
> schufen Etwas über sich hinaus: und ihr wollt die Ebbe die-
> ser großen Flut sein und lieber noch zum Tiere zurück-
> gehen, als den Menschen überwinden!"

Der Mensch solle die Moral hinter sich lassen und die
Kräfte des Lebens nutzen, um einen neuen Menschen zu
schaffen, der das Gegenteil des gewöhnlichen Massen-
menschen darstellt. Der *Übermensch* ergibt sich dem
Schicksal, der *amor fati.* Er ist aber ein Elitemensch, der
mächtig und voller Schaffenskraft und Tatendrang ist. Ein
großes Individuum, das selbst Werte schafft. Er hat den

„Willen zur Macht", nicht nur über die Welt, sondern auch über sich selbst. Die Welt kehrt ewig wieder und der Mensch muss sich in ihr behaupten. Nietzsche, Sohn eines Pfarrers, hatte mit dem Christentum und Gott abgeschlossen. „Gott ist tot! Gott bleibt tot! Und wir haben ihn getötet!" schreibt er in seinem Werk, *Die fröhliche Wissenschaft* (vgl. Nietzsche 2013, Die fröhliche Wissenschaft, La gaya scienza, Drittes Buch, Aphorismus 125. Der tolle Mensch, S. 120 f.). Damit, so Nietzsche, bricht auch die gesamte, auf der christlichen Weltanschauung basierende Moral in sich zusammen. Die Rolle des Menschen muss neu gedacht werden. Für Nietzsche gibt es keine absoluten Wahrheiten und Werte mehr. Er glaubt an die Wertlosigkeit und Sinnlosigkeit allen Bemühens des Daseins.

„Denken wir den Gedanken in seiner furchtbarsten Form: das Dasein, so wie es ist, ohne Sinn und Ziel, aber unvermeidlich wiederkehrend, ohne eine Finale ins Nichts: „die ewige Wiederkehr" (Anführungszeichen im Original). Das ist die extreme Form des Nihilismus." (Nietzsche, nachgelassene Fragmente).

Der *Nihilismus*, von *nihil* = lateinisch nichts, Nietzsches entstammt genealogisch dem Verlust des Glaubens an Gott und führt damit zu einer Zerstörung bzw. der Umwertung aller bisherigen Werte (s. o.). Dieser Verfallprozess der Werte ist für Nietzsche unumkehrbar. Neue Werte werden vor allem durch den Übermenschen entwickelt und durchgesetzt. Anstelle der herrschenden, christlichen Moral setzt Nietzsche das Recht des Stärkeren, des Herrschenden, der Elite. Es existiert für Nietzsche folgerichtig eine *„Herrenmoral"* und eine „Sklavenmoral" (vgl. Nietzsche 1994, Jenseits von Gut und Böse, Neuntes Hauptstück, Abschnitt 260, S. 201 ff.). Hören wir Nietzsche selbst in seinen Ausführungen zur Sklavenmoral (vgl. Nietzsche 1994, Jenseits von Gut und Böse, Neuntes Hauptstück, Abschnitt 260, S. 204):

> „Umgekehrt werden die Eigenschaften hervorgezogen und mit Licht übergossen, welche dazu dienen, Leidenden das Dasein zu erleichtern: hier kommt das Mitleiden, die gefällige hilfsbereite Hand, das warme Herz, die Geduld, der Fleiß, die Demut, die Freundlichkeit zu Ehren, denn das sind hier die nützlichsten Eigenschaften und beinahe die einzigen Mittel, den Druck des Daseins auszuhalten. Die Sklaven-Moral ist wesentlich Nützlichkeits-Moral.“

Damit werden viele moralischen Werte, die wir bisher kennengelernt haben, von Nietzsche *ad absurdum* geführt und in sein Gegenteil verkehrt, als Moral der Schwachen und Leidenden entwertet! Auf den Punkt gebracht ist für Nietzsche alles gut, was den Starken, den Herren, ausmacht, also körperliche und mentale Stärke, Tapferkeit, Macht bzw. der Wille zur Macht. Schlecht und Teil der Sklavenmoral ist alles was schwach ist aber auch friedlich, gütig, mitleidig. Die Sklavenmoral, die es zu überwinden gilt, sieht Nietzsche in der jüdisch-christlichen Humanitätsmoral (vgl. Rohls 1999, S. 533). Dies gelingt nur durch den Übermenschen, der allem Mittelmäßigen überlegen sei und der jenseits von Gut und Böse im herkömmlichen Sinn steht (vgl. Rohls 1999, S. 533). Als oberstes Moralprinzip setzt Nietzsche die Selbstbejahung und die Steigerung des Lebens durch den *Willen zur Macht*. Nietzsche will alles Schwache beseitigen, vom sozialistischen Ideal der Gleichheit hielt er genauso wenig wie von der Emanzipation der Frauen (vgl. Poller 2005, S. 330).

Der Bonner Philosoph *Markus Gabriel* weist zu Recht darauf hin, dass Nietzsche es sich mit seinem Nihilismus und der Umwertung der Werte zu einfach gemacht hat (vgl.

Gabriel 2020, S. 86 ff., vor allem S. 87/88). Einerseits setzt Nietzsche voraus, was er beweisen müsste, – das sogenannte *petitio principii* –, dass nämlich moralische Werte nur *erfunden* sind. Andererseits verwechselt er den moralischen und ökonomischen Sinn von Wert und begeht den Fehlschluss, dass wenn Menschen Werte erfinden, Werte einen ökonomischen Wert haben, *ergo* Menschen den Wert von Werten erfinden.

Dennoch darf man die Wirkung Nietzsches auf seine Zeitgenossen nicht unterschätzen (vgl. dazu exemplarisch Precht 2019, S. 369 ff.). Er war nicht nur Künstler und Philosoph, *agent provocateur* und Erneuerer. Nietzsche hat auch lange Zeit als unantastbar gegoltene Prinzipien der Moral umgedeutet, ja in ihr Gegenteil verkehrt oder abgewertet. Damit wird er gleichzeitig zum „Wegweiser für die Moderne" (Precht 2019, S. 370). So hat er etwa Impulse für so unterschiedliche Personen und Disziplinen gegeben wie der Psychoanalyse (Freud), der Existenzphilosophie (exemplarisch Jean-Paul Sartre, *„L'être et le néant"*, deutsch: *Das Sein und das Nichts*). Sein Stil, seine Wucht der Argumentation lässt seine Zeitgenossen nicht kalt. Gleichzeitig hat aber auch Gabriel recht, wenn er von Nietzsches „scheußlichen Verwirrung(en)" (Gabriel 2020, S. 86) spricht. Aus meinen Augen kann man die christlichen Werte, die jüdisch-christlichen Moralvorstellungen *in toto* nicht als „Sklavenmoral" verunglimpfen und ein uneingeschränktes Loblied auf den Starken singen. Dennoch hat Nietzsche unbestreitbar tiefe Spuren in der Ethikgeschichte hinterlassen und musste hier auch betrachtet werden. Auch der letzte in diesem Kapitel zu porträtierende Impulsgeber für die Ethik, der Soziologe Max Weber, ist von den Gedanken Nietzsches beeinflusst worden (vgl. Precht 2019, S. 370). Ihm wollen wir uns im Folgenden zuwenden.

Max Weber (1864–1920) wurde als erstes von acht Kindern als Sohn des Juristen und späteren Reichstagsabgeordneten der Nationalliberalen Partei, Max Weber senior, und seiner Frau Helene in Erfurt geboren (zur Vertiefung seiner Biografie vgl. u. a. Kaube 2014; Precht 2019, S. 525 ff.; Korte 1995, S. 98 ff.; Poller 2005, S. 362 ff.; Weber 2002, S. 743 ff.). Als Weber fünf Jahre alt war, zog die Familie nach Berlin-Charlottenburg, wo er in einem wohlhabenden, bürgerlich-protestantischen Milieu aufwuchs. Im Hause der Eltern verkehrten damals Politiker und Gelehrte wie etwa die berühmten Historiker *Theodor Mommsen* – er erhielt 1902 den Literaturnobelpreis für seine Römische Geschichte – und *Heinrich von Treitschke* oder der Theologe und Philosoph *Wilhelm Dilthey*. Schon früh beschäftigte sich der hervorragende Schüler mit der Philosophie, las u. a. Schopenhauer, Spinoza und Kant. Nach dem Abitur studierte Weber einen bunten Strauß an Fächern wie Jura, Nationalökonomie, Philosophie, Theologie und Geschichte wie es damals nicht unüblich war, nur unterbrochen durch einen einjährigen Militärdienst als „Freiwillig-Einjähriger". Sein Studium absolvierte er an den Universitäten Heidelberg, Straßburg, Göttingen und Berlin. Weber war Mitglied der studentischen Burschenschaft *„Die Alemannen"* und beteiligte sich rege am Verbindungsleben.

Nach seinem ersten Staatsexamen und seinem anschließenden vierjährigen Referendariat in Berlin folgte das zweite Staatsexamen und seine Promotion über die Entstehung der offenen Handelsgesellschaft (vgl. zur Themenwahl Kaube 2014, S. 78 ff., speziell S. 81), in der er vor allem das deutsche und das römische Recht miteinander verglich. Weber wurde zu der Zeit auch Mitglied im *Verein für Socialpolitik*, einer Vereinigung von Ökonomen im deutschen Sprachraum, in der er sich auch publizistisch engagierte. 1892 habilitierte sich Weber schließlich bei dem Berliner Statistiker und Nationalökonomen August Meizen mit einer Arbeit über *Die römische Agrargeschichte in ihrer Bedeutung für das Staats- und Privatrecht* (vgl. Kaube 2014, S. 83; Weber 2002, S. 752).

Mit nur 29 Jahren erhielt Weber 1893 einen Ruf auf einen Lehrstuhl für Nationalökonomie und Finanzwissenschaft an der Universität Freiburg. Im gleichen Jahr heiratete er seine Cousine, Marianne Schnitger (vgl. Kaube 2014, S. 87 ff.), die eine bestimmende Persönlichkeit in seinem Leben wurde. Sie war selbst wissenschaftlich und schriftstellerisch tätig, war eine anerkannte Frauenrechtlerin und gab nach dem Tod Webers seine gesammelten Schriften heraus. Die Ehe blieb kinderlos. Weber hatte eine Affäre mit Else Jaffé, die bei ihm studiert hatte. Mit 33 erhielt Weber einen Lehrstuhl für Nationalökonomie und Finanzwissenschaften in Heidelberg. Mit 34 erlitt er allerdings einen Nervenzusammenbruch. Weber musste seine Professur aufgeben und lebte fortan von den Zinserträgen des familiären Vermögens. Seine zahlreichen Reisen nach Italien und die Schweiz, darunter eine besonders intellektuell anregende in die USA (vgl. Kaube 2014, S. 190 ff.), nutzte er für seine rege Arbeit an diversen Schriften. Die berühmteste darunter war die Schrift *Die protestantische Ethik und der Geist des Kapitalismus*, die er 1904/1905 veröffentlichte. Wir werden auf diese Schrift noch im Besonderen zurückkommen. Besonders fruchtreich für Webers intellektuelle Entwicklung war in dieser Zeit auch der berühmte „Sonntagskreis", den Marianne Weber in der Heidelberger Villa organisierte (vgl. Korte 1995, S. 100). Dort trafen sich u. a. der Theologe *Ernst Troeltsch*, der Philosoph *Karl Jaspers*, der Soziologe *Georg Simmel* und der Politologe und Publizist *Theodor Heuss*, der 1949 bekanntlich der erste Bundespräsident der Bundesrepublik Deutschland wurde.

Im ersten Weltkrieg fand Weber Einsatz als Disziplinaroffizier der Reservelazarett-Kommission in Heidelberg, wo er mehrere Lazarette einrichtete und leitete. Diese Zeit nutzte Weber ebenfalls für eine rege publizistische Tätigkeit u. a. für die Frankfurter Zeitung. Zum Sommersemester 1918 nahm Weber für drei Monate erste Vorlesungen an der Universität Wien auf, um seine gesundheitliche Konstitution einer Probe zu unterziehen. 1919 übernahm er schließlich den Lehrstuhl für Gesellschaftswissenschaft, Wirtschaftsgeschichte und Nationalökonomie an der Universität München, den er etwas später erst antrat, da er die deutsche Friedensdelegation in Versailles beriet. 1920 erkrankte Weber an einer Lungenentzündung, die wohl zu spät erkannt wurde (vgl. Poller 2005, S. 363), an der er dann auch starb.

Max Weber kommt das Verdienst zu, neben Ferdinand Tönnies und Georg Simmel einer der *Gründerväter der Soziologie* in Deutschland zu sein. Immer wieder hatte er sich zu soziologischen Themen geäußert (vgl. Korte 1995, S. 101 ff.). So schreibt er über das Wesen und die Entstehung des Kapitalismus westlicher Prägung (s. u.), über Macht, Herrschaft und Bürokratie (Erster Teil, Kap. III von Wirtschaft und Gesellschaft, vgl. Weber 1980, S. 122–176) und definiert soziologische Grundbegriffe und Methoden (vgl. Weber 1980, Kap. I und II, vgl. ebenda S. 1–121). Er arbeitet sowohl im Bereich der *Wirtschaftssoziologie*, in dem er etwa die Wirtschaft mit den gesellschaftlichen Ordnungen vergleicht (vgl. Weber 1980, Zweiter Teil, Kap. I., S. 181–198) als auch in der *Religionssoziologie* (vgl. Weber 1980, Zweiter Teil, Kap. V, S. 245–381, vgl. auch Weber 1919 in Kaesler 2002, S. 557 ff.) und der *Rechtssoziologie* (vgl. Weber, 1980, Kap. VII, S. 387–513). Dort beschreibt er die Entstehung der Religionen (vgl. Weber 1980, Zweiter Teil, Kap. V., § 1, S. 245–258) und die Auswirkungen der Religionen auf die Ethik. So schreibt Weber etwa (Weber 1980, S. 351):

„Daher ist das Almosen universeller und primärer Bestandteil auch aller ethischen Religiosität. (…) Das Almosen gehört im Islâm zu den fünf absoluten Geboten der Glaubenszugehörigkeit, es ist im Hinduismus ebenso wie bei Konfuzius und im alten Judentum das „gute Werk" schlechthin, im alten Buddhismus ursprünglich die einzige Leistung des frommen Laien, auf die es wirklich ankommt, und hat im antiken Christentum nahezu die Dignität eines Sakraments erlangt (noch in Augustins Zeit gilt Glaube ohne Almosen als unecht)."

Weber vergleicht also verschiedene ethische Handlungen über alle wesentlichen Religionen hinweg. Zu Webers Bedeutung für die Soziologie ist auch wichtig zu wissen, dass er 1909 mit Tönnies, Simmel und Sombart die *Deutsche Gesellschaft für Soziologie* gegründet hat. Sie unterstreicht auch die Rolle, die Weber neben seinem umfangreichen soziologischen Werk für die Soziologie in der Summe hatte. Sein Werk und seine Lebensleistung dürfen in keinem Buch über die Klassiker der Soziologie fehlen. Weber treibt vor allem die Frage um, wie es zu dem Kapitalismus westlicher Prägung überhaupt kommen konnte, die er vor allem in seinem Werk *Die protestantische Ethik und der Geist des Kapitalismus* zu beantworten versucht (s. u.). Er definiert die Soziologie als Wissenschaft, „… welche soziales Handeln deutend verstehen und dadurch in seinem Ablauf und seinen Wirkungen ursächlich erklären will." (Weber 1980, S. 1). Soziales Handeln orientiert sich am „vergangenen, gegenwärtigen oder für künftig erwarteten Verhalten anderer" (Weber 1980, S. 11). Er führt den Begriff der „*legitimen Ordnung*" ein, die für Weber affektiv, wertrational und religiös legitimiert wird d. h. entweder durch „gefühlsmäßige Hingabe", „durch Glaube an die absolute Geltung als Ausdruck letzter verpflichtender Werte" oder durch den religiösen Glauben an sich (Weber 1980 S. 17). Schließlich unterscheidet Weber drei Typen der Herrschaft (vgl. Weber 1980 S. 124):

Die *Rationale, traditionale* und *charismatische* Herrschaft. Bei der rationalen Herrschaft wirkt vor allem der Glaube an die Legalität der bestehenden Ordnung und des Rechts der Ausführenden, diese Herrschaft auszuüben. Die traditionale Herrschaft liegt in dem unerschütterlichen Glauben an die Legitimität und die „Heiligkeit" der Traditionen („es war schon immer richtig so …). Die charismatische – ursprünglich von altgriechisch *chárisma* = Gnade, Gnadengabe, hat sich die Bedeutung später über das vulgärlateinische *charisma* = Geschenk in den heutigen deutschen Sinn „besondere Ausstrahlung" (vgl. Duden 2017, S. 310) entwickelt – Herrschaft auf der Hingabe an eine heldenhafte oder vorbildliche Person und der durch sie geschaffenen Ordnung (vgl. Weber 1980, S. 124).

Weber war aber nicht nur als Wissenschaftler und Publizist tätig, sondern auch *politisch*, wiewohl er nie ein politisches Amt innehatte. So engagierte er sich im Alldeutschen Verband, den liberalen Parteien, die von Friedrich Naumann, der ebenfalls regelmäßiger Gast im Hause Weber war, mitbegründet wurden. Webers Herkunft aus der bürgerlichen Klasse schlägt sich auch in seinen politischen Aussagen und Schriften nieder. So war er ein Unterstützer der expansiven Flottenpolitik von Kaiser Wilhelm II. und dessen überseeischer Kolonialpolitik. Wie viele hofft auch Weber bis zum Schluss auf einen Sieg Deutschlands (vgl. im Folgenden Precht 2019, S. 543). Nach dem Krieg schwebte ihm ein parlamentarisches System in Deutschland analog dem britischen Vorbild vor. Dem Kaiser weinte er keine Träne nach. Seine politischen Reden Ende 1918, zum Ende des Krieges und der Periode des Neuanfangs in

Deutschland, drehen sich vor allem um die politische Neu-
ordnung, den Wiederaufbau der deutschen Wirtschaft, die
kommende Verfassung Deutschlands als freien Staat (vgl.
Kaube 2014, S. 387).

Aus der Zeit stammen auch die berühmten Vorträge
Wissenschaft als Beruf und *Politik als Beruf*, die er Ende 1917
und Anfang 1919 in einer Münchner Buchhandlung hält
(vgl. Precht 2019, S. 543). In ersterem plädierte Weber für
eine Spezialisierung in der Wissenschaft, die einem Wissenschaftler hilft, gemeinsam mit Leidenschaft (vgl. Weber
1919 in Kaesler 2002, S. 482 ff.) und etwas Glück, Karriere
zu machen und einen bleibenden (Forschungs-)Eindruck
zu hinterlassen. Jede Wissenschaft könne nur mit Annahmen arbeiten. Die Politik müsse aus dem Hörsaal fern-
gehalten werden. Das passt zur These Webers, dass sich der
Forscher jedes *Werturteils* zu enthalten haben und somit
unpolitisch forschen müsse. So dürfe er bspw. nicht definieren, welche gesellschaftlichen Ziele objektiv gesehen
wünschenswert und anzustreben seien (vgl. Precht 2019,
S. 532). Der Wissenschaftler darf lediglich auf Basis eines
gegebenen Ziels die effizientesten Maßnahmen auf dem
Weg zur Zielerreichung entwickeln und entsprechend bewerten. Oder in den Worten Webers, der die bereits die
Frage nach der Sinn der Wertfreiheit als ein Werturteil ansieht (vgl. Weber 1917 in Kaesler 2002, S. 358):

„Ob man im *akademischen Unterricht* sich zu seinen ethischen oder durch Kulturideale oder sonst weltanschauungs-
mäßig begründeten praktischen Wertungen „bekennen"
solle oder nicht. Wissenschaftlich diskutierbar ist sie nicht.
Denn sie ist selbst eine gänzlich von praktischen Wertungen
abhängige und eben deshalb unaustragbare Frage."

In seinem berühmten Vortrag über *Politik als Beruf* be-
fasste Weber sich auch mit dem Politikgeschäft als solches

und formulierte in seiner berühmten Passage die Arten von Ethik, die ein Politiker einhalten sollte (Weber 1919 in Kaesler 2002, S. 544 ff.):

> „Wir müssen uns klarmachen, dass alles ethisch orientierte Handeln unter *zwei* voneinander grundverschiedenen, unaustragbar gegensätzlichen Maximen stehen kann: es kann „gesinnungsethisch" oder „verantwortungsethisch" orientiert sein. (…) Aber es ist ein abgrundtiefer Gegensatz, ob man unter der gesinnungsethischen Maxime handelt – religiös geredet: „Der Christ tut recht und stellt den Erfolg Gott anheim"–, *oder* unter der verantwortungsethischen: dass man für die (voraussehbaren) *Folgen* seines Handelns aufzukommen hat. (…) Insofern sind Gesinnungsethik und Verantwortungsethik nicht absolute Gegensätze, sondern Ergänzungen, die zusammen erst den echten Menschen ausmachen, den, der den „Beruf zur Politik" haben *kann*."

Gemäß der *gesinnungsethischen* Maxime ist einzig die innere Einstellung, der gute Wille entscheidend für die Beurteilung der Handlung. Folgt aus der mit der richtigen Gesinnung vorgenommenen Handlung etwas Negatives, so ist nicht der Einzelne dafür verantwortlich zu machen. Wenn ich z. B. als Politiker die Mehrwertsteuer erhöhe, um mit den erhöhten Staatseinnahmen das Sozialbudget zu erhöhen, etwa für eine erhöhte Sozialhilfe, dann handele ich gesinnungsethisch: Ich wollte den sozial Schwachen der Gesellschaft helfen. Wenn ich dadurch aber nur erreiche, dass die erhöhte Mehrwertsteuer dafür sorgt, dass gerade die armen Mitbürger am Ende des Monats weniger Geld in der Tasche haben, dann habe ich nichts gekonnt. Die *verantwortungsethische* Maxime betont die Verantwortung für die *Konsequenzen des Handelns* eines Politikers. Der verantwortungsethische Politiker ist für die in unserem Beispiel beschriebene Konsequenz, dass die armen Mitbürger nun weniger Geld zur Verfügung haben, verantwortlich zu machen. Der Politiker hätte also die Folgen seiner Handlung im Vorhinein berücksichtigen müssen und kann sich nicht auf seine gute Absicht bzw. die richtige Gesinnung seines Handelns zurückziehen. Schließlich, so Weber, gelte Folgendes für die Politik (Weber 1919 in Kaesler 2002, S. 555):

> „Die Politik bedeutet ein starkes langsames Bohren von harten Brettern mit Leidenschaft und Augenmaß zugleich."

Der wohl berühmteste Text zur Ethik Max Webers, und insofern natürlich für unsere Zwecke von besonderem Interesse, ist sicherlich *Die protestantische Ethik und der Geist des Kapitalismus* (vgl. im Folgenden Weber, Ausgabe 2013, zur Interpretation u. a. Kaube 2014, S. 175 ff.). Darin versuchte Weber die Frage zu klären, warum der Kapitalismus gerade in der westlichen Welt so einen Erfolgszug antreten konnte (s. o.). Als wesentlichen Faktor sah er das Christentum in seiner Ausprägung als Protestantismus bzw. im konkreten Sinne im Calvinismus. Der Kapitalismus sei vor allem die Ausprägung eines Rationalismus westlicher Prägung, den Weber vor allem bei den Protestanten verortet sieht (vgl. Weber 2013, S. 68/69) und dort vor allem bei den Calvinisten (vgl. Weber 2013, S. 71). Der *Rationalisierungsprozess als solcher entzaubert die Welt* (vgl. Rohls 1999; S. 572; Weber 2002, S. 154). In den Schriften Benjamin Franklins entnahm Weber den „Geist des Kapitalismus" bei dem „… der Gedanke der Verpflichtung des einzelnen gegenüber dem als Selbstzweck vorausgesetzten Interesse an der Vergrößerung seines Kapitals …" vorherrsche (Weber 2013, S. 77).

Der Mensch erkennt im legalen Gelderwerb seine eigene Tüchtigkeit und die sei die Quintessenz der Moral Benjamin Franklins (Weber 2013, S. 78). Diese *Hingabe an den Beruf des Geldverdienens* sei wesentlich für die Aufrechterhaltung der kapitalistischen Wirtschaftsordnung (Weber 2013, S. 92). Die rationalen Eigenschaften des Kapitalismus seien bereits daran zu erkennen, dass der wirtschaftliche Erfolg nur auf Basis von planerischen, nüchternen und mit rechnerischem Kalkül angegangenen Aktivitäten zu erreichen sei. Der Calvinismus mit seiner Prädestinationslehre – d. h. es ist bereits vorherbestimmt, welche Menschen von Gott auserwählt sind und die fleißigen, arbeitenden sind eher gottgefällig und ausgewählt – hilft, Arbeit und Beruf als Pflichterfüllung zu sehen. Dabei geht es aber nicht um das Gewinnstreben, um reich zu werden, sondern um *den Gewinn um des Gewinns willen.* Der Reichtum sei nur verwerflich, wenn man sich der Muße und dem Luxus hingebe ohne der Pflicht des Berufs nachzugehen. Mit seinem beruflichen Erfolg zeigt der Mensch, dass er von Gott auserwählt ist. Der „asketische Protestantismus puritanischer Provenienz" (Rohls 1999, S. 571) helfe durch sein intensives Arbeits- und Sparverhalten, verbunden mit der innerweltlichen Askese, den Gewinn zu steigern.

Bei den Katholiken waren Mystik und vor allem die Magie als Heilmittel stark in ihrer Religiosität verankert, so dass die Rationalisierung nicht so stark durchdringen konnte. (Weber 2013, S. 154):

> „Die „Entzauberung" der Welt: die Ausschaltung der *Magie* als Heilmittel, war in der katholischen Frömmigkeit nicht zu den Konsequenzen durchgeführt, wie in der puritanischen (und vor ihr nur in der jüdischen) Religiosität. Dem Katholiken stand die Sakramentsgnade (gemeint ist die Buße, Anm. DP) seiner Kirche als Ausgleichsmittel eigner Unzulänglichkeit zur Verfügung ..."

Je radikaler die Menschen nach der calvinistischen Lehre lebten, vor allem die aus Webers Sicht „Sekten" d. h. die Baptisten, Mennoniten und Qäker (Weber 2013, S. 174), die Ureinwanderer Amerikas, desto stärker griff dieser Prozess der Rationalisierung und innerweltliche Askese im Sinne des Kapitalismus. Der Calvinismus hob das Zinsverbot auf und sah das Gewinnstreben nicht mehr als gotteswidrig an (vgl. Rohls 1999, S. 572). Demzufolge sind Ausruhen, Zeitvergeudung, Genuss des Reichtums und Fleischeslust nur Ablenkungen bei dem Streben nach dem „heiligen" Leben (Weber 2013, S. 183). Am Ende steht ein nur sich selbst verantwortendes Individuum, das auf die von außen vorgegebenen Werte- und Normencodizes verzichtet (vgl. Rohls 1999, S. 573).

Weber fasste am Ende seiner protestantischen Ethik noch einmal seinen Kerngedanken zusammen (Weber 2013, S. 193):

> „Die innerweltliche protestantische Askese – so können wir das bisher Gesagte wohl zusammenfassen – wirkte also mit voller Wucht gegen den unbefangenen *Genuss* des Besitzes, sie schnürte die *Konsumtion*, speziell die Luxuskonsumtion, ein. Dagegen *entlastete* sie im psychologischen Effekt den *Gütererwerb* von den Hemmungen der traditionalistischen Ethik, sie sprengt die Fesseln des Gewinnstrebens, indem sie es nicht nur legalisierte, sondern (in dem dargestellten Sinn) direkt als gottgewollt ansah."

Die Wirkung Webers vor allem auf die Soziologie darf nicht unterschätzt werden. Wie Jürgen Kaube zurecht bemerkt (vgl. Kaube 2014, S. 428), wurde Weber durch seine genuin soziologische Fragestellungen und Interessen und die „Nebenfolgen seiner Absicht, diese Fragen zu beantworten" (Kaube 2014, S. 428) und die eingesetzten Mittel und Methoden zu einem *Klassiker der Soziologie*. Sein Forschungsobjekt an sich war nicht mehr von Belang. Sein posthum von seiner Witwe Marianne Weber und seinem Schüler Johannes Winckelmann kompilierte Werk

Wirtschaft und Gesellschaft fungiert heute zurecht als Grundlagenwerk der Soziologie, da es neben soziologischen Grundbegriffen und Methoden auch Webers Ideen zu verschiedenen soziologischen Bereichen beinhaltet. So beschreibt er die soziologischen Grundelemente der Wirtschaft, die Arten der Herrschaft aber auch den Zusammenhang zwischen der Ökonomie und den gesellschaftlichen Ordnungen.

Es gibt kaum einen Bereich der Soziologie, den Weber mit seinen Ideen nicht bereichert hat, darunter die Religions- und Rechtssoziologie (vgl. zu den Wirkungen Max Webers u. a. Kaube 2014, S. 428 ff.). Auch international wurde sein Ideengut verbreitet. Auf dem Heidelberger Soziologentag anlässlich Webers 100. Geburtstag 1964, erschienen so prominente Persönlichkeiten und Wissenschaftler wie der Harvard-Soziologe und Systemtheoretiker *Talcott Parsons*, der deutsch-amerikanische Philosoph *Herbert Marcuse* (Hauptwerk „Der eindimensionale Mensch"), dessen Schriften u. a. die Studentengeneration von 1968 stark beeinflusste oder der französische Philosoph und Soziologe Raymond Aron. Wiewohl Weber häufig – und für unsere Zwecke natürlich sehr wichtig – in seiner Differenzierung von *Verantwortungs- und Gesinnungsethik*, seiner Werturteilsdiskussion oder seiner Kapitalismusanalysen erwähnt wird, hat er in unzählige Richtungen der Soziologie international Anregungen gegeben (inklusive Organisationstheoretikern der deutschen Betriebswirtschaftslehre). Vor allem hat Weber, was für uns im Folgenden noch von Bedeutung sein wird, den Einfluss der Weltreligionen auf das ethische Handeln des Menschen herausgearbeitet und eindrucksvoll dargelegt.

Welches Fazit ziehen wir am Ende dieses Kapitels über die Ethik der Neuzeit? Während bei Luther und den Reformatoren das gottgefällige Handeln analog des Vorbildes

Jesu, angewiesen auf die göttliche Gnade, den Kern des moralischen Handels ausmachten (inklusive der Heilsvor-
bestimmtheit bei Calvin), prägten vor allem der Widerstreit
zweier Prinzipien die Diskussionen über die Ethik: *Vernunft
versus Gefühl*. Konkret war die Frage, ob der Mensch, in
seinem Willen und Handeln frei, in ethischen Handlungen
eher seinem Gefühl, der Empathie und Sympathie für andere Menschen folgt, oder eher seiner Vernunft und seinem
Pflichtgefühl. Für die antirationalistische, emotionale Seite
der Ethik standen *cum grano salis* Hume mit seiner Gefühlsethik, Schopenhauer und seine Ideen zur Mitleidsethik
aber auch zum Teil Smith, der in seiner Theorie der ethischen Gefühle die besondere Bedeutung des Faktors Sympathie herausgearbeitet hatte. Dem gegenüber vertraute
Kant eher dem Pflichtgefühl des Gewissens für moralische
Handlungen und dem inneren Gesetz.

Diese Hinwendung zu einer *stärkeren Vernunftbetonung*
hatte sich bereits bei Descartes abgezeichnet. Dieser Richtung folgten auch viele andere Denker wie etwa Hobbes,
Locke, Spinoza und Rousseau, die mit ihrem staats- und
vertragstheoretischen Ansatz eigene Akzente setzten. Im
Deutschen Idealismus, der im Wesentlichen auf den Ideen
Kants aufsetzte, entwickelten Fichte, Schelling und vor
allem Hegel den Gedanken der Pflichtenlehre Kants weiter.
Fichte sah vor allem auch die sittlichen Pflichten gegenüber
der Gemeinschaft analog Hegel, der zusätzlich im ethischen
Handeln des Menschen auch die Suche nach *Anerkennung
durch den Anderen* im Sinne einer positiven Selbstbe-
stätigung sah. Die religiösen Aspekte der Ethik wurden mit
der Ausnahme von Kierkegaard und schließlich Max
Weber in der Folge weniger stark akzentuiert. Stattdessen
wurde vor allem der *Nutzen ethischen Handelns* in den
Vordergrund gestellt. Vor allem Mill und Bentham argu-
mentierten in Nützlichkeitserwägungen im Rahmen des

Utilitarismus. Nietzsche schließlich wollte im Zuge seines Wertenihilismus alle Werte zertrümmern oder zumindest relativieren. Wir wollen uns nun im nächsten und letzten Kapitel zur kurzen Geschichte der Ethik vor allem mit dem 20. aber auch mit dem beginnenden 21. Jahrhundert und seinen Kerngedanken befassen. Dabei ist selbstverständlich, dass die Behandlung der ethischen Themen des 21. Jahrhunderts aufgrund der zeitlichen Nähe zur aktuellen Zeit nur eine erste Skizze sein kann.

3.4 Jüngere Vergangenheit und Gegenwart: Eine ökonomische Ethik für das 21. Jahrhundert

Ich möchte an dieser Stelle nur einige wenige ausgewählte Vertreter des 20. Jahrhunderts mit ihren ethischen Positionen zu Worte kommen lassen. Da die Vielzahl an Denkern zur praktischen Philosophie und zur Ethik insbesondere mittlerweile zu unübersichtlich und vielschichtig geworden ist, ist eine solche Fokussierung vor allem vor dem Hintergrund dieses Buches dringend geboten. Beginnen wir zunächst mit dem wohl bedeutendsten politischen Philosophen und seinem *Konzept der Gerechtigkeit*: John Rawls.

John Rawls (1921–2002) wurde als zweites von fünf Kindern eines Rechtsanwalts und seiner Frau in Baltimore, Maryland geboren (zur Biografie vgl. Höffe 2016, S. 389 ff.; Grayling 2019, S. 458 ff.). Seine Eltern entstammten einer wohlhabenden Südstaatenfamilie. Die Mutter war politisch engagiert. Schon früh musste Rawls mit einem Schicksalsschlag leben: Seine beiden Brüder starben an Diphtherie bzw. Lungenentzündung. Beide hatten sich bei ihm angesteckt. Nach seinem Studium an der Universität Princeton als *Bachelor of Arts*, wo er begann, sich auch für die

Philosophie zu interessieren, ging er zunächst zur Armee. Es war die Zeit des Zweiten Weltkriegs und Rawls erlebte die Wirren als Infanterist im Pazifik, wo er u. a. auf den Philippinen und Japan eingesetzt wurde. Der Besuch von Hiroshima, dem Ort, an dem die Atombombe abgeworfen wurde, verleitete ihn dazu, die Armee zu verlassen.

Rawls kehrte an die Princeton Universität zurück, an der er in Philosophie mit einer Dissertation zur *moralischen Beurteilung menschlicher Charakterzüge* promoviert wurde. Er lehrte anschließend zwei Jahre in Princeton, dann an der Cornell Universität und am Massachusetts Institute of Technology (MIT) in Boston, unterbrochen durch ein einjähriges Fulbright-Stipendium an der Universität in Oxford. 1962 schließlich nahm Rawls einen Ruf an die Universität Harvard an, an der er mehr als dreißig Jahre lehrte. 1995 erlitt er den ersten von einer Reihe von Schlaganfällen, die ihn an der Ausübung seiner Arbeiten zunehmend behinderten. 2002 starb Rawls im Alter von 81 Jahren in seinem Haus an Herzversagen.

Wiewohl Rawls zeitlebens viele Werke veröffentlichte – so vertiefte er den Gedanken zum politischen Liberalismus oder skizzierte die Geschichte der Moral- bzw. politischen Philosophie und leistete Beiträge zum Völkerrecht, (vgl. u. a. Höffe 2016, S. 399 ff.) –, blieb doch keines so wirkmächtig wie sein Hauptwerk: *A Theory of Justice* (1971), deutsch: *Eine Theorie der Gerechtigkeit* (im Folgenden zitiert nach Rawls, 22. Aufl., 2020). Er leitete damit eine neue Ära in der Politischen Philosophie ein und schrieb das einflussreichste Werk der Politischen Philosophie des 20. Jahrhunderts (vgl. im Folgenden Sen 2020, Nachwort S. 69 ff.; Höffe 2016, S. 390 ff.; Rohls 1999, S. 673 f.; Grayling 2019, S. 457 ff.; Habermas 2019, Bd. 1, S. 91 ff.). Rawls wandte sich gegen die utilitaristischen Positionen seiner Zeit (vgl. Rawls 2020, S. 11 und S. 40 ff.), „Der Utilitarismus nimmt die Verschiedenheit der einzelnen Menschen nicht ernst", Rawls 2020, S. 45) und knüpfte an die Traditionen von Rousseau, Locke und Kant an, die einen *vertragstheoretischen Ansatz* verfolgten. In seinem Hauptwerk *A Theory of Justice* erarbeitete er auf über 600 Seiten einen logisch stringent hergeleiteten Vorschlag für eine Gerechtigkeitskonzeption bzw. einen Gerechtigkeitsbegriff für eine liberale, demokratische Gesellschaft (Rawls 2020, S. 12):

> „Der Zweck meines Buches ist vollständig erreicht, wenn es zu einer klareren Erkenntnis der Hauptstrukturen des Gerechtigkeitsbegriffs im Sinne der Lehre vom Gesellschaftsvertrag führt und Hinweise zu seiner weiteren Ausarbeitung liefert."

Rawls war fortan der Maßstab, an dem sich die Theoretiker der Gerechtigkeit messen lassen mussten. Für Rawls war die Gerechtigkeit die erste Tugend sozialer Institutionen und der Gesellschaft (vgl. Rawls 2020, S. 19 und 25). Anstelle des utilitaristischen Credos des größten Glücks der größten Zahl (Bentham) setzte Rawls seine „*Gerechtigkeit als Fairness*" (2020, S. 19). Der Gerechtigkeitsbegriff selbst war für ihn definiert als ein Grundsatz, wie Rechten und Pflichten aber auch gesellschaftliche Güter zu verteilen sind (vgl. Rawls 2020, S. 27). Konkret: Wie müssen eine liberale, demokratische Gesellschaft und ihre Institutionen aufgebaut sein und wie die gesellschaftlichen Güter verteilt sein, damit alle Mitglieder einer Gesellschaft diese Verteilung als gerecht anerkennen? Da Rawls wusste, dass sich jeder Mensch je nach Ausgangslage seine eigene Gerechtigkeitsvorstellung ausbildet, griff er zu einem theoretischen Konstrukt, das er *Urzustand* (*original position*) nannte:

Niemand solle im Urzustand wissen, welche Stellung er oder sie in der Gesellschaft künftig einmal einnehmen wird, welche Eigenschaften wie Intelligenz er oder sie mitbekommt, ob er oder sie reich oder arm ist, gebildet oder ungebildet etc. Denn wenn ich z. B. als Bezieher eines hohen Einkommens oder Inhaber eines sehr großen Vermögens aus meiner Sicht eine Gerechtigkeitslösung anstrebe, sieht die sicher anders aus als wenn ich über kaum ein Vermögen verfüge und vielleicht arbeitslos bin oder nur ein sehr geringes Einkommen habe. So würde ich als Bezieher niedriger Einkommen mit unwesentlichem Vermögen eine Vermögens- und Erbschaftssteuer bevorzugen und im Gegenzug die Sozialbeiträge und das Existenzminimum hoch ansetzen. Der vermögende Bezieher hoher Einkommen dürfte das naturgemäß etwas anders sehen. So schützt der *„Schleier des Nichtwissens"* (*veil of ignorance*) vor einer interessenverzerrten Konzeption einer Theorie der Gerechtigkeit.

So schafft Rawls in seinem Gedankenexperiment eine ideale Ausgangsposition, um über die Frage der Gerechtigkeit nachzudenken. Er schreibt (Rawls 2020, S. 29 und ausführlicher S. 159 ff., Kap. 3, Abschnitt 24):

> „Zu den wesentlichen Eigenschaften dieser Situation gehört, dass niemand seine Stellung in der Gesellschaft kennt, seine Klasse oder seinen Status, ebenso wenig sein Los bei der Verteilung natürlicher Gaben wie Intelligenz oder Körperkraft. Ich nehme sogar an, dass die Beteiligten ihre Vorstellung vom Guten und ihre besonderen psychologischen Neigungen nicht kennen. Die Grundsätze der Gerechtigkeit werden hinter einem Schleier des Nichtwissens festgelegt."

Diesem Urzustand werden einige Prämissen mitgegeben. So verfolgen die Teilnehmer rational d. h. mit *„wohlüberlegten Urteilen"* (Rawls 2020, S. 38) und egoistisch ihre eigenen Interessen, ohne positive (Sympathie, Liebe etc.) oder negative Gefühle (etwa Neid, Antipathie) gegenüber ihren Kooperationspartnern zu hegen. Somit werden die

Grundlagen für eine interessenunabhängige Konzeption einer fairen Gerechtigkeitskonzeption geschaffen. Ist dieser Urzustand in Reinform hergestellt, dann werden die Akteure gemäß Rawls keineswegs den nutzenmaximierenden Gerechtigkeitsprinzipien der Utilitaristen oder sonstigen Ansätzen folgen, sondern sich an zwei Gerechtigkeitsprinzipien ausrichten (Rawls 2020, S. 336):

> „*Erster Grundsatz.* Jedermann hat gleiches Recht auf das umfangreichste Gesamtsystem gleicher Grundfreiheiten, das für alle möglich ist. *Zweiter Grundsatz.* Soziale und wirtschaftliche Ungleichheiten müssen folgendermaßen beschaffen sein. (a) sie müssen unter der Einschränkung des gerechten Spargrundsatzes den am wenigsten Begünstigten den größtmöglichen Vorteil bringen, und (b) sie müssen mit Ämtern und Positionen verbunden sein, die allen gemäß fairer Chancengerechtigkeit offenstehen."

Dabei gibt es für Rawls eine klare Rangordnung der Prinzipien. So ist die Freiheit, der erste Grundsatz, der Gerechtigkeit vorgeordnet. Die Gerechtigkeit rangiert ihrerseits vor der Leistungsfähigkeit und dem Lebensstandard (vgl. Rawls 2020, S. 337). Wichtig ist Rawls vor allem das sogenannte *Differenzprinzip (difference principle)*: Die am wenigsten Begünstigten müssen von der Ungleichheit den größtmöglichen Vorteil haben. Wenn z. B. von einer Steuerreform zwar prinzipiell alle profitieren, aber die ärmsten bzw. Bezieher der niedrigsten Einkommen aber überproportional Nutzen daraus ziehen, wäre eine solche Steuerreform aus Sicht von Rawls gerecht. Rein utilitaristisch betrachtet würde es reichen, wenn nur einige wenige, z. B. die reichsten der Gesellschaft, profitieren und ihren Nutzen erhöhen während sich bei den ärmeren Schichten nichts ändert. In der Summe erhöht sich der kollektive Nutzen. Das wäre utilitaristisch gesehen ein Vorteil (auf die unterschiedlichen Arten des Utilitarismus verzichte ich hier der Einfachheit halber, vgl. etwa Sen 2020, S. 10 ff.). Der Spargrundsatz bei Rawls verweist dabei auf die Generationengerechtigkeit, die einen wichtigen Teil des Gerechtigkeitskonzepts ausmacht (vgl. Rawls 2020, S. 319 ff., zitiert S. 322):

> „Wenn alle Generationen (außer vielleicht den früheren) Gewinn haben sollen, müssen sich die Beteiligten offenbar auf einen Spargrundsatz einigen, der dafür sorgt, dass jede Generation ihren gerechten Teil von ihren Vorfahren empfängt und ihrerseits die gerechten Ansprüche ihrer Nachfahren erfüllt."

Dieser Grundsatz ist leicht einzusehen, da z. B. eine hohe Staatsverschuldung für umfangreiche staatliche Ausgaben, die der aktuellen Generation zugutekommt, von den nächsten Generationen abzutragen sind bzw. deren Aktionsradius und Ausgaben begrenzt. Gleiches gilt natürlich mit umgekehrtem Vorzeichen für die fehlenden Investitionen zur Rettung der Umwelt. Rawls kommt es vor allem darauf an, dass jeder Mensch in einer Gemeinschaft seine Bedürfnisse an den Grundgütern des Lebens befriedigen kann Als die wichtigsten Arten der Grundgüter sieht Rawls Rechte, Freiheiten, Chancen, Einkommen und Vermögen an (vgl. Rawls 2020, S. 112). Zusätzlich sieht er die *Selbstachtung* als wichig(st)es Grundgut. Zur Selbstachtung des Menschen gehört gemäß Rawls das *Selbstwertgefühl*, die Überzeugung, dass man einen sinnvollen Lebensplan verwirklichen kann und seinen eigenen Fähigkeiten vertraut.

Rawls ist ein guter Beobachter der Menschen und ihrer psychologischen Eigenschaften. Nur wer an sich selbst glaubt und sich selbst wertschätzt, hat eine gute Ausgangslage im Leben. Im Kap. 8 des dritten Teils (vgl. Rawls 2020, Kap. 69 ff., S. 493 ff.) analysiert er ausführlich die Herausbildung eines für die gerechte Gesellschaft notwendigen Gerechtigkeitssinns (vgl. Rawls 2020, S. 499 ff.). So prägen zunächst die Eltern im Rahmen ihrer Sozialisation die moralischen Maßstäbe des Kindes (*autoritätsorientierte Moralität*), später die Gleichaltrigen, die Arbeitskollegen, Freunde etc. (das, was man heute in der Soziologie die *Peer Group* nennt, Rawls nennt dies die *gruppenorientierte Moralität*). Schließlich nennt Rawls als dritte Moralität noch die *grundsatzorientierte* (vgl. Rawls 2020, S. 520):

> „… dass die grundsatzorientierte Moralität in zwei Formen auftritt, einmal als Sinn für das Rechte und die Gerechtigkeit, zum anderen als Menschenliebe und Selbstbeherrschung."

Rawls behandelt auch die menschliche Eigenschaft des Neides (vgl. Rawls 2020, S. 575 ff.), denn das Unterschiedsprinzip und die faire Chancengleichheit führten in der Praxis häufig zu Neidgefühlen seitens der schlechter Gestellten. Konservative Autoren würden auf das Neidprinzip verweisen, wenn sie die Tendenz zur Gleichmacherei in der Gesellschaft verweisen (vgl. Rawls 2020, S. 583).

Rawls Analyse zur Theorie der Gerechtigkeit hat nicht nur viel Zustimmung erfahren, sondern auch einige Kritik hervorgerufen. So kritisiert der Wohlfahrtsökonom Amartya Sen (s. später in diesem Kapitel), dass die Bedürfnisse der Menschen unterschiedlich seien. So unterschieden sie sich nach Gesundheit – ein Mensch mit körperlicher und geistiger Behinderung etwa im Vergleich zu einem Menschen ohne gesundheitliche Einschränkung – Wohnort, klimatischen Bedingungen, Temperament, Körperumfang d. h. unterschiedlicher Ernährungs- und Bekleidungsbedarf etc. (vgl. Sen 2020, Nachwort S. 42). Sen ergänzt die Grundgüter von Rawls um seine *„Gleichheit der Grundfähigkeiten"* (*capabilities*, Sen 2020, S. 48). Jürgen Habermas kritisiert – wiewohl „in den engen Grenzen eines Familienstreits" (Habermas 1996, S. 65/66) – die Eignung des Urzustands zur Beurteilung von Gerechtigkeitsprinzipien und die fehlende öffentliche Überprüfung in Form von „Kommunikationsvoraussetzungen eines inklusiven und zwanglosen Diskurses unter freien und gleichen Teilnehmern" (Habermas 1996, S. 76). Dessen *Diskursethik* betont ein wesentliches, bislang noch fehlendes Element der ethischen Theorie: Die Richtigkeit ethischer Aussagen ist abhängig davon, dass sie im Rahmen eines nach klaren Regeln gestalteten Diskurses gewonnen werden. Daher wollen wir uns in aller Kürze dieser Form der Ethik und seinem *spiritus rector*, Jürgen Habermas, widmen.

Jürgen Habermas (1929) wurde als zweites von drei Kindern in Gummersbach geboren. Sein Vater war Geschäftsführer der Industrie- und Handelskammer in Köln (zur Biografie von Jürgen Habermas vgl. das exzellente Werk von Müller-Doohm 2014). Nach dem Abitur studierte er zwischen 1949 und 1954 ein breites Spektrum an Fächern mit Philosophie, Geschichte, Psychologie, Literaturwissenschaften und Ökonomie (vgl. Müller-Doohm 2014, S. 56) zunächst in Göttingen, später auch in Zürich und Bonn (vgl. Müller-Doohm 2014, S. 56 ff.). 1954 promovierte er bei Erich Rothacker und Oskar Becker mit einer Dissertation über *Das Absolute und die Geschichte. Von der Zwiespältigkeit in Schellings Denken* (vgl. Müller-Doohm 2014, S. 68). Schon früh, 1953, fiel Habermas, der zunächst als freier Journalist u. a. für das *Handelsblatt* und die *Frankfurter Allgemeine Zeitung (FAZ)* auch Film- und Theaterkritiken schrieb (vgl. Müller-Doohm 2014, S. 73 f.), mit einer Rezension zu Martin Heideggers Einführung in die Metaphysik in der FAZ auf. Dort verurteilte er vor allem die nicht gestrichene Passage von der „inneren Wahrheit und Größe" der NS-Bewegung (vgl. Müller-Doohm

2014, S. 89), die Heidegger als Sympathisanten des NS-Regimes dokumentieren.

1956 erhält Habermas ein Stipendium und wird Assistent von Max Horkheimer und Theodor W. Adorno am Institut für Sozialforschung in Frankfurt (vgl. Müller-Doohm 2014, S. 99 ff.). Horkheimer und Adorno waren beide Vertreter der *Kritischen Theorie*, deren wesentliches Ziel die kritische Analyse der bürgerlich-kapitalistischen Gesellschaft war. Insgesamt vereinte die *Frankfurter Schule*, deren Zentrum das Institut für Sozialforschung war, eine Gruppe von Wissenschaftlern unterschiedlicher Disziplinen, die sich vor allem um die Weiterentwicklung der Gedanken von Hegel, Marx und Freud bemühte. Politische Differenzen zwischen Habermas und Horkheimer u. a. um die Atombewaffnung der Bundesrepublik und der Wiederbewaffnung der Bundeswehr (vgl. Müller-Doohm 2014, S. 118) führten dazu, dass Habermas seine Habilitationsschrift 1961 bei dem Politologen Wolfgang Abendroth mit einer viel gelesenen Schrift zum *Strukturwandel der Öffentlichkeit* einreichte und sich bei ihm habilitierte.

Noch vor Abschluss seines Habilitationsverfahrens 1961 wurde Habermas auf Vermittlung von Hans-Georg Gadamer außerordentlicher Professor für Philosophie in Heidelberg. 1964 wurde er Nachfolger von Horkheimer auf dem Lehrstuhl für Philosophie und Soziologie an der Universität Frankfurt. Habermas spielte eine exponierte intellektuelle Rolle in der Zeit der Studentenbewegung, wiewohl er immer wieder in die Kritik der Studierenden gerät, die ihm u. a. vorwarfen, zu autoritär zu sein (vgl. Müller-Doohm 2014, S. 210). Ferner war er kein Anhänger der Revolution, sondern setzte stattdessen auf die demokratischen Prozesse (vgl. Poller 2005, S. 452). 1971 wechselte Habermas an das *Max-Planck-Institut zur Erforschung der Lebensbedingungen der wissenschaftlich-technischen Welt* nach Starnberg, das er bis 1981 gemeinsam mit dem renommierten Physiker,

Philosophen und Friedensforscher *Carl-Friedrich von Weizsäcker* leitete (vgl. Müller-Doohm 2014, S. 222 ff.). 1983 bis zu seiner Emeritierung 1994 lehrte Habermas wieder in Frankfurt am Lehrstuhl für Philosophie mit dem Fokus auf Sozial- und Geschichtsphilosophie. Doch auch nach der Emeritierung meldete sich Habermas mit Interviews, Artikeln und zahlreichen viel beachteten Büchern zu verschiedenen politischen, philosophischen und gesellschaftlichen Themen immer wieder zu Wort. *Die Zeit* nannte ihn zu seinem 90. Geburtstag im Juni 2019 den „berühmtesten lebenden Philosophen".

Habermas hat sich in seinem wissenschaftlichen Leben und als öffentlicher Intellektuellen zu zahlreichen unterschiedlichen Fragen von Kultur, Philosophie, Politik und Gesellschaft geäußert. Sein sehr umfangreiches Werksverzeichnis, in etwa vierzig Sprachen übersetzt und viel rezipiert, kündet davon. So reicht sein Interesse von dem expressionistischen Dichter und Essayisten Gottfried Benn über die Existenzphilosophie Heideggers in seiner Anfangszeit zu einer Vielzahl an sozial- und rechtsphilosophischen Untersuchungen, die Frage von Natur und Religion, *zur Verfassung Europas* (s. gleichnamiges Werk), zur *Eugenik* oder etwa der *postnationalen Konstellation*. Kaum eine intellektuelle, öffentliche Diskussion, die nicht auch einen Beitrag von Habermas gefunden hätte. Er diskutierte u. a. auf Einladung der Katholischen Akademie in Bayern 2004 mit Kardinal Josef Ratzinger, dem späteren Papst Benedikt XVI, über Vernunft und Religion (vgl. Habermas und Ratzinger 2005, S. 7). Sein mit Abstand wichtigstes Werk ist die *Theorie des kommunikativen Handelns* (vgl. Habermas 1981/2011, 2 Bände, vgl. dazu auch Müller-Doohm 2014, S. 288 ff.).

Dabei geht es Habermas vor allem (vgl. Habermas 1981/2011, Bd. 1, S. 8) um die *kommunikative Rationalität* d. h. wie und nach welchen Regeln eine rationale Kommu-

nikation zustande kommt. Ferner beschreibt er ein zwei-
stufiges Gesellschaftskonzept, das Lebenswelt und System
miteinander verknüpft sowie eine Theorie der Moderne. So
beginnt Habermas zunächst mit einer ausführlichen Definition der Rationalität (vgl. Habermas 1981/2011, Bd. 1,
S. 25 ff.), analysiert die Rationalität bei Max Weber („Ent-
zauberung", vgl. Habermas 1981/2011, Bd. 1, S. 225 ff.),
Lukács und Adorno („Rationalisierung als Verdinglichung",
vgl. Habermas 1981/2011, Bd. 1, S. 455 ff.). Im zweiten
Band fokussiert er sich dann auf die kommunikationstheoretischen Grundlagen der Sozialwissenschaften (vgl.
Habermas 1981/2011, Bd. 2, S. 11 ff.). Im Abschnitt
VI. behandelt er dann die Frage nach dem System und der
Lebenswelt (vgl. Habermas 1981/2011, Bd. 2, S. 173 ff.)
und analysiert ausführlich die Gesellschaftstheorie des Sys-
temtheoretikers Talcott Parson (vgl. Habermas 1981/2011,
Bd. 2, S. 297 ff.). Schließlich nimmt er sich die Theorie der
Moderne vor (vgl. Habermas 1981/2011, Bd. 2, S. 420 ff.),
indem er Max Webers Theorie dazu analysiert (vgl. Habermas 1981/2011, Bd. 2, S. 449 ff., vor allem die „Büro-
kratisierungsthese" und die Entstehung des Kapitalismus,
vgl. Habermas 1981/2011, Bd. 2, S. 453 ff.).

Für uns ist in diesem Zusammenhang vor allem der sogenannte *„Linguistic Turn"* interessant. Damit wird in der
Philosophie eine linguistische oder sprachkritische Wende
seit Anfang des 20. Jahrhunderts bezeichnet. Konkret bedeutet dies, dass man sich in der Philosophie aber auch in
der Literaturwissenschaft und der Linguistik auf die Analyse der Sprache und ihrer Vermittlungsformen konzen-
trierte. Hierbei ist vor allem für die ethischen Überlegungen
entscheidend, dass die *Inhalte der Ethik* vor allem auch
einen *kommunikationstheoretischen Charakter* haben und im
Diskurs mit anderen Personen nach bestimmten Regeln
zustande kommen. Einfach ausgedrückt: Moralische und
ethische Inhalte werden *kommuniziert* und mit anderen

vernünftigen Menschen aus deren Sicht abgeglichen. Die Sprache an sich und die Regeln der Kommunikation spielen eine entscheidende Rolle. Auf den Punkt gebracht: Moralisches Handeln an sich bringt nichts, ich muss darüber *reden* und mit mich meinem Gegenüber darüber nach bestimmten Regeln *verständigen.*

Dabei charakterisiert Habermas seine *Diskursethik* – in Diskussion mit seinem Philosophenkollegen Karl-Otto Apel – als eine deontologische, kognitivistische, formalistische und universalistische Ethik. In den Worten von Habermas (vgl. Habermas 1991, S. 11 ff.):

„Das moraltheoretische erklärungsbedürftige Grundphänomen ist nämlich die Sollgeltung von Geboten und Handlungsnormen. In dieser Hinsicht sprechen wir von einer *deontologischen* Ethik (…) Normative Richtigkeit begreife ich als wahrheitsanalogen Geltungsanspruch. In diesem Sinne sprechen wir auch von einer *kognitivistischen* Ethik. Diese muss die Frage beantworten können, wie sich normative Aussagen begründen lassen. (…) was im moralischen Sinne gerechtfertigt ist, müssen alle vernünftigen Wesen wollen können. In dieser Hinsicht sprechen wir von einer *formalistischen* Ethik. In der Diskursethik tritt an die Stelle des Kategorischen Imperativs das Verfahren der moralischen Argumentation (…) *Universalistisch* nennen wir schließlich eine Ethik, die behauptet, dass dieses (oder ein ähnliches) Moralprinzip nicht nur die Intuitionen einer bestimmten Kultur oder einer bestimmten Epoche ausdrückt, sondern allgemein gilt."

Eine im Diskurs zustande kommende Ethik ist also nach Habermas verpflichtend durch Gebote und Handlungsnormen („Du sollst …"), rational begründbar, formal argumentierbar und vor allem unabhängig von der Zeit und dem Kulturraum in der bzw. in dem man sich befindet. In seiner Studie *Eine genealogische Betrachtung zum kogniti-*

ven Gehalt der Moral (vgl. Habermas 1996, S. 11 ff.), geht Habermas der Frage nach, wie nach dem Entfall des von Gott geprägten Weltbildes und dem Übergang zu einer säkularen Gesellschaft moralische Gebote gerechtfertigt und erklärt werden können (vgl. Habermas 1996, S. 16). Wissensquellen der Ethik sind u. a. die „Reflexion auf gemeinsame Erfahrungen, Praktiken und Lebensformen" (Habermas 1996, S. 38), „Explikation jenes Wissens, das kommunikativ vergesellschaftete Individuen erworben haben, indem sie in ihre Kultur hineingewachsen sind" (Habermas 1996, S. 39) oder „intersubjektiv geteiltes Gebrauchswissen, das sich in der Lebenswelt eingespielt und praktisch „bewährt" hat. (Habermas 1996, S. 39).

Wichtig sind für Habermas vor allem die Bedingungen, mit deren Hilfe die Ergebnisse der Diskursethik zustande gekommen sind (vgl. Habermas 1996, S. 62). So darf niemand mit relevantem Beitrag von der Teilnahme am Diskurs ausgeschlossen werden. Alle müssen die gleiche Chance haben, an dem Diskurs teilzunehmen (und damit gleichberechtigt sein). Unterstellt wird die Wahrhaftigkeit der Aussagen d. h. meinen was man sagt. Schließlich muss die Kommunikation von äußeren und inneren Zwängen frei sein. Jeder sollte die Perspektive des anderen einnehmen und prüfen, inwieweit eine moralische „Norm aus der Sicht eines jeden von allen gewollt werden könnte." (Habermas 1996, S. 48). Zusätzlich können die voraussichtlichen Folgen und Nebenwirkungen der Normen von allen Beteiligten und Betroffenen gemeinsam zwanglos akzeptiert werden (vgl. Habermas 1996, S. 60). Es gilt einzig der „Zwang des besseren Arguments" (Habermas 1991, S. 13), der in einer kooperativen Wahrheitssuche aller Beteiligten entsteht. Dabei treffen sich die Diskursteilnehmer auf Augenhöhe d. h. als Freie und Gleiche. Jeder kann seine Meinung frei äußern. Jede Meinung hat das gleiche Gewicht. So sieht gemäß Habermas ein rationaler, „herrschaftsfreier Diskurs" aus.

Als letzten Repräsentanten der Ethik, dessen Ideen ich ausführlicher erläutere, möchte ich den Ökonomen und Philosophen Amartya Sen (1933) porträtieren. *Amartya Kumar Sen* wurde 1933 in Westbengalen, Indien, nahe der Grenze zu Bangladesch geboren (zur Biografie und zum Werk vgl. Schipper 2015, S. 150 ff.; Gaertner 2009, S. 354 ff.; Pietsch 2019, S. 251 ff.). Er wuchs in einer gut situierten und gebildeten Familie auf. Sein Vater war Chemieprofessor an der Universität von Dhaka, der heutigen Hauptstadt von Bangladesch. Er wuchs praktisch, wie er später bekannte, auf einem Universitätscampus auf, den er selbst zeitlebens als Universitätsprofessor nicht verlassen sollte – auch wenn es immer andere waren. In Erinnerung blieben Sen vor allem die Hungersnöte des Jahres 1943 in Bengal, denen Millionen Menschen zum Opfer fielen. Er selbst war als Kind begüterter Eltern nicht von der Hungersnot betroffen. Seiner Meinung nach gab es zwar genügend Lebensmittel, die politischen Machtverhältnisse der britischen Kolonialherren verhinderten aber eine adäquate Verteilung. Zudem wurde er Zeuge der religiösen Auseinandersetzung zwischen extremistischen Hindus und Moslems:

Als Achtjähriger erlebte er, dass ein muslimischer Tagelöhner vor seinen Augen von extremistischen Hindus niedergestochen wurde. Diese Erlebnisse prägten ihn ein Leben lang. Nach seinem Schulabschluss studierte Sen Wirtschaftswissenschaften bis zu seinem Bachelorabschluss an der Universität von Kalkutta und vertiefte sein Wissen an der Universität von Cambridge. Dort erhielt er den Adam Smith-Preis von der Universität, was ihm ermöglichte, ein Studium seiner Wahl zu belegen. Er entschied sich für die Kombination von Philosophie und Ökonomie, da sich seiner Meinung nach etwa die Erforschung von ökonomischer Gerechtigkeit nicht von philosophischen und politischen Fragen trennen lässt. So z. B. die Frage nach der gerechten Verteilung.

Nach seinem Masterabschluss lehrte Sen als Gastprofessor an so renommierten Universitäten wie dem Massachusetts Institute of Technology, den Universitäten Stanford, Berkeley und Harvard. Von 1963–1971 unterrichtete er Wirtschaftswissenschaften an der Universität in Delhi, ab 1977 Wirtschaftswissenschaften und politische Ökonomie in Oxford und 1988 schließlich wechselte Sen nach Harvard. Dort lehrt er heute noch als Emeritus, nur unterbrochen von sechs Jahren, 1998 bis 2004, in denen er Präsident des Trinity Colleges in Cambridge war. 1998 erhielt Sen den Alfred-Nobel-Gedächtnispreis für Wirtschaftswissenschaften, vor allem für seine Arbeiten zur Wohlfahrtsökonomie und der Theorie der wirtschaftlichen Entwicklung.

Sen, geprägte durch die Erlebnisse seiner Kindheit, ging zeitlebens der Frage nach, wie Armut und die Unterdrückung wirkungsvoll bekämpft werden können und so die allgemeine Wohlfahrt gesteigert werden könne. Die traditionelle Ökonomie ermögliche keine oder nur unwesentliche Aussagen über die soziale Ungleichheit und die Verteilungsgerechtigkeit – die Arbeiten von Thomas Piketty, des weltweit bekanntesten Ökonomen zur Erforschung der sozialen und wirtschaftlichen Ungleichheit waren noch nicht erschienen (vgl. Piketty 2014, 2020). Zahlreiche Veröffentlichungen Sens widmeten sich diesem Thema, etwa *On Economic Inequality* (Über ökonomische Ungleichheit) oder *Poverty and famines* (Armut und Hungersnöte). Sen war der Meinung, dass ökonomische Maßnahmen alleine nicht ausreichten, um die Armut und die Ungleichheit auf der Welt zu bekämpfen. Eine gerechte Ökonomie verlange eine gerechte Gesellschaftsordnung und entsprechende politische Institutionen. Selbst ein hohes Einkommen mache nicht glücklich, wenn die Menschen in Unfreiheit und Unterdrückung leben müssen. Der Mensch sei im Übrigen auch nicht so egoistisch wie der rationale und egoistische *Homo oeconomicus* in der ökonomischen Theorie unterstellt (vgl. Sen 2020a).

In der Folge entwickelt Sen mit dem britischen Ökonomen Meghnad Desai einen *Human Development Index* bzw. einen Index der menschlichen Entwicklung, mit dessen Hilfe etwa die *Vereinten Nationen den Lebensstandard eines Landes messen*. Dieser berücksichtigt nicht nur das klassische Bruttosozialprodukt pro Kopf der Bevölkerung, sondern auch Faktoren wie die durchschnittliche Lebenserwartung, den Bildungsindex – wie lange geht ein fünfjähriges Kind durchschnittlich zur Schule – als geometrisches Mittel. Berühmt geworden ist vor allem der sogenannte *Befähigungsansatz* (capability approach) Sens, den er gemeinsam mit der Moralphilosophin Martha Nussbaum ausarbeitet: Ausgangspunkt für Sen war die Frage, was ein glückliches und erfülltes Leben ausmacht. Das seien nicht nur Einkommen und Vermögen, sondern fange bei der Befriedigung elementarer Bedürfnisse an wie etwa die Freiheit von Hunger, Durst und Kälte. Darüber hinaus brauche der Mensch Gesundheit, ein Leben in Frieden und Freiheit, die Wahrung der Menschenrechte und ausreichende Bildungsmöglichkeiten. Das bedeutet, dass der Mensch bestimmte *Grundfähigkeiten* brauche, das eigene Überleben zu sichern, um nicht unter Armut, Hunger und Unterdrückung zu leiden.

In seiner berühmten Vorlesung „Equality of What?" (vgl. Sen 2020, vor allem das Nachwort) betont Sen, dass die Menschen unterschiedliche Bedürfnisse (Nahrungs- und Kleidungsbedarf, Menschen mit und ohne Behinderung) und Ausgangssituation (Klima, Kultur, Gesundheit, Lebenserwartung etc.) haben bzw. vorfinden und folglich sehr unterschiedliche Bedürfnisse haben (vgl. Sen 2020, S. 42).

Sen geht es darum, die unterschiedlichen Bedürfnisse von Menschen zu berücksichtigen. Ein Mensch, der in einem unfreien, unterdrückten politischen System lebt, in dem die Lebenserwartung eher niedrig, die Gesundheit etwa durch Mangelernährung oder unzureichendem Gesundheitssystem geprägt ist, hat andere Bedürfnisse und Verwirklichungschancen als andere Menschen in einem freien, demokratischen und reichen Land. Sen sieht seinen Ansatz als Erweiterung der Gerechtigkeitstheorie von Rawls. In seinen eigenen Worten (Sen 2020, S. 48):

> „Meiner Meinung nach geht es um die Interpretation der Bedürfnisse in Form von Grundfähigkeiten. Diese Interpretation der Bedürfnisse und Interessen ist oft in der Forderung nach Gleichheit implizit mit enthalten. Ich werde diese Art der Gleichheit als „Gleichheit der Grundfähigkeit" bezeichnen. Die Konzentration auf Grundfähigkeiten kann als eine natürliche Erweiterung von Rawls' Interesse an Grundgütern verstanden werden, wobei die Aufmerksamkeit von den Gütern hin zu eben jenem gelenkt wird, was die Güter bei Menschen bewirken."

Es kommt also auf die Ausgangsbasis an und die aus diesen Umständen resultierenden Bedürfnisse und Verwirklichungschancen. Unter Fähigkeit versteht Sen „die tatsächlich zur Verfügung stehende und realisierbare Fähigkeit von Menschen …, die Dinge zu tun, die sie begründet schätzen bzw. das Leben zu führen, das sie aus guten Gründen wertschätzen …" (Sen 2020, Nachwort S. 78). Darüber hinaus zieht Sen auch sogenannte Funktionsweisen (*functionings*) in seine Betrachtungen mit ein (vgl. Gaertner 2009, S. 364): So macht es einen Unterschied, ob ich einen physisch und psychisch gesunden Menschen vor mir habe oder nicht. Ein gesunder Mensch hat z. B. weniger Bedarf an Medikamenten, Hilfsmitteln wie etwa einen Rollstuhl, kann zur Mobilität ein Fahrrad einsetzen im Gegensatz zu einem Rollstuhlfahrer etc. Die Menschen können also durch ihren Konsum von Gütern unterschiedliche Funktionsweisen realisieren (vgl. Gaertner 2009, S. 364). Im Gegensatz zu den Fähigkeiten, die man realisieren kann, sind Funktionsweisen *Tätigkeiten und Seinsweisen* (*beings and doings*), also das, was ein Mensch ist und tut (vgl. Sen 2020, Nachwort S. 78).

In seinem viel beachteten Werk *Development as Freedom* (deutsch: Ökonomie für den Menschen) geht Sen vor allem auf die Bedeutung der Freiheit zur Beseitigung gesellschaftlicher, politischer und ökonomischer Missstände ein. So schreibt er in seinem Vorwort (Sen 2000, S. 9):

„Und doch leben wir auch in einer Welt, in der Mangel, Armut und Unterdrückung herrschen. Zu den alten Problemen sind viele neue hinzugekommen – darunter anhaltende Armut und unbefriedigte Grundbedürfnisse, Hungersnöte und weit verbreitete Unterernährung, die Verletzung fundamentaler politischer Freiheiten und Grundrechte, weitverbreitete Missachtung der Belange und Tätigkeiten von Frauen, wachsende Bedrohung für unser Umwelt und für den Fortbestand unserer Wirtschaft und unseres sozialen Lebens. Viele dieser Mängel lassen sich in der einen oder anderen Form gleichermaßen in reichen wie in armen Ländern beobachten. Dergleichen Probleme zu überwinden gehört ganz wesentlich zu unseren Entwicklungsanstrengungen. Wir können, so die hier vorgetragene These, nicht umhin, die Bedeutung verschiedener Formen von Freiheit bei der Bewältigung des Elends anzuerkennen."

Wohlstand sei nur im Rahmen von politischer, sozialer und ökonomischer Freiheit möglich (vgl. Sen 2000, S. 71 ff.). So müssen alle Menschen frei sein, ihre Grundbedürfnisse aber auch ihre Rechte auf Bildung waren können. Dabei sind jegliche Arten der Diskriminierung zu unterlassen und die unterschiedlichen Ausgangssituationen zu berücksichtigen. Sen legt mit seiner interdisziplinären Forschung mit der Ökonomie, der Philosophie und den Sozialwissenschaften den Finger in die Wunde, dass Ethik und Moral in der Ökonomie vor allem bei den Schwächsten ansetzen müssen und generell den Fokus auf den Menschen an sich legen sollte. Nur so ist Wohlfahrt für alle möglich.

Ich möchte an dieser Stelle den kurzen Überblick zu den einzelnen Ideen der Ethik beenden, nicht ohne zwei Bemerkungen zu machen, zum einen was die *Vollständigkeit* anbelangt und zum anderen die *Bedeutung der ethischen Konzepte* für unsere weiteren Überlegungen. Wo fängt eine Darstellung der ethischen Ideen an und wo hört sie auf? Welches Konzept und welchen Denker, welche Denkerin müsste unbedingt dargestellt werden? Sicher ist eine kurze Geschichte der Ethik ohne den Namensgeber Aristoteles genauso unvorstellbar wie das Fehlen der Darstellung des kategorischen Imperativ Kants. Ebenso dürfte die Darstellung der christlichen Ethik, geprägt von Jesus Christus unverzichtbar sein wie die Erläuterung der Ethik Spinozas. Abgesehen davon ist jede Auswahl natürlich sehr subjektiv und kann bestenfalls selektive Informationen zu einer Entwicklung der ethischen Konzepte liefern.

Wo bliebe z. B., um es konkret zu machen, die Darstellung anderer chinesischer Ethikkonzepte als die von Konfuzius, dem vermutlich international bekanntesten Weisheitslehrer Chinas? Was ist etwa mit *Yang Zhu* (vgl. Höffe 1998, S. 57 f.) oder *Liu An* (vgl. Höffe a. a.O. S. 60 f.)? Viele griechische Tragödiendichter wie Aischylos oder Euripides haben neben Sophokles moralisch-ethische Aspekte ihrer Zeit in die Werke einfließen lassen. Gleiches gilt für viele Schriftsteller ihrer Zeit, etwa Goethe, Schiller oder Voltaire (über die Toleranz) und Lessing mit seiner Ringparabel. Darüber hinaus fehlen sicher einzelne Philosophen, die aus der Sicht des einen oder anderen Lesers oder Leserin hier zwingend hätten mitaufgenommen werden sollen. So fehlen etwa die *Mystiker* des Mittelalters wie Anselm von Canterbury oder Meister Eckhart („vom edlen Menschen", vgl. Höffe 1998, S. 159 ff.; zur Mystik im Abendland vgl. die exzellente und umfassende Darstellung von McGinn 1994/1996/1999) oder Hildegard von Bingen (vgl. McGinn 1996, Bd. 2, S. 509 ff.). Oder der „erste" Soziologe der Neuzeit, Auguste Comte. Die Zahl der auch praktisch-ethisch arbeitenden Philosophen ist alleine im 20. Jahrhundert nahezu unübersehbar. So behandelt etwa Karl Jaspers in seiner Schrift *Die Schuldfrage* (vgl. Jaspers 1946/2012, vor allem S. 47 ff.) die moralische Schuld der Deutschen während der Zeit des Nationalsozialismus. Theodor Adorno beschreibt die Philosophie nach Auschwitz (vgl. Spierling 2017, S. 339 ff.), Hannah Arendt die *„Banalität des Bösen"* (so der deutsche Untertitel eines ihrer Bücher, vgl. Arendt 2011; zum Hintergrund der Formulierung vgl. Augstein in Arendt 2019, S. 177 ff.; zur Ethik Arendts vgl. exemplarisch Arendt 2019) oder der Anthropologe Arnold Gehlen. Auch Hans-Georg Gadamer, wesentlicher Vertreter der philosophischen Hermeneutik, hat interessante Gedanken zur Ethik niedergelegt (vgl. Gadamer 1987, S. 175 ff.) ebenso wie der Soziologe und Systemtheoretiker Niklas Luhmann (vgl. u. a. Luhmann 1997, Bd. 1, S. 230 ff.).

Wesentliche Impulse zur Ethik kommen auch aus dem Christentum und christlichen Theologen. So ragt vor allem der Schweizer Theologe Hans Küng mit seinem *Projekt Weltethos* heraus, das er auch auf die Wirtschaft in Form eines „Globalen Wirtschaftsethos" (vgl. u. a. Küng 2010, S. 304 ff.) herunterbricht. Oder der evangelische Theologe Wolfgang Huber, der sich mit der Ethik und den „Grundfragen unseres Lebens von der Geburt bis zum Tod befasst" (vgl. Huber 2013) wie etwa der Eugenik, der Ungerechtigkeit, der Toleranz oder den Medien. Einen starken Einfluss auf die ethischen Diskussionen vor allem in Deutschland hatte die *katholische Soziallehre* mit ihrem berühmtesten Vertreter Oswald von Nell-Bräunig und ihren Grundprinzipien der Personalität, der Solidarität, der Subsidiarität und der sozialen Gerechtigkeit (vgl. exemplarisch Anzenbacher 1998).

Aktuelle Autoren fassen die gegenwärtigen *ethischen Herausforderungen des 21. Jahrhunderts* ins Auge, *pars pro toto* seien hier *Richard David Precht* mit seiner aufschlussreichen Analyse zur künstlichen Intelligenz, in der er vor computerbasierten moralischen Entscheidungen warnt (vgl. Precht 2020, vor allem S. 146 ff.) und *Markus Gabriel* genannt, der zurecht vor Rassismus, Xenophobie d. h. Fremdenfeindlichkeit und Misogynie bzw. Frauenfeindlichkeit auf der Welt warnt und die Universalität von Werten einfordert (vgl. Gabriel 2020, vor allem S. 185 ff.). Bei unseren Betrachtungen müssen ebenso die zahlreichen Verästelungen der Ethik der Nachkriegszeit außen vor bleiben wie (vgl. u. a. Rohls 1999, S. 643 ff.) der *Neukantismus* und *Neomarxismus* eines Ernst Cassirer bzw. Max Horkheimer oder Herbert Marcuse, die *Existenzphilosophie* (Jean-Paul Sartre, Albert Camus, Simone de Beauvoir inspiriert durch Martin Heidegger, vgl. u. a. Hirschberger 1980, Bd. 2, S. 650 ff.), die *Analytische Ethik*, der *Kommunitarismus* eines Amitai Etzoni oder die moralischen Schriften des Harvard-Philosophen *Michael Sandel* (vgl. etwa seine Auslassungen zu verschiedenen Aspekten der *meritokratischen Ethik*, einer Ethik, bei der der (ökonomische) Erfolg im Leben nicht von Glück oder Gnade abhängt, sondern den sich jeder Mensch durch seine eigene Anstrengung buchstäblich „verdient", vgl. u. a. Sandel 2015 und aktuell 2020, hier zitiert S. 95).

Ganz zu schweigen von den unterschiedlichen Disziplinen der Ethik (*Metaethik*, *Normative Ethik*, *Angewandte Ethik* und *Deskriptive Ethik*) und den „Bindestrich-Ethiken" wie die Medizin-Ethik, die Tier-Ethik, die Rechts-Ethik oder die Bio-Ethik etc. Verfolgt man darüber hinaus die internationale, inhaltliche Ausrichtung alleine der einzelnen (wirtschafts-) ethischen Lehrstühle im deutschsprachigen Raum (etwa Homann, Ulrich und ihre Schüler) oder anderswo, wird die Flut an ethischen Ansätzen unüberschaubar. Von Vollständigkeit kann daher in der vorherigen Beschreibung *nicht im Ansatz* die Rede sein. Das war auch nicht Ziel der Übung. Worauf es mir ankommt ist etwas anderes: Zur ethischen Bewertung der in den folgenden Kapiteln zu beschreibenden ökonomischen Phänomene und Tatsachen im Hier und Heute benötigen wir ein *theoretisches Rüstzeug*, einen *Kanon an ethischen Theorien* und Konzepten, anhand derer wir die wirtschaftlichen Entwicklungen, etwa der Globalisierung, der zunehmenden Ungleichheit und der Umwelt bewerten und einer möglichen Lösung zuführen können.

Dabei werden wir weder ohne die Gerechtigkeitskonzeption eines John Rawls noch eines Amartya Sen noch eines Immanuel Kant oder Aristoteles auskommen. Diese Ideen werden hilfreich, allerdings nicht erschöpfend sein, da aktuelle Herausforderungen, etwa die Digitalisierung oder die Künstliche Intelligenz auch eine entsprechende Adaption der ethischen Ansätze erfordern wird. Wir werden im Verlauf der weiteren Erläuterungen, vor allem im Kap. 5 zu Fragen des geeigneten Wirtschaftssystems, noch sehen, dass neben den philosophischen Denkern auch noch genuin ökonomische Denker wie John Maynard Keynes und Milton Friedman, aber auch Alfred Müller-Armack zu Worte kommen werden. Müller-Armack war der *spiritus rector* bzw. wesentliche Ideengeber der Sozialen Marktwirtschaft. Nachdem wir uns im ersten Teil dieses Buches mit den wesentlichen ethischen Ideen und Konzepten der Vergangenheit befasst haben, haben wir nun das notwendige Instrumentarium zur Verfügung, um uns im zweiten Teil mit den aktuellen ethischen Themen der Ökonomie zu beschäftigen.

Literatur

Anzenbacher, A. (1998). *Christliche Sozialethik*. Paderborn/München/Wien/Zürich: Schöningh (UTB).

Arendt, H. (2011). *Eichmann in Jerusalem. Ein Bericht von der Banalität des Bösen* (2. Aufl., Taschenbuchausgabe). München: Piper.

Arendt, H. (2019). *Über das Böse. Eine Vorlesung zu Fragen der Ethik* (13. Aufl., Taschenbuchausgabe). München: Piper.

Aristoteles. (2007). *Nikomachische Ethik* (2. Aufl., übersetzt von Olof Gigon, Hrsg. von Rainer Nickel). Düsseldorf: Artemis & Winkler.

Assmann, J. (2000). Die Theologisierung der Gerechtigkeit. In Gestrich, C. (Hrsg.), *Moral und Weltreligionen* (Berliner Theologische Zeitschrift, Beiheft 2000, Berlin, S. 129–152). http://archiv.ub.uni-heidelberg.de/propylaeumdok/3102/1/Assmann_Die_Theologisierung_2000.pdf. Zugegriffen am 11.06.2020.

Augustinus. (2007). *Der Gottesstaat (de civitate Dei)* (Vollständige Ausgabe in einem Band). München: dtv Verlagsgesellschaft.

Barth, H.-M. (2009). *Die Theologie Martin Luthers. Eine kritische Würdigung*. Gütersloh: Gütersloher Verlagshaus.

Bentham, J. (1776). A fragment on government. In J. H. Burns & L. A. Hart (Hrsg.), *A comment on the commentaries and a fragment on government* (The collected works of Jeremy Bentham (1977), S. 391–551). London: University of London Athlone Press.

Birnbacher, D. (1995). John Stuart Mill (1806–1873). In O. Höffe (Hrsg.), *Klassiker der Philosophie Band II. Von Immanuel Kant bis Jean-Paul Sartre* (3. Aufl., S. 132–152). München: C.H. Beck.

Boethius. (2002). *Trost der Philosophie. Consolatio Philosophiae. Lateinisch und deutsch* (Hrsg. und übersetzt von Ernst Gegenschatz und Olof Gigon, 6. Aufl.). Düsseldorf/Zürich: Artemis & Winkler.

Böhme, G. (2000). *Platons theoretische Philosophie*. Stuttgart/Weimar: Metzler. https://www.lunapark21.net/tag/vermoegensverteilung/. Zugegriffen am 05.10.2020.

Brandt, R. (1994). *John Locke*. In O. Höffe (Hrsg.), *Klassiker der Philosophie Bd. 1. Von den Vorsokratikern bis David Hume* (3. Aufl., S. 360–377). München: C.H. Beck.

Braun, H. (1995). Friedrich Wilhelm Joseph Schelling (1775–1854). In O. Höffe (Hrsg.), *Klassiker der Philosophie Band II. Von Immanuel Kant bis Jean-Paul Sartre* (S. 93–114). München: C.H. Beck.

Braun, E., Heine, F., & Opolka, U. (1984). *Politische Philosophie. Eine Lesebuch. Texte, Analysen, Kommentare*. Reinbek bei Hamburg: Rowohlt Taschenbuch.

Busch, E. (2007). Calvins Ethik: Für Gott ist es unmöglich, nicht barmherzig zu sein. *reformiert-info.de*. https://www.reformiert-info.de/Calvins_Ethik_Fuer_Gott_ist_es_unmoeglich%2C_nicht_barmherzig_zu_sein-257-0-56-7.html. Zugegriffen am 29.06.2020.

Carlisle, C. (2020). *Der Philosoph des Herzens. Das rastlose Leben des Sören Kierkegaard*. Stuttgart: Klett-Cotta.

Cicero. (2008). *Vom pflichtgemässen Handeln. De officiis. Lateinisch-deutsch* (Hrsg. Und übersetzt von Rainer Nickel). Düsseldorf: Patmos, Artemis & Winkler.

Descartes, R. (1996). *Philosophische Schriften in einem Band*. Hamburg: Felix Meiner.

Dihle, A. (1989). *Die griechische und lateinische Literatur der Kaiserzeit. Von Augustus bis Iustinian*. München: C.H. Beck.

Dihle, A. (1998). *Griechische Literaturgeschichte. Von Homer bis zum Hellenismus* (3. Aufl.). München: C.H. Beck.

Diogenes Laertius. (1998). *Leben und Meinungen berühmter Philosophen*. Hamburg: Felix Meiner.

Duden. (2017). *Duden. Die deutsche Rechtschreibung* (27. Aufl., Bd. 1). Berlin: Duden.

Epiktet. (2006). *Anleitung zum glücklichen Leben. Encheiridion (Handbuch der Moral). Griechisch-deutsch* (Hrsg. und übersetzt von Rainer Nickel). Düsseldorf: Patmos, Artemis & Winkler.

Epikur. (1981). *Von der Überwindung der Angst. Griechisch-Lateinisch-Deutsch* (Aschendorffs Klassikerausgaben. Hrsg., übersetzt, erläutert und eingeleitet von Gerhard Krüger). Münster: Aschendorff.

Epikur. (2011). *Wege zum Glück. Griechisch-lateinisch-deutsch* (Hrsg. und übersetzt von Rainer Nickel, 3., Überarb. Aufl.). Mannheim: Artemis & Winkler.

Euchner, W. (2011). *John Locke zur Einführung* (3. Aufl.). Hamburg: Junius.

Fenske, H., Mertens, D., Reinhard, W., & Rosen, K. (1987). *Geschichte der politischen Ideen. Von Homer bis zur Gegenwart.* Frankfurt a. M.: Fischer Taschenbuch.

Fichte, J. G. (1995). *Das System der Sittenlehre nach den Prinzipien der Wissenschaftslehre (1798).* Hamburg: Felix Meiner.

Fichte, J. G. (2016). In E. Braun (Hrsg.), *Über den Begriff der Wissenschaftslehre oder der sogenannten Philosophie.* Stuttgart: Philipp Reclam jun.

Fichte, J. G. (2018). *Die Bestimmung des Menschen.* Hamburg: Felix Meiner.

Fiedrowicz, M. (2010). *Handbuch der Patristik: Quellentexte zur Theologie der Kirchenväter.* Freiburg i. B.: Herder.

Financial Islam. (2020). Verbot von Riba. *Financial Islam online.* http://de.financialislam.com/verbot-von-riba.html.   Zugegriffen am 26.08.2020.

Flasch, K. (2013). *Das philosophische Denken im Mittelalter. Von Augustin zu Macchiavelli.* Stuttgart: Philipp Reclam jun.

Flashar, H. (2013). *Aristoteles. Lehrer des Abendlandes.* München: C.H. Beck.

Frank, F. (1995). *Eine Einführung in Schellings Philosophie* (2. Aufl.). Frankfurt a. M.: Suhrkamp.

Gabriel, M. (2009). *Skeptizismus und Idealismus in der Antike.* Frankfurt a. M.: Suhrkamp.

Gabriel, M. (2015). *Ich ist nicht Gehirn. Philosophie des Geistes für das 21. Jahrhundert.* Berlin: Ullstein.

Gabriel, M. (2020). *Moralischer Fortschritt in dunklen Zeiten. Universale Werte für das 21. Jahrhundert.* Berlin: Ullstein.

Gadamer, H.-G. (1983). *Platos dialektische Ethik* (Nachdruck der Auflage von 1931). Hamburg: Felix Meiner.

Gadamer, H.-G. (1987). *Gesammelte Werke 4. Neuere Philosophie II.* Tübingen: Mohr Siebeck.

Gaertner, W. (2009). Amartya Sen (1933). In Kurz, H.D. (Hrsg.), *Klassiker des ökonomischen Denkens* (Bd. 2, Von Vilfredo Pareto bis Amartya Sen, S. 354–372). München: C.H. Beck.

Geier, M. (2003). *Kants Welt. Eine Biografie*. Reinbek bei Hamburg: Rowohlt.

Glasenapp, H.v. (1996). *Die fünf Weltreligionen. Hinduismus, Buddhismus, Chinesischer Universismus, Christentum, Islam*. München: Diederichs.

Grayling, A. C. (2019). *The history of philosophy*. London: Penguin Random House UK.

Habermas, J. (1981/2011). *Theorie des kommunikativen Handelns* (Bd. 2, 8. Aufl.). Frankfurt a. M.: Suhrkamp.

Habermas, J. (1991). *Erläuterungen zur Diskursethik*. Frankfurt a. M.: Suhrkamp Taschenbuch Wissenschaft.

Habermas, J. (1996). *Die Einbeziehung des Anderen. Studien zur politischen Theorie*. Frankfurt a. M.: Suhrkamp.

Habermas, J. (2019). *Auch eine Geschichte der Philosophie* (Bd. 2). Berlin: Suhrkamp.

Habermas, J., & Ratzinger, J. (2005). *Dialektik der Säkularisierung. Über Vernunft und Religion*. Freiburg i. B.: Herder.

Hegel, G. W. F. (1986). *Enzyklopädie der philosophischen Wissenschaften* (Werke in 20 Bänden, Bd. 8 und 9). Frankfurt a. M.: Suhrkamp.

Hegel, G. W. F. (2004). *Grundlinien der Philosophie des Rechts* (Werke in 20 Bänden, Bd. 7. 8. Aufl.). Frankfurt a. M.: Suhrkamp.

Hegel, G. W. F. (2010). *Vorlesungen über die Philosophie der Geschichte* (Werke in 20 Bänden, Bd. 12, 13. Aufl.). Frankfurt a. M.: Suhrkamp.

Hegel, G. W. F. (2019). In H.-F. Wessels & H. Clairmont (Hrsg.), *Phänomenologie des Geistes*. Hamburg: Felix Meiner. Nachdruck.

Heidbrink, L., Lorch, A., & Rauen, V. (2019). *Wirtschaftsphilosophie zur Einführung*. Hamburg: Junius.

Hiriyanna, M. (1990). *Vom Wesen der indischen Philosophie*. München: Eugen Diederichs.

Hirschberger, J. (1980). *Geschichte der Philosophie* (Bd. 2). Freiburg i. B.: Herder.

Hobbes, T. (1996). *Leviathan* (Philosophische Bibliothek Band 491. Hrsg. von Hermann Klenner). Hamburg: Felix Meiner.

Hobbes, T. (2017). *De cive. Vom Bürger. Lateinisch/Deutsch* (Hrsg. von Andree Hahmann und Dieter Hüning). Ditzingen: Philipp Reclam jun.

Höffe, O. (1995). Immanuel Kant (1724–1804). In Höffe, O. (Hrsg.), *Klassiker der Philosophie II* (Von Immanuel Kant bis Jean-Paul Sartre, S. 7–39). München: C.H. Beck.

Höffe, O. (1998). *Lesebuch zur Ethik. Philosophische Texte von der Antike bis zur Gegenwart*. München: C.H. Beck.

Höffe, O. (2014). *Immanuel Kant*. München: C.H. Beck.

Höffe, O. (2016). *Geschichte des politischen Denkens. Zwölf Porträts und acht Miniaturen*. München: C.H. Beck.

Hoffmann, T. S. (2009). *Wirtschaftsphilosophie. Ansätze und Perspektiven von der Antike bis heute*. Wiesbaden: marix.

Homer. (1956). *Ilias. Griechisch-Deutsch* (Hrsg. von Snell, B.). Darmstadt: Tempel.

Hose, M. (1999). *Kleine griechische Literaturgeschichte. Von Homer bis zum Ende der Antike*. München: C.H. Beck.

Huber, W. (2013). *Ethik. Die Grundfragen unseres Lebens. Von der Geburt bis zum Tod*. München: C.H. Beck.

Hülser, K. (1991). *Platon. Sämtliche Werke in zehn Bänden. Griechisch und Deutsch*. Frankfurt a. M./Leipzig, Insel.

Hume, D. (2012). *Eine Untersuchung über die Prinzipien der Moral* (Hrsg. und übersetzt von Gerhard Streminger). Stuttgart: Philipp Reclam jun.

Hume, D. (2016). In F. Wunderlich (Hrsg.), *An Enquiry Concerning Human Understanding. Eine Untersuchung über den menschlichen Verstand. Englisch/Deutsch*. Stuttgart: Philipp Reclam jun.

Hutter, M. (2010). Buddhismus. In K. Ebeling (Hrsg.), *Orientierung Weltreligionen* (S. 163–192). Stuttgart: Kohlhammer.

Jähnichen, T., & Maaser, W. (2017). *Die Ethik Martin Luthers*. Bielefeld: Luther.

Jaspers, K. (1946/2012). *Die Schuldfrage. Von der politischen Haftung Deutschlands*. München: Piper.

Jaspers, K. (1997). *Die maßgebenden Menschen. Sokrates, Buddha, Konfuzius, Jesus* (8., veränd. Aufl.). München: Piper.

Jeanrond, W. G. (1995). Friedrich Schleiermacher (1768–1834). In F. Niewöhner (Hrsg.), *Klassiker der Religionsphilosophie. Von Platon bis Kierkegaard* (S. 285–299). München: C.H. Beck.

Kaier, E. (Hrsg.). (1974). *Grundzüge der Geschichte* (10. Aufl., Bd. 2). Frankfurt a. M./Berlin/München: Moritz Diesterweg.

Kant, I. (1995a). *Kritik der reinen Vernunft* (Immanuel Kant, Werke in sechs Bänden, Bd. 2). Köln: Könemann.

Kant, I. (1995b). *Die Religion innerhalb der Grenzen der bloßen Vernunft. Die Metaphysik der Sitten* (Immanuel Kant, Werke in sechs Bänden, Bd. 5). Köln: Könemann.

Kant, I. (1995c). *Kritik der praktischen Vernunft und andere kritische Schriften* (Immanuel Kant, Werke in sechs Bänden, Bd. 3). Köln: Könemann.

Kaube, J. (2014). *Max Weber. Ein Leben zwischen den Epochen*. Berlin: Rowohlt.

Kaube, J. (2020). *Hegels Welt*. Berlin: Rowohlt.

Kirk, G. S., Raven, J. E., & Schofield, M. (1994). *Die Vorsokratischen Philosophen. Einführung, Texte und Kommentare*. Stuttgart/Weimar: Metzler.

Kloft, M. (28. September 2017). *Zinsen sind verboten. Geld anlegen nach Scharia. Frankfurter Allgemeine Zeitung online.* https://www.faz.net/aktuell/finanzen/finanzmarkt/muslimische-kt-bank-arbeitet-als-erste-ohne-zinsen-15220758.html. Zugegriffen am 24.06.2020.

Köhler, J. (2016). *Luther! Biographie eines Befreiten*. Leipzig: Evangelische Verlagsanstalt.

Konfuzius (1994). In E. Schwartz (Hrsg.), *Gespräche des Meisters Kung (Lun Yü)* (6. Aufl.). München: Deutsche Taschenbuch.

Korte, H. (1995). *Einführung in die Geschichte der Soziologie* (3. Aufl.). Opladen: Leske und Budrich (UTB).

Kühn, M. (2004). *Kant. Eine Biographie* (5. Aufl.). München: C.H. Beck.

Kühn, M. (2012). *Johann Gottlieb Fichte. Ein deutscher Philosoph. 1762–1814*. München: C.H. Beck.

Kulenkampff, J. (1994). David Hume. In Höffe, O. (Hrsg.), *Klassiker der Philosophie Bd. 1* (Von den Vorsokratikern bis David Hume. 3. Aufl., S. 434–456). München: C.H. Beck.

Küng, H. (1996). *Große christliche Denker* (Taschenbuchausgabe). München: Piper.

Küng, H. (2004). *Der Islam. Geschichte, Gegenwart, Zukunft*. München: Piper.

Küng, H. (2010). *Anständig wirtschaften. Warum Ökonomie Moral braucht*. München: Piper.

Küng, H. (2012). *Jesus*. München: Piper.

Kytzler, B., Latacz, J., & Sallmann, K. (1992). In B. Kytzler (Hrsg.), *Klassische Autoren der Antike. Literarische Porträts von Homer bis Boethius*. Frankfurt a. M./Leipzig: Insel.

Lao zi. (1994). *Lao-Tse. Life and work of the forerunner in China*. Sidcup/Kent: Grail Acres Publishing.

Lauster, J. (2014). *Die Verzauberung der Welt. Eine Kulturgeschichte des Christentums*. München: C.H. Beck.

Leppin, V. (2007). *Die christliche Mystik*. München: C.H. Beck.

Lesky, A. (1993). *Geschichte der griechischen Literatur*. München: Deutscher Taschenbuch.

Liessmann, K. P. (2013). *Sören Kierkegaard zur Einführung* (6. Aufl.). Hamburg: Junius.

Lohfink, G. (2013). *Gegen die Verharmlosung Jesu*. Freiburg i. B.: Herder.

Luhmann, N. (1997). *Die Gesellschaft der Gesellschaft* (Bd. 2). Frankfurt a. M.: Suhrkamp.

Machiavelli, N. (1986). *Il Prinzipe. Italienisch/Deutsch*. Stuttgart: Reclam jun.

Mahlmann, M. (2015). *Rechtstheorie*. http://www.rwi.uzh.ch/elt-lst-mahlmann/rechtstheorie/locke/de/html/u2_lo2_2.html. Zugegriffen am 05.07.2020.

McGinn, B. (1994/1996/1999). *Die Mystik im Abendland* (Bd. 3). Freiburg i. B.: Herder.

Meisig, K., & Meisig, M. (2010). Hinduismus. In K. Ebeling (Hrsg.), *Orientierung Weltreligionen* (S. 133–162). Stuttgart: Kohlhammer.

Melanchthon, P. (1997). *Glaube und Bildung. Texte zum christlichen Humanismus. Lateinisch/Deutsch.* Stuttgart: Philipp Reclam jun.

Müller-Doohm, S. (2014). *Jürgen Habermas. Eine Biographie.* Berlin: Suhrkamp.

Nestle, E., & Aland, B. (Hrsg.) (1995). *Das Neue Testament. Griechisch und Deutsch* (27. Aufl. des Griechischen Textes). Stuttgart: Deutsche Bibelgesellschaft.

Neugebauer, M. (2017). *Ulrich Zwinglis Ethik. Stationen – Grundlagen – Konkretionen.* Zürich: Theologischer.

Nietzsche, F. (1994). *Werke in drei Bänden.* Köln: Könemann.

Nietzsche, F. (2013). *Die fröhliche Wissenschaft. La gaya scienza.* Berlin: Edition Holzinger.

Ostritsch, S. (2020). *Hegel. Der Weltphilosoph.* Berlin: Propyläen.

Panitz, H. (1974). *Stoische Weisheit* (*Griechisch – Lateinisch – Deutsch.* Aschendorffs Sammlung lateinischer und griechischer Klassiker). Münster: Aschendorffsche Verlagsbuchhandlung.

Patzek, B. (2002). *Homer und seine Zeit.* München: C.H. Beck Wissen.

Paulsen, F. (1899). *Immanuel Kant. Sein Leben und seine Lehre* (2. Aufl.). Stuttgart: Fr. Fromann's (E. Hauff).

Pieper, D. (2012). Anfang einer neuen Zeit. In A. Großbongardt & D. Pieper (Hrsg.), *Jesus von Nazareth und die Anfänge des Christentums* (S. 17–25). München/Hamburg: Deutsche Verlagsanstalt/Spiegel Buchverlag.

Pietsch, D. (2014). *Mensch und Welt. Versuch einer Gesamtbetrachtung.* Köln/Lohmar: Eul.

Pietsch, D. (2019). *Eine Reise durch die Ökonomie. Über Wohlstand, Digitalisierung und Gerechtigkeit.* Wiesbaden: Springer.

Piketty, T. (2014). *Das Kapital im 21. Jahrhundert.* München: C.H. Beck.

Piketty, T. (2020). *Kapital und Ideologie.* München: C.H. Beck.

Platon. (1995). *Apologie des Sokrates. Griechisch/Deutsch* (Übersetzt und herausgegeben von Manfred Fuhrmann). Stuttgart: Philipp Reclam jun.

Plotin. (1990). *Geist – Ideen – Freiheit. Griechisch – Deutsch* (Philosophische Bibliothek, Bd. 429). Hamburg: Meiner.

Poller, H. (2005). *Die Philosophen und ihre Kerngedanken. Ein geschichtlicher Überblick.* München: Olzog.

Precht, R. D. (2015). *Erkenne die Welt. Eine Geschichte der Philosophie. Band 1 Antike und Mittelalter.* München: Goldmann.

Precht, R. D. (2017). *Erkenne dich selbst. Eine Geschichte der Philosophie. Band 2 Renaissance bis Deutscher Idealismus.* München: Goldmann.

Precht, R. D. (2019). *Sei Du selbst. Eine Geschichte der Philosophie. Band 3 Von der Philosophie nach Hegel bis zur Philosophie der Jahrhundertwende.* München: Goldmann.

Precht, R. D. (2020). *Künstliche Intelligenz und der Sinn des Lebens.* München: Goldmann.

Ratzinger, J., & Benedikt, X. V. I. (2006). *Jesus von Nazareth. Erster Teil. Von der Taufe im Jordan bis zur Verklärung.* Freiburg/Basel/Wien: Herder.

Rawls, J. (2020). *Eine Theorie der Gerechtigkeit* (22. Aufl.). Frankfurt a. M.: Suhrkamp Taschenbuch.

Ricken, F. (1997). Philosophie. In H.-G. Nesselrath (Hrsg.), *Einleitung in die griechische Philologie* (S. 507–560). Stuttgart/Leipzig: B.G. Teubner.

Riehl, A. (1900). *Friedrich Nietzsche. Der Künstler und der Denker* (Vierte verbesserte und ergänzte Auflage). Stuttgart: Fr. Fromanns (E. Hauff).

Röd, W. (1996). *Der Weg der Philosophie* (Bd. 2). München: C.H. Beck.

Rohls, J. (1999). *Geschichte der Ethik* (2. Aufl.). Tübingen: Mohr Siebeck.

Rousseau, J.-J. (1997). *Der Gesellschaftsvertrag* (Bibliothek der Antike Bd. 15. Hrsg. von Alexander Heine). Essen: Phaidon.

Russell, B. (1999). *Philosophie des Abendlandes. Ihr Zusammenhang mit der politischen und der sozialen Entwicklung* (8. Aufl.). München/Wien: Europa.

Safranski, R. (2004). *Schiller oder Die Erfindung des Deutschen Idealismus. Biographie.* München/Wien: Carl Hanser.

Safranski, R. (2013). *Goethe. Kunstwerk des Lebens. Biographie.* München: Carl Hanser.

Safranski, R. (2018). *Schopenhauer und Die wilden Jahre der Philosophie* (4. Aufl.). München/Wien: Carl Hanser.

Safranski, R. (2019). *Hölderlin. Komm! ins Offene, Freund! Biographie.* München: Carl Hanser.

Safranski, R. (2019a). *Nietzsche. Biographie seines Denkens* (Erweiterte Neuauflage). München: Carl Hanser.

Sandel, M. (2015). *Moral und Politik. Gedanken zu einer gerechten Gesellschaft.* Berlin: Ullstein.

Sandel, M. (2020). *Vom Ende des Gemeinwohls. Wie die Leistungsgesellschaft unsere Demokratie zerreißt.* Frankfurt a. M.: Fischer.

Scheible, H. (2016). *Melanchthon. Vermittler der Reformation. Eine Biographie.* München: C.H. Beck.

Schilling, H. (2017). *Martin Luther. Rebell in einer Zeit des Umbruchs. Eine Biographie.* München: C.H. Beck.

Schipper, L. (2015). Amartya Sen. Anwalt der Armen. In Nienhaus, L. (Hrsg.), *Die Weltverbesserer. 66 große Denker, die unser Leben verändern* (S. 150–153). München: Carl Hanser.

Schleiermacher, F. D. E. (2004). *Über die Religion. Reden an die Gebildeten unter ihren Verächtern.* Hamburg: Felix Meiner.

Schmied-Kowarzik, W. (1989). Friedrich Wilhelm Joseph Schelling (1775–1854). In Böhme, G. (Hrsg.), *Klassiker der Naturphilosophie. Von den Vorsokratikern bis zur Kopenhagener Schule.* München: C.H. Beck, S. 241–262.

Schopenhauer, A. (1988). *Arthur Schopenhauers Werke in fünf Bänden. Die Welt als Wille und Vorstellung, 2 Bände. Kleinere Schriften. Parerga und Palipomena* (Bd. 2, Hrsg. Ludger Lütkehaus). Zürich: Haffmanns.

Schüle, C. (2012). König der Wahrheit. In A. Großbongardt & D. Pieper (Hrsg.), *Jesus von Nazareth und die Anfänge des Christentums* (S. 26–44). München/Hamburg, Deutsche Verlagsanstalt/Spiegel Buchverlag.

Schuman, M. (2016). *Konfuzius. Der Mann und die Welt, die er schuf.* München: Kösel.

Sen, A. (2000). *Ökonomie für den Menschen. Wege zu Gerechtigkeit und Solidarität in der Marktwirtschaft.* München: Hanser.

Sen, A. (2020). In U. Kruse-Ebeling (Hrsg.), *Gleichheit? Welche Gleichheit?* Stuttgart: Philipp Reclam jun.

Sen, A. (2020a). *Rationale Dummköpfe. Eine Kritik der Verhaltens-grundlagen der Ökonomischen Theorie.* Ditzingen: Philipp Reclam jun.

Seneca. (2008). *Schriften zur Ethik. Die kleinen Dialoge. Lateinisch-deutsch* (Hrsg. und übersetzt von Gerhard Fink). Düsseldorf: Patmos, Artemis & Winkler.

Siebeck, H. (1910). *Aristoteles* (3. Aufl.). Stuttgart: Fr. Frommann (E. Hauff).

Siep, L. (1995). Johann Gottlieb Fichte (1762–1814). In O. Höffe (Hrsg.), *Klassiker der Philosophie II. Von Immanuel Kant bis Jean-Paul Sartre* (3. Aufl., Bd. 2, S. 40–61).

Simon, J. (1995). Friedrich Nietzsche (1844–1900). In O. Höffe (Hrsg.), *Klassiker der Philosophie II. Von Immanuel Kant bis Jean-Paul Sartre* (3. Aufl., Bd. 2, S. 203–224).

Slenczka, N. (2005). Thomas von Aquin. In F. W. Graf (Hrsg.), *Klassiker der Theologie. Bd. 1. Von Tertullian bis Calvin* (S. 126–144). München: C.H. Beck.

Slenczka, N. (2013). Was heißt „gut"? Plädoyer für eine de-skriptive christliche Ethik im Anschluss an Friedrich Schleiermacher und Max Scheler. In: (Hrsg.) Horn, F.W., Volp, U., Zimmermann, R. in Zusammenarbeit mit Verwold, E.: Ethi-sche *Normen des frühen Christentums. Gut – Leben – Leib – Tugend. Kontexte und Normen neutestamentlicher Ethik/Con-texts and Norms of New Testament Ethics* (Bd. IV, S. 155–178). Tübingen: Mohr Siebeck.

Smith, A. (2009). *Wohlstand der Nationen* (Nach der Übersetzung von Max Stirner, herausgegeben von Heinrich Schmidt). Köln: Anaconda.

Smith, A. (2010). *Theorie der ethischen Gefühle* (Übersetzt von Walter Eckstein, neu herausgegeben von Horst D. Brandt). Hamburg: Felix Meiner.

Sophokles. (1980). *Antigone.* Stuttgart: Reclam.

Specht, R. (1994). Baruch Spinoza. In O. Höffe (Hrsg.), *Klassi-ker der Philosophie Bd. 1. Von den Vorsokratikern bis David Hume* (3. Aufl., S. 338–359). München: C.H. Beck.

Spierling, V. (2017). *Ungeheuer ist der Mensch. Eine Geschichte der Ethik von Sokrates bis Adorno.* München: C.H. Beck.

Spinoza, B. (1996). In A. Heine (Hrsg.), *Ethik nach geometrischer Methode dargestellt*. Essen: Phaidon.

Streminger, G. (2011). *David Hume: Der Philosoph und sein Zeitalter*. München: C.H. Beck.

Streminger, G. (2017). *Adam Smith. Wohlstand und Moral. Eine Biographie*. München: C.H. Beck.

Stuttgarter Altes Testament. (2004). In E. Zenger (Hrsg.), *Stuttgarter Altes Testament. Einheitsübersetzung mit Kommentar und Lexikon*. Stuttgart: Katholische Bibelanstalt.

Theißen, G., & Merz, A. (2011). *Der historische Jesus. Ein Lehrbuch* (4. Aufl.). Göttingen: Vandenhoeck & Ruprecht.

Thomas von Aquin. (2009). *Summa contra gentiles. Gesamtausgabe in einem Band. Lateinisch und deutsch* (Hrsg. und übersetzt von Karl Albert, Karl Allgaier, Leo Dümpelmann, Paulus Engelhardt, Leo Gerken, Markus Wörner, 3. Aufl.). Darmstadt: WBG.

Vieweg, K. (2019). *Hegel. Philosoph der Freiheit. Biographie*. München: C.H. Beck.

Volkelt, V. (1907). *Arthur Schopenhauer. Seine Persönlichkeit, seine Lehre, sein Glaube* (Dritte, stark erg. Aufl.). Stuttgart: Fr. Fromanns (E. Hauff).

Weber, M. (1980). *Wirtschaft und Gesellschaft: Grundriss der verstehenden Soziologie* (Besorgt von Johannes Winckelmann, 5., rev. Aufl., Studienausgabe). Tübingen: Mohr.

Weber, M. (2002). *Max Weber. Schriften 1894–1922* (Ausgewählt und herausgegeben von Dirk Kaesler). Stuttgart: Kröner.

Weber, M. (2013). *Max Weber. Die protestantische Ethik und der Geist des Kapitalismus* (Vollständige Ausgabe. Herausgegeben und eingeleitet von Dirk Kaesler. 4. Aufl.). München: C.H. Beck.

Weischedel, W. (1975). *Die philosophische Hintertreppe. 34 große Philosophen im Alltag und Denken*. München: Deutscher Taschenbuch.

Windelband, W. (1993). *Lehrbuch der Geschichte der Philosophie* (18. Aufl.). Tübingen: Mohr.

Wundt, M. (1927). *Johann Gottlieb Fichte*. Stuttgart: Fr. Fromanns Verlag (H. Kurtz).

Zöller, G. (2020). *Hegels Philosophie. Eine Einführung*. München: C.H. Beck.

Zotz, V. (1991). *Buddha*. Hamburg: Rowohlt Taschenbuch.

Zotz, V. (1996). *Geschichte der Buddhistischen Philosophie*. Reinbek bei Hamburg: Rowohlt Taschenbuch.

4

Aktuelle Herausforderungen der Wirtschaftsethik

4.1 Armut und Ungleichheit: Von dem einen Prozent und den 99 Prozent anderen

Nach welchen Kriterien können wir eine Ökonomie bewerten, die wir allgemein als „ethisch korrekt" einstufen? Konkreter gefasst: Wann würden wir sagen ist eine Ökonomie, gemessen an ethischen Kriterien, als *wertvoll* oder *wertschätzend* allen Teilnehmern gegenüber einzuschätzen? Wie wir im ersten Teil gesehen haben, verfügen wir nun über eine Reihe von Bewertungsprinzipien, die bereits in der Geschichte der Ethik für uns vorgedacht wurden. Während Platon und Aristoteles eher die *individuelle Tugend* des Wirtschaftens wie die distributive Gerechtigkeit in den Vordergrund gestellt hätten oder etwa den gerechten Preis, hätte Kant etwa die *Pflicht des Einzelnen* hervorgehoben, so zu handeln, dass es zum Prinzip einer allgemeinen Gesetzgebung hätte erkoren werden können. John Rawls hätte die *Chancengerechtigkeit* betont und vor allem die Verbesserung der Lage der wirtschaft-

© Der/die Autor(en), exklusiv lizenziert durch Springer Fachmedien Wiesbaden GmbH, ein Teil von Springer Nature 2021
D. Pietsch, *Die Ökonomie und das Nichts*,
https://doi.org/10.1007/978-3-658-33277-8_4

lich am wenigsten Begünstigten. Hume und Smith aber auch Schopenhauer hätten die Sympathie und das *Mit-Gefühl*, das Mitleid der Mitmenschen mit den Benachteiligten des Wirtschaftssystems akzentuiert. Wie wir sehen, gibt uns das schon einige wertvolle Anhaltspunkte darüber, wie eine ethische Ökonomie aussehen könnte, erlaubt uns aber noch nicht, konkrete Handlungsmaximen abzuleiten. Daher müssen wir zunächst einige eigene Vorüberlegungen anstellen und entsprechend skizzieren.

Wir müssen uns *erstens* die Frage stellen, welche „*Mindestausstattung*" an Gütern und Dienstleistungen aber auch an Werten eine Ökonomie ihren Bürgern zur Verfügung stellen muss, um den Bedingungen einer ethisch korrekten bzw. anspruchsvollen Wirtschaft zu entsprechen. Nachdem diese Ausgangssituation definiert wurde, müssen wir sicher *zweitens* darüber nachdenken, *welche Unterschiede* wir im Verhältnis zu den Ausgangsbedingungen, basierend auf individuellem Talent und Fähigkeiten, Leistungswillen und -bereitschaft, in dieser Ökonomie *zulassen können*, damit das Resultat des Wirtschaftens immer noch alle Beteiligten begünstigt und unseren Zwecken einer *ethischen Ökonomie* dient. Diese Frage erscheint einigermaßen pauschal und wenig konkret, wird aber anschaulicher, wenn man einige Rahmendaten berücksichtigt wie etwa die Tatsache, dass es in einer Bevölkerung immer unterschiedliche Ausprägungen von Talenten und Eigenschaften der Individuen gibt und sie alle von unterschiedlichen Rahmenbedingungen ausgehen. Schließlich müssen wir uns *drittens* die Frage stellen, von welcher Ausgangssituation wir vor allem in Deutschland sprechen und inwiefern wir hier Korrekturbedarf sehen.

Beginnen wir zunächst mit der Mindestausstattung an Gütern und Leistungen, die für ein würdevolles Leben notwendig sind. Für unsere Überlegungen ist die von dem US-amerikanische Psychologen Abraham Maslow entwickelte *Bedürfnispyramide*, (Maslow gilt als der Gründervater der Humanistischen Psychologie, zu seiner Biografie und seinen Forschungsschwerpunkten vgl. Lück 2016, S. 318 ff.; zur Darstellung der Bedürfnispyramide und ihrer Erläuterung vgl. Geppert 2019) äußerst hilfreich. Maslow hatte festgestellt, dass Menschen durch *fünf wesentliche Bedürfnisgruppen* in ihrem Handeln aber auch in ihrem Leben angetrieben werden, die alle aufeinander aufbauen. Erst wenn die in der Hierarchie untergeordnete Bedürfniskategorie befriedigt ist, wird die nächste relevant (vgl. im Folgenden Geppert 2019):

Die *erste Bedürfnisgruppe* stellen diejenigen Bedürfnisse dar, die für das Überleben des Menschen dringend notwendig sind bzw. seine grundlegenden menschlichen Bedürfnisse ausmachen. Dazu zählen etwa die Nahrung, Wasser, Kleidung, das Bedürfnis nach Schlaf, die Sexualität etc. Diese Bedürfnisse nannte Maslow die *physiologischen Bedürfnisse* am untersten Ende der fünfstufigen Pyramide.

Die *zweite Bedürfniskategorie* sind die sogenannten *Sicherheitsbedürfnisse* d. h. das Bedürfnis nach einem Dach über dem Kopf, einem festen Arbeitsplatz, einem damit einhergehenden sicheren Einkommen etc.

Darauf aufbauend decken die *sozialen Bedürfnisse* als *dritte Bedürfniskategorie* den Wunsch des Menschen nach Partnerschaft, Familie, Freundschaften, Zugehörigkeit zu bestimmten Gruppen bzw. zu anderen Menschen generell ab.

Diese ersten drei grundlegenden Bedürfnisse nennt Maslow die *Defizitbedürfnisse* d. h. eine Nicht-Befriedigung dieser für den Menschen wichtigen Bedürfnisse führt zu physischen und psychischen Mangelerscheinungen und Erkrankungen. Dies ist leicht einzusehen, wenn man sich vor Augen führt, wie viele Menschen auf der Welt auch heute noch Hunger leiden müssen, kein Dach über dem Kopf haben oder aus nicht selbst verschuldeten Gründen sozial isoliert sind. Häufig hängen diese Bedürfnisdefizite miteinander zusammen. So leben mittellose Menschen häufig ohne Dach über den Kopf, haben keine oder nur unzureichende Arbeit und sind sozial weitestgehend isoliert.

Aufbauend auf diesen Defizitbedürfnissen liegen die sogenannten *Wachstumsbedürfnisse*. Sie sind, im Gegensatz zu den erst genannten, grenzenlos und individuell verschieden. So zählen zu den Wachstumsbedürfnissen zunächst die *Individualbedürfnisse* nach Anerkennung, Ansehen, Macht, Erfolg aber auch Freiheit. Diese sind wie der Name bereits aussagt bei jedem Menschen individuell ausgeprägt und in unterschiedlichem Maße erstrebenswert. So können viele Menschen ohne Macht und beruflichen Erfolg und damit verbundenem Status nicht auskommen, andere wiederum leben ihre individuelle Freiheit aus und genießen ein Leben ohne äußere, etwa berufliche Zwänge. Die höchste Stufe der Bedürfnispyramide schließlich stellt das *Bedürfnis nach Selbstverwirklichung* dar, indem es vor allem darum geht, sich selbst zu entfalten. In dieser obersten Bedürfniskategorie versucht der Mensch, seine Kreativität zu entfalten, z. B. Bücher zu schreiben, sein individuelles Potenzial zu entdecken und auszuschöpfen und den Sinn des Lebens („purpose") zu ergründen. Je älter der Mensch wird, je mehr er schon erreicht hat, desto stärker gewinnt diese oberste Kategorie an Gewicht. Gleichzeitig ist leicht einzusehen, dass eine solche Suche nach der Selbstverwirklichung voraussetzt, dass man seine individuellen Bedürfnisse nach Anerkennung, Erfolg und Ansehen bereits befriedigt hat, von den Mindestanforderungen der ersten drei Bedürfnisse ganz zu schweigen. Erst wer im Leben erfolgreich war und sich seine wesentlichen materiellen und karrieretechnischen Ziele erfüllt hat, kann es sich leisten, sich selbst zu verwirklichen. Die Bedürfnispyramide hat also mit ihrer Hierarchie ihren Sinn.

Weshalb aber ist für unsere Zwecke diese Bedürfnishierarchie von Maslow so wertvoll? Dies ist schnell ersichtlich, wenn wir nun daran gehen zu überlegen, welche Mindestausstattung die *ethisch ausgerichtete Ökonomie* – ich verzichte hier bewusst auf eine Verkürzung zu einer „Schlagwort-Ökonomie", also *die X, Y, Z-Ökonomie*, um eine zu plakative Sichtweise zu verhindern – ihren Bürgern idealerweise zur Verfügung stellen sollte. Das betrifft vor allem die vorhin skizzierten Defizitbedürfnisse, ohne deren Befriedigung physische und psychische Krankheiten drohen. Da sind also zunächst die physiologischen Bedürfnisse wie etwa Nahrung, Kleidung etc. Wir wollen uns hier zunächst auf Deutschland als einem der reichsten Länder der Erde konzentrieren. Wie es in anderen Ländern aussieht, werden wir uns exemplarisch im nächsten Kapitel, Abschn. 4.2, ansehen. Diese physiologischen Bedürfnisse, also etwa nicht hungern, dürsten zu müssen und genug zum Anziehen zu haben etc., müssten zunächst *für alle Bürger* realisiert werden. Darauf aufbauend gilt es nun, in dieser von uns skizzierten ethischen Ökonomie dafür zu sorgen, dass auch die Sicherheitsbedürfnisse möglichst aller Teilnehmer des Wirtschaftsgeschehens befriedigt werden können.

Also: Jeder sollte zumindest ein Dach über den Kopf haben – von den wenigen, die freiwillig in freier Natur schlafen einmal abgesehen – eine geregelte Arbeit haben, unabhängig davon, wie viel Freude diese Arbeit bereitet, und entsprechend über ein sicheres Einkommen verfügen. Die sozialen Bedürfnisse sind dagegen sicher bereits schwieriger zu befriedigen, da die Menschen alle unterschiedlich sind und mehr oder weniger viele soziale Kontakte zu ihrem persönlichen Wohlbefinden benötigen. Gehen wir aber auch hier von einem sozialen, *solidarischen Miteinander* der einzelnen Individuen einer Wirtschaft aus, denen sie sich angehörig fühlen können. Die sogenannten Wachstumsbedürfnisse an der Spitze der Bedürfnispyramide, also die individuellen Bedürfnisse nach Macht, Ansehen, Anerkennung und Erfolg sind schwierig kollektiv zu erreichen und sind höchst individuell gestaltet. Gleiches gilt für den höchsten Wert der Pyramide, die *Selbstverwirklichung*. Hier wird es noch spezieller:

Mancher möchte sich noch die Welt ansehen, andere, eher vermögende Menschen, kaufen sich in ihrer Rente einen Ferrari, manche wollen die höchsten Berge erklimmen und noch andere mit einem LKW durch ganz Europa reisen. Die Ziele der Selbstverwirklichung dürften so individuell sein wie die Menschen auf der Erde. Der entscheidende Punkt für unsere Zwecke hier ist, ob ein solches Bedürfnis nach individueller Selbstverwirklichung auch zu einer *Mindestausstattung einer ethischen Ökonomie* gehört. Zumindest sollten alle Bürger die gleichen Chancen dazu erhalten! Das aber würde bedeuten, dass es theoretisch möglich wäre, allen Bürgern zumindest wirtschaftlich die gleichen Chancen einzuräumen, sich selbst zu verwirklichen oder gar beruflichen Erfolg und Ansehen zu erreichen. Ich werde darauf vor allem im Abschn. 6.5 über die Bildungschancen zurückkommen. Hier sei lediglich darauf verwiesen, dass die Grundlagen für den späteren Erfolg, vor allem in Deutschland, sehr stark an die materielle Herkunft, die (Bildungs-)Förderung durch die Eltern und auch die Genetik (!) gekoppelt sind!

Was können wir aber für die Beantwortung der ersten Frage nach der Mindestausstattung einer ethischen Wirtschaft festhalten: Die so konzipierte Wirtschaft sollte seinen Bürgern vor allem helfen, die Defizitbedürfnisse zu befriedigen d. h. ausreichend zu essen, zu trinken, Kleidung, ein Dach über den Kopf, einen sicheren Job mit regelmäßigem Einkommen und damit die Voraussetzungen zu schaffen, ein erfülltes Leben mit anderen Menschen zu genießen und gesund zu leben (was heute, weltweit gesehen, in vielen Fällen immer noch nicht der Fall ist, vgl. Papst Franziskus 2020, S. 170). Die Wachstumsbedürfnisse nach Erfolg oder Selbstverwirklichung müssen zumindest unter bestimmten Voraussetzungen für alle machbar sein. Jeder sollte zumindest *die Chance* nach Anerkennung, Erfolg und Selbstverwirklichung haben! Wie aber sieht derzeit die Realität, gemessen an diesen Kriterien, alleine in Deutschland aus, wie gesagt, einem der reichsten Länder dieser Erde? Beginnen wir mit den physiologischen und den Sicherheitsbedürfnissen.

Laut dem 5. Armutsbericht der Bundesregierung in 2017 gelten hierzulande 15,7 Prozent oder knapp 13 Millionen Menschen als arm oder an der Armutsgrenze lebend (vgl. Heidenfelder 2019). 2002 waren es „nur" 12,7 Prozent der Bevölkerung. Die *Armutsquote wächst* also in Deutschland. Davon betroffen sind vor allem alte und kranke Menschen, Arbeitnehmer mit niedrigen Löhnen, Arbeitslose, kinderreiche Familien aber auch Alleinerziehende und viele Kinder (vgl. Heidenfelder 2019). Kinder sind mit einer Armutsquote von 19,7 Prozent überproportional von der Armut betroffen. Als relativ arm gilt man allgemein, wenn man nur 50 Prozent des durchschnittlichen Einkommens in einem Land zur Verfügung hat. Das Armutsrisiko beginnt bei 60 Prozent des durchschnittlichen Einkommens eines Landes (vgl. Heidenfelder 2019). Die Armutsgrenze lag in Deutschland im Jahr 2018 bei einem Single bei 1135 Euro im Monat. Häufig zieht ein Unglück das andere an: Arme Menschen können sich nicht so gesund und vor allem ausgewogen ernähren, verfügen zum Teil nicht über eine Krankenversicherung oder nur eine begrenzte Gesundheitsversorgung und sterben daher durchschnittlich früher (vgl. Heidenfelder 2019). Frei nach dem Stück von Carl Zuckmayer „Der Hauptmann von Köpenick" gleicht das Leben

der armen Menschen in Deutschland häufig einem Teufelskreis, einem *circulus vitiosus*:

Sie haben keine Arbeit, verfügen daher über nur wenige
finanzielle Mittel der Sozialhilfe und finden keine Wohnung.
Obdachlose finden aber umgekehrt keine Arbeit, da sie
keine feste Adresse aufweisen. Sie können an dem gesellschaftlichen Leben nicht teilnehmen und werden aus-
gegrenzt. Viele sind durch unglückliche Umstände in diese
Situation geraten. Dies gilt vor allem für Kinder, die mit
dem Schicksal ihrer armen Eltern gleich mitverhaftet
sind. – Die Journalistin Anna Mayr schildert in ihrem äußerst lesenswerten Buch „Die Elenden" eindringlich die
Sicht auf das Leben, wenn beide Eltern arbeitslos sind und
von Hartz IV leben. Sie räumt u. a. auf mit den Stereo-
typen, dass arme Eltern sich nicht auch liebevoll um ihre
Kinder kümmern können, ihnen vorlesen und mit ihrem
knappen Budget auch in Bücher investieren (vgl. Mayr
2020, zu den Folgen der Arbeitslosigkeit für den Menschen
vgl. auch Negt 2001, vor allem S. 10 ff.). – Schulausflüge
sind nicht möglich, Bücher und Lernmittel schwer zu organisieren, von Computern und Laptops ganz zu schweigen.
Gerade in der Corona-Zeit hat sich deutlich herausgestellt,
dass arme Kinder gleich ein *dreifaches Manko* erleiden
müssen:

Sie haben häufig keine technischen Hilfsmittel wie Computer oder gar Laptops zur Verfügung, um dem Online-
Unterricht folgen zu können. Zudem fehlt der Platz in der
meist zu kleinen Wohnung, um eine ideale Lernatmosphäre
schaffen zu können. Schließlich sind zumeist die Eltern
weder kognitiv noch emotional in der Lage, ihren Kindern
in der Schule zu helfen. Auch wenn sie zumeist Gott sei
Dank nicht Hunger leiden müssen – aber auch das gibt es
im reichen Deutschland! Das Deutsche Kinderhilfswerk
(vgl. Deutsches Kinderhilfswerk 2020) schätzt, dass derzeit

etwa 500.000 Kinder in Deutschland Hunger leiden. Die Folgen wie etwa Eiweißmangel führen zu einer Unterentwicklung des Gehirns und Behinderungen beim Muskelaufbau (vgl. Deutsches Kinderhilfswerk 2020). Sehr häufig können diese Kinder dem Teufelskreislauf der Armut schwer entkommen und geben die Armut an ihre Kinder weiter (vgl. armut.de 2020): Nicht ausreichende Ernährung führt zu Konzentrationsproblemen in der Schule, Leistungsabfall, schlechte oder nicht abgeschlossene Schul- und Berufsausbildung. Daraufhin erhalten diese Menschen nur niedrig bezahlte Jobs wenn überhaupt und vererben so die Armut an ihre Kinder (vgl. armut.de 2020).

Physiologische Bedürfnisse können nicht oder nicht ausreichend gedeckt werden. Damit verbunden ist häufig die soziale Ausgrenzung, die fehlende soziale Teilhabe etwa an den Schulaktivitäten wie Ausflügen, Landschulheimen etc. Damit sind häufig weder die Sicherheitsbedürfnisse nach einem Dach über dem Kopf, einer sicheren Arbeit mit einem regelmäßigen Einkommen noch die sozialen Bedürfnisse nach Anerkennung, Ansehen, Erfolg etc. gedeckt. Wenn wir uns im Rahmen unserer Überlegungen zu einer *ethischen Ökonomie* alleine diese drei Maslowschen in Deutschland Defizitbedürfnisse ansehen, dann müssen wir zusammenfassend konstatieren, dass für eine Mindestausstattung zwingend gehören sollte:

Jeder sollte in Deutschland ausreichend zu essen, zu trinken und Kleidung haben. Ferner ein Dach über dem Kopf und wenn auch kein Anrecht auf einen Arbeitsplatz, so doch ein regelmäßiges Einkommen, dass es jedem Menschen in Deutschland erlaubt, menschenwürdig zu leben und an dem gesellschaftlichen Leben teilzunehmen! Dies ist sicher nur möglich, wenn alle von der Armut bedrohten Menschen in Deutschland eine finanzielle Entlastung erhalten, die ein solches menschenwürdiges Leben ermöglicht. Ansätze dazu gibt es viele wie etwa das *bedingungslose Grundeinkommen*, eine auskömmliche Mindestrente, eine „Kinderrente" und Vieles mehr. Ich möchte allerdings in diesem Kapitel zunächst die Probleme beschreiben, die wir mit Hilfe einer ethischen Ökonomie angehen wollen und noch keine Lösungsansätze *en détail* vorstellen. Dabei reden wir noch nicht über die Wachstumsbedürfnisse gemäß Maslow: den individuellen Bedürfnissen und der Selbstverwirklichung. Diese ist sicher erst erreichbar, wenn die grundlegenden „Defizitbedürfnisse" befriedigt wurden.

Widmen wir uns nun der zweiten eingangs aufgeworfenen Frage, welche Unterschiede wir zulassen wollen. Unterschiede des Einkommens und des Vermögens ergeben sich aus unterschiedlichen Quellen. So ist etwa das *Einkommen* eine Frage der Ausbildung (vgl. Scheppe 2020): Akademiker haben im Durchschnitt bis zu einem Lebensalter von 65 Jahren 1,45 Millionen Euro verdient im Vergleich zu Menschen mit einer abgeschlossenen Berufsausbildung ohne Studium, die bis 65 auf 962.000 Euro kamen. Arbeitnehmer ohne Abschluss (inklusive Studienabbrecher) verdienen im Schnitt 820.000 Euro bis sie 65 Jahre alt sind. Dabei verdienen männliche Akademiker im Durchschnitt 1,65 Millionen Euro im Vergleich zu weiblichen, die auf nur rund 1 Million Euro kommen (vgl. Scheppe 2020). Das sind natürlich nur Durchschnittbetrachtungen, zeigen allerdings bereits eine gewisse Tendenz auf, die Akademiker klar im Vorteil sehen. Darüber hinaus ist das Einkommen natürlich eine Frage der externen Rahmenbedingungen: In welcher Branche ist man z. B. als Akademiker tätig? In welchem Bundesland? Welches Studienfach z. B. Mediziner im Vergleich zu Geisteswissenschaftlern etwa Philosophen oder Germanisten. Welche Berufsgruppe? Ärzte und Rechtsanwälte, Manager im Vergleich zu Lehrern oder Sozialarbeitern. Darüber hinaus ist das Einkommen natürlich auch eine Frage der individuellen Leistungsfähigkeit und -bereitschaft des Arbeitnehmers, der Arbeitnehmerin. Allerdings auch eine Frage des Geschlechts wie wir in der oben genannten Statistik gesehen haben:

Frauen leisten auch heute noch den Löwenanteil an der Erziehung der Kinder, setzen trotz des Elterngeldes im Job länger aus als die Männer und arbeiten häufig zu Lasten ihrer Karrieren lange Zeit in Teilzeit weiter, was sich auch in niedrigeren Altersrenten niederschlägt. Diesem unterschiedlichen Leistungsvermögen und den externen Rahmenbedingungen wird in Deutschland durch eine *progressive Einkommenssteuer* Rechnung getragen, bei dem mit höherem Einkommen bis zu einer gewissen Grenze, dem „Spitzensteuersatz", ein höherer Einkommenssteuersatz greift. In welcher Höhe der zur Korrektur der Einkommensunterschiede optimale Steuersatz ist, wird vor allem in Abschn. 6.1 die Rede sein. Wichtig ist dabei abzuwägen, wie viel man den „starken Schultern" an Unterstützungsleistungen bzw. Verzicht zumuten kann, um die „schwachen Schultern" zu subventionieren. Klar scheint allerdings jetzt schon zu sein, dass eine Mindestausstattung aller Menschen in einer ethischen Ökonomie in Form der Befriedigung der genannten Defizitbedürfnisse, eine *deutliche Subventionierung* durch die einkommensstärksten Haushalte erfordert.

Unterschiede im Vermögen resultieren ebenfalls aus unterschiedlichen Gründen: Vermögen wird entweder im Laufe eines Lebens *selbst aufgebaut,* sei es als Unternehmer oder erfolgreicher Angestellter bzw. Arbeitnehmer. Im anderen Fall wird das Vermögen *geerbt* und mehr oder minder stark vermehrt bzw. gemindert. Im ersten Fall ist das Vermögen Resultat einer Lebensleistung, die nicht selten mit sehr harter Arbeit und/oder Risiko erarbeitet wurde, häufig auch zu Lasten der Familie oder der Gesundheit. Dieses erarbeitete Vermögen wurde dann in der Regel bereits versteuert, sei es über die Kapitaleinkommenssteuer als Unternehmer oder sei es über die Einkommenssteuer. Anders sieht es bei dem ererbten Vermögen aus:

Dies resultiert vor allem durch die *„Gnade der richtigen Geburt".* Der eine erbt ein Millionenvermögen der tüchtigen Eltern, die das Geld zusammengehalten haben oder vielleicht selbst vererbt bekamen. Häufig sind dies Unternehmerdynastien, die dieses Vermögen im Schweiße ihres Angesichts unter persönlichem Risiko und sehr harter Arbeit erwirtschaftet haben. Die Frage stellt sich auch hier, inwieweit die entstandenen Vermögensunterschiede von der Gesellschaft, sprich vom Staat wieder korrigiert werden sollen. Ich möchte auch hier nicht dem Abschn. 6.1 vorgreifen und konkrete Lösungen in Form einer Erbschafts- oder Vermögenssteuer vorstellen. Aber auch hier scheint klar zu sein, dass eine Mindestausstattung für alle Menschen einer ethischen Ökonomie, vor allem ausgehend von den hohen Vermögen sicherzustellen ist. Wer auch sonst sollte dies tun können? Sollte man dabei einen Unterschied machen zwischen ererbtem Vermögen ohne persönliches Zutun oder einem Vermögen, das vom Einzelnen hart erarbeitet wurde und bereits versteuert wurde? Ich denke schon. Dies wollen wir ebenfalls im Abschn. 6.1 vertiefen.

Sehen wir uns aber zunächst die aktuelle Realität in Deutschland und damit Antworten auf die eingangs gestellte dritte Frage an: Wie sind derzeit die Einkommen und Vermögen in Deutschland verteilt und passt dies noch zu einer von uns zu diskutierenden *ethischen Ökonomie*? Einer Studie des Deutschen Instituts zur Wirtschaftsforschung (DIW) in 2020 zufolge (vgl. DIW/dpa 2020) entfallen auf die *oberen zehn Prozent* der vermögendsten Personen in Deutschland gut *zwei Drittel des Nettovermögens*. Alleine das *oberste Prozent* der reichsten Deutschen vereint rund *35 Prozent* des gesamten Nettovermögens auf sich. 1,5 Prozent der erwachsenen Personen in Deutschland verfügen über ein Nettovermögen – i.e. Gesamtvermögen minus der Schulden – von mindestens einer Million Euro. Dabei steckt auch ein Großteil des Vermögens in Unternehmen, die für Arbeitsplätze sorgen oder in Immobilien. Weltweit besitzen *acht Männer* mit insgesamt 426,2 Milliarden US Dollar mehr als die Hälfte der Weltbevölkerung, immerhin etwa 3,8 Milliarden Menschen (vgl. Bönig 2020). 2009 benötigte man noch das kumulierte Vermögen der 380 reichsten Milliardäre weltweit. Dabei wuchs das Vermögen der Reichsten weltweit trotz der Corona-Krise immer weiter: So gab es weltweit bis Ende Juli 2020 *2189 Dollar-Milliardäre* im Vergleich zu *969* Ende 2009. Das kumulierte Vermögen aller Milliardäre weltweit stieg von 8 in 2019 auf 10,2 Billionen Dollar in 2020 (vgl. Spiegel Geld Nr. 3/2020, S. 4 f.).

Auch die Einkommen sind in Deutschland unterschiedlich verteilt. So zeigt eine Studie des Instituts der Wirtschaft (IW) in Köln (zitiert nach Brinkmann et al. 2019), dass das Nettoeinkommen in Deutschland 2016 im Median bei einem Wert von 1869 Euro liegt. Der Median zeigt an, dass 50 Prozent der Bevölkerung mehr und 50 Prozent weniger verdienen. Zu den einkommensstärksten zehn Prozent gehört man in Deutschland mit einem monatlichen Nettoeinkommen von etwa 3440 Euro. Unter dem Medianwert liegen 75 Prozent der Alleinverdiener in Deutschland (Medianeinkommen 1309 Euro). Die 22 Prozent der Rentner in der deutschen Bevölkerung verdienen im Median 1757 Euro und liegen damit um 112 Euro unter dem Medianeinkommen der Gesamtbevölkerung, wobei Frauen zumeist häufiger von Mini-Renten betroffen sind – aber zumeist mit einem Mann zusammenleben, der eine deutlich höhere Erwerbsrente erhält. Deutliche Unterschiede gibt es im Medianeinkommen zwischen Mietern, die 1490 Euro monatlich erhalten im Vergleich zu Immobilieneigentümern, die 2250 Euro Nettoeinkommen aufweisen. Dabei erhalten die Akademiker ein deutlich höheres Medianeinkommen als Arbeitnehmer ohne formale Ausbildung d. h. 2541 Euro versus 1414 Euro.

Einer Studie von Feld et al. zur Folge (vgl. Feld et al. 2020) ist die Verteilung der Nettohaushaltseinkommen in Deutschland nach der Wiedervereinigung tendenziell ungleicher geworden. Seit 2005 ist die Ungleichheit allerdings in etwa stabil geblieben. Als Maß der Ungleichheit gilt der statistische *Gini-Koeffizient*: Bei einem Wert von 1 ist das gesamte Einkommen auf eine Person konzentriert, es herrscht die maximale Ungleichheit. Ein Wert von 0 gibt im Gegenteil an, dass alle Einkommen einer Bevölkerung vollkommen gleich sind. Je höher also der Gini-Koeffizient, desto höher die Ungleichheit (hier: der Einkommen). Der Gini-Koeffizient der Markteinkommen, also vor Steuern und staatlicher Transferleistungen, lag in den letzten Jahren bei 0,48. Nach Steuern und Transferabgaben lag der Gini-Koeffizient bei 0,29. Daran kann man bereits erkennen, dass die progressive Besteuerung und die staatlichen Transferleistungen bereit dafür gesorgt haben, dass die marktbedingte *Ungleichheit in Deutschland umverteilungsbedingt abgenommen* hat. Im internationalen Vergleich rangiert der Gini-Koeffizient zwischen 0,39 und 0,54 (vgl. Feld et al. 2020). Deutschland weist somit mit einem Wert von 0,48 in 2016 einen vergleichsweis hohen Ungleichheitswert der Markteinkommen auf. Bei den äquivalenzgewichteten Haushaltsnettoeinkommen lag der Wert in Deutschland 2016 bei 0,29, was bei einem internationalen Korridor von 0,24 bis 0,46 eher am unteren Rand angesiedelt ist. Deutschland reduziert so bereits heute durch diverse Umverteilungsmaßnahmen wie Steuern, staatliche Transferzahlungen etc. die Ungleichheit der Einkommen signifikant.

Weltweit ist die Situation der Ungleichheit in Einkommen und Vermögen ähnlich und zum Teil noch viel dramatischer als in Deutschland (vgl. etwa Piketty 2014, 2020; Stiglitz 2015; Atkinson 2015, vor allem S. 82 ff.). Wir werden uns sicher schnell darüber einig, dass eine Mindestausstattung an Einkommen und Vermögen bei der unteren Hälfte der Bevölkerung nur durch eine wie auch immer geartete Subventionierung durch den vermögenderen Teil der Bevölkerung bzw. durch staatliche Transferleistungen zu leisten ist. Dabei ist Deutschland wie wir gerade festgestellt haben noch relativ gut unterwegs, wiewohl es auch hier noch Defizite zu beheben gibt. Ziel der von uns zu definierenden ethischen Ökonomie muss es auf jeden Fall sein, alle Menschen – und beginnen wir zunächst in Deutschland – an die Befriedigung der Mindestbedürfnisse bzw. der Defizitbedürfnisse wie es Maslow genannt hat, heranzuführen. Bevor wir aber über konkrete Maßnahmen sprechen, wollen wir uns zunächst ein weiteres ethisches Problem der Ökonomie ansehen: Die Globalisierung, die nicht nur einige Gewinner, sondern vor allem auch weltweit Verlierer produziert hat.

4.2 Globalisierung: Von Gewinnern und Verlierern

Die Idee des weltweiten Handels ist nicht neu. So tauschten bereits die Römer und Griechen Waren gegen Geld, das Handelsvolk der Phönizier war ebenfalls bekannt für den grenzüberschreitenden Handel (vgl. Pietsch 2020, S. 212 ff.). Handelsdynastien wie die Augsburger Fugger entwickelten bereits zu Beginn der Neuzeit weltumspannende Wirtschaftsimperien und begannen so ihren wirtschaftlichen Aufstieg. Der britische Ökonom David Ricardo entwickelte passend dazu die entsprechende Theorie der *komparativen Kostenvorteile*, die einen Handel auf jeden Fall vorteilhaft gestalten ließ (vgl. Pietsch 2019, S. 82 ff.). Grenzüberschreitende und globale Handelsabkommen zwischen einzelnen Staaten wie etwa im Rahmen der Welthandelsorganisation WTO (World Trade Organisation) oder regionale Vereinbarungen wie innerhalb der EU, Mercosur mit Südamerika als Hauptakteur oder ASEAN mit Fokus auf Südostasien begünstigen heute den internationalen Handel (vgl. Perlitz und Schrank 2013, S. 15 ff.). Der Abbau von Handelshemmnissen wie Zölle, Importquoten und etablierte Freihandels- oder Präferenzzonen förderten in den letzten Jahren diesen globalen Warenaustausch.

In der Folge der Globalisierung sanken die Transportkosten für See- und Luftfracht von 1930–2000 um 65 bzw. 88 Prozent. Ein dreiminütiges Telefonat von London nach New York kostete 1930 245 US-Dollar und 2005 30 US-Cent (vgl. im Folgenden Pietsch 2017, S. 64 f.). Heute ist ein solches Telefonat für ein paar Cent zu haben. Der Warenexport nahm zwischen 1960 und 2008 um den Faktor 15, gemessen an konstanten Preisen, zu. Die ausländischen Direktinvestitionen steigerten sich von 13 Mrd. US-Dollar 1970 auf 1833 Mrd. US-Dollar in 2007. Die Anzahl der Unternehmen, die global Handel trieben wuchs von 10.000 Ende der 1960er-Jahre auf 82.000 im Jahr 2008. Mit der wachsenden internationalen Verflechtung stieg auch die kulturelle Verflechtung der Gesellschaft:

Globale Restaurantketten wie McDonalds, Pizza Hut etc. eroberten die Welt, erfolgreiche Fernsehformate wie Reality oder Casting Shows à la Big Brother oder Voice of Germany, Britain's got talent etc. aber auch ein Wissensquiz wie „Wer wird Millionär" fanden weltweit begeisterte Zuschauerinnen und Zuschauer. Soziale Netzwerke wie Facebook, Instagram, der Kurznachrichtendienst Twitter aber auch Video- und Musikplattformen wie YouTube oder Spotify bzw. SoundCloud sorgen für ein weltweit wahrnehmbares Sprachrohr und ein angeglichenes Seh- bzw. Hörerlebnis, vor allem für die weltweite Jugend. Ganz zu schweigen von weltweiten Modelabels wie Gucci, Prada, Moncler, Hermès etc., die vor allem bei dem betuchten Publikum global Entzückung hervorrufen.

Die Vorteile der Globalisierung liegen auf der Hand: Unternehmen erschließen für sich und ihre Kunden neue Absatzmärkte, erhöhen ihre Verkaufszahlen und damit bei entsprechender Nachfrage und Kostenmanagement zusätzliche Erträge bzw. Gewinne auf der Welt. So produzieren Automobilhersteller in Werken auf allen Teilen der Welt, profitieren dabei von den unterschiedlichen Kostenstrukturen aber auch den Fertigungsbedingungen. Die Zulieferer und deren angeschlossene Unternehmen verlagern ebenfalls ihre Produktion in diese Länder. Regionale Distributionszentren sorgen für die Verteilung der Waren. Nationale Händler, gesteuert von Vertriebstochtergesellschaften oder regionalen Importeuren, versorgen die lokalen Kunden auf der ganzen Welt. Der globale Handel ließ auch den Wohlstand der Weltbevölkerung ansteigen (vgl. Pietsch 2017, S. 67): So reduzierte sich zwischen 1981 und 2005 die Anzahl an Personen, die mit einem täglichen Einkommen von 1,25 US-Dollar pro Tag und Kopf auskommen müssen um mehr als 500 Millionen auf „nur" noch 1,37 Mrd. Personen i.e. ein Minus von 27,7 Prozent.

Weitere Vorteile (vgl. Globalisierung-Fakten.de 2020) sind natürlich das aus Sicht des Verbrauchers breit gefächerte Warenangebot an zum Teil globalen Marken – man beachte z. B. die Auswahl an unterschiedlichen Müslisorten im Regal eines Supermarkts, frisches Obst und seine Herkunftsländer – die generelle Mobilität von Personen und Gütern auf der Welt oder auch die weltweite Ankurbelung der Wirtschaft. Der globale Wettbewerb der Firmen untereinander um das beste Produkt, die meisten Kunden führt zu erschwinglicheren Preisen und im Erfolgsfall aus Sicht der Firmen zur Schaffung neuer Jobs weltweit.

Doch gerade die *Nachteile der Globalisierung* haben wir im Rahmen der Corona-Pandemie seit Frühjahr 2020 schmerzlich am eigenen Leib erfahren müssen: Während des globalen „Lockdowns" und der temporären Schließung der Grenzen wurden die Lieferketten unterbrochen, Waren nicht mehr in dem Masse verfügbar – nicht nur das Toilettenpapier wurde in Deutschland knapp, sondern auch Atemschutzmasken oder Desinfektionsmittel – und Geschäfte wurden geschlossen. Reisen fanden nicht mehr statt, Fluggesellschaften mussten vom Staat gerettet werden, ebenso wie Reisebüros oder Messebauer und viele weitere Unternehmen mehr. Deutschland konnte sich Gott sei Dank mit dem Instrument der Kurzarbeit für eine gewisse Zeit retten. Viele Unternehmen waren ohne staatliche Hilfe nicht mehr überlebensfähig. Besonders fragil zeigte sich die Globalisierung angesichts zunehmender protektionistischer Maßnahmen, sei es der Austritt Großbritanniens aus der EU („Brexit") und damit des Wegfalls des Freihandels zwischen EU und Großbritannien, sei es die Aufkündigung diverser Handelsabkommen mit US-Beteiligung unter US-Präsident Trump.

Doch bereits ohne diese *De-Globalisierungstendenzen* führte die globale Arbeitsweise zu einer Verlagerung von wenig qualifizierten Jobs in die Billiglohnländer d. h. vor allem in die Entwicklungs- und Schwellenländer, in denen die Arbeitnehmer nicht selten unter schlechten Arbeitsbedingungen, unverhältnismäßig langen Arbeitszeiten und ungenügender sozialer Absicherung leiden müssen (vgl. Globalisierung-Fakten.de 2020). Zusätzlich führt der weltweite Transport einzelner Teile rund um den Globus und zum Teil die Art der Produktion zu einem erhöhten CO_2-Aufkommen, das den Klimawandel mit seinen negativen Folgen begünstigt (zu den Folgen der Ökonomie für die Umwelt vgl. das nächste Kapitel, Abschn. 4.3). Doch profitieren alle Länder gleichmäßig von der Globalisierung oder gibt es auch hier wieder Gewinner und Verlierer?

Eine Studie der Bertelsmann-Stiftung von 2018 (vgl. Petersen et al. 2018) hat gezeigt, dass wenig überraschend die Industrieländer im Vergleich zu den Schwellenländern am meisten von der Globalisierung profitiert haben, darunter vor allem Deutschland. Die dort analysierten 42 Industrie- und Schwellenländer wiesen in einem Zeitraum von 1990 bis 2016 unterschiedliche, globalisierungsbedingte Wachstumsraten des Bruttoinlandsprodukts (BIP) pro Jahr und Kopf der Bevölkerung auf (vgl. Petersen et al. 2018, Abb. 3). So lag das reale BIP je Einwohner in Deutschland 1990 bei etwa 21.940 Euro, 2016 bereits bei 30.910 Euro. Den Globalisierungsfortschritt errechneten die Forscher dabei in Höhe von 1270 Euro pro Kopf der Bevölkerung d. h. ohne die Globalisierung hätte das BIP pro Kopf der deutschen Bevölkerung 2016 im Vergleich zu 1990 um 1270 Euro niedriger gelegen. Pro Jahr stieg das BIP pro Kopf in Deutschland um 1150 Euro (vgl. Petersen et al. 2018). Die größten durchschnittlichen Steigerungen des BIP pro Kopf der Bevölkerung erzielten bei den 42 untersuchten Ländern allerdings die Schweiz und Japan mit durchschnittlich etwa 1900 bzw. 1500 Euro. Dagegen lagen die BIP-Zuwächse pro Kopf und Jahr von China bei nur 80 Euro und in Indien lediglich bei 20 Euro. Dies zeigt, dass *vor allem die*

Industrieländer überproportional von der *Globalisierung profitiert* haben zu Lasten der Schwellenländer.

Folgt man einer extrem globalisierungskritischen Sichtweise (die sich der Autor explizit nicht zu eigen macht), dann sehen die negativen Folgen der Globalisierung so aus (vgl. u. a. Müller 2016, globalisierung-welthandel.de):

Vielfach verbergen sich hinter den von der Globalisierung geschaffenen Arbeitsplätzen Stunden-, Teilzeitjobs bzw. Jobs bei Zeitarbeits- oder Leihfirmen und nicht tariflich gesicherte Vollzeitjobs. Das Wachstum des BIPs pro Kopf finde häufig zugunsten der Milliardäre und Millionäre statt (inklusive der Besserverdiener und Aktien- und Devisenspekulanten) zu Lasten der „einfachen" Leute wie etwa den in den Corona-Zeiten als systemrelevant eingestuften Krankenschwestern, Pflegern, LKW-Fahrern aber auch Verkäufern etc. Verlierer seien vor allem die 90 Prozent Normalverdiener, die im gnadenlosen Kostenwettbewerb um die niedrigsten Löhne auf der Strecke blieben. Vorteile hätten auch die global agierenden Großkonzerne im Vergleich zu den mittelständischen Unternehmen, da sie im globalen Wettbewerb um die Ressourcen und die Absatzmärkte systembedingt Vorteile genössen. Selbst wenn man sich dieser *sehr negativen und einseitigen Sichtweise* der Globalisierungskritiker nicht anschließen möchte etwa, weil Großunternehmen viele sichere und gut bezahlte Arbeitsplätze auf der ganzen Welt schaffen, so muss man doch feststellen, dass die negativen Wirkungen der Globalisierung erheblich sind und zum Teil die Ungleichheit der Vermögens- und Einkommensverhältnisse zwischen den Ländern und innerhalb eines Landes weiter verschärft haben (vgl. u. a. Piketty 2020, 2014).

Wenn man sich etwa ansieht, wie unterschiedlich die Pandemie einzelne Teile der Welt betroffen hat, dann muss man leider feststellen, dass diese Unterschiede weiter ze-

mentiert wurden. So wurden die ärmeren Regionen dieser
Welt wie Afrika und Südamerika deutlich härter von der
Pandemie betroffen als die reichen Industrieländer (vgl.
Pietsch 2020, S. XI ff.; Beger 2020). Am ehesten waren
dann auch wieder diejenigen Gruppen betroffen, die sich in
diesen ärmeren Ländern *per se* kaum ernähren konnten: Fri-
seure, Touristenführer, Fahrer etc. (vgl. Pietsch 2020, S. XI).
Dazu kommt, dass die Gesundheitssysteme der ärmeren
Länder im Vergleich zu denen der westlichen Industrie-
länder nicht so ausgebaut sind, um alle Infizierte adäquat
behandeln zu können. So weist Malawi in Afrika 30
Intensivbetten auf 18 Millionen (!) Einwohner aus, während es in Deutschland 34 pro 100.000 Einwohner gibt
(vgl. Pietsch 2020, S. XI). Es trifft also in den Zeiten der
Pandemie nicht nur überproportional die Berufe in den
Niedriglohngruppen, sondern auch die ärmeren Länder.

Der Prozess der Globalisierung durchlief in den ver-
gangenen Jahrzehnten *vier verschiedene Phasen* (vgl. etwa
Fratzscher 2020, S. 157 ff.): Die *Globalisierung im engeren
Sinne* begann vor allem Ende des 19. Jahrhunderts bis zum
Ersten Weltkrieg. In dieser Phase verdreifachte sich der
internationale Handel, das Kapital floss global über die
Grenzen hinweg. Dem folgte eine Phase der *De-Globalisierung*, die durch die Weltkriege und die drei Jahrzehnte
des Nationalismus und des Militarismus in der Zeit des
Nationalsozialismus dominiert war und in eine wirtschaftliche aber auch gesellschaftliche Katastrophe führte. Dem
folgte die *dritte Phase* der Globalisierung mit dem wirtschaftlichen Wiederaufbau nach dem Zweiten Weltkrieg, getragen u. a. von der internationalen Währungsordnung mit
flexiblen Wechselkursen in bestimmten Bandbreiten, fixiert
im Abkommen von Bretton Woods (1944), die den freien
Handel forcierten und den multilateralen Institutionen wie
die Weltbank und den Internationalen Währungsfonds

(IWF). Die *vierte Phase* der Globalisierung, auch die „Hyper-Globalisierung" genannt (vgl. Fratzscher 2020, S. 158), begann nach dem Zusammenbruch der Sowjetunion und der Ostblockstaaten mit der Öffnung der globalen Wirtschaft für den freien Kapitalverkehr und weiterer internationalen Institutionen wie etwa die Welthandelsorganisation (WTO). Dadurch war es möglich, in den letzten dreißig Jahren ein beispielloses Wirtschaftswachstum zu schaffen, das den Wohlstand in vielen Ländern erhöhte. Gleichzeitig konnte der Anteil der Weltbevölkerung, der in absoluter Armut lebt, von 30 Prozent auf 15 Prozent gesenkt werden. Die Lebenserwartung stieg erheblich an, die Rate der Analphabeten in der Bevölkerung sank und der Zugang zu Bildung, Gesundheitsversorgung und Sozialsystemen erhöhte sich signifikant (vgl. Fratzscher 2020, S. 159). Dies galt vor allem für Länder wie China aber auch für Indien und Teilen von Asien und Lateinamerika.

Mittlerweile scheinen wir uns aber einer fünften Phase, der *zweiten Phase der De-Globalisierung* zu nähern: Die Globalisierung ist mittlerweile „erschöpft" (Hüther et al. 2018). Das Wirtschaftswachstum der Länder nahezu überall auf der Welt sinkt (auch schon vor den Auswirkungen der Pandemie). Endzeitstimmung und Überdruss über die Globalisierung macht sich breit (vgl. Hüther et al. 2018). Die Globalisierung vernachlässige zunehmend die Verlierer der Globalisierung, etwa die armen Länder Afrikas. Neben der Tatsache, dass die Globalisierung die Ungleichheit vor allem innerhalb der Länder verstärkt hat (s. o.), lassen sich viele Themen wie der Klimawandel, Finanzkrisen, Steuerthemen etc. nur weltweit lösen. Dies sei aber immer weniger der Fall. Stattdessen regierten die drei „P" (vgl. Fratzscher 2020, S. 184 ff.): *Populismus, Protektionismus und Paralyse* d. h. eine zunehmende Nationalisierung und Abschottung der Wirtschaft etwa durch Zölle oder sonstigen Handelsvorschriften im Rahmen der „America First" Politik. Dies alles wird ergänzt durch eine den „fehlende(n) Wille(n) oder die fehlende Fähigkeit, wichtige Reformen anzustoßen oder umzusetzen." (Fratzscher 2020, S. 169). Der Brexit d. h. der Austritt Großbritanniens aus der EU und die Handelskonflikte zwischen den USA und China sind beredte Zeugen dieser Fehlentwicklung.

Anstelle einer zunehmenden Globalisierung ist daher konsequenterweise von einer *zunehmenden De-Globalisierung* die Rede (vgl. Pietsch 2020, S. 300). Gerade die Pandemie hat gezeigt, wie fragil internationale Lieferketten sind, wenn die Ländergrenzen kurzfristig im Rahmen eines Lockdowns wieder geschlossen werden und die Produktion aufgrund der Ausgangsbeschränkung und der zu hohen Infizierten-Zahlen generell zum Erliegen kommt. Anstelle von Globalisierung sprechen manche Unternehmenslenker nur noch von einer „*Glocalization*" d. h. die Wertschöpfung der Unternehmen wird zunehmend stärker lokal erfolgen (vgl. etwa Busch 2020, S. 21). Die Globalisierung selbst wird auch innerhalb der Bevölkerung zunehmend kritischer gesehen. So müsse sie zunehmend „nachhaltiger, sozialer und weiblicher werden" (vgl. Kohlmann 2019). Jobs würden zunehmend ins Ausland verlagert, was schlecht für die Arbeitsplatzsicherheit sei. Generell stecken darüber hinaus wichtige globale Branchen in einem enormen und langwierigen Transformationsprozess mit unsicherem Ausgang, so etwa die Automobilbranche. Daher sinken auch die Akzeptanzwerte der Globalisierung in Umfragen (vgl. Pietsch 2020, S. 301). Schließlich führe die Globalisierung zu zunehmenden sozialen Spannungen (Fratzscher 2020, S. 169 f.):

Gewinner seien meist junge, gut ausgebildete Leute in den Städten, die mehrere Sprachen sprechen und überall leben und arbeiten könnten. Sie erzielen hohe Einkommen, sind international flexibel und gehen zumeist hoch qualifizierten Arbeiten nach, die von überall aus, Stichwort: Homeoffice, erledigt werden können. Verlierer sind dagegen die Menschen, die stark lokal und regional verwurzelt und zumeist weniger gut ausgebildet sind, Hilfstätigkeiten oder einem Job nachgehen, der eine *physische Präsenz* erfordert wie etwa der Krankenschwester und -pfleger, der Polizisten, Handwerker und die entsprechend nicht international mobil sind. Eine solche Zweiteilung hat sich vor allem noch einmal in den Zeiten der Pandemie verstärkt: Wohl dem, der im Homeoffice seinem Job weiter zu hundert Prozent nachgehen konnte, während andere in Kurzarbeit waren oder ganz ihren Job verloren wie viele Soloselbstständige oder Kleinunternehmer.

In der Quintessenz kann man festhalten, dass die Globalisierung neben den vielen Nachteilen wie etwa dem eines verschärften Wettbewerbs, was auch für den Konsumenten in Form von niedrigeren Preise und höherer Produktqualität ein Vorteil sein kann, und einer verstärkten Ungleichheit innerhalb der Länder auch eine Reihe von Wohlstandsgewinnen gebracht hat. Diese werden allerdings neuerdings zunehmend kritischer gesehen. Die aktuell zu beobachtende Tendenzen zur Abschottung nationaler Märkte und drohende Handelskriege lassen allerdings wenig optimistisch in die Zukunft der Globalisierung schauen. Eine solche Verschärfung der Ungleichheit, diese Aufteilung in einzelne Gewinner und viele Verlierer der Globalisierung lassen sich immer schwerer mit den Prinzipien eines John Rawls oder einer Pflichtethik Kants vereinbaren. Denn wir selbst wollen nicht so handeln, dass es danach den Ärmeren und Schwächeren der (Welt)Bevölkerung schlechter geht als vorher zugunsten einiger weniger Länder und Personen.

Auch Jesus hätte dies nicht gewollt (vgl. die christliche Ethik in Abschn. 3.2).

4.3 Ökonomie und Ökologie: Wir haben nur eine Erde

Eines der größten moralischen Dilemmata unserer Zeit ist der Umgang mit der Umwelt. Einerseits wollen wir weiter ökonomisch wachsen, andererseits wollen wir nicht mehr wie bisher die Ressourcen verbrauchen, die Umwelt mit CO_2 und NO_x-Gasen vergiften und so die Erde sukzessive unbewohnbar machen. Roland Busch, der neue Chef von Siemens plädiert zu Recht für ein nachhaltiges Wachstum mit weniger Ressourceneinsatz und noch besserer Technologie (vgl. Busch 2020, S. 21). Wir sehen nicht nur einem Klimawandel, – das Klima war schon seit Milliarden von Jahren in einem stetigen Wandel begriffen – sondern bereits einer *Klimakatastrophe* entgegen (vgl. Heinisch et al. 2019, S. 31). Nicht erst die schwedische Klimaaktivistin Greta Thunberg und die von ihr initiierte weltweite Bewegung *„Fridays for Future"* hat uns auf den Gedanken gebracht, dass es nicht buchstäblich fünf vor zwölf, sondern bestenfalls *eine Sekunde vor zwölf* ist. Wir haben nur diesen einen Planeten und müssen ihn vor allem für die nächsten Generationen bewahren und schützen. Das sind wir unseren Kindern und Enkeln schuldig. Diese Herausforderungen sind selbstverständlich nicht neu, nur spätestens jetzt ist uns allen klar, was auf dem Spiel steht (vgl. Heinisch et al. 2019, S. 31 ff.; Bundeszentrale für politische Bildung 2020, Stichwort: Ökologische Probleme):

Die Hälfte der Gletscher der Nordhalbkugel werden bis 2100 geschmolzen sein. Ab 2050 könnte die Arktis im Sommer zumindest vollkommen eisfrei und die Eisbären

verschwunden sein (vgl. Kuchlmayr 2020). Durch das Abschmelzen der Permafrostböden, die ca. ein Viertel der Erd-
oberfläche bedecken, werden die Treibhausgase in noch höherem Maße als bisher die globale Erderwärmung befeuern.
Dabei wird das globale maximale Erderwärmungsziel von
1,5 Grad Celsius voraussichtlich bereits heute erreicht sein
und nicht erst wie geplant im Jahr 2090 (vgl. Kuchlmayr
2020, S. 32). Durch das Abschmelzen des Eises in Grön-
land steigt der Meeresspiegel auf bis zu 7,2 Meter, viele
Inselstaaten und Küstenregionen werden dann überflutet
werden, darunter so bekannte Inseln wie die Malediven
oder die Städte Jakarta und Bangkok (vgl. Kuchlmayr 2020,
S. 32). Mit der zunehmenden Hitze nimmt die Gefahr der
Waldbrände zu, Dürren häufen sich und mit ihnen aus-
gefallene Ernten. Es ist leicht einzusehen, dass damit auch
die natürlichen Lebensräume der Tiere und Pflanzen in seiner Mehrzahl bedroht sind: *entweder ausgedorrt oder über-
schwemmt.* Auf diesen einfachen Nenner kann man dieses
Szenario bringen.

Der Klimawandel und die daraus entstehende Klimakatastrophe sind vor allem durch den Menschen verursacht,
etwa durch erhöhte Treibhausgasemissionen (u. a. FCKW,
CO_2, Methangas, Gase als Abfallprodukt der Verbrennung
von Kohle etc.), Waldrodungen (vor allem in Brasilien),
Übersäuerung der Meere durch CO_2-Ausstoss und Ab-
sorption im Wasser.

Die Waldbestände sinken dramatisch (vgl. im Folgenden
etwa Pietsch 2020, S. 261 ff.). Etwa 31 Prozent der weltweiten Landfläche ist mit Wäldern bedeckt. Das entspricht
etwa vier Milliarden Hektar Fläche. Obwohl sich das
Tempo der Waldverluste von 7,3 Millionen Hektar pro Jahr
zwischen 1990 und 2000 auf 3,3 Millionen Hektar zwischen 2010 und 2015 mehr als halbiert hat, gehen *jedes
Jahr noch gut 3 Millionen Hektar Wald verloren,* die in Acker-

fläche umgewandelt werden. Dies ist speziell in Brasilien, Asien mit Schwerpunkt in Indonesien und Myanmar, und Afrika, speziell in Nigeria und Tansania der Fall. Rechnet man die Waldzuwächse durch Wiederaufforstung gegen, dann gingen innerhalb von nur 5 Jahren, zwischen 2010 und 2015, etwa 3,3 Millionen Hektar Wald verloren. Dies entspricht in etwa der Größe Belgiens.

In nur 70 Jahren, von 1930 bis 2000, hat sich der *Wasserverbrauch pro Kopf* der Bevölkerung nahezu verdoppelt, während sich gleichzeitig die Weltbevölkerung im selben Zeitraum verdreifacht hat. Somit hat sich der weltweite Wasserverbrauch in dieser Zeit *versechsfacht!* In vielen Ländern der Erde herrscht Wassermangel oder zumindest Wasserknappheit. Die erneuerbaren Wasserressourcen liegen dabei unterhalb von bestimmten Grenzwerten wie 17.000 Kubikmeter pro Kopf und Jahr der Bevölkerung. Wasser ist also, wie wir wissen, ein kostbares Gut, was den Menschen auf der Erde nicht unbegrenzt zur Verfügung steht.

Zwischen 1950 und 2014 hat sich die weltweit verbrauchte Fischmenge von 19 auf 167,2 Millionen Tonnen im Jahr mehr als verachtfacht. Im Jahr 2013 galten etwa 58 Prozent aller Fischbestände auf offener See als bereits am biologischen Limit was die Befischung anbelangt, gut 31 Prozent gelten bereits als „überfischt". Eine ähnliche Situation gibt es auch bei den weltweit existierenden Pflanzen- und Tierarten. Gemäß einer übereinstimmenden Schätzung vieler Wissenschaftler leben etwa 5–15 Millionen unterschiedliche Tier- und Pflanzenarten auf der Welt. Davon sind ca. 1,74 Millionen Arten wissenschaftlich erfasst und gut 85.000 wurden evaluiert, inwieweit sie vom Aussterben bedroht sind oder nicht. Unter den analysierten Tierarten galten 2016 etwa gut *21 Prozent der Säugetiere und gut 31 Prozent der Amphibien als vom Aussterben bedroht.* Ähnliches gilt für die Reptilien und Fische, von denen etwa 20 Prozent bzw. gut 14 Prozent als gefährdet gelten. Schließlich gilt die Gefährdung für etwa jede achte Vogelart, ca. 13 Prozent, und knapp jede fünfte Insektenart. Die Hauptgründe dafür sind unter Wissenschaftlern unbestritten:

Die Lebensräume der Tiere und Pflanzenarten schrumpfen *aufgrund des Waldsterbens*, vor allem durch die Umweltverschmutzung und die damit verbundene Schadstoffbelastung und den durch die Erderwärmung hervorgerufenen Klimawandel. Seit 1970 sind 40 Prozent der Feuchtgebiete und 60 Prozent der Wirbeltierbestände auf der Erde verschwunden. Jedes Jahr, so die Schätzungen, landen *8 Millionen Tonnen Plastik im Meer* und ein Drittel aller Lebensmittel auf dem Müll. Sechs bis sieben Millionen Menschen sterben vorzeitig durch Schadstoffe in der Luft, verseuchte Wässer mit Krankheitserregern tun ihr übriges (vgl. UN-Umweltbericht 2019 in SZ online vom 13.03.2019).

Es ist sicher nicht notwendig, in diesem Zusammenhang auf das moralische Problem dieser Klimakatastrophe für den Menschen hinzuweisen: Es ist schlicht *ethisch nicht vertretbar*, die Erde eines Tages unbewohnbar zu verwüsten und kein menschliches Leben mehr darauf zuzulassen. Wenn wir uns an die ethischen Theorien des ersten Teils erinnern, dann würden sowohl Platon als auch Aristoteles mit ihrer Tugendethik d. h. den Menschen zu einem tugendhaften Handeln im Umgang mit seiner Umwelt anhalten. Kant würde im Rahmen seiner Pflichtethik das umweltgerechte Handeln des Menschen als Pflicht und innere Gesetzgebung deklarieren. Selbst Hume und Smith aber auch Schopenhauer würden im Rahmen ihrer Sympathie-Überlegungen bzw. der Mitleidethik Schopenhauers für einen nachhaltigen Umgang mit unserer Erde und seiner Geschöpfen plädieren mit denen alle Menschen mitleiden sollen. Selbst eine ausgeprägt utilitaristische Ethik der Nutzenmaximierung kann unschwer in den

Umweltschäden und der drohenden Klimakatastrophe eine Nützlichkeitsüberlegung für die größtmögliche Zahl an Menschen (Bentham) anstellen, ganz zu schweigen von John Rawls!

Es muss also dringend etwas getan werden und vieles an Konzepten und Maßnahmen ist schon unterwegs, sei es auf lokaler, regionaler, nationaler oder internationaler Ebene (vgl. meine ausführlichere Darstellung in Pietsch 2020, S. 266 ff.). Dies gilt aber nicht nur für politische Institutionen, sondern auch für Privatbürger, jeden einzelnen von uns (!), aber auch für Politiker, Menschen in der Öffentlichkeit mit Vorbildcharakter aber auch Manager, die Unternehmen aller Größen. So können wir z. B. versuchen, den Müll, den wir täglich produzieren, zu verringern, auf Plastiktüten verzichten oder umweltschonende Materialien verwenden. Wir kennen zu genüge die vielen Beispiele des täglichen Lebens, die helfen, mit der Umwelt schonend umzugehen. So können wir darauf achten, möglichst keine Lebensmittel wegzuwerfen, häufiger auf die öffentlichen Verkehrsmittel und die Fahrräder zurückzugreifen und generell eher mit elektrisch angetriebenen Autos zu fahren. Unternehmen können ihre gesamten Entwicklungs-, Produktions- und Vertriebsprozesse inklusive der Verwaltung durchforsten und nach Optimierungspotenzial zur Steigerung der Nachhaltigkeit fahnden. So können Produktionssysteme etwa Elektro- und Brennstoffzellenantriebe verwenden, Energie elektrochemisch und thermisch speichern, Biokunststoffe einsetzen oder die Lieferketten digital vernetzen und so effizienter nutzen (vgl. ifu 2020). So wird der gesamte Produktlebenszyklus von der Entwicklung über die Beschaffung, Produktion und Distribution und schließlich bis zur umweltgerechten Entsorgung dem Nachhaltigkeitsziel untergeordnet (vgl. ifu 2020).

Die Jugend in Deutschland erwartet zu recht härtere, zum Teil radikale Maßnahmen, um die Folgen des Klimawandels abzumildern und den Klimawandel zu stoppen. So fordern sie konkret u. a. (vgl. Der Jugendrat der Generationenstiftung, Heinisch et al. 2019, S. 48 ff.; vgl. auch das aufschlussreiche Gespräch zwischen der Fridays for Future-Aktivistin Luisa Neubauer und Bundestagspräsident Wolfgang Schäuble, in: Spiegel Spezial vom 27.10.2020, S. 30 ff.):

Einen deutschen und globalen Kohleausstieg bis 2025 bzw. 2030. Ferner die Einführung einer EU-weiten CO2-Abgabe, die Besteuerung des Flugverkehrs inklusive des Verbots von Inlands- und Kurzstreckenflügen bis 1000 km. Sie verlangen eine Verringerung des Autoverkehrs, ein Verbot von Pestiziden, Insektiziden, Maßnahmen zum Schutz der Wälder, Ozeane und Meere, die Reduktion des Plastiks und des Mülls generell etc. Entsprechend dazu verfolgen die jungen Autoren eine *radikal geänderte Wirtschaftsweise* (vgl. Heinisch et al. 2019, S. 69 ff.). Sie misstrauen dem ewigen Wirtschaftswachstum, prangern die Ungerechtigkeit und steigende Ungleichheit an, vor allem die ungerechte Verteilung von Nahrungsmitteln. Die Auswirkungen des „Marktradikalismus" (Heinisch et al. 2019, S. 76) seien in Form von psychischen Erkrankungen wie Depressionen als neue, zweithäufigste Volkskrankheit, zu erleben. Sie sehen die Gier und das Streben nach hohen Boni als verwerflich an und fordern eine „generationengerechte" Wirtschaft (Heinisch et al. 2019, S. 83) mit einer anderen Philosophie (vgl. Heinisch et al. 2019, S. 83 ff.).

So wollen sie die ökologischen Grundlagen unseres Lebens bewahren und fordern *mehr Solidarität der Gesellschaft und der Menschen untereinander* ein. Das Gemeinwohl solle die oberste Maxime der Wirtschaft werden analog dem Konzept der *Gemeinwohlökonomie* (vgl. Felber 2010). In diesem Sinne wird stark wert gelegt auf die Verteilungsgerechtigkeit (im Sinne von Aristoteles, vgl. Abschn. 3.2), die Reduzierung der Einkommens- und Vermögensungleichheit. Es solle idealerweise nur die *reale Wirtschaft* gefördert werden, die Werte und Wohlstand schafft zu Lasten einer Wirtschaft, die den persönlichen Nutzen des Einzelnen maximiert und die Gewinne optimiert, indem an der Börse spekuliert wird. *Realwirtschaft vor Finanzwirtschaft.* Unternehmen, die sich um das Gemeinwohl verdient machen, sollen gefördert werden. Unternehmen sollen eine Gemeinwohlbilanz (vgl. die Idee bei Felber 2010) vorlegen, um dies zu dokumentieren.

Vor allem anderen verlangen sie ein logisch stringentes und vor allem *umfassendes Gesamtkonzept*, wie die Umwelt zu retten ist. Selbst wenn man sich der einen oder anderen radikalen Forderung der Jugend, deren Recht es ist, sich für ihre Belange mit klaren Worten einzusetzen, nicht hundertprozentig anschließen mag, legen sie zu Recht den Finger in die Wunde. Selbst konservative Beobachter der ökonomischen Entwicklung mit entsprechenden Fachkenntnissen wie Walter Kohl, Friedrich Merz oder Winfried Kretschmann aber auch so renommierte Ökonomen wie Hans Werner Sinn verschließen sich dieser grundsätzlichen Forderung nach einer *ökologisch-sozialen Marktwirtschaft* nicht (vgl. etwa Kohl 2020, S. 87 ff.; Kretschmann 2018, S. 107 ff.; Merz 2020, S. 27 ff.; Sinn 2020). Maßnahmen und Konzepte zu einer nachhaltigeren Wirtschaft gibt es auf allen Ebenen (vgl. Pietsch 2020, S. 266 ff.):

Im Dezember 2015 verständigten sich die teilnehmenden Länder auf der Pariser Klimakonferenz der UN, den Anstieg der weltweiten Durchschnittstemperatur deutlich unter 2 Grad Celsius gegenüber dem Niveau vor dem industriellen Zeitalter zu halten. Konkretes Ziel war dabei, einen Wert von 1,5 Grad Celsius nicht zu überschreiten und damit signifikant unter der 2 Grad Celsius-Marke zu bleiben. Allerdings räumt der Paläoklimatologe Gerald Haug ein, dass die globale Klimaerwärmung von plus 1,5 Grad Celsius de facto bereits erreicht sei. Man müsse zur derzeit bereits existierenden 1,1 Grad Celsius globale Klimaerwärmung noch die 0,35 Grad Celsius addieren, um die die Luftverschmutzung den realen Klimawert herunterkühlt (vgl. Haug 2020, S. 18). Um unter 2 Grad Celsius Klimaerwärmung zu bleiben, müsste die Welt bis 2050 kohlenstoffneutral sein. Das ginge nur mit einer sofortigen und echten Umkehr der Umweltpolitik (vgl. Haug 2020, S. 18). In der EU sollen die Treibhausgasemissionen bis 2030 im Vergleich zu 1990 *um 40 Prozent gesenkt* werden. Dies soll vor allem durch einen erhöhten Anteil (27 Prozent bis 2030) von erneuerbaren Energien wie Solar und Wind erreicht werden.

Die EU strebt für das Jahr 2050 eine *klimaneutrale Wirtschaft* an, in der die Treibhausgase durch eine CO2-arme Wirtschaft um 80 Prozent reduziert werden sollen. Die in der EU zugelassenen PKW dürfen ab 2021 im Durchschnitt in der Flotte nicht mehr als 95 g/km CO2 ausstoßen (2015 130 g/km CO2). Gleichzeitig soll in der Land- und Forstwirtschaft im Rahmen der Biodiversitätsstrategie ebenfalls klare Ziele vereinbart werden mit dem Bemühen, die Artenvielfalt, die Ökosysteme zu schützen und verstärkt auf nachhaltigere Forst- und Landwirtschaft zu setzen. Zudem soll die Überfischung der Meere verhindert und die biologische Vielfalt des Meeres erhalten werden. Gleiches gilt für den Schutz der Wälder.

Auch in Deutschland passiert auf nationaler und regionaler Politikseite bereits Einiges. So gibt es im Umweltministerium einen 5-Punkte-Plan für weniger Plastik und mehr Recycling und Maßnahmen gegen Insektensterben; Plastiktüten sollen verboten werden. Darüber hinaus soll im Zeichen der Digitalisierung und der Künstlichen Intelligenz eine *„umweltpolitische Digitalagenda"* mit zehn Punkten entstehen, deren Kern die Frage ist, wie etwa die Künstliche Intelligenz auch für Umweltbelange eingesetzt werden kann. Ein Besuch der Homepage des Umweltministeriums, https://www.bmu.de, zeigt eine weitere Vielzahl an Maßnahmen in allen Umweltbereichen, um den Umweltschutz voranzutreiben.

Das *Land Bayern* will sogar den Klimaschutz *als weiteres Staatsziel in das Grundgesetz verankern* und in die Bayerische Verfassung mit aufzunehmen. *Bis 2040 soll Bayern klimaneutral* werden, zehn Jahre vor der gleichen Zielsetzung des Bundes. Dies soll durch erneuerbare Energien erreicht werden wie etwa die Sonnen- oder die Windenergie. Bis 2022 sollen 100 neue Windräder entstehen und vor allem die Foto-Voltaik-Anlagen weiter ausgebaut werden. In der Mobilität setzt man auf Fahrzeugen mit alternativen Antrieben wie Elektro, Gas oder synthetischen Kraftstoffen. Generell soll der Verbrauch von Plastik in Bayern drastisch gesenkt werden. Darüber hinaus sollen in den nächsten Jahren auch 30 Millionen neue Bäume gepflanzt werden, um den CO_2-Speicher der Wälder wieder zu erhöhen. Im Gespräch sind ferner ein Umbau der Kfz-Steuer mit Fokus auf die CO_2-Belastung, höhere Abgaben auf Inlandsflüge und ein Entfall der Mehrwertsteuer für die Bahn.

In München wird eine umweltpolitische Agenda im Rahmen eines *„Integrierten Handlungsprogramms Klimaschutz"* oder der „Leitlinie Ökologie – Klimawandel und Klimaschutz umgesetzt, an dem sich auch viele Unternehmen seit Jahren beteiligen, etwa durch umweltfreundliche Produktion oder durch Optimierung der Arbeitsprozesse mit nachhaltigen Rohstoffen, umweltfreundlichere Büros, nachhaltigere Produkte mit umweltfreundlichen, recycelbaren Materialien oder auch ökologische Energieversorgung etc. Die Landwirtschaft engagiert sich schon seit Jahren in der ökologischen Landwirtschaft und versucht, die natürlichen Ressourcen zu schonen und so wenige Schadstoffe, etwa Pflanzenschutzmittel, Mineraldünger, wie möglich einzusetzen. Auf Gentechnik wird verzichtet, die Tiere werden artgerecht gehalten.

Wirtschaft und Ökologie müssen künftig immer eine Einheit bilden. Es kann und darf keine Ökonomie mehr geben, die sich nicht in den Dienst der Umwelt stellt. Es beginnt bei der von vielen Seiten geforderten *„ökologischen sozialen Marktwirtschaft"* (s. o.) als wirtschaftspolitischer Rahmen, geht weiter über eine Verankerung des Klima- und Umweltschutzes im Grundgesetz bis hin zu Visionen und Leitbildern der Unternehmen. Ziel ist ein Gesamtkonzept „Ökologie 2030", das nicht nur die Maßnahmenpakete nach einzelnen Themen wie Luftverschmutzung, Erhaltung der Artenvielfalt, Gewässerschutz, Tierschutz etc. umfasst, sondern auch *zwischen Bund, Ländern und Gemeinden abgestimmt ist,* um zielgerichtetes Handeln in dieselbe Richtung zu ermöglichen. Nur so können wir gemeinsam mit allen Ländern und Bürgern dieser Erde zum Schutz der Umwelt an einem Strang ziehen. Dann hätten auch die zahlreichen Demonstrationen der jungen Generation, Stichwort „Fridays for Future", auf der Welt ihr Ziel erreicht. So würde schließlich auch ein stringentes Gesamtkonzept realisiert, das die junge Generation fordert (vgl. Heinisch et al. 2019).

4.4 Wirtschaftssystem: Vom Kapitalismus und seinen Alternativen heute

Das Wirtschaftssystem des Kapitalismus ist in den letzten Jahren von verschiedenen Seiten kritisiert worden (vgl. etwa Piketty 2020, 2014; Collier 2018; Ziegler 2018; Wagenknecht 2011; Dönhoff 1997; Papst Franziskus 2020, vor allem S. 32). Der Kapitalismus sorge für eine zunehmende Spaltung der Gesellschaft in Gewinner und Verlierer: Die einen verdienten immer mehr und häuften einen großen Reichtum an, andere arbeiteten in prekären Jobs und könnten sich immer weniger leisten. Die Gesellschaft werde immer stärker zweigeteilt in das eine Prozent mit dem immer größer werdenden Vermögen einerseits und die 99 Prozent des restlichen Teils, die einen immer kleineren Teil des Vermögens unter sich aufteilen (s. Abschn. 4.1). Es herrsche die Ellenbogengesellschaft und die Macht des „höher, weiter, schneller, reicher" vor, die den gesellschaftlichen Zusammenhalt zerstöre und den Egoismus fördere. Papst Franziskus spricht in seiner neuesten Enzyklika „*Fratelli tutti*" (Papst Franziskus 2020, S. 32) von „einem Wirtschaftsmodell, das auf dem Profit gründet und nicht davor zurückscheut, den Menschen auszubeuten, wegzuwerfen und sogar zu töten."

Diese vernichtende Kritik trifft das Wirtschaftssystem ins Mark und ist auch so in dieser Extremform nicht korrekt. Wie wir bereits im Abschn. 3.2. über die Globalisierung gehört haben, produziert das kapitalistische System, in unserem Fall die Soziale Marktwirtschaft, viele Gewinner und nur wenige Verlierer. Würde man das Rawlsche Kriterium anlegen, bei dem die Gerechtigkeit eines Wirtschaftsmodells sich vor allem durch die Besserstellung der am wenigsten Begünstigten zeigen soll (vgl. Abschn. 3.4), so stünde gerade die Soziale Marktwirtschaft nicht schlecht da. Gerade in den Jahren nach dem Zweiten Weltkrieg, den „Wirtschaftswunderjahren" hat diese Wirtschaftsform vor allem der Bundesrepublik und ihren Bewohnern einen großen Wohlstand beschert. Ludwig Erhards Maxime „*Wohlstand für alle*", so der Titel seines bekanntesten Werkes, hat sicher eine Zeit lang für die Bundesrepublik gegolten.

Dennoch muss man einräumen, dass vor allem in den letzten Jahrzehnten die Ungleichheit von Vermögen und Einkommen zugenommen hat (vgl. Piketty 2020; Abschn. 4.1). Wenn man sich z. B. die Situation in den Metropolen Deutschlands ansieht, München etwa, dann muss man feststellen, dass einerseits die Eigentümer von Immobilien und Grundstücken „im Sitzen" reicher geworden sind, während andererseits den Mietern zunehmend die Mieten davonlaufen. Der Versuch, diese Mieten per Gesetz via „Mietendeckel" einzufrieren, ist zumindest mittel- bis langfristig keine Lösung. Er führt nämlich dazu, dass Wohnungsbaugesellschaften viele Neubauprojekte stoppen, Renovierungen verschieben und manche Vermieter sogar Wohnungen kurzfristig leer stehen lassen (vgl. Croyé 2020). Gleichzeitig beschleicht viele Menschen das Gefühl, dass die *Solidarität innerhalb der Gesellschaft abgenommen* hat und jeder für sich alleine buchstäblich „ums Überleben" kämpft. Durch die Ereignisse rund um die Corona-Pandemie ist die Situation sicher nicht leichter geworden: So gingen viele bereits sich am Rande der Existenzminimums befindliche Unternehmen in Konkurs. Viele Ein-Mann-Betriebe, Soloselbstständige oder Kleinstbetrieb mussten aufgeben, da ihnen die Aufträge wegbrachen. Ganz zu schweigen von besonders betroffenen Branchen wie die der Messebauer, Veranstaltungsagenturen, Künstler aber auch die Reise- und Luftfahrtbranche.

Auch hier wieder, so hatte man bisweilen den Eindruck, kommen die Wohlhabenderen besser aus der Krise, sei es, weil sie hoch bezahlte Bürojobs haben und in Homeoffices ausweichen konnten oder sei es, wie einige Superreiche, weil sie auf ihrer Yacht leben und sich isolieren konnten. Nun soll hier *keineswegs der Sozialneid angestachelt* werden und das Hohelied der gesellschaftlichen Spaltung gesungen werden – es gab schließlich während der Corona-Pandemie auch erfreuliche Zeichen der Solidarität der Menschen untereinander, etwa der Rücksichtnahme, des Lebensmitteleinkaufs für die ältere Bevölkerung oder der Unterstützung der heimischen Gastronomie. Dennoch kam die aus Sicht der Betroffenen zum Teil brutale Realität der Marktwirtschaft zum Tragen: Kein Umsatz, kein Gewinn, Entlassungen von Mitarbeitern bis hin zum Konkurs. Dabei tat sich Deutschland mit seiner Sozialen Marktwirtschaft und dem aktiven Eingriff des Staates in die Wirtschaft in Form von Kurzarbeitergeld, materiellen Unterstützungsleistungen für Unternehmen, bestimmte Zielgruppen und Branchen wie die der Reise- und Luftfahrtbranche, z. B. durch den Kauf von Anteilen der Lufthansa, noch leichter, dieser Krise zu entkommen. Andere Länder wie die USA oder Großbritannien mit ihrer freien, sozial weniger abgesicherten Marktwirtschaft taten sich deutlich schwerer, der Krise mit dem Verlust von Millionen Arbeitsplätzen klarzukommen und nur annähernd zu kompensieren.

Dabei stand die Bundesrepublik Deutschland unmittelbar nach dem Zweiten Weltkrieg vor der Frage, wie die Wirtschaftsordnung ausgestaltet werden sollte. Nach den negativen Erfahrungen der staatlich gelenkten Zentralverwaltungswirtschaft (vgl. Müller-Armack 1990, S. 16 ff.) der Nationalsozialisten, sollte eine Marktwirtschaft etabliert werden, die eine „strenge Hinordnung aller Wirtschaftsvor-

gänge auf den Konsum, der über seine in Preisen aus-
gedrückten Wertschätzungen der Produktionsbewegungen
die bestimmenden Signale erteilt" ermöglicht (Müller-
Armack 1990, S. 78). Die kennzeichnenden Merkmale der
Marktwirtschaft sollten also eine freie Preisbildung, freie
Produktionsmengen und eine in „marktgerechten Grenzen
haltende Geldversorgung" sein (vgl. Müller-Armack 1990,
S. 78). Dabei sollte sich der Wettbewerb ungehindert entfalten können und die Produktion an den Kundenwünschen
ausgerichtet werden (vgl. Müller-Armack 1990, S. 80 f.).

Allerdings, so konstatierte der geistige Vater der Sozialen
Marktwirtschaft, Alfred Müller-Armack, war es ein „folgen-
schwerer Fehler des wirtschaftlichen Liberalismus, die
marktwirtschaftliche Verteilung schon schlechthin als sozial und befriedigend anzusehen." (Müller-Armack 1990,
S. 93). „(E)s wäre ein verhängnisvoller Irrtum, der Auto-
matik des Marktes die Aufgabe zuzumuten, eine letztgültige
soziale Ordnung zu schaffen …" Daher sollte zu den beiden
Alternativen einer zentral gelenkten Wirtschaft und einer
liberalen Marktwirtschaft eine dritte Wirtschaftsform
hinzutreten, die eine gelungene Synthese aus diesen beiden
Wirtschaftsformen darstellt (vgl. Müller-Armack 1990,
S. 96). Wesentliche Elemente einer solchen „Sozialen
Marktwirtschaft" sollten u. a. eine Organisation und der
Schutz des freien Wettbewerbs sein (vgl. Müller-Armack
1990, S. 105), freie Preise (vgl. Müller-Armack 1990,
S. 107 ff.) aber mit umfangreichen sozialpolitischen Maß-
nahmen unterfüttert.

So forderte Müller-Armack damals bereits *staatliche
Mindestlöhne* (vgl. Müller-Armack 1990, S. 119), eine progressive Besteuerung d. h. ein mit dem steigenden Einkommen
steigender Steuersatz bis zu einem Höchsteinkommen aber
auch Kinderbeihilfen, Miet- und Wohnungsbauzuschüsse
(vgl. Müller-Armack 1990, S. 119), Pflege von Eigenheim

und Kleinsiedlung (Müller-Armack 1990, S. 120) und die Sicherung von „handwerklichen und kleinunternehmerischen Existenzen" (Müller-Armack 1990, S. 120/121). Der Staat solle den Rahmen schaffen im Sinne des *ordo-liberalen Gedankens* (vgl. Pietsch 2019, S. 220 ff.) und sich nur solange in die Konjunktur einmischen, bis die private Wirtschaft wieder von alleine in der Lage ist, die konjunkturelle Lage zu sichern (vgl. Müller-Armack 1990, S. 153). Müller-Armack schloss seine Betrachtungen zur Sozialen Marktwirtschaft mit dem Hinweis auf das ihr zugrunde liegende Wertgefüge: „Wir verschreiben uns damit nicht einer fühllosen Organisationsform, sondern können gewiss sein, auf dem Wege dahin unseren sozialen und ethischen Überzeugungen folgen zu können." (Müller-Armack 1990, S. 157).

Neben dem in Deutschland etablierten Modell der *sozial abgefederten Marktwirtschaft* – deren Vorteil sich wieder in der Corona-Pandemie bewährt hat, etwa durch die vielen staatlichen Unterstützungsleistungen und das Modell des in dieser Form einzigartigen Kurzarbeitergeldes – existieren zahlreiche Mischformen der Marktwirtschaft in der Welt. Die konkrete Ausgestaltung der Marktwirtschaft ist auch kulturell beeinflusst (vgl. im Folgenden auch Pietsch 2020, S. 74 ff.). In Skandinavien existiert etwa ein eher *egalitäres Wirtschaftssystem*, das durch einen starken Staat und hohe Steuern gekennzeichnet ist (vgl. auch Pietsch 2017, S. 63). Dem kulturellen Ziel der *Gleichberechtigung der Geschlechter* und der Vermeidung zu großer sozialer Unterschiede untergeordnet, versucht man in Skandinavien, durch hohe Steuern die starken Schultern zu belasten, um die schwachen zu entlasten. Konkret sind z. B. die Kindertagesstätten staatlich und gut ausgestattet, so dass beide Elternteile arbeiten können und auch die sozial schwachen Familien die kostenlose Betreuung der Kinder in Anspruch nehmen können. Die Arbeitsstunden sind begrenzt, die sogenannte

„Work Life-Balance" d. h. die ausgewogene Balance zwischen Arbeit und Freizeit steht hier im Vordergrund.

Anders läuft es in den angloamerikanischen Ländern wie den USA und Großbritannien. Hier herrscht nicht erst seit den Zeiten von Ronald Reagan und Margaret Thatcher in den achtziger Jahren des letzten Jahrhunderts eine eher *freie*, sozial weniger stark abgefederte *Marktwirtschaft* vor (vgl. Pietsch 2017, S. 60 ff.). Die Ausgestaltung des US-amerikanischen Wirtschaftssystems war vor allem auch kulturell geprägt: Seit den Zeiten der Mayflower und den Pilgervätern, die 1620 an der Küste Nordamerikas anlandeten (vgl. Lepore 2020, S. 67), sind die Siedler der neuen Welt bestrebt, ihr Glück zu suchen (*„pursuit of happiness"*) und auf eigene Faust ihren Wohlstand zu erreichen. Jeder hat sein Schicksal selbst in der Hand wie die Einwanderer des 19. und 20. Jahrhunderts (davon ein sehr hoher Anteil aus Europa, zum Teil mehr als eine Million pro Jahr, vgl. Lepore 2020, S. 467), die nach einer langen Schiffsreise vor den Toren New Yorks auf Ellis Island ankamen, um buchstäblich mit nichts anderem als dem, was sie aus der „alten Welt" gerettet hatten, neu anzufangen. Jede Einwanderin, jeder Einwanderer fing quasi bei null an und wollte es unbedingt in dieser neuen Welt vor allem wirtschaftlich schaffen und einen neuen Anfang wagen. Jeder, der es später geschafft hatte, zu Ruhm und Reichtum zu kommen, wurde nicht etwa beneidet, sondern als leuchtendes Vorbild genommen, es auch selbst zu schaffen.

Folglich war das US-amerikanische Wirtschaftssystem darauf aufgebaut, lediglich den Rahmen zu setzen und die Wirtschaftsakteure zum Erfolg kommen zu lassen. Wesentlich für die freie Entfaltung war die Sicherung der Wettbewerbsfähigkeit, die Bekämpfung von Monopolen und marktbeherrschenden Konzernen („Trusts"), aber vor allem die Schaffung von Anreizen zur Gründung von Unternehmen. Passend dazu war Scheitern in den USA auch keine unternehmerische Todsünde, sondern gehörte zum Unternehmertum dazu. Eine Sünde war nur, nach einer unternehmerischen Niederlage nicht wieder aufzustehen. Entsprechend der Philosophie, dass „jeder seines Glückes Schmied" ist, ist auch das Sozialsystem in den USA relativ gering ausgeprägt (vgl. Pietsch 2020, S. 77 ff.). Generell ist die Neigung, den Staat in die Wirtschaft eingreifen zu lassen, es sei denn es gehe um die Versorgung mit öffentlichen Gütern oder um staatliche Hoheitsakte wie Militär und Polizei, relativ gering ausgeprägt (vgl. generell zur Entwicklung des amerikanischen Kapitalismus Panitch und Gindin 2012). Schon alleine die Tatsache, dass Präsident Obama eine staatlich subventionierte Krankenversicherung für über 20 Millionen bis dato nicht versicherte US-Amerikaner einzuführen wollte, führte zu heftigem Widerstand eines Teils der amerikanischen Bevölkerung. Der Nachfolger von Präsident Obama, Präsident Trump, kassierte diese „Obama Care" genannte Krankenversicherung entsprechend wieder ein, ohne eine vergleichbare Alternative vorzulegen (vgl. Schmitt-Sausen 2018).

Ähnlich den USA tendiert *Großbritannien* ebenfalls zu einer *liberalen Marktwirtschaft*. Nicht nur Unternehmen sind mehrheitlich in privater Hand, sondern auch Schulen und die besten Universitäten. Analog den USA gelten nur die Top-Schulen und vor allem private Universitäten etwas im Kampf um die hoch bezahlten akademischen Arbeitsplätze. Dabei ist die Auswahl der Studierenden zum Teil gnadenlos und vor allem *meritokratisch* d. h. die Hochvermögenden und Erfolgreichen „vererben" ihre Studienplätze an den Nachwuchs, zum Teil unterstützt durch großzügige Spenden an die *alma mater* d. h. die ehemalige Heimatuniversität (vgl. dazu ausführlich Sandel 2020, vor allem S. 247 ff.). Dagegen nehmen Länder wie Deutschland mit der Sozialen Marktwirtschaft (s. o.) und Frankreich bzw. Italien eine Mittelstellung ein, da sie prinzipiell auf die Marktkräfte setzen mit der freien Bildung von Angebot und Nachfrage. Allerdings setzt der Staat nicht nur den Rahmen für die Wirtschaft, sondern greift auch aktiv sozialpolitisch ein in Form von Beihilfen, relativ hohen, progressiven Steuern und einer relativ hohen Anzahl staatsnaher Unternehmen (vgl. Pietsch 2017, S. 63). Fairerweise müsste man auch noch die eher sozialistisch geprägten Wirtschaftssysteme und ihre ethischen Ausprägungen erwähnen wie etwa die der ehemaligen Sowjetrepubliken, die ich allerdings bereits an anderer Stelle vertieft habe und hier nur der Vollständigkeit halber erwähnt werden sollen (vgl. Pietsch 2020, S. 81 ff.).

Welche Wirtschaftsform ist nun aber die ethisch anspruchsvollste bzw. die „gerechteste". Dies hängt sicherlich wieder davon ab, *welchem Menschenbild* ich folge. Sehe ich den Bürger als *freien*, seinem Schicksal selbst überlassenen, *leistungsfähigen Menschen* an, dann werde ich staatlich nur den Rahmen setzen und bestenfalls unbillige Nöte abfedern wie etwa Hunger, (tödliche) Krankheiten und die Stärkeren überproportional zur Kasse bitten (über progressive Steuern). Dies ist *cum grano salis* das angloamerikanische Modell. Sehe ich aber in dem Menschen den *sozial Schwachen*, schützenswerten, der alleine d. h. ohne den Staat nicht auskommt, dann werde ich versuchen, ein möglichst breites Spektrum an Sozialleistungen und einer entsprechenden Infrastruktur vorzuhalten. Oder wie Rawls formulieren würde, die bestmögliche Lösung im Sinne einer Besserstellung für die schwächsten Glieder der Gesellschaft. Wie wir bereits oben gesehen haben, dürfen allerdings die gravierenden Nachteile einer freien, unbeeinflussten Marktwirtschaft nicht einfach in Kauf genommen werden: Die immer größer werdende Schere zwischen den Einkommen und Vermögen, die sich von Generation zu Generation und von Jahr zu Jahr weiter verschärft.

Dies gilt nicht nur innerhalb eines Landes, sondern auch zwischen den einzelnen Ländern und nicht nur in Bezug auf die Auswirkungen der Globalisierung.

Wie wir gerade gesehen haben, spielt bei der Beurteilung der Güte eines Wirtschaftssystems eine große Rolle, *welches Menschenbild* ich zugrunde lege. Dieses Menschenbild wird zudem in der ökonomischen Theorie in der Form des *Homo oeconomicus* häufig zugrunde gelegt. Es lohnt sich daher, an dieser Stelle ein wenig näher auf dieses heuristische Modell einzugehen.

4.5   Menschenbild in der Ökonomie

Was haben wir nicht alles über den Menschen und sein ethisches Verhalten im ersten Teil dieses Werkes gelernt: Der Mensch lebt ethisch, wenn er gemäß den Kardinal-Tugenden lebt (Platon, Aristoteles) oder Mitleid und Mitgefühl mit seinen Mitmenschen empfindet (Hume, Smith, Schopenhauer), seiner Pflicht als Staatsbürger und als Mitglied der menschlichen Gemeinschaft nachkommt (Kant), seinen Nutzen maximiert (Utilitaristen, etwa Bentham) oder im rationalen und herrschaftsfreien Diskurs (Habermas) um die richtige Einstellung und das Handeln ringt. Der Mensch strebt nach Anerkennung (Hegel), handelt häufig emotional (Hume) und ist nicht immer ein Ausbund an vollendeter Rationalität wie es immer noch die ökonomische Theorie unterstellt (vgl. exemplarisch Pennekamp 2012).

Dennoch lebt der rationale *Homo oeconomicus* in der ökonomischen Theorie weiter und beherrscht die Forschung. „Ein neues Paradigma ist nicht zu erkennen." (Pennekamp 2012). Die Geschichte des *Homo oeconomicus* ist schnell erzählt: Im Zuge der Verwissenschaftlichung der

Ökonomie bei den Neoklassikern (vgl. dazu Pietsch 2019, S. 129 ff.) wurde der Mensch zu einer optimierungsfähigen Heuristik definiert d. h. einem Modellkonstrukt, auf deren Basis mathematische Optimierungsmethoden angewendet werden konnten. Analog des logisch denkenden, aber emotionsarmen „Mr. Spock" von Raumschiff Enterprise, kennt jeder Mensch seine Vorlieben, ökonomisch *Präferenzen* genannt, und versucht seinen Nutzen, den er genau kennt, zu maximieren. Dabei steht ihm ein bestimmtes Budget, sein verfügbares Einkommen zu Verfügung und er oder sie versucht, für dieses Geld eine optimale Kombination der begehrten Güter zu bekommen. Dabei handelt der Mensch rational, transparent und in vollkommener Information. Der im ersten Teil (vgl. Abschn. 3.4) bereits erwähnte Ökonom und Philosoph Amartya Sen hat diesen rationalen Wirtschaftsakteur etwas überspitzt so charakterisiert (Sen 2020, S. 33):

> „Der *rein* ökonomische Mensch ist tatsächlich nicht weit davon entfernt, ein sozialer Idiot zu sein. Die ökonomische Theorie war lange mit diesem rationalen Dummkopf beschäftigt, der mit der Glorie seiner *einen* Allzweck-Präferenzordnung geschmückt war (Kursivschrift im Original)."

Mindestens, so Sen, müsse man das Gefühl der Verpflichtung des Menschen gegenüber seinen Mitmenschen, etwa der Nachbarschaft, der sozialen Klasse, der man angehört etc. mit berücksichtigen. In unserer ethik-theoretischen Sprache hört man hier eindeutig das Konzept des Mitgefühls (*sympathy*) Humes und Smiths und der Pflichtethik Kants (Pflicht bei Sen als *committment* beschrieben) heraus (vgl. Sen 2020, S. 20). Im Nachwort zu diesem ins Deutsche übersetzten Text Sens schreibt der Philosoph Christian Neuhäuser zurecht, dass Sen die *moralischen Handlungsgründe* des Menschen heraushebt. Mit dem verkürzten Modell des *Homo oeconomicus* sei nicht verständlich, wie Wirtschaft tatsächlich funktioniert (vgl. Neuhäuser 2020, S. 59). Ohne die moralischen Hintergründe des Handelns würde, so Sen, das Wirtschaftssystem zusammenbrechen (vgl. Neuhäuser 2020, S. 63). Schließlich seien menschliche Entscheidungsprozesse komplexer als das Modell des *Homo oeconomicus* suggeriert (vgl. Neuhäuser 2020, S. 66). Zur Bewertung von sozialwissenschaftlichen Tatsachen verwenden Menschen *gleichzeitig moralische, egoistische und empathische Aspekte* (vgl. Neuhäuser 2020, S. 68).

Der Fairness halber sei erwähnt, dass der *spiritus rector* d. h. der Schöpfer dieser Heuristik, John Stuart Mill, selbst nicht daran geglaubt hat, dass der Mensch so rational und voll informiert unterwegs ist (vgl. Horn 2017). Vielmehr war Mill bereits klar, dass es sich um ein vereinfachtes Modell handelte, um wesentliche ökonomische Zusammenhänge emotionslos betrachten zu können. Doch hat sich mittlerweile eine Vielzahl kritischer Stimmen zum Homo oeconomicus zu Wort gemeldet (vgl. *pars pro toto* Dueck 2008), die im Laufe der letzten Jahre ihre Wirkung entfaltet haben. Gleichzeitig haben verhaltensökonomische Studien gezeigt (vgl. etwa Kahneman 2012), dass der Mensch bei vielen Gelegenheiten seines täglichen ökonomischen Handelns alles andere als rational unterwegs ist. Dies wurde mittlerweile auch von einflussreichen Ökonomen in die entsprechenden Lehrbücher (wenn auch nur in kurzen Abschnitten, etwa 5 von knapp 1100 Seiten des Lehrbuchs von Mankiw und Taylor 2012, S. 586 ff.) mit aufgenommen. Demzufolge verhalten sich Menschen doch nicht immer ökonomisch rational (vgl. Mankiw und Taylor 2012, S. 586 ff.; Pietsch 2019, S. 259 ff.):

* Sie überschätzen ihre Fähigkeiten, Wissen und Kenntnisse,
* Ändern ihre Einstellungen und Auffassungen zu einem Thema nur sehr schwer,
* Suchen verstärkende Informationen, die ihre Ansichten belegen,
* Verlassen sich auf Faustformeln
* Handeln meistens fair und nicht immer konsistent über die Zeit hinweg,
* Sie fürchten den Verlust mehr als der potenzielle Gewinn sie erfreut (Verlustaversion),
* Sie arbeiten mit Referenzwerten im Kopf: etwa eine Flugreise nach New York darf maximal 999 Euro kosten oder
* Verbuchen ökonomische Vorgänge mental auf anderen Konten. Eine verlorene Theaterkarte im Wert von 50 Euro wird nur zu 46 Prozent neu erworben, während ein verlorener 50 Euro Geldschein zum Kauf einer Theaterkarte nur 12 Prozent der Menschen davon abhält, dennoch die Karte zu kaufen. Das liegt daran, dass sich im ersten Fall die Kosten des Theaterbesuchs verdoppeln – ich muss die Theaterkarte ein zweites Mal erwerben – während im zweiten Fall „nur" 50 Euro des Vermögens verloren gegangen sind (vgl. Pietsch 2019, S. 263 f.).

Gleichzeitig ist erkennbar, dass der empathische, emotionale Mensch der Vorstellung von Hume, Smith aber auch Schopenhauer auch heute noch sehr aktuell ist (vgl. zu den Beispielen ausführlich Pietsch 2017, S. 9 ff.):

Menschen wollen nicht partout ihr Einkommen maximieren, Unternehmer nicht (immer) ihren Gewinn. Sie arbeiten häufig mit großer Freude, weil ihnen der Job Bestätigung, Selbstbewusstsein aber auch Befriedigung verschafft. Sie haben vielfach das Gefühl, etwas bewegen zu können und können, je nach Verantwortungsumfang, auch viel Gutes für sich und ihre Firma tun. Gleichzeitig achten sie aber auch auf die ausgewogene Balance zwischen Arbeit und Freizeit, nehmen Auszeiten („Sabbaticals") zur gemeinsamen Kindererziehung oder gehen früher in Rente („Altersteilzeit"), um sich ihren Hobbies und ihrer Selbstverwirklichung möglichst lange widmen zu können.

Der US-amerikanische Ökonom und Soziologe Thorstein Veblen (vgl. Veblen 2007) hat gezeigt, dass etwa die Nachfrage nach prestigeträchtigen Luxusprodukten à la Gucci, Hermès oder Burberry steigt, obwohl der Preis steigt und erklärte dies mit dem „Snob-Effekt": Die Leute wollen sich durch ihren Kauf in ihrem überlegenen Status des Vermögenden präsentieren und sich von der Masse abheben. Börsenbewegungen folgen nicht immer der betriebswirtschaftlichen Logik und bewegen sich auf und ab. Jenseits der Corona-Panik und den rasant fallenden Kursen bewegen sich auch Aktien einer gesamten Branche nach unten, wenn nur eines dieser Unternehmen von einem Gewinnrückgang betroffen wurde. Ferner werden Unternehmen trotz Rekordgewinns und einer Dividendenerhöhung von der Börse „abgestraft", wenn sie die Erwartungen der Analysten nicht befriedigen (vgl. Pietsch 2017, S. 11). Schließlich handeln auch viele hoch vermögende Menschen nicht egoistisch und verschenken einen großen Teil ihres Wohlstands, um armen und kranken Menschen zu helfen wie etwa Bill Gates oder Warren Buffet (vgl. Pietsch 2017, S. 2).

Der Mensch ist viel zu komplex und individuell als dass er in einer einfachen Heuristik wie der des *Homo oeconomicus* eingefangen werden könnte. Ökonomische Entscheidungen basieren nicht nur auf dem vorhandenen Budget wie die Theorie unterstellt, sondern sind neben den aufgezeigten verhaltenswissenschaftlichen Anomalien von vielen unterschiedlichen Faktoren geprägt. So prägen im Laufe des Lebens erworbene Werte und Einstellungen ökonomische Verhaltensmuster ebenso wie das Handeln meines relevanten Umfelds, die Familie, die Kollegen, die Nachbarn aber auch so Faktoren wie Ausbildung, Kenntnisse oder auch kulturelle Muster. Produktmanager aus aller Welt können ein Lied davon singen, wie schwer es ist, das gleiche Produkt, etwa ein Auto, global zu verkaufen. Jedes Land, jeder Kulturkreis hat nicht nur eine andere Einstellung, sondern auch unterschiedliche Gewohnheiten und Präferenzen (vgl. u. a. Perlitz und Schrank 2013, S. 117 ff.).

So trivial wie zutreffend: Es gibt etwa 7,7 Milliarden unterschiedliche Menschen auf der Welt und jeder Mensch ist einzigartig. Der Versuch, bestimmte Untergruppen zu bilden wie etwa nach Kulturkreisen, Religionen, Nationen oder gar Regionen oder Sozio- und Psychographika, etwa bestimmte Sinus-Milieus (vgl. Sinus Institut 2020) wie der Liberale-Intellektuelle oder das sozialökologische Milieu, sind lediglich Hilfsgrößen zur Klassifizierung von Menschen in einzelne Gruppen und Segmente. Dies ist sicherlich für gezielte Marketingmaßnahmen hilfreich. In der Realität wird ein Mensch von unzähligen Faktoren geprägt, die ihn ausmachen und in seinen Entscheidungen beeinflussen. So ist bereits die „Gnade der richtigen Geburt" entscheidend d. h. in welche Familie man hineingeboren wird: arm, reich, gebildet, fürsorglich, Einzelkind, Geschwister etc. Neben der Genetik, die nicht nur die Physiognomie beeinflusst sondern auch die Intelligenz – etwa 50 Prozent der Intelligenz werden vererbt – spielt auch die Sozialisation eine Rolle: In welchem Land und Kulturkreis, in welchem Ort und Region wachse ich auf. Wer sind meine

Verwandte, Freunde, Bekannte, die mich prägen und beeinflussen? Welche Medien verfolge ich, Social Media, TV, Radio, Zeitungen und/oder Zeitschriften? Welche persönlichen Erlebnisse haben mich in meinem bisherigen Leben geprägt? Welche Persönlichkeitsstrukturen bilden sich bei mir aus? Bin ich eher introvertiert oder extrovertiert? Ehrgeizig, zielstrebig, kreativ etc.

Wie wir sehen ergibt sich eine unüberschaubare Vielzahl an Kombinationsmöglichkeiten, die einen Menschen ausmachen und sein Verhalten beeinflussen. Daher ist eine Darstellung als *Homo oeconomicus* als der „ökonomische Mensch" per se schon *ad absurdum* geführt. Abgesehen davon, dass der Mensch alles andere als rational handelt. Ein gewisser Anteil der menschlichen Handlungen läuft tatsächlich rational ab, etwa bevorzugen wir bei vergleichbarer Leistung zumeist das preiswertere Produkt. Mittlerweile scheint man sich in der ökonomischen Wissenschaft darüber einig zu sein, dass die Heuristik des *Homo oeconomicus* zumindest fragwürdig geworden ist (vgl. exemplarisch Tirole 2017, S. 123). Jean Tirole etwa erkennt im Menschen, der u. a. altruistisch und sozial handelt, vor allem *verschiedene Homines in einem* (vgl. Tirole 2017, S. 123 ff.):

Vom *Homo psychologicus* über den *Homo socialis* und *Homo incitatus* zum *Homo juridicus* mit unterschiedlichen Schwerpunkten, seien sie psychologisch, sozial, anreizbezogen oder rechtlich beeinflusst. Teilweise *fehlen ihnen die notwendigen Informationen zur Entscheidung*, etwa, weil nicht alle Alternativen bekannt sind. Das Internet hat zwar in erheblichem Maße dazu beigetragen, dass die Informationstransparenz erhöht wurde. Dennoch ist alleine die schiere Informationsflut an Produkten und Dienstleistungen im Netz überwältigend. Eine vollkommene Transparenz über alle entscheidungsrelevanten Informatio-

nen liegt häufig nicht vor oder es fehlen die Erfahrungs-
werte. Wer etwa noch nie eine Immobilie erworben hat, tut
sich sicher schwer damit, alle möglichen Nebenkosten zu
kennen, zu planen und vorauszuberechnen. In der Summe
lässt sich für unsere Zwecke festhalten, dass das immer noch
in der Ökonomie vorherrschende Menschenbild des *Homo
oeconomicus nicht geeignet ist, moralisch-ethische Aspekte des
wirtschaftlichen Handelns abzuleiten.* Daher werden wir mit
einem differenzierteren Menschenbild arbeiten müssen.

4.6   Ethik im Zeitalter von Digitalisierung, Künstlicher Intelligenz und Pandemie

Ich bin ein Kind der Sechziger Jahre in der Bundesrepublik
Deutschland. Als ich klein war, gab es drei Fernseh-
programme und eine überschaubare Anzahl an staatlichen
Rundfunkanstalten. Wir spielten auf der Straße, entweder
Fußball oder Räuber und Gendarm oder bauten Holz-
häuser. In der Schule trafen wir uns alle und verabredeten
uns für den Nachmittag, wir Jungs zumeist zum Fußball
spielen. Gab es eine Planänderung, riefen wir uns gegenseitig über fest installierte Telefone mit Kabel an. Wir
schrieben in der Schule mit Füller und Bleistift und
lauschten den mehr oder minder spannenden Vorträgen
der Lehrerin bzw. des Lehrers im Frontalunterricht. Später
an der Universität meldete man sich in den Achtziger Jahren zum Teil noch mit Lochkarten an, dem Vorläufer moderner IT-Systeme. Die Büros später in den Unternehmen
waren klassische Großraumbüros, nur die Chefs hatten
eigene Büros mit Vorzimmern, in denen in aller Regel
freundliche Damen saßen und den Zugang zum Chef regel-
ten. Der Herr trug im Büro Anzug und Krawatte, die

Dame Kostüm. Die Anrede war in der Regel sehr förmlich das „Sie".

Das hat sich heute, im Jahr 2020 (Gott sei Dank) in vielen Bereichen geändert. Die Kinder und Jugendliche von heute könnten theoretisch aus unzähligen Fernsehkanälen im Netz und im Kabel auswählen, so sie denn noch Fernsehen schauten. Angesehen werden vielmehr einzelne Videoclips aus Sozialen Medien wie Instagram, Facebook, Tiktok etc., die täglich weltweit millionenfach geteilt werden. Filme werden über Netflix gestreamt, per Amazon runtergeladen oder per YouTube verfolgt. Kaum ein Jugendlicher sieht heute noch regelmäßig konventionell im TV fern. Die Kommunikation der Kinder und Jugendlichen untereinander findet über WhatsApp, ein Nachrichtendienst, der auf das Smartphone runtergeladen werden kann, statt. Damit kann man nicht nur Nachrichten schreiben, sondern auch Videoanrufe tätigen, Bilder versenden oder Sprachnachrichten verschicken. Wer noch nicht genug Nachrichten am Tag empfängt, kann je nach Interesse und Freundeskreis WhatsApp-Gruppen bilden und sich mit vielen Gleichgesinnten zusammenschließen, etwa zu einer Nachbarschaftsgruppe. Marketingbotschaften erreichen viele junge Leute nur noch über sogenannte *„Influencer"* d. h. Meinungsführer im Netz, die interessante Nachrichten zu vielen Themengebieten posten (so gibt es etwa Lifestyle Influencer, ferner solche, die sich auf Haustiere konzentrieren, sogenannte *„Petfluencer"* und viele mehr), spannend aus ihrem Leben erzählen und zum Teil Millionen Anhänger, *„Follower"*, haben.

In den Büroetagen haben Einzelbüros mit Chefsekretärin mehrheitlich ausgedient. Es herrscht vornehmlich die „Start up"-Atmosphäre vor: Großraumbüros mit abgegrenzten Besprechungstischen – aktuell mit entsprechendem Corona-Abstand –, nicht fest zugeteilten Schreibtischen nach dem Prinzip *„first come, first serve"* oder wer zuerst kommt, mahlt zuerst, und entsprechendem Equipment wie Laptops, iPads und Smartphones. Die Kleidung ist unkonventionell „smart casual" d. h. Jeans mit nettem Pullover und Hemd oder einfach nur ein T-Shirt. Wichtig dabei sind häufig die weißen Sneakers d. h. die Turnschuhe, die eine extreme Lässigkeit ausstrahlen (sollen). Wer noch Anzug trägt, der lässt die Krawatte weg. Wichtiger wird die *„Work Life Balance"* d. h. die ausgewogene Mischung zwischen Arbeit und Freizeit. Die Arbeit muss noch viel mehr als früher einen Sinn ergeben, neudeutsch *„Purpose"* genannt. Kompetenz, Ideen und empathische Fähigkeiten werden wichtiger als die „Schulterklappenhierarchie". Die Chefs sitzen auch fast ausschließlich mit im Großraumbüro, mit wenigen Ausnahmen im absoluten Topmanagement wie Vorstände etc. Wichtiger dabei ist die zunehmend hierarchiefreie Arbeitsweise. Dabei spielt vor allem die gelungene Zusammensetzung der Mitarbeiter eine Rolle: jung und alt, Mann und Frau, unterschiedliche Kulturen und Nationen, vereint vor dem Hintergrund einer gemeinsamen Zielsetzung. Das ist gelebte *Diversität*. Dazu kommen der lockere Umgangston und eine neue, teamorientierte Arbeitsweise in kleinen, überprüfbaren Schritten und Ergebnissen (von der vertrauten „Duz-Kultur" über die Rolle des Chefs als Coach bis hin zu *agilen Arbeitswelten und -weisen* (vgl. auch „New Work", FAZ Sonderbeilage 2019):

Prozessoptimierungen – so nennen sich die permanenten Verbesserungen der Arbeitsabläufe – werden zunehmend in eine IT-Lösung programmiert. Jedes Stück Software wird nicht in einem jahrelangen Prozess entwickelt und nach kompletter Fertigstellung erst eingesetzt, sondern wird in vierwöchigen *„Sprints"* in kleine Teile aufgespalten und sukzessive in Programmiercodes umgesetzt. *„Feature Teams"* gesteuert von *„Product Ownern"* entwickeln von verschiedenen

Standorten ihre fachlichen Umfänge in der Software. Das neue Element daran ist, dass alle teamorientiert, selbstständig zusammenarbeiten und ein Ziel verfolgen. Die Methodik überwacht ein *„Scrum Master"*, eine Art Coach, die fachlichen Ziele steuert der „Product Owner", früher Projektleiter genannt. Zu Zeiten von Corona wird die physische Zusammenarbeit mehrheitlich durch das *Homeoffice* d. h. das Arbeiten von zu Hause aus ersetzt. Reisen werden zunehmend überflüssig. Internet-Videoanwendungen wie Zoom, Teams oder Skype ersetzen temporär den persönlichen Kontakt. Die Controlling-Abteilungen, aber auch die Menschen selbst erkennen, dass ihre Arbeit auch so voranschreitet und zeit- und kostenintensive Reisen und Übernachtungen sich auf ein Minimum reduzieren lassen. Es wird künftig ausreichen, das eine oder andere Mal zu seinem Gegenüber hinzureisen, um eine persönliche Atmosphäre aufbauen zu können. Teams aus verschiedenen Unternehmen können im Rahmen der Digitalisierung am gleichen Produkt arbeiten und müssen ihre eigenen vier Wände oder auch Büros nicht verlassen, wie etwa Automobilhersteller und ihre Zulieferer.

Die Arbeiten im Homeoffice haben auch die Art des täglichen Zusammenlebens geändert. Es gibt weniger Verkehr auf den Straßen, Büroflächen werden nur noch anteilig genutzt und werden zunehmend verdichtet. Tägliche Aktivitäten wie der Einkauf von Büchern aber auch von Lebensmitteln, Dinge des täglichen Bedarfs, der Kontakt zu Behörden etc. werden zunehmend online wahrgenommen. Apps auf dem Smartphone erleichtern die Kommunikation zu verschiedenen Unternehmen: So kann man seine Versicherungsrechnungen bereits via App an seine Versicherung senden oder weitere Unterlagen mit Unternehmen austauschen. Die Corona-Warn-App ist ebenfalls so erhältlich wie auch das elektronische Einchecken in Restaurants, um das mühselige Eintragen der Kontaktdaten in Papierlisten zu vermeiden. Kurzum: Die Corona-Pandemie hat die *Digitalisierung*, den Umstieg von der Offline- in die Onlinewelt *flächendeckend beschleunigt*.

Schulen werden zunehmend stärker mit Laptops und iPads ausgestattet. Der Unterricht kann zu einem gewissen Teil bereits heute online gestaltet werden, zunächst allerdings nur temporär und noch nicht an allen Schulen (vgl. Kauffmann und Buschmeier 2020). An Universitäten sind Onlinekurse mit zum Teil aufgezeichneten und jederzeit abrufbaren Videovorlesungen bereits gang und gäbe. Auch hier wird darauf zu achten sein, dass Kinder und Jugendliche aus sozial schwachen Haushalten nicht noch weiter abgehängt werden: Neben den fehlenden Räumlichkeiten und zum Teil fehlender kognitiver und moralischen Unterstützung verfügen Kinder aus diesen Familien zumeist nicht über die nötigen finanziellen Mittel, sich mit Laptops, Internetanschluss etc. zu wappnen und drohen, noch weiter den Anschluss zu verlieren. Ausnahmen bestätigen dabei die Regel.

Die neue Technologie verändert aber nicht nur die Arbeitswelt, sondern auch das Leben zu Hause. Apps verfolgen und speichern etwa Gesundheitsdaten wie Blutdruck, Herz- und Pulsfrequenz (vgl. Neumann 2016), aufgenommen und aufgezeichnet von Fitnessarmbändern. Das sogenannte *„Internet der Dinge"* ermöglicht die Kommunikation einzelner Gegenstände im Haushalt autonom miteinander wie etwa der Kühlschrank, der vollautomatisch zur Neigung gehende Lebensmittel bestellt. Ganze Häuser können im Rahmen des Smart Homes so ausgestattet werden, dass man noch im Landeanflug die Heizung steuert, die Rollläden herunterfährt oder die Fußbodenheizung startet. Autonom fahrende Autos kommunizieren permanent mit ihrer Umgebung, empfangen und senden Daten und orientieren sich so selbstständig im Verkehr.

Überall in diesen elektronischen Medien hinterlassen wir unsere „Fußabdrücke" d. h. *Daten und Präferenzen*: Wir googeln ständig medizinische Diagnosen, Produkte, Ausflugsziele, Hobbies etc. verfolgen politische Parteien, Vereine im Internet und den sozialen Medien. Die von uns auf YouTube angesehenen Videos werden gespeichert. Die *Künstliche Intelligenz* „lernt" unser Suchverhalten und schlägt uns beim nächsten Besuch von YouTube ähnliche Videos wie etwa zu bestimmten Fußballvereinen, Personen oder Themen vor. Ähnliches gilt für Amazon bei Büchern, Filmen etc. Wir hinterlassen täglich Unmengen persönlicher Daten, die Unternehmen wie Google und Amazon dazu nutzen, ein immer genaueres Bild von unseren Vorlieben, Hobbies und täglichen Aktivitäten zeichnen zu können. Mit Hilfe von statistischen Werkzeugen im Rahmen der Datenanalyse *(„data analytics")* ist es spezialisierten Firmen dann möglich, haargenau den Menschen nach seinen Eigenschaften und Vorlieben zu analysieren, was er oder sie selbst bereits nicht mehr kann. Cookies d. h. kleine Textdateien auf kommerziellen Internetseiten helfen den Unternehmen, den Nutzer zu erkennen und immer kundenspezifischer Angebote inklusive Preise zu definieren.

Die *ethisch kritisch* zu bewertende Frage ist dabei, inwieweit die gesammelten Daten nach allen Regeln der Kunst ausgewertet werden dürfen und vor allem, *was mit ihnen passiert*. So mahnt etwa die Harvard-Professorin Zuboff (vgl. Zuboff 2018) zu Recht an, dass sich die detaillierte Auswertung und Nutzung von persönlichen Daten schnell zu einem unkontrollierten „Überwachungskapitalismus" (so der gleichnamige Titel ihres Buches) entwickeln kann. Die Daten von Facebook, Google, Amazon und Co. werden nicht nur gesammelt und detailliert ausgewertet,

sondern werden auch als das „neue Gold" d. h. als Handelsware vermarktet. Somit wird quasi die Privatsphäre als öf-
fentliches Gut meistbietend verkauft.

Neben den vielen, oben beschriebenen Vorteilen der Digitalisierung, finden sich allerdings auch eine Reihe von
Nachteilen. So prognostiziert etwa der Philosoph Richard
David Precht, dass durch die Digitalisierung alleine in
Deutschland Millionen von Jobs überflüssig werden (vgl.
Precht in SZ online 2019). Einfache, repetitive Tätigkeiten
im Büro wie etwa das Sortieren von verschiedenen Dingen
wie elektronische Akten etc. werden zunehmend durch
künstliche Intelligenz ersetzt. Bots d. h. Algorithmen, die
auf Vergangenheitsdaten aufbauen und ständig datenbasiert
dazulernen, können auch die Kommunikation zum Kunden zunehmend selbstständig durchführen. Hoffnung,
diese zu erhalten, gäbe es vor allem bei Jobs, die den
zwischenmenschlichen Kontakt voraussetzen wie etwa bei
Pflegerinnen und Pflegern oder Kindergärtnerinnen und
Kindergärtnern. Allerdings, so ermahnt uns Precht, müsse
man daran denken, dass „unser moralisches Handeln (…)
kein mathematischer, sondern ein psychologischer, sozialer
und kultureller Vorgang von einer solch schillernden
Komplexität (ist), dass Softwaresysteme ihn weder abbil-
den noch nachvollziehen noch selbst vornehmen können."
(Precht 2020, S. 165).

Moral lässt sich nur von Menschen gestalten und nicht
von noch so intelligenten Maschinen. Daher sei auch
beim autonomen Fahren und unausweichlichen Unfall-
situationen zu Recht eine Auswahl der potenziellen Opfer
nach persönlichen Merkmalen wie Alter, Geschlecht oder
körperliche und geistige Konstitution strikt untersagt, ähnlich wie die Aufrechnung von Opfern („zwei sind besser als
nur fünf", vgl. Precht 2020, S. 188; Precht zitiert hier die
Ethik-Kommission für automatisiertes Fahren).

Kai-Fu Lee, US-amerikanischer Manager mit chinesischen Wurzeln und ein langjähriger Experte der Künstlichen Intelligenz (KI) beschreibt in seinem äußerst lesenswerten Buch die Auswirkungen der neuen Technologie auf die einzelnen Jobkategorien (vgl. im Folgenden Lee 2018). In der KI, davon ist Lee überzeugt, werden vor allem China und die USA eine federführende Rolle spielen. Die Gründe, die er dafür aufführt, sind nachvollziehbar (vgl. Lee 2018, S. 14 f.): Eine bei einer Bevölkerung von 1,3 Milliarden Menschen in China reichlich vorhandene Flut an auszuwertenden Daten, hoch motivierte Unternehmer, auf KI fokussierte Forscher und ein KI-freundliches gesellschaftliches Klima. Hinzu komme noch in China, dass fast alle erwachsenen Chinesen über ein Smartphone verfügten, über die sie fast alle Verkäufe abwickelten und somit eine unüberschaubare Flut an Daten produzierten. Ferner nutzten die meisten Chinesen eine Art „Superapp" *WeChat* (vgl. Lee 2018, S. 17; Lee vergleicht die App wegen ihrer universellen Einsetzbarkeit mit einem „digitalen Schweizer Armeemesser für das moderne Leben", vgl. Lee 2018, S. 17), die eine Kombination aus WhatsApp d. h. eine Plattform für Textnachrichten, Videos, Fotos etc. und einer Kauf- und Bestellapp darstellt, mit deren Hilfe von der Buchbestellung über das Buchen von Reisen bis hin zur Steuererklärung alles auf einer einzigen Plattform erlaubt ist. So entsteht der „gläserne Konsument", dem auf Basis historischer Daten und der KI-Anwendungen immer neue Produkte angeboten werden können, passend zum persönlichen Profil.

Lee führt noch einen weiteren, kulturell bedingten Punkt an, der für eine schnelle Verbreitung der KI in China sorgt: Die autokratische regierende Staatspartei Chinas gibt den Weg der Wirtschaft in einem zentralen Plan vor und jeder Regional- und Kommunalpolitiker, der in der Partei etwas werden will, überschlägt sich mit Initiativen und Ideen, wie die KI in seinem Verantwortungsbereich so schnell wie möglich umgesetzt werden kann (vgl. Lee 2018, S. 98 f.). So wird es China sogar gelingen, den heute bereits existierenden Vorsprung zu den USA noch weiter auszubauen. Dabei sind die Anwendungsgebiete der KI sehr vielfältig, von der rechtlichen Analyse von Vertragsdokumenten über Krebsfrüherkennungs-Scanning, Automatisierung von Schadensprozessen für Versicherungen bis hin zur Gesichtserkennung, Fahrassistenzfunktionen oder Chatbots d. h. automatische Textnachrichten im Kundenservice, die alleine von Maschinen erstellt werden (vgl. Plattform lernende Systeme 2020). Es gibt dabei kaum einen Bereich des Unternehmens, Marketing, Einkauf, Entwicklung und Produktion, der nicht von den Änderungen durch die KI betroffen ist.

Lee (vgl. Lee 2018, S. 155 f.) unterscheidet die Tätigkeiten und Jobs in verschiedene Kategorien, je nachdem, ob sie einen *sozialen Kontakt* bzw. physische Präsenz erforderlich machen oder nicht und inwieweit sie durch die KI optimierbar sind, da sie häufig einfache, repetitive Tätigkeiten umfassen. Im Gegensatz dazu stehen Jobs, die sich durch *menschliche Kreativität* und geistige Kompetenz auszeichnen. So sieht Lee vor allem den Routineanteil des Kundenaußendienstes inklusive Fehlerdiagnose, den Radiologen, den Steuerberater, den Versicherungssachbearbeiter und etwa den Übersetzer einfacher Texte als durch die KI ersetzbar. Damit werden mittel- bis langfristig solche Jobs zumindest in ihrem Profil deutlich verändert werden bis hin zum Wegfall ganzer Berufsgruppen. Andere Arten von Jobs sind eher nicht oder nur unwesentlich durch die KI ersetzbar wie etwa Sozialarbeiter, Psychiater, Staatsanwälte aber auch Vorstandsvorsitzende. Wieder andere Berufsgruppen werden zumindest teilweise durch die KI in ihren Tätigkeiten ergänzt bzw. verändert.

Beispiele hierfür sind der Lehrer, der Hausarzt, Reise- und Finanzplaner, da hier der soziale Kontakt überwiegt. Kreative oder Handwerksberufe werden eher durch die KI unterstützt, aber nicht komplett ersetzt wie etwa Maurer, Schreiner aber auch Künstler, Journalisten, Grafikdesigner, Wissenschaftler etc. Während Jobs wie der Schalterbeamte der Bank, der Erntehelfer oder etwa der Kontrolleur einer Montagelinie im Werk eher durch die KI ersetzt werden können, gilt dies nicht für soziale Berufe wie die Pflegekraft im Altersheim, die Krankenschwester, den Krankenpfleger, den Friseur – man stelle sich eine durch KI getriebene Maschine vor, die nach individuellen Kundenwünschen und spezifischen Haarkonstellationen die optimale Frisur schneidet (nicht unmöglich aber im hohen Grad un-wahrscheinlich). Tatsache ist, dass durch das Voranschreiten der KI nicht nur unzählige Jobs wegfallen werden (aber auch neue entstehen), sondern die meisten Tätigkeiten durch die KI angereichert und in ihrem Profil verändert werden.

Lee sieht die KI in vier aufeinander aufbauenden Wellen voranschreiten (vgl. Lee 2018, S. 104 ff.):

Die erste Welle (Internet-KI)

Sie existiert bereits seit gut 16 Jahren und umfasst die umfassende Analyse der vorliegenden Kunden- und Be-nutzerdaten und die damit möglichen personalisierten An-gebote à la Amazon, YouTube, Spotify etc., bei dem der sich der nächste Produktvorschlag für den Kunden auf der Basis seiner bereits geäußerten Präferenz ergibt („Kunden, die dieses Produkt erworben haben, interessierten sich auch für …“).

Die zweite Welle („Business-KI")

Die gesammelten und mit speziellen Analysewerkzeugen und Algorithmen ausgewerteten Daten werden für unternehmerische Zwecke genutzt. So können Gewichtsdaten, etwa der Body-Mass-Index, auf Basis historischer Daten und Zusammenhänge die Wahrscheinlichkeit prognostizieren, dass eine Person an Diabetes erkrankt (vgl. Lee 2018, S. 110). Banken können die Kreditwürdigkeit einzelner Kunden auf Basis ihres Ausgabeverhaltens einschätzen, Versicherungen anhand des Fahrstils die Unfallwahrscheinlichkeit ermitteln und Richter in ausgewerteten Zeugenaussagen Inkonsistenzen überprüfen (vgl. Lee 2018, S. 115).

Die dritte Welle („Wahrnehmungs-KI")

KI ist in dieser Welle in der Lage, *audiovisuelle Reize maschinell zu verarbeiten* und so wahrgenommene Bilder und Geräusche zu interpretieren. Prominente Beispiele sind hier die Gesichts- und Körpererkennungssoftware wie das Entsperren von Smartphone-Bildschirmen oder Autos, die erkennen, wenn Fußgänger nachts die Straße kreuzen und rechtzeitig bremsen. Oder auch „Alexa", das Gerät von Amazon, mit deren Hilfe man u. a. Waren aus dem Internet per Sprache bestellen kann oder Bedienungen in Autos per Spracheingabe oder „Siri" in Smartphones von Apple. Ein Gebäudezutritt von Mitarbeitern ist dann auch ohne Ausweis durch reine Gesichtserkennung möglich. Während dieses alles heute schon möglich ist, sind weitere Varianten und Einsatzmöglichkeiten der Wahrnehmungs-KI vorstellbar. So erwähnt Lee etwa einen „sprechenden Einkaufswagen", der den Kunden im Supermarkt nicht nur begrüßt, sondern auch hilft, die richtigen Produkte zu finden, Preise zu vergleichen und vieles mehr im Dialog Mensch-Maschine (vgl. Lee 2018, S. 119 f.). Möglich wäre auch, dass ein Lehrer mit Hilfe der KI anhand der Mimik einzelner Schüler in deren Gesicht erkennen kann, ob diese von dem Stoff über- oder unterfordert, gefesselt oder gelangweilt sind.

Die vierte Welle („Autonome KI")

Hier erreicht die Maschine die vollkommene Autonomie (vgl. Lee 2018, S. 128 ff.): Maschinen hören und sehen alles um sie herum, sammeln und werten entsprechende Daten aus und interpretieren diese. *Autonome Maschinen* können, im Gegensatz zu den *automatisch* arbeitenden Maschinen, die immer wieder einfache, wiederholbare Tätigkeiten verrichten, selbstständig auf ihre Umwelt und deren Änderung reagieren und sich *entsprechend anpassen und dazulernen*. Dies gilt nicht nur für das autonome Fahren, sondern auch für Drohnenschwärme, die selbsttätig und situativ angepasst Feuer löschen können oder Roboter, die Erdbeeren selbstständig anhand ihres Reifegrades und Rotfärbung pflücken.

Aber mit dieser neuesten Entwicklung, die sich in einigen Jahren weltweit durchsetzen wird, ist es noch nicht getan. Es wird bereits darüber nachgedacht, was nach der Digitalisierung kommt. So sieht etwa der norwegische Wirtschaftsphilosoph Anders Indset eine neue Ära der „*Quantenwirtschaft*" hereinbrechen (vgl. Indset 2019, Zitat S. 7):

„Doch es wird höchste Zeit, ein *Neues Testament* (Kursivschreibung im Original) zu formulieren, die Verheißungen und Gesetze eines postmaterialistischen Kapitalismus, der Wohlstand nicht auf den Kontostand reduziert, sondern auch unseren Verstand und unsere Vitalenergie stärkt und uns mit Gütern wie Glück und Liebe versorgt. Dieses postmaterialistische System – nach Old und New Economy – bezeichne ich als „Q-Economy", als Quantenwirtschaft."

Zusammenfassend ist *aus ethischer Perspektive* festzuhalten, dass die neue Technologie und die zunehmende Digitalisierung unserer Welt ethische Regeln befolgen müssen. So muss der *grenzenlosen Datensammlung, -auswertung und -vermarktung* enge Grenzen gesetzt werden, um die Privatsphäre nicht zu einer Handelsware und einem öffentlichen Gut verkommen zu lassen. Ethische Entscheidungen über Leben und Tod wie etwa beim autonomen Fahren sind nicht der Maschine und der KI zu überlassen, sondern folgen immer menschlichen Entscheidungen, in dem Fall dem Fahrer oder dem Versuch, unter allen Umständen einen Unfall zu vermeiden. In Anlehnung an einen Gedanken von Precht (vgl. Precht 2020, S. 223) sollten wir *Menschen eher untereinander ethische Regeln und Logiken für die Künstliche Intelligenz und die Maschinen finden als dem zu vertrauen, was die Maschinenlogik uns vorgibt.* Wichtig ist dabei, dass die letzte ethische Instanz der KI und der Maschinen immer der Mensch mit seinen – zugegebenermaßen fehlbaren – moralischen Regelsystemen ist!

Nachdem wir gerade die aktuellen Probleme und Herausforderungen der ökonomischen Ethik kennengelernt haben, wird es im folgenden Kapitel darum gehen, wie diesen Themen idealerweise zu begegnen ist. Folglich steht dieses fünfte Kapitel ganz im Zeichen möglicher Lösungsansätze. Dabei will ich auf der Ebene jedes Einzelnen von uns beginnen, um dann Anregungen für Unternehmen und schließlich für uns alle zu geben.

Literatur

Armut.de. (2020). Der Teufelskreis der Armut. *Armut.de.* http://armut.de/aspekte-der-armut_der-teufelskreis-der-armut.php. Zugegriffen am 04.10.2020.

Atkinson, A. B. (2015). *Inequality – What can be done?* Cambridge: Harvard University Press.

Beger, G. (13. Mai 2020). Das Corona-Virus trifft die Entwicklungsländer doppelt, in: 2030 Welt ohne Hunger. *Newsletter vom Bundesministerium für wirtschaftliche Zusammenarbeit und Entwicklung (BMZ)*. https://www.weltohnehunger. org/beitrag-lesen/corona-trifft-die-entwicklungsländer-doppelt-als-gesundheits-und-ernährungskrise.html. Zugegriffen am 17.12.2020.

Bönig, J. (2020). Acht Männer besitzen mehr als die Hälfte die ärmere Hälfte der Weltbevölkerung. *lunapark 21 online*. https://www.lunapark21.net/tag/vermoegensverteilung/. Zugegriffen am 05.10.2020.

Brinkmann, B., Endt, C., & Unterhitzenberger, S. (2019). Einkommensverteilung. Alleinerziehende, Rentner, Einwanderer: Wer wie viel Geld hat. https://projekte.sueddeutsche.de/artikel/wirtschaft/einkommensverteilung-in-deutschland-wer-hat-wie-viel-e557028/. Zugegriffen am 05.10.2020.

Bundeszentrale für politische Bildung. (2020). Ökologische Probleme. *bpb online*. https://www.bpb.de/nachschlagen/zahlen-und-fakten/globalisierung/52723/oekologische-probleme. Zugegriffen am 23.12.2020.

Busch, R. (18. Oktober 2020). *Was bleibt von Siemens, Herr Busch?* (Interview mit dem neuen Chef von Siemens, geführt mit Georg Meck und Marcus Theurer). *Frankfurter Allgemeine Sonntagszeitung, 42*, 20 f.

Collier, P. (2018). *The future of capitalism. Facing the new anxieties*. London: Allen Lane/Penguin Random House.

Croyé, M. (22. August 2020). Mietendeckel. Unter dem Deckel brodelt es. *Die Zeit online*. https://www.zeit.de/wirtschaft/2020-08/mietendeckel-folgen-schattenmieten-neubauaktivitaet-banken-renovierungen-leerstand. Zugegriffen am 17.12.2020.

Deutsches Kinderhilfswerk. (2020). Die Ernährungssituation von Kindern in Deutschland. *Deutsches Kinderhilfswerk online*. https://www.dkhw.de/schwerpunkte/kinderarmut-in-deutschland/gesunde-ernaehrung/ernaehrungssituation-von-kin-dern-in-deutschland/. Zugegriffen am 04.10.2020.

DIW/dpa. (15. Juli 2020). Vermögensverteilung. Studie. Reichste zehn Prozent besitzen gut zwei Drittel des Vermögens. *Handelsblatt online.* https://www.handelsblatt.com/politik/deutschland/vermoegensverteilung-studie-reichste-zehn-pro-zent-besitzen-gut-zwei-drittel-des-vermoegens/26006588.html?ticket=ST-3315382-XHENLAYPPKuCcQyt5bj0-ap6. Zugegriffen am 05.10.2020.

Dönhoff, M. (1997). *Zivilisiert den Kapitalismus. Grenzen der Freiheit.* Stuttgart: Deutsche Verlagsanstalt.

Dueck, G. (2008). *Abschied vom Homo Oeconomicus: Warum wir eine neue ökonomische Vernunft brauchen.* Frankfurt a. M.: Eichborn.

Felber, C. (2010). *Die Gemeinwohl-Ökonomie: Das Wirtschafts-modell der Zukunft* (9. Aufl.). Wien: Deuticke.

Feld, L. P., Fries, J. L., Preuß, M., & Schmidt, C. M. (2020). Verteilungsfragen in Deutschland: Herausforderungen der Messung und der zielgerichteten Umverteilung. *Wirtschafts-dienst, 100*(4), 233–237. https://www.wirtschaftsdienst.eu/inhalt/jahr/2020/heft/4/beitrag/verteilungsfragen-in-deutsch-land-herausforderungen-der-messung-und-der-zielge-richteten-umverteilung.html. Zugegriffen am 05.10.2020.

Fratzscher, M. (2020). *Die neue Aufklärung. Wirtschaft und Gesellschaft nach der Corona-Krise.* Berlin/München: Berlin Verlag/Piper.

Geppert, M. (2019). *Die Rolle von Bedürfnissen für das mensch-liche Handeln.* Herder Verlag online. https://www.herder.de/leben/lebensberatung-und-psychologie/maslowsche-beduerf-nispyramide/. Zugegriffen am 03.10.2020.

Globalisierung-Fakten.de. (2020). *Globalisierung.* https://www.globalisierung-fakten.de. Zugegriffen am 12.10.2020.

Haug, G. (27. Oktober 2020). „Es braucht eine neue Regie-rung". Spiegel-Gespräch mit dem Päläoklimatologen und Leopoldina-Präsident Gerald Haug. *Spiegel Spezial (2020).*

Klimakrise. Aufbruch nach Utopia. Spiegel Spezial November/ Dezember 2020, 16–18.

Heidenfelder, C. (2019). Armut in Deutschland. *Planet Wissen online.* https://www.planet-wissen.de/gesellschaft/wirtschaft/ armut_in_deutschland/index.html. Zugegriffen am 04.10.2020.

Heinisch, F. et al. (2019). *Ihr habt keinen Plan. Darum machen wir einen. 10 Bedingungen für die Rettung unserer Zukunft* (Der Jugendrat der Generationen Stiftung, herausgegeben von Claudia Langer und einem Vorwort von Harald Lesch). München: Blessing.

Horn, K. (18. Januar 2017). Der Homo oeconomicus – ein Missverständnis. *Neue Zürcher Zeitung online.* https://www. nzz.ch/meinung/kolumnen/der-mensch-aus-wirtschaftlicher-perspektive-der-homo-oeconomicus-ein-missverstaendnis-ld.140399. Zugegriffen am 29.10.2020.

Hüther, M., Diermeier, M., & Goecke, H. (2018). *Die erschöpfte Globalisierung. Zwischen transatlantischer Orientierung und chinesischem Weg* (2., ak. Aufl.). Wiesbaden: Springer.

Ifu. (2020). *Nachhaltige Produktion. Vorteile, Ziele & Konzepte.* https://www.ifu.com/nachhaltige-produktion/. Zugegriffen am 23.10.2020.

Indset, A. (2019). *Quantenwirtschaft. Was kommt nach der Digitalisierung?* (2. Aufl.). Berlin: Econ.

Kahneman, D. (2012). *Schnelles Denken, langsames Denken.* München: Siedler.

Kauffmann, K., & Buschmeier, M. (03. April 2020). Studium zu Coronazeiten. Ungeübt in der digitalen Lehre. *Frankfurter Allgemeine Zeitung online.* https://www.faz.net/aktuell/karriere-hochschule/hoersaal/studium-zu-corona-zeiten-unis-sind-ungeuebt-in-digitaler-lehre-16707420.html. Zugegriffen am 19.04.2020.

Kohl, W. (2020). *Welche Zukunft wollen wir? Mein Plädoyer für eine Politik von morgen.* Freiburg: Herder.

Kohlmann, T. (25. Januar 2019). Davos 2019: Globalisierung auf dem Prüfstand. *Deutsche Welle online.* https://www.dw.com/de/davos-2019-globalisierung-auf-dem-prüfstand/av-47233548. Zugegriffen am 17.12.2020.

Kretschmann, W. (2018). *Worauf wir uns verlassen wollen. Für eine neue Idee des Konservativen.* Frankfurt a. M.: Fischer.

Kuchlmayr, F. (27. Oktober 2020). Die letzten Schollen. *Spiegel Spezial (2020). Klimakrise. Aufbruch nach Utopia. Spiegel Spezial November/Dezember 2020,* 19.

Lee, K.-F. (2018). *AI Super-Powers. China, Sillicon Valley, and the new world order.* New York: Houghton Mifflin Harcourt Publishing Company.

Lepore, J. (2020). *Diese Wahrheiten. Eine Geschichte der Vereinigten Staaten von Amerika* (5. Aufl.). München: C.H. Beck.

Lück, H. E. (2016). *Die psychologische Hintertreppe. Die bedeutenden Psychologinnen und Psychologen in Leben und Werk.* Freiburg i. B.: Herder.

Mankiw, N. G., & Taylor, M. P. (2012). *Grundzüge der Volkswirtschaftslehre* (5. Aufl.). Stuttgart: Schäffer-Poeschel.

Mayr, A. (2020). *Die Elenden. Warum unsere Gesellschaft Arbeitslose verachtet und sie dennoch braucht.* Berlin/München: Carl Hanser.

Merz, F. (2020). *Neue Zeit. Neue Verantwortung. Demokratie und Soziale Marktwirtschaft im 21. Jahrhundert.* Berlin: Econ (Ullstein).

Müller, J. (2016). *Globalisierung: Die Ignoranz der Fakten.* http://www.globalisierung-welthandel.de. Zugegriffen am 12.10.2020.

Müller-Armack, A. (1990). *Wirtschaftslenkung und Marktwirtschaft. Sonderausgabe.* München: Kastell.

Negt, O. (2001). *Arbeit und menschliche Würde.* Göttingen: Steidl.

Neuhäuser, C. (2020). Nachwort. In A. Sen (Hrsg.), *Rationale Dummköpfe. Eine Kritik der Verhaltensgrundlagen der Ökonomischen Theorie* (S. 58–69). Ditzingen: Philipp Reclam jun.

Neumann, D. (29. Januar 2016). Internet der Dinge: Eine kurze Definition mit 4 Beispielen. *Digitaler Mittelstand online.* https://digitaler-mittelstand.de/trends/ratgeber/internet-der-dingeeine-kurze-definition-mit-4-beispielen-20287. Zugegriffen am 13.04.2020.

New Work FAZ. (2019). *New Work. Die Zukunft der Arbeit. Frankfurter Allgemeine Verlagsspezial.*

Panitch, L., & Gindin, S. (2012). *The making of global capitalism. The political economy of American empire.* New York: Verso.

Papst Franziskus. (2020). *Fratelli tutti. Über die Geschwisterlichkeit und die soziale Freundschaft. Enzyklika.* Freiburg i. B.: Herder.

Pennekamp, J. (25. Oktober 2012). Wirtschaftswissenschaften. Der Homo oeconomicus lebt. *Frankfurter Allgemeine Zeitung online.* https://www.faz.net/aktuell/wirtschaft/wirtschafts-wissen/wirtschaftswissenschaften-der-homo-oeconomi-cus-lebt-11938235.html. Zugegriffen am 25.10.2020.

Perlitz, M., & Schrank, R. (2013). *Internationales Management* (6. Aufl.). Konstanz/München: UVK.

Petersen, T., Jungbluth, C., Weiß, J., & Weinelt, H. (2018). Globalisierungsreport 2018: Zukunft Soziale Marktwirt-schaft. Wer profitiert am stärksten von der Globalisierung? Policy Brief #2018/02. *Bertelsmann Stiftung.* https://www.bertelsmann-stiftung.de/de/publikationen/publikation/did/policy-brief-201802-globalisierungsreport-2018-wer-profi-tiert-am-staerksten-von-der-globalisierung. Zugegriffen am 12.10.2020.

Pietsch, D. (2017). *Grenzen des ökonomischen Denkens. Wo bleibt der Mensch in der Ökonomie?* Köln/Lohmar: Eul.

Pietsch, D. (2019). *Eine Reise durch die Ökonomie. Über Wohl-stand, Digitalisierung und Gerechtigkeit.* Wiesbaden: Springer.

Pietsch, D. (2020). *Prinzipien moderner Ökonomie. Ökologisch, ethisch, digital.* Wiesbaden: Springer.

Piketty, T. (2014). *Das Kapital im 21. Jahrhundert.* München: C.H. Beck.

Piketty, T. (2020). *Kapital und Ideologie.* München: C.H. Beck.

Plattform Lernende Systeme. (2020). *Homepage.* https://www.plattform-lernende-systeme.de/startseite.html. Zugegriffen am 23.12.2020.

Precht, R. D. (2020). *Künstliche Intelligenz und der Sinn des Lebens*. München: Goldmann.

Sandel, M. (2020). *Vom Ende des Gemeinwohls. Wie die Leistungsgesellschaft unsere Demokratie zerreißt*. Frankfurt a. M.: Fischer.

Scheppe, M. (21. Februar 2020). Studie zum Lebenseinkommen. Studium, Ausbildung oder Meisterbrief – was bringt das meiste Geld? *Handelsblatt online*. https://www.handelsblatt.com/unternehmen/beruf-und-buero/buero-special/studie-zum-lebenseinkommen-studium-ausbildung-oder-meisterbrief-was-bringt-das-meiste-geld/25570610.html?ticket=ST-2295677-F1gkDKDtmUZLFoeCu2Z2-ap2. Zugegriffen am 04.10.2020.

Schmitt-Sausen, N. (2018). USA: Republikaner kippen Versicherungspflicht. *Deutsches Ärzteblatt online*. https://www.aerzteblatt.de/archiv/196005/USA-Republikaner-kippen-Versicherungspflicht. Zugegriffen am 29.10.2020.

Sen, A. (2020). *Rationale Dummköpfe. Eine Kritik der Verhaltensgrundlagen der Ökonomischen Theorie*. Ditzingen: Philipp Reclam jun.

Sinn, H. W. (2020). *Das grüne Paradoxon. Plädoyer für eine illusionsfreie Klimapolitik*. Dresden: Weltbuch.

Sinus Institut. (2020). *Sinus Milieus Deutschland*. https://www.sinus-institut.de/sinus-loesungen/sinus-milieus-deutschland/. Zugegriffen am 30.10.2020.

Spiegel Geld. (2020). *Das Finanzmagazin*, Nr. 3/2020.

Spiegel Spezial. (27. Oktober 2020). Klimakrise. Aufbruch nach Utopia. *Spiegel Spezial November/Dezember 2020*.

Stiglitz, J. E. (2015). *The great divide. Unequal societies and what we can do about them*. New York: W.W. Norton & Company.

SZ online. (3. April 2019). Precht: Digitalisierung macht Millionen Jobs überflüssig. *Süddeutsche Zeitung online*. https://www.sueddeutsche.de/wirtschaft/industrie-hannover-precht-digitalisierung-macht-millionen-jobs-ueberfluessig-dpa.urn-newsml-dpa-com-20090101-190403-99-667091. Zugegriffen am 13.04.2020.

Tirole, J. (2017). *Economics for the common good*. Princeton/Oxford: Princeton University Press.

UN-Umweltbericht. (13. März 2019). UN warnen vor Millionen Todesopfern durch Umweltzerstörung. *Süddeutsche Zeitung online.* https://www.sueddeutsche.de/wissen/un-umweltbericht-geo-plastikmuell-artensterben-1.4365808. Zugegriffen am 23.12.2020.

Veblen, T. (2007). *Theorie der feinen Leute: Eine ökonomische Untersuchung der Institutionen.* Berlin: Fischer Taschenbuch.

Wagenknecht, S. (2011). *Freiheit statt Kapitalismus.* Frankfurt a. M.: Eichborn.

Ziegler, J. (2018). *Was ist so schlimm am Kapitalismus? Antworten auf Fragen meiner Enkelin.* München: C. Bertelsmann.

Zuboff, S. (2018). *Das Zeitalter des Überwachungskapitalismus.* Frankfurt a. M./New York: Campus. Amerikanische Ausgabe (2019) *The age of surveillance capitalism. The fight for a human future at the new frontier of power.* New York: Public Affairs.

5

Anwendungsfelder der ökonomischen Ethik
Lösungsansätze und Perspektiven

5.1 Individuelle Ethik: Ethik nicht nur für Manager und Meinungsführer

Moralisches Handeln beginnt bei jedem einzelnen Menschen, unabhängig von seiner gesellschaftlichen, politischen oder wirtschaftlichen Position. Es ist eine Kombination aus zielgerichtetem Handeln, das einem inneren Kompass folgt, und sowohl rational als auch emotional gesteuert ist. Ethisches Handeln verfolgt einen bestimmten Zweck, orientiert sich an bestimmten Tugenden, die eine Mischung aus Berufs- und Lebenserfahrung, Können, Einsicht und Klugheit miteinander kombiniert. So erforderte etwa die Bekämpfung der Corona-Pandemie nicht nur das Vorliegen der *wissenschaftlicher Erkenntnis*, sondern auch Mut, die Erfahrung und das Können in politischer Führung und die *Klugheit der Entscheidung*. Dabei ging es darum, die Maßnahmen in Relation zu der drohenden Pandemie maßvoll

© Der/die Autor(en), exklusiv lizenziert durch Springer Fachmedien Wiesbaden GmbH, ein Teil von Springer Nature 2021
D. Pietsch, *Die Ökonomie und das Nichts*,
https://doi.org/10.1007/978-3-658-33277-8_5

abzuwägen und dabei gerecht vorzugehen. So wurden z. B. die Schulen und Kitas beim zweiten Lockdown nur temporär geschlossen, eine Ausgangssperre analog anderer europäischer Länder vermieden und den vom Lockdown betroffenen Unternehmen zumindest eine Entschädigung in Höhe von bis zu 75 Prozent des Vorjahresumsatzes gezahlt. Auch wenn nicht immer alles glatt lief und sicher Fehler gemacht wurden – so wurde z. B. zu Recht kritisiert, dass der umfassende Lockdown vor Weihnachten früher und konsequenter hätte kommen müssen –, haben die politischen Akteure *cum grano salis* die richtigen Entscheidungen getroffen und die Bevölkerung gut durch das unsichere Gewässer navigiert.

Ähnlich ist es bei Unternehmenslenkern und dem Management generell. Sie alle tragen Verantwortung dafür, dass ein Unternehmen nachhaltig profitabel wächst (vgl. auch Kardinal Marx 2008, S. 248) und die Arbeitsplätze gesichert werden. Auch hier zählen vor allem Eigenschaften– man könnte sie auch in unserem Sinne *Tugenden* nennen – wie Erfahrung, Klugheit, Weisheit gepaart mit Erkenntnis der Branche und der Geschäftsentwicklung, aber auch die Verantwortung für die Unternehmensaktivitäten, den Umgang mit den Mitarbeitern, Geschäftspartnern aber auch der Umwelt. Der Schweizer Theologe Hans Küng hat das einmal auf die Formel *„Ethos als innere sittliche Haltung"* gebracht (Küng 2010, S. 208). Seiner Meinung nach ist Führung vor allem eine Frage der Persönlichkeit mit Kopf und Herz. Der verantwortliche Handelnde, sei es der Politiker, der Unternehmer, der angestellte Manager oder jeder einzelne von uns ist angehalten, seine Handlungen an ethischen Maximen auszurichten. Was sich hier sehr pauschal anhört. Lässt sich mit einigen Beispielen unterlegen.

Ethisches Handeln beinhaltet die *Orientierung an der Würde des Menschen, der Umwelt aber auch der Tiere.* Das bedeutet, dass ich sowohl als Politiker wie auch als Manager meine Mitarbeiter fair, wertschätzend und gleich behandeln sollte. Kein Mitarbeiter darf wegen seiner Hautfarbe, Nationalität, Religion, Geschlecht oder sexueller Orientierung etc. diskriminiert werden. Die Würde des Menschen ist unantastbar. Das gilt für alle Menschen. Dementsprechend sollten gerade Meinungsführer in Politik, Wirtschaft und Gesellschaft als Vorbild agieren und ihre Mitarbeiter wertschätzend und fair behandeln. Nicht selten hört man allerdings Geschichten von *Mobbingopfern*, die online oder offline den Büro- oder Schulalltag zur Hölle werden lassen. Zahlreich sind die Beispiele von täglichen Mobbings im Büro, seien es Beleidigungen, Ausgrenzungen, Schikanen oder gar sexuelle Belästigungen (vgl. Müller und Witterauf 2020). Dies ist kein Einzelfall. Fast jeder vierte Arbeitnehmer war schon einmal selbst Opfer von Mobbingattacken am Arbeitsplatz (vgl. Müller und Witterauf 2020). So etwas darf auf keinen Fall geduldet werden. Eine Gleichbehandlung aller Mitarbeiter im Rahmen der Aufgabe sollte heutzutage selbstverständlich sein: gleiche Entlohnung für gleiche Leistung. Gleiche Aufstiegschancen für jeden. Was zählt, sind die individuelle Leistungsfähigkeit und –bereitschaft.

Ethisches Handeln beinhaltet auch, dass man sich als Manager(in) und Unternehmenslenker(in) gedanklich intensiv damit auseinandersetzt, welche Auswirkungen mein Verhalten auf meine Umgebung hat. Das beinhaltet sowohl die Auswirkungen unternehmerischen Handelns auf die *natürliche Umwelt*, Stichwort Klimawandel, als auch auf die *Tiere*, Stichwort Tierversuche. Die Bestrebungen etwa der Automobilindustrie, kurz- bis mittelfristig auf alternative Antriebe umzusteigen, um die CO_2-Bilanz zu reduzieren oder zahlreiche weitere Branchen (vgl. etwa die Liste der zwanzig nachhaltigsten Branchen in Marketing Börse 2020), die sich der Nachhaltigkeit verschrieben haben, gehen bereits in die richtige Richtung. Dieser ökologische Schwenk ist sicher nicht nur deswegen entstanden, weil es staatliche Rahmenvorgaben gibt (Stichwort Emissionsgrenzen) oder es gesellschaftspolitisch *en vogue* ist, sondern weil die allermeisten Unternehmenslenker und Manager erkannt haben, dass es so wie bisher nicht mehr weitergeht. Sie alle wollen unseren Planeten eines Tages möglichst unbelastet und unzerstört an ihre Kinder weitergeben.

Vielfach wird die als zu hoch empfundene Managervergütung kritisiert. So hat sich etwa der Abstand zum durchschnittlichen Arbeitnehmerlohn in den letzten Jahren dramatisch erhöht (vgl. Fockenbrock 2018). So erhält der Post-Chef Frank Appelt etwa 232-mal so viel Gehalt wie der Durchschnitt seiner Mitarbeiter (vgl. Fockenbrock 2018). In den Augen der Bevölkerung kassieren die Unternehmenslenker zwar ein Vielfaches des normalen Arbeitnehmers, ihre geführten Unternehmen fahren dabei allerdings bisweilen hohe Verluste ein. Es ist sicher nichts dagegen einzuwenden, wenn ein Top Manager ein hohes Gehalt kassiert. Vielfach tragen sie ja ein hohes unternehmerisches Risiko und haften mit ihrem eigenen Vermögen (so etwa die DAX-Vorstände). Ethisch bedenklich wird es erst, wenn die *Boni ansteigen* oder nur geringfügig sinken, wenn das *geführte Unternehmen dramatische Verluste* einfährt (vgl. etwa Gerth und Schönwitz 2020). Spätestens dann sollte der Rotstift einsetzen und die Gehälter nach unten korrigiert werden. Die Vergütung sollte daher an verschiedene Kriterien gebunden werden, vor allem an umwelt- und gesellschaftspolitischen Zielen: Je mehr ein Unternehmen dem Umweltschutz verpflichtet ist und in das Gemeinwohl einzahlt, desto mehr sollten die verantwortlichen Führungskräfte verdienen dürfen. Neben dem Unternehmensgewinn spielen also auch der gesellschaftliche und der Umweltbeitrag des Unternehmens eine große Rolle.

Viele Verstöße gegen ethisches unternehmerisches Verhalten werden Gott sei Dank in den meisten Ländern nicht mehr praktiziert: Es wird keine Kinderarbeit mehr zugelassen bzw. Unternehmen, die diese noch betreiben werden von (fast) allen Unternehmen der westlichen Welt zurecht boykottiert. So verpflichten die deutschen Automobilhersteller etwa ihre Lieferanten auf die hohen ethischen Standards des Bergbaus (*Irma = Intiative Responsible Mining Assurance*). So soll sichergestellt werden, dass der Rohstoffabbau etwa von Kobalt für Elektrofahrzeuge hohen Umwelt- und Sozialstandards d. h. keine Kinderarbeit, feste Ruhezeiten, Hygienemaßnahmen etc., genügt (vgl. FAZ vom 14.11.2020, S. 24). Unzumutbare Hygiene- oder Arbeitsbedingungen wie das noch zu Zeiten der Industrialisierung im ausgehenden 19. Jahrhundert und zu Beginn des Zwanzigsten Jahrhunderts der Fall war, gehören Gott sei Dank der Vergangenheit an. Moderne Führungskräfte lassen dies auch nicht mehr zu. Allerdings gehört auch zur Verantwortung der Führungskräfte in Politik, Wirtschaft und Gesellschaft, dafür zu sorgen, dass ihre Mitarbeiter nicht einem *unangemessenen physischen und psychischen Druck* ausgesetzt sind wie das leider doch noch häufig passiert. Das Stichwort ist hier: der *Burnout*.

„Burnout" (Ausgebrannt sein), so die Psychologin Julia Dobmeier und die Medizinredakteurin Christiane Fux (Dobmeier und Fux 2018) „beschreibt einen Zustand tiefer emotionaler, körperlicher und geistiger Erschöpfung. Die Betroffenen können sich nur schlecht konzentrieren, machen viele Fehler. Manche verlieren auch die Energie für ihr Privatleben. Burnout wird meist auf Überforderung und Stress im Beruf zurückgeführt." Manche Betroffenen berichten darüber, dass sie eines Morgens vor lauter Erschöpfung nicht mehr die Kraft hatten, aus dem Bett aufzustehen und sich den Anforderungen des Tages zu stellen. Es gibt auch zahlreiche prominente Beispiele wie die der Linken-Politikerin und Publizistin Sahra Wagenknecht, die sich und der Öffentlichkeit ehrlich eingestehen, einen Burnout gehabt zu haben. Ein Burnout ist keine Krankheit, die man auf die leichte Schulter nehmen sollte und ist mitnichten eine „Modekrankheit" frei nach dem Motto, jeder, der sich regelmäßig gestresst fühlt, erleidet einen Burnout. Worin aber liegen die Ursachen eines Burnouts?

Die Ursachen für einen Burnout sind individuell unterschiedlich (vgl. im Folgenden Dobmeier und Fux 2018). Prinzipiell kann es jeden treffen, der über einen längeren Zeitraum physischem und psychischem Stress ausgesetzt ist. Manager leiden darunter ebenso wie Lehrerinnen und Lehrer, Krankenschwestern und Alleinerziehende. Überproportional häufig trifft es allerdings Menschen, die über einen hohen Grad an Idealismus verfügen und sich über die körperlichen und seelischen Belastungsgrenzen hinaus verausgaben. Dies ist gepaart mit Persönlichkeitseigenschaften wie dem Hang zum Perfektionismus, unrealistisch hoch gesteckten persönlichen Zielen oder der Schwierigkeit, auch einmal „nein" zu sagen. Dazu kommen äußere Faktoren wie die Arbeitsüberlastung, Mobbing, fehlende Anerkennung oder die gefühlte fehlende Kontrolle über die Arbeitsabläufe.

Manchmal liegen aber auch die Gründe für den Burnout oder Schlimmeres in den *Normen des Arbeitsumfelds*. Traurige Berühmtheit erlangte der Fall eines 21 jährigen Praktikanten 2013, der während seines Praktikums bei einer weltberühmten Investmentbank in London nach einem 72 stündigen harten Arbeitstag starb und tot in seiner Dusche gefunden wurde (vgl. Mannweiler 2020). Die Arbeit in manchen Branchen wie eben dieser in einer Investmentbank erfordert von vornerein für jeden Mitarbeiter ein höchstes Maß an Einsatzbereitschaft und Motivation. So

sind 100-Stunden Wochen in Hochphasen eines Geschäfts-
abschlusses keine Seltenheit. Mitarbeiter verlassen in diesen
Phasen selten vor 3 Uhr morgens ihren Arbeitsplatz. Doch
auch hier wie in jedem Unternehmen der Welt ist es die
Pflicht der Führungskräfte, dafür zu sorgen, dass die ihnen
unterstellten Mitarbeiter eine einigermaßen ausgewogene
„Work Live Balance" leben können und ihre Arbeit nicht
mit einem Burnout oder noch schlimmer mit dem Tod bezahlen müssen. So müssen die Rahmenbedingungen, der
geregelte Arbeitstag vorgegeben werden, ebenso wie die
Menge an beherrschbarer Arbeit. Die krankmachende,
überfordernde Arbeit ist entweder gar nicht erst zu verlangen oder spätestens bei deren Erkennbarkeit sofort zu
korrigieren. Dies ist die *ethische Verantwortung von Führungskräften*.

Unternehmer haben selbstverständlich eine ähnliche Verantwortung für ihre Mitarbeiterinnen und Mitarbeiter.
Folgerichtig hat sich etwa der Bundesverband mittel-
ständische Wirtschaft (BVMW) auf zehn Grundsätze eines
„ehrbaren Kaufmanns" geeinigt (vgl. BVMW 2020):

So hört der *ehrbare Kaufmann* u. a. auf sein Gewissen
und das seiner Mitarbeiter und orientiert sich an bleibenden Werten, in unserem Sinne Tugenden. Er beachtet die
Menschenwürde, baut Arbeitsplätze auf und erhält sie,
lehnt unfairen Wettbewerb ab. Der ehrbare Unternehmer
steht zu seinem Wort und achtet das geistige und materielle
Eigentum Anderer. Schließlich pflegt er einen konstruktiven Dialog mit anderen Unternehmen.

Wie das im Einzelnen geht, hat der Hotel-Unternehmer
Bodo Janssen exemplarisch vorgemacht und ausführlich in
seinem Buch „Die stille Revolution" beschrieben (vgl. im
Folgenden Janssen 2016). Nachdem eine Mitarbeiterbe-
fragung zur Mitarbeiterführung vernichtende Ergebnisse
erbrachte, entschloss sich Janssen, der 18 Monate parallel

zu seinem Berufsleben in einem Kloster verbrachte, mit seinem Führungsteam einen *kulturellen Paradigmenwechsel* einzuleiten. Ohne in die Details des Umbruchprozesses näher einzugehen (vgl. das äußerst lesenswerte Buch von Bodo Janssen 2016), hat sich das Managementteam darauf geeinigt, andere Führungsgrundsätze aufzustellen und mit den Mitarbeitern gemeinsam zu leben. Die Führungsgrundsätze werden *aus Sicht der Mitarbeiter* gesehen. So wird u. a. *Führung als Dienstleistung* bezeichnet und stellt kein Privileg des Führenden dar. Mitarbeiter werden nicht als „Ressourcen" gesehen, die es gilt, maximal möglich auszunutzen (vgl. das Kantsche Diktum, den Menschen nicht als Mittel zu gebrauchen!). Stattdessen wird von „Potenzialentfaltung" des Mitarbeiters gesprochen im Sinne von „was ist mir wichtig, was macht mir Spaß, wo kann ich mich einbringen?" Vor allem das Thema *„Wertschöpfung durch Wertschätzung"* wird in den Vordergrund gestellt. Dies sind nicht etwa theoretische, esoterische Ansichten eines exaltierten Unternehmers, sondern war das Erfolgsrezept, mit Hilfe von höchstzufriedenen und loyalen Mitarbeitern ein Unternehmen erfolgreich zu führen. Dabei steht der *Mitarbeiter als Mensch in seiner Zufriedenheit im Vordergrund und nicht die Gewinnmaximierung um jeden Preis* (zu den detaillierten Inhalten der neuen „Gesinnung" vgl. Janssen 2016, S. 265 ff.).

Gerade das Thema Wertschätzung schreiben sich viele Unternehmen und Manager gerne auf die Fahnen, leben es aber nicht wirklich. So fühlt sich etwa ein Drittel der deutschen Arbeitnehmer gemäß dem DGB-Indes „Gute Arbeit" von 2018 kaum oder gar nicht wertgeschätzt (vgl. Limberger 2019). Dabei wäre es so einfach, den Mitarbeitern täglich seine Wertschätzung zu zeigen. So muss sich die Führungskraft zunächst für seine Mitarbeiter als Menschen und für ihre unterschiedlichen Charaktere und Fähigkeiten interessieren. Welche Bedürfnisse haben sie, etwa nach einer ausgewogenen Work Live Balance? Viele Manager kennen noch nicht einmal alle Namen der engeren Mitarbeiter. Die ideale Führungskraft ist ansprechbar, offen, nimmt sich die Zeit für die Mitarbeiter und hält Zusagen und Termine ein. Vielfach hilft auch ein Zuhören, selbst wenn nicht alle Probleme gleich gelöst werden können. Das Vertrauen in die Fähigkeiten des Mitarbeiters ist ebenso wichtig wie eine klare, direkte und regelmäßige Kommunikation vor allem von bevorstehenden Veränderungen und der aktuellen Lage. Ein Lob für gut geleistete Arbeit hat auch noch nie geschadet! So fühlen sich alle Mitarbeiter eingebunden und als Teil des Teams.

Vor allem die Wertschätzung für ältere *Mitarbeiter jenseits der 50* lässt häufig zu wünschen übrig. Gerade diese Mitarbeiter verfügen zumeist über die größte Lebens- und Berufserfahrung und können im Zusammenspiel mit jüngeren Kollegen viel bewegen. Sie bringen neben ihrer breiten Erfahrung auch ein vielschichtiges Netzwerk und hohe soziale Kompetenz mit. Viele berufliche Situationen haben sie bereits erlebt und können verhindern, dass der gleiche Fehler noch einmal begangen wird. Nicht umsonst waren die römischen Senatoren ältere, weise Männer (heutzutage selbstverständlich mit gleichem Recht auch Frauen!). Platon schwärmte von seinen gut ausgebildeten, lebenserfahrenen „Philosophenkönigen", alle jenseits der 50 Jahre. Also, anstatt diese älteren Mitarbeiter bis zur – noch einige Zeit andauernde – letzten Berufsphase, der Rente, auf ein berufliches Abstellgleis zu stellen („Frühstücksdirektoren"), sollten sie in hoher Position ihre berufliche Erfahrung so lange wie möglich an die jüngeren, dynamischen aber weniger erfahrenen Kollegen und Kolleginnen abgeben dürfen. Nicht zuletzt wird die demografische Entwicklung der deutschen Arbeitsbevölkerung mit den *Baby Boomern* d. h.

die Geburtsjahrgänge 1955 bis 1964, die alle jenseits der 50 sind aber größtenteils noch nicht in Rente sind, dazu zwingen, diese älteren Mitarbeitern und deren Potenzial zu nutzen.

Ethische Handlungen in der Wirtschaft sind aber nicht auf Arbeitnehmer oder politische und wirtschaftliche Meinungsführer beschränkt. *Wir alle können etwas tun*, um ethisch korrekt zu handeln. So können wir *unseren Konsum* auf nachhaltige Produkte konzentrieren, sei es die Vermeidung von Plastikmüll, die Bevorzugung von Elektroautos, die Nutzung öffentlicher Verkehrsmittel. Wir zwingen durch unsere Konsumentscheidungen die Hersteller, nur auf nachhaltige Produkte zu setzen und umweltschädliche Produkte oder Verfahren zu vermeiden; wir interessieren uns auch für die Hintergründe der Herstellung wie die Vermeidung von Kinderarbeit etc. Das beste Beispiel dafür sind Bioprodukte aber auch die Verpflichtung von Branchen wie die Kreuzfahrt oder die Luftfahrt, auf alternative Antriebe zu setzen oder Unternehmen generell, alle Facetten ihrer unternehmerischen Wertschöpfung auf Nachhaltigkeit und Sozialstandards zu überprüfen: Marketing, Produktion, Einkauf und Lieferketten, Entwicklung, Verwaltung etc. Künftig wird der Markt, also wir, Unternehmen *durch ausbleibenden Konsum bestrafen*, die sich diesen Anforderungen und Wünsche der Verbraucher nicht unterwerfen wollen. Ferner müssen wir uns genau überlegen, ob nicht manchmal „weniger" mehr ist d. h. Konsumzurückhaltung. Vielleicht müssen es nicht immer fünf Paare modische Sneaker sein. Zwei Paare reichen vielleicht auch.

Neben der *Konsumentenethik* gibt es noch viele weitere Ansätze einer wertvollen Individualethik: So z. B. die *Investorenethik*, die die Verantwortlichen dazu zwingt, in ethisch einwandfreie Produkte – d. h. umweltverträgliche, keine Verstöße gegen die Menschenwürde wie etwa die Spekulation auf Lebensmittel, die die Preise an der Börse künstlich verteuern mit dem Nachteil, dass gerade ärmere Länder nicht mehr genügend Lebensmittel für ihre Bevölkerung zu erschwinglichen Preisen einkaufen können – zu investieren. Vielleicht reicht manchmal auch ein auskömmlicher Gewinn. Der Gewinn muss nicht immer bis zum Äußersten ausgereizt werden, wenn dadurch Menschen zu Schaden kommen (s. Lebensmittel-Spekulation). Diese Beispiele sollen an dieser Stelle reichen, um Absatzpunkte für ein individualethisches Verhalten aufzuzeigen. Gerade die Corona-Pandemie hat gezeigt, dass wir untereinander *sehr solidarisch* miteinander umgehen können, wenn wir wollen.

So haben sich die Menschen in Deutschland aber auch in vielen Teilen der Welt mehrheitlich an die national und regional vorgegebenen Regeln gehalten: *AHA+L* d. h. *A*bstand wahren, *H*ygiene wie Hände regelmäßig waschen und desinfizieren, *A*temschutzmaske anziehen, vor allem wenn ein ausreichender Abstand nicht gewährleistet werden kann und regelmäßig *L*üften. Viele Mitbürger haben sich auch mit den während der Pandemie niederliegenden Branchen wie etwa die Gastronomie oder auch die Kulturindustrie durch Bestellung von Mahlzeiten „to go" oder dem Verfolgen von Online-Konzerten mit entsprechender Geldspende – zum Teil auch ohne vorherige Leistung – solidarisch gezeigt. Wenn sich unser ökonomisches Handeln künftig *stärker am Gemeinwohl orientiert*, haben wir einen großen und richtigen Schritt in eine neue, solidarischere Wirtschaftsordnung gemacht. Dazu ist allerdings notwendig, dass nicht nur aber auch vor allem die Meinungsführer ein ethisches Curriculum, eine *fortwährende Ausbildung und Schulung zu Themen moralischen Handelns* durchlaufen.

Moralische Bildung der (künftigen) Meinungsführer

Moralisches Handeln beruht u. a. auf der Ausbildung von Tugenden, Werten und dem richtigen Verhalten. Dieses wiederum ist eine Frage des theoretischen und praktischen Wissens, der Persönlichkeit und der Erfahrung des „richtigen" Handelns. In dem Abschnitt über die „Ethik für alle" (Gabriel 2020, S. 329 ff., folgendes Zitat S. 330) weist der Philosoph Markus Gabriel zu Recht darauf hin, dass wir „… anderen Lebewesen ebenso wie unserem Planeten (der Umwelt) gegenüber moralische Verpflichtungen (haben), ob uns dies alles passt oder nicht." Wir lernen als Kinder, dass wir keine anderen Kinder schlagen, treten oder sonst wie verletzen sollen. Dort wird soziales Verhalten eingeübt, den jeweils anderen mit Würde zu begegnen, solidarisch mit anderen zu sein, zu teilen etc. Wir lernen anhand unserer Vorbilder, der Eltern, der Geschwister, der Erzieher und Erzieherinnen im Kindergarten, der Lehrer und Lehrerinnen in der Schule wie wir uns korrekt zu verhalten haben etc. Dazu zählt auch nicht zu stehlen, lügen oder Straftaten zu begehen etc. Der kategorische Imperativ (s. Abschn. 3.3 und Gabriel 2020, S. 144 ff.) weist uns den richtigen Weg auf Basis einer inneren sozialen Verpflichtung heraus, gepaart mit eingeübten Tugenden und Werten. Wie aber stellen wir sicher, dass wir alle zu moralisch korrekt handelnden sozialen Wesen heranreifen? Dies gilt nicht nur, aber im besonderen Maße für die uns hier interessierenden Meinungsführer der Wirtschaft, also Führungskräfte und Unternehmer.

Es wird nicht ohne die *Vermittlung und das Vorleben ethischer Werte bereits im Kleinkinder-Alter* gehen und zwar unabhängig von der Herkunft, Religion, Geschlecht oder sozialer Klasse (vgl. dazu die aufschlussreiche Passage bei Gabriel 2020, S. 336, vor allem auch seine Überlegungen zur transdisziplinären Reflexion, die ich sehr begrüße als „Grenzgänger" zwischen Ökonomie und Philosophie). Das bedeutet konkret, dass es bereits im Kindergarten und in der Schule je nach Auffassungsgabe der Kinder und Jugendlichen im jeweiligen Alter, eine *verpflichtende Ethik-Schulung* geben sollte. Während im Kindergarten etwa durch entsprechende Spiele ethische und unethische (etwa Mobbing, Ausgrenzung „Du darfst nicht mitspielen") Verhaltensweisen exemplarisch dargestellt werden, können in der Schule je nach Jahrgangsstufe und Schulform in vereinfachter Form ethische Grundprinzipien erläutert und an einem Beispiel erklärt werden. Sicherlich wird der kategorische Imperativ Kants oder die Mitleidsethik Schopenhauers in ihren Grundzügen zumindest in der Mittel- und Oberstufe leichter zu vermitteln sein als die moralischen Überlegungen Hegels. Vielfach passiert dies bereits, etwa im altphilologischen Unterricht, in der die Stoiker und Epikurer aber auch Cicero, Platon und Aristoteles und deren Ethikverständnis zum großen Teil Gegenstand der Erläuterungen sind. In der Oberstufe existiert mittlerweile häufig ein dezidiertes Unterrichtsfach Ethik, was früher, etwa zu meiner Schulzeit während der 1980er-Jahre in Baden-Württemberg, nur als Kompensationsfach zu einer abgewählten Religionslehre diente.

Dass es Bedarf an solchen Schulungen und Diskussionen gibt, lässt sich unschwer an der großen Herausforderung des *Mobbings* in den Schulen erkennen (vgl. etwa Leye 2014). Es handelt sich dabei nicht etwa um ein Kavaliersdelikt oder um harmlose Neckereien in der Schule. Dies zeigt der Fall einer elfjährigen Berliner Schülerin (vgl. Tagesspiegel 2019, wobei es überall in Deutschland hätte passieren können): Die Schülerin sah sich jahrelange Mobbingattacken und Gewalt ausgesetzt, bis sie sich schließlich nicht anders zu helfen wusste, als sich selbst zu töten. Mobbing kann verschiedene Formen annehmen wie Ausgrenzung, Gewalt, persönliche Dinge stehlen oder beschädigen, Schulranzen leeren und viele weitere, schlimme

Erfahrungen (vgl. Tagesspiegel 2019). Mobbing macht auch nicht vor den Sozialen Medien Halt. Wüste Beschimpfungen, Beleidigungen oder persönliche Diffamierungen passieren auch rund um die Uhr im Netz und gehen im Extrem bis zur Aufforderung der Selbsttötung.

Häufig werden sogenannte Außenseiter gemobbt aufgrund ihrer Individualität, weil sie der Gruppennorm nicht entsprechen. Das Perfide ist, dass diejenigen, die beim Mobben nicht mitziehen, selbst gemobbt werden und daher *nolens volens* mitmobben. Es gibt sicherlich verschiedene Ansätze, mit dem Thema Mobbing umzugehen. Einer ist sicherlich, empathische Fähigkeiten von klein auf zu lernen, vor allem im Elternhaus: Bestimmte Dinge tut man einfach nicht. In Zeiten des Internets und der Sozialen Medien, aber vor allem während der Corona-Pandemie findet sich darüber hinaus eine Zunahme von sogenannten „*Cybermobbing*-Attacken" wie etwa pornografische Links auf das Handy schicken, Buchungen von Urlaubsreisen oder Vertragsabschlüsse für Mobiltelefone auf den Namen der Mobbingopfer etc. (vgl. Czycholl 2020). Gut jeder sechste Schüler in Deutschland (17,3 Prozent!) ist laut einer aktuellen Studie bereits Opfer von Anfeindungen und Bloßstellungen im Netz geworden (vgl. Czycholl 2020).

Mobbing beschränkt sich aber nicht auf die Schulen. So gibt es im beruflichen Alltag verschiedene Spielarten des Mobbings, vereinfacht ausgedrückt „alle gegen einen" (vgl. Franke 2017): Ständige zum Teil unberechtigte Kritik an der Arbeit und dem Privatleben, Anschreien, Schimpfen, abwertende Gestik und Mimik, Behandlung wie Luft, separater Arbeitsraum ohne sozialen Kontakt zu den Arbeitskollegen etc. Ferner werden Gerüchte verbreitet, Mitarbeiter systematisch „schlecht geredet", man macht sich permanent lustig über jemanden. Besonders widerlich sind sexuelle Übergriffe in aller Form, etwa verbale Äußerungen oder ungewollte Annäherungen. Eine weitere Form des Mobbings der schlimmsten Form sind sinnlose, zu simple oder gar keine konkrete Aufgaben zuzuweisen („bore out" = sich zu Tode langweilen), um den Betroffenen, die Betroffene zu demoralisieren und zum Kündigen zu bewegen. Schließlich gibt es auch vereinzelt den Zwang zu gesundheitsschädlichem Arbeiten oder gar physische Schäden (vgl. Franke 2017).

Diese ausgewählten Beispiele zeigen, wie wichtig *moralisch einwandfreies Verhalten in allen Lebensbereichen* ist. Für herausgehobene Funktionen der Gesellschaft, etwa Führungskräfte und Unternehmer mit Sorgfaltspflicht gilt dies in besonderem Maße. Daher wird es künftig zum Standard-Curriculum angehender Führungskräfte gehören müssen, *ethische Standards zu lernen und anwenden zu können*. In einigen Universitäten gehört das Fach Wirtschafts- und Unternehmensethik zu einem verpflichtenden Teil der Managementausbildung, etwa an der TU München oder an der Universität Mannheim. Dabei werden, basierend auf einem klar umrissenen Wertekanon, auch die wesentlichen Pflichten und Kriterien für eine ethische Führung vermittelt (vgl. u. a. Jäkel 2020):

Gefordert wird zudem eine *Mitarbeiterorientierung* im Sinne eines klaren Einsatzes für die Belange und Bedürfnisse der Mitarbeiter, was soziale und empathische Fähigkeiten aber auch die Sensibilität für diese Themen voraussetzt. Mitarbeiter sollten vor allem alle *fair*, d. h. je nach ihren Leistungen gleich und nachvollziehbar behandelt werden. Die *Rollen, Erwartungen und Ziele sind klar*, die Mitarbeiter werden wertschätzend behandelt. Die Zusammenarbeit ist geprägt von Vertrauen und Integrität d. h. jeder hält sich daran, was er oder sie verspricht. Die *Ideen* aber auch Ängste der Mitarbeiter werden *berücksichtigt*. Dabei gibt die Führungskraft *ethische Regeln* vor, etwa die

Verurteilung jeglicher Art der Diskriminierung oder des Mobbings. Schließlich sollte das Interesse und die Berücksichtigung der Nachhaltigkeit im Sinne der Umwelt vorgelebt und an die Mitarbeiter weitergegeben werden. Diese genannten Regeln und Führungskriterien sollen nur als Beispiele dienen, wie eine ethische Führung aussehen könnte. Die Inhalte sollten nicht nur an den Universitäten bzw. weiterführenden Schulen, sondern auch *verpflichtender Teil der Mitarbeiter-Weiterbildung* bzw. des *Führungskräftetrainings* sein bzw. werden. Eine Ethik-Schulung und Weiterbildung auf allen Ebenen. Die Nicht-Einhaltung der Regeln sollte entsprechend sanktioniert werden im Sinne von Nachteilen in der persönlichen Entwicklung bis hin zu Abmahnung und im schlimmsten Fall der Kündigung des Arbeitsverhältnisses.

Je höher sich in der Hierarchie innerhalb eines Unternehmens eine Führungskraft befindet, umso bedeutender wird das Vorleben einer ethischen Führung. Vor allem Unternehmenslenker, Vorstände und Geschäftsführer sind im besonderen Maße gefordert, die Mitarbeiter als Menschen und als Personen anzusehen und entsprechend wertschätzend im oben angesprochenen Sinne zu behandeln. Das soll nicht heißen, dass das heute nicht schon in den meisten Fällen so gelebte Praxis ist. Wichtig ist nur, dass sich jede Führungskraft, jeder Top Manager und Managerin der besonderen Verantwortung bewusst ist, die sie für sich und ihre untergebenen Mitarbeiter haben. Der Theologe Hans Küng drückt es so aus (Küng 2010, S. 208):

„Es dürfte Konsens darüber bestehen, dass dies alles, dass Führungsstärke, Führungseffektivität nicht nur mit Aktionen und Strategien, sondern auch mit *Haltung, Charakter, Persönlichkeit* zu tun hat. Führen durch Persönlichkeit, mit Kopf *und* Herz. Deshalb meine Frage: Haben Haltung, Charakter, Persönlichkeit nicht zugleich mit *Integrität, Mo-*

ralität, Ethos zu tun? Nicht nur mit Ethik als Lehre, sondern mit *Ethos als innerer sittlicher Haltung.* Und hat Ethos nicht mit Wertorientierungen, Deutungsmuster und Handlungsmaßstäben zu tun und daher nicht selten – direkt oder indirekt – auch mit der Erziehung, oft auch mit religiösen Überzeugungen, positiven oder negativen Erfahrungen?"

Allerdings, so würde ich einschränken, ist die Religiosität des Managers nicht zwingende Voraussetzung für ein ethisches Verhalten. Dennoch trifft Küng hier den Punkt, wenn er die innere Haltung und die Persönlichkeit von Führungskräften anmahnt. Eine entsprechende wiederholte ethische Schulung der Führungskräfte ist sicher von wesentlicher Bedeutung für die Zukunft.

5.2 Unternehmensethik: Was müssen Unternehmen beachten?

Immer mehr Kunden erwarten von Unternehmen nicht nur qualitativ hochwertige Produkte zu einem wettbewerbsfähigen Preis, sondern auch verantwortungsvolles Handeln in der Gesellschaft. Unter dem Stichwort „*Corporate Social Responsibility*", kurz CSR, genannt, verbirgt sich die Anforderung an Unternehmen, die Auswirkungen ihrer Aktivitäten auf die Umwelt, die natürlichen Ressourcen und die Gesellschaft als Ganzes zu berücksichtigen (vgl. im Folgenden u. a. Polwin-Plass und Halfmann 2020). Viel wichtiger als die Frage, wie ein Unternehmen sein Geld ausgibt, ist die Frage, wie ein Unternehmen sein Geld *verdient.* Es wird immer häufiger darauf geachtet, unter welchen Bedingungen die Produkte im jeweiligen Land hergestellt werden. So kann ein T-Shirt, das nur wenige Euro kostet, in der Regel nur sehr schwer mit fairen Löhnen im Herkunftsland hergestellt werden. Überlange Arbeitszeiten von 70 Stunden pro Woche für nur 50 Euro Lohn (vgl. Polwin-Plass und Halfmann 2020), kann nicht mit einem ethischen Geschäftsgebaren in Einklang gebracht werden. Kunden auf der ganzen Welt werden immer sensibler bezüglich der Frage, wo die Produkte und die entsprechenden Rohmaterialien herkommen und welche Auswirkungen dies auf die beteiligten Menschen, Tiere oder die Umwelt hat.

Der Münchner Kardinal Reinhard Marx hat diese Verantwortung von Unternehmen einmal so ausgedrückt (Marx 2008, S. 231 f.):

> „Die Verantwortung von Unternehmen und ihren Managern reicht über die Aktionärs- und Gesellschafterversammlungen hinaus. Weil betriebswirtschaftlicher Erfolg in nicht geringem Maße auch von den gesellschaftlichen Rahmenbedingungen abhängt, muss von den in der Wirtschaft Verantwortlichen erwartet werden können, über die innerbetrieblichen Erfordernisse sozialer Verantwortung hinaus zur Gestaltung der sozialen, gesellschaftlichen und politischen Umwelt beizutragen. Denn in einer freiheitlichen Wirtschafts- und Gesellschaftsordnung erfüllt der Unternehmer nicht nur eine unverzichtbare ökonomische Funktion. Viel mehr als das ist er zugleich Träger moralischer Verantwortung für den Erhalt und die Fortentwicklung dieser Ordnung."

Dies setzt hohe Maßstäbe an die Unternehmen und deren verantwortliche Manager. Der Schweizer Theologe Hans Küng ergänzt die Anforderungen um die Forderung, Unternehmen mögen keinen Schaden an der Gesundheit ihrer Mitarbeiter im Sinne der Ausbeutung und der Umwelt anrichten (vgl. Küng 2010, S. 300 f.). Zur Beurteilung der Leistung von Unternehmen und Managern seien neben betriebswirtschaftlichen und technischen Kriterien zwin-

gend auch langfristig wirkende CSR-Elemente heranzu-
ziehen. Beförderungen und generell Personalentwicklungen
seien vom moralischen und „CSR-kompatiblen" Verhalten
abhängig: nicht der egoistisch auf seinen eigenen Vorteil be-
dachte Manager, der die Rendite optimiert sollte gefördert
werden, sondern der, der dem aus CSR abgeleiteten Kodex
folgt (vgl. Küng 2010, S. 302). Küng fordert sogar explizit
eine ethische Ausbildung der Manager mit praxisnahen,
konkreten Fallstudien (vgl. Küng 2010, S. 303).

Ansätze für ethisches Verhalten von Unternehmen gib es
mittlerweile viele. Sie reichen von Fair Trade-Ansätzen (vgl.
etwa Oermann 2015, S. 76 ff.), bei denen die in den Produkten steckende Arbeit so bezahlt wird, dass man davon
leben kann und die Produkte selbst umwelt- und sozial ver-
träglich hergestellt werden. Kinderarbeit ist selbstverständlich verpönt. Weitere Ansätze sind sogenannte *Mikrokredite*,
bei denen mittellose und damit vermeintlich kreditun-
würdige Unternehmer etwa in Bangladesch einen Kredit
zum Kauf von Rohstoffen und Maschinen erhalten und
diesen dann durch den Erlös ihrer zumeist handwerklichen
Erzeugnisse bei niedrigen Zinsen zurückzahlen (vgl. Oermann 2015, S. 87 ff.). Dieses Konzept geht auf den Öko-
nomieprofessor Muhammed Yunus zurück, der der Meinung war, dass es für viele dieser Unternehmer eine Frage
der Ehre war, diese Kredite zurückzuzahlen. So wurden 99
Prozent dieser Mikrokredite wieder zurückgezahlt (vgl.
Oermann 2015, S. 89). In die gleiche Richtung zielen alle
Maßnahmen zur Erhöhung der Nachhaltigkeit von Unternehmen und auch ein Mindestlohn, der die Arbeitnehmer
vor der Verarmung und Ausbeutung schützen soll.

Weitere Konzepte betreffen die sogenannte „*Compliance*"
(= englisch für Einhaltung und Befolgung) in Unternehmen (vgl. im Folgenden vor allem Lütge und Uhl 2018,
S. 161 ff.). Ziel dieser Compliance-Regeln ist die Vermeidung von unternehmensschädlichem Verhalten wie

etwa Korruption, Verstöße gegen das Kartellrecht oder etwa den Datenschutz und die entsprechenden internen Richtlinien und Maßnahmen dagegen. Als Maßnahmen gegen Compliance-Verstöße haben sich verschiedene Instrumente bewährt (vgl. Lütge und Uhl 2018, S. 176 ff.):

Verhaltenskodizes, die den Mitarbeitern eindeutige Verhaltensrichtlinien mit auf den Weg geben, an denen sie sich orientieren können. So wird dort etwa die Wertschätzung im Umgang mit Mitarbeitern, Kollegen und Vorgesetzten ebenso hochgehalten wie das Verbot der Diskriminierung oder die Verfolgung gesellschafts- und umweltpolitische Ziele. Dieses alles wird unterlegt und verstärkt mit umfangreichen und wiederholten, permanent aktualisierten, Compliance-Schulungen. Dazu gehört ein umfangreiches Compliance-Konzept, angefangen von einer dezidierten Organisationseinheit im Unternehmen inklusive einem „Chief Compliance Officer", der möglichst hierarchisch weit oben angesiedelt ist bis hin zu klaren Zielen und Maßnahmen und der regelmäßigen Kontrolle (vgl. Lütge und Uhl 2018; Schaubild S. 181). Bisweilen haben sich auch „*Whistle-Blower-Systeme*" bewährt, bei denen beobachtetes Fehlverhalten einzelner Mitarbeiter einer zentralen Stelle gemeldet werden kann (vgl. Lütge und Uhl 2018, S. 177). Dies kann auch in anonymisierter Weise erfolgen. Ansätze zur CSR sind zahlreich (vgl. Lütge und Uhl 2018, S. 212 ff.).

Neueste Entwicklungen und Trends im Bereich von CSR zeigen (vgl. u. a. Everfi 2020), dass dieses Konzept zum nachhaltigen und sozial verantwortlichen Handeln von Unternehmen zunehmend umfassender und wichtiger wird. So werden alleine die Ziele, die CSR verfolgt, zu Recht immer anspruchsvoller. Unternehmen sollten künftig auch durch soziale Projekte dazu beitragen, dass Armut und Hunger in der Welt beseitigt werden, jedes Kind weltweit Zugang zu einem qualitativ hochwertigen Bildungs-system hat und die Gesundheit für alle erhalten bleibt oder wiederhergestellt wird (vgl. Everfi 2020). Dies ist gerade in Zeiten von Corona ein sehr ambitioniertes Unterfangen. Aktivitäten reichen von Geldspenden über einen *befristeten Mitarbeitereinsatz* zur Verteilung von Impfstoffen – die Mitarbeiter werden zum Teil bei voller Vergütung dafür freigestellt – bis hin zur Produktion und kostenlosen Ver-teilung von Atemschutzmasken. Ferner sollten Unterneh-men ihren Beitrag dazu leisten, die Ungleichheiten in der Welt zu reduzieren und den Klimawandel zu bekämpfen.

Kleine Gesten wie etwa das Pflanzen eines Baumes für einen entsprechenden Produktumsatz sind nur ein erster Schritt in die richtige Richtung. Freiwillige Mitarbeiter-aktivitäten, bei denen Mitarbeiter und Mitarbeiterinnen in deren Freizeit sich in verschiedenen sozialen und Umwelt-projekten einbringen, wäre ein weiterer Schritt. Unterneh-men sollten ihre Mitarbeiter nicht nur ermutigen, einen solchen Schritt zu gehen, sie sollten auch mit einem guten Beispiel vorangehen und solche Initiativen subventionieren bzw. (unternehmens)öffentlich auszeichnen. So schaffen sie einen Anreiz für weitere Mitarbeiter, sich in diesem Sinne zu engagieren. Unabhängig davon, dass Mitarbeiter einen zusätzlichen „Purpose", einen sinnerfüllten Zweck ihrer Tätigkeit erkennen und dies die Loyalität zum Unterneh-men stärkt, schafft dies so auch eine *solidarische und wert-schätzende Unternehmenskultur*, die auch in der täglichen Zusammenarbeit hilft.

Der zukünftige Weg von CSR sollte ähnlich verlaufen wie der bedeutender Unternehmens-strategien, etwa wie die der Internationalisierung: CSR muss *Teil der vom Top Management formulierten und von allen mitgetragenen Unter-nehmensvision werden*, auf deren Basis klare CSR-Ziele, Strategien und Maßnahmen abgeleitet werden. Klare Formulierungen wie „Wir wollen das nachhaltigste Unternehmen unserer Branche werden und gleichzeitig die gesellschaftlichen Herausforderungen unserer Zeit bekämpfen wie etwa Hunger, Armut, Ungleichheit und vieles mehr." Aus dieser Vision muss dann eine klare und umfassende Strategie abgeleitet werden, wie diese Vision zu erreichen ist. So könnten unter Federführung eines *Chief CSR-Officers* und einer dezidierten Organisationseinheit die Unternehmensziele wie Optimierung der Nachhaltigkeit und des sozialen Engagements auf einzelne betriebliche Funktionen heruntergebrochen werden. Jeder Ressortverantwortliche bekommt auch ein klares CSR-Ziel in seine *Balanced Scorecard* d. h. sein aus verschiedenen Zielen bestehendes Raster hineinformuliert, was wiederum in einzelne Geschäftsbereiche hinein konkretisiert wird.

So setzt sich z. B. die US-Firma Nike proaktiv gegen Rassismus ein, indem sie riesige Plakate von Colin Kaepernick, einem berühmten Football-Spieler, aufhängen lässt. Dieser hatte sich zum Zeichen der Solidarität mit der afroamerikanischen Bevölkerung in Amerika während des Abspielens der Nationalhymne niedergekniet. Nike zeigte mit dieser Plakatserie, dass sie diese Anti-Rassismus-Kampagne aktiv unterstützt (vgl. Wiebel 2018). Oder die österreichische Firma „BioBär", die regionale, nachhaltige Produkte aus Österreich in ihrem Onlineshop vertreibt. So sind die selbst hergestellten Wasch- und Reinigungsmittel gemäß eigenen Angaben rein vegan hergestellt und ohne Auswirkungen auf die Tierwelt. Die Landwirte, die viele Produkte herstellen, dürfen sich nur beteiligen, wenn ihre Produkte ökologisch einwandfrei hergestellt werden. Erst nach Vergabe eines Gütesiegels von BioBär, das hohe Hürden vorsieht, dürfen die Produkte vertrieben werden. Selbst der Produktversand erfolgt nach ökologischen Kriterien von dezentralen Partnern mit geringen Transportwegen (vgl. Ethikguide 2020).

Auch die Automobilhersteller haben sich der nachhaltigen Produktion verschrieben. So hat z. B. Daimler eine „Factory 56" entwickelt, eine Hightech-Produktion, bei der das Thema Nachhaltigkeit im Zentrum der Überlegungen stand (vgl. Burzer 2020). So wurde bereits bei der Frontfassade des Baus recyclebarer Beton verwendet, die Dachflächen sind zu 40 Prozent begrünt, die Produktion ist komplett auf digitale Prozesse umgestellt und somit papierlos (vgl. Burzer 2020). Die Produktion als solches erfolgt von Beginn an CO_2-neutral. 30 Prozent des Strombedarfs der Montagehalle wird durch die eigene Photovoltaikanlage hergestellt. Auch die Transportlogistik zu dem Werk soll durch einen CO_2 freien Schienenverkehr durchgeführt werden. Dieses Werk soll zur Blaupause für alle Werke von Daimler werden (vgl. Burzer 2020).

Es ließen sich noch unzählige Beispiele in allen Wertschöpfungsbereichen eines Unternehmens finden, die systematisch nach Optimierungspotenzialen im Bereich Umwelt aber auch Soziales zu durchforsten sind: Von der entsprechenden Personalauswahl – ökologiebewusster Mitarbeiter und Führungskräfte – über die Analyse der Lieferketten zur Entwicklung und dem Vertrieb der Produkte. Es würde hier zu weit führen, sämtliche Funktionen eines Unternehmens in ihren detaillierten Prozessen durch zu deklinieren mit dem Ziel, die Nachhaltigkeit zu optimieren. Wichtig ist, dass künftig jedes Unternehmen bestrebt sein sollte, die *Themen der Menschheit, des Umweltschutzes und des Tierwohls* in ihren Aktivitäten zu berücksichtigen und zu verinnerlichen. Dabei kann nur ein *ganzheitliches Konzept* helfen, dass von der Vision über die Ziele, die Strategien und Maßnahmen in allen Geschäftsbereichen des Unternehmens die Optimierungen vorantreibt. Dabei sollte auf den reichen Erfahrungsschatz und den Ideenreichtum der Mitarbeiter zurückgegriffen werden. Dies hilft nicht nur, die Meinung der einzelnen Mitarbeiter zu wertschätzen, sondern gemeinsam mit allen Beschäftigten ein nachhaltiges und sozial verantwortungsbewusstes Unternehmen – und eine entsprechende Unternehmenskultur – zu schaffen. Zufriedene Mitarbeiter, die ihren „*Purpose*" im Unternehmen finden, werden der Dank dafür sein (zur Vertiefung einzelner Aspekte der Unternehmensethik vgl. u. a. Göbel 2020).

Diesen Gedanken des Sinns oder *Purpose*, den Unternehmen schaffen sollten, möchte ich nachfolgend noch etwas genauer erläutern. Unternehmen und ihre Lenker sind nicht nur für ihre Mitarbeiter und deren Arbeitsplätze verantwortlich, sondern tragen auch zunehmend eine Verantwortung für die Gesellschaft und die Umwelt. Nicht erst seit die Fridays for Future-Bewegung einen gesellschaftlichen Nerv getroffen zu haben scheint (mit Recht), werden Unternehmen und ihre Top Manager zunehmend gezwungen umzudenken: Welche Auswirkungen meiner unternehmerischen Aktivitäten existieren für die Umwelt, welchen möglicherweise schädlichen Beitrag leiste ich zum Klimawandel? Kann ich für mich, meine Familie und die Gesellschaft an sich ruhigen Gewissens sagen, dass meine berufliche Tätigkeit einen sinnvollen Beitrag zur Gesellschaft liefert? Immer mehr Unternehmer und Unternehmenslenker fragen sich, wofür eigentlich ihre Firma steht, welchen Sinn vermittelt sie oder neudeutsch: welchen *Purpose*? Viele Arbeitnehmer traten in der Vergangenheit in ein Unternehmen ein, verließen es häufig erst nach vielen Jahren, zumeist sogar erst mit dem Ruhestand. Die Frage nach dem Sinn und Zweck des Unternehmens stellte sich dabei nicht oder nur selten.

Die heutige Generation der Arbeitnehmer, die jungen Leute, die den *Baby Boomern* in den nächsten Jahren ins Arbeitsleben folgen, stellen viel häufiger die Frage nach dem Purpose eines Unternehmens bevor sie dort anheuern.

So gaben 87 Prozent der Befragten einer Umfrage der Columbia Business School zu Protokoll, „dass Unternehmen nicht nur Gewinne erwirtschaften, sondern auch einen Wert für die Gesellschaft stiften sollten." (Gontek 2020). So verkauft Edeka nicht nur Lebensmittel, sondern kann auch glaubhaft vermitteln, dass es den Mitarbeitern auch um Qualität, Herkunft und Hygiene der Lebensmittel geht (vgl. Gontek 2020). Der Slogan „Wir lieben Lebensmittel" soll diesen Sinn des Daseins entsprechend untermauern. Doch dies ist nur der sichtbare Teil der Veränderung, die im Gange ist. Die Mitarbeiter eines Unternehmens wollen noch viel stärker als das in den früheren Generationen der Fall war, an etwas Sinnvollem arbeiten, was ihnen nicht nur Spaß macht, sondern auch Sinn und Erfüllung stiftet. Die Auswahl der Arbeitgeber wird diesbezüglich künftig viel selektiver und anspruchsvoller werden.

Pionierunternehmen im Zeichen einer stärkeren Purpose-Orientierung wollen eher einem höheren Ziel dienen, sie widmen sich einem großen oder sogar ehrenvollen Sinn und definieren betriebswirtschaftliche Kennziffer wie Absatz, Umsatz und Gewinn im Handumdrehen um und degradieren sie zu nachgelagerten Größen (vgl. Veken 2016). Beispiele dafür sind SpaceX, die die Besiedlung des Mars zu einer Mission der Menschheit definieren. Viva con Aqua will das Problem der mangelnden Wasserversorgung in den Problemzonen der Welt beheben, ein Meilenstein in der Geschichte der Menschheit. Lego arbeitet für das gute und kreative Spielen auf der Welt. Starbucks will seine Cafés zu dem dritten Platz („Third Place") in unserem Leben machen neben der Arbeit und dem zu Hause (aus heutiger Sicht des Homeoffices vermutlich sogar der zweite Platz, vgl. Veken 2016). Was sich für manchen Leser wie eine *esoterische Überlegung* anhört, der sei darauf aufmerksam gemacht, dass eine US-amerikanische Studie zu dem

Ergebnis kommt, dass 90 (!) Prozent der befragten Arbeitnehmer ihren Arbeitgeber wechseln oder sogar auf einen Teil ihres Gehalts verzichten würden, wenn sie im Gegenzug *mehr Sinn* während der Arbeit erlebten (vgl. Butterhof 2020).

Eine verstärkte Fokussierung eines Unternehmens auf Purpose verbessert sogar tatsächlich die betriebswirtschaftlichen Kennziffern eines Unternehmens. So wächst der Unternehmenswert am Aktienmarkt zehnmal stärker als in durchschnittlichen Unternehmen, es wird 20 Prozent mehr Umsatz generiert, eine hohe Mitarbeiterzufriedenheit erzeugt bei entsprechend höheren Mitarbeiterengagement. Schließlich *verfünffacht* sich die Loyalitätsrate gerade der jungen Mitarbeiter, der „Millenials" d. h. der rund um die Jahrtausendwende geborenen (vgl. Butterhof 2020).

Es geht allerdings bei dem Gedanken des *Purpose* eines Unternehmens weniger darum, ein gutes Image nach außen zu erzielen oder möglichst viele talentierte junge Mitarbeiter in das Unternehmen zu bringen und an sich zu binden, sondern um den *Purpose-Wert an sich*. Folgen wir dem Gedanken, dass die Ökonomie dem Wohl der Gesellschaft und den Menschen darin dienen soll, dann müssen auch Unternehmen einen Beitrag dazu leisten. Das heißt konkret, dass Unternehmen sich u. a. dafür einsetzen müssen, die Abgabensysteme fairer und solidarischer zu gestalten d. h. etwa auf Steuervermeidungen um jeden Preis zu verzichten (vgl. Broock und Suchanek 2020, S. 24). Gesellschaftliche Probleme sollten zu Problemen des Unternehmens werden, also etwa sich und ihre Mitarbeiter zum Teil auf freiwilliger Basis gegen die steigende Ungleichheit einzusetzen, Hunger und Gewalt zu bekämpfen oder auch sich in humanitären Projekten zu engagieren.

Broock und Suchanek stellen dabei die interessante Frage, die Unternehmen und ihre Mitarbeiter für sich beantworten müssen (Broock und Suchanek 2020, S. 24): „Welche Mittel der Gewinnerzielung, des Wachstums und Wettbewerbs wollen wir, ausgehend vom Menschen als letztem Zweck, weiterhin zulassen? Welche Formen der Schädigung müssen wir unterbinden?" Stichwort Menschenrechtsverletzungen in der Lieferkette, Wachstum auf Kosten nachfolgender Generationen etc. (vgl. Broock und Suchanek 2020). Dabei wird nicht zu Unrecht auch die Frage nach dem dazu passenden Wirtschaftssystem gestellt. Diesem Gedanken wollen wir uns im Folgenden widmen.

5.3 Ethik des Wirtschaftssystems: Die beste aller möglichen Wirtschaftswelten

Die Soziale Marktwirtschaft hat sich in Deutschland nach dem Zweiten Weltkrieg als wahres Erfolgsmodell und als Glücksfall für die junge Bundesrepublik Deutschland herausgestellt (vgl. Abschn. 4.4). Nach den schrecklichen Jahren des Nationalsozialismus bahnte sie den Weg eines neu formierten Deutschlands in einen noch nie gekannten Wohlstand (vgl. im Folgenden BMWi 2020). Die Nachfrage nach allen Gütern des täglichen Bedarfs war hoch, das Angebot war nicht oder nicht ausreichend vorhanden und lag buchstäblich in Trümmern. Die neu oder wieder etablierten Unternehmen produzierten in ihren neuen Fabriken in Rekordgeschwindigkeit und großen Mengen. Dennoch gelang es die ersten Jahre kaum, den wachsenden Bedarf an Waschmaschinen, Bügeleisen, weiteren Haushaltsartikeln oder schlicht Wohnmöbeln zu decken. Der Krieg hatte buchstäblich fast alles vernichtet und alle Haushalte mussten sich wieder neu eindecken. Die Währungsreform 1948 lieferte passend dazu die Deutsche Mark, die in ihrer Stabilität und Bedeutung den Wirtschaftsaufschwung beflügelte. Im Laufe der 1950er-Jahre verdreifachte sich das Bruttosozialprodukt. Die Fahrzeugindustrie verfünffachte sogar ihre Produktion. Es herrschte Vollbeschäftigung. Der Bedarf an Gütern des täglichen Lebens war dabei im Vergleich zu heute nur zu einem geringen Teil gedeckt: So verfügten nur 27,3 Prozent der deutschen Haushalte in der Bundesrepublik 1962 über ein Auto, nur 34,4 Prozent über einen Fernseher, 34 Prozent eine Waschmaschine und nur ein Drittel der Deutschen fährt in dieser Zeit einmal im Jahr in den Urlaub (vgl. BMWi 2020). Der Wohlstand nahm im Durchschnitt für alle Haushalte sukzessive zu.

Auch in den Jahren 1966 bis 1982 stieg der Wohlstand weiter (vgl. BMWi 2020, 1966–1982), wiewohl in deutlich abgeschwächter Form. Arbeitslosigkeit und Staatsverschuldung erhöhten sich, die Ölkrise 1973/74 führte die deutsche Wirtschaft in eine Rezession. Die Älteren unter uns werden sich an autofreie Sonntage erinnern, an denen man auf den Straßen – und zum Teil auch auf den Autobahnen – spazieren gehen konnte. Während die westdeutsche Wirtschaft in den 1950er-Jahren noch bis Mitte der 1960er-Jahre im Durchschnitt um gut 8 Prozent wuchs, begann die erste Rezession 1967 mit einem ersten Rückgang des Bruttosozialprodukts (vgl. BMWi 2020). Folgerichtig wurde 1967 ein „Stabilitätsgesetz" etabliert, dass sowohl die Vollbeschäftigung, die Geldwertstabilität als auch das Wirtschaftswachstum und das außenwirtschaftliche Gleichgewicht gemeinsam im Einklang halten sollten. Doch nach den zwei Krisen ging es wieder weiter nach oben, der Wohlstand wuchs. 1978 verfügten bereits über 93 Prozent der westdeutschen Haushalte über einen Fernseher und knapp 62 Prozent besaßen ein Auto in ihrem Haushalt. Alles in allem war die Soziale Marktwirtschaft in den ersten Jahren und Jahrzehnten nach dem Zweiten

Weltkrieg eine Erfolgsgeschichte, nimmt man den durchschnittlich steigenden materiellen Wohlstand der Bevölkerung zum Maßstab.

Wie aber sieht es heute, im Jahr 2021 aus? Wir haben es schon im Abschn. 4.1 gelesen: Die Ungleichheit von Einkommen und Vermögen scheint immer weiter voranzuschreiten. Viele Kinder leben in Armut und müssen zum Teil hungrig zur Schule gehen. Rentner können zum Teil nicht von ihren überschaubaren Renten leben, vor allem wenn sie in den Ballungsräumen wie Berlin, München oder Hamburg wohnen. Mieten werden in diesen Städten immer unbezahlbarer. Glücklich der, der rechtzeitig Eigentum erwerben konnte und der dazu die nötigen finanziellen Mittel hatte. Der Aufstieg zwischen den einzelnen Schichten ist immer schwieriger geworden. Eine Studie der Organisation für wirtschaftliche Zusammenarbeit und Entwicklung (OECD) zeigt, dass es in Deutschland rechnerisch 180 (!) Jahre dauert, um von der untersten sozialen Schicht der Bevölkerung in die Mitte der Gesellschaft aufzusteigen (vgl. Siems 2018). Die OECD führt dies vor allem auf die *mangelnde Chancengerechtigkeit* in Deutschland zurück: Kinder aus einkommensschwachen Familien, die häufig auch einen niedrigen Bildungsgrad aufweisen, haben eine deutlich geringere Chance, selbst eine gute Bildung zu erwerben, die höher bezahlte Jobs ermöglicht (vgl. Siems 2018). Ganz zu schweigen von den besseren Möglichkeiten der finanzstärkeren Haushalte, ihre Kindern häufig intellektuell zu fördern – vorlesen, Unterstützung bei Hausarbeiten, Nachhilfe, mehr Platz zu Hause, geeignetes Equipment wie Laptop, Internetanschluss etc. – oder gar in separate Schulen zu schicken i.e. in Privatschulen mit entsprechender individueller Förderung.

Es ist aus Sicht der jeweiligen Eltern verständlich und nicht zu verurteilen, dass sie ihren Kindern die bestmögliche Ausbildung angedeihen lassen wollen. Dennoch ist es ethisch bedenklich, eine Zweiklassengesellschaft zu produzieren, die *so gut wie undurchlässig* ist. Die konkrete Frage lautet: Wie kann ich dafür sorgen, dass in den heutigen Zeiten mit den erwähnten Herausforderungen, die Schere zwischen den sehr erfolgreichen und materiell Begünstigten zu Lasten der ärmeren Schichten der Bevölkerung nicht zu groß wird? Um es klar und deutlich anzusprechen: Es geht hier *nicht um eine Anstachelung des Sozialneids.* Vielmehr sind wir alle gefordert, zu überlegen, wie wir dem Attribut „sozial" unseres langjährigen Erfolgsmodells „Soziale Marktwirtschaft" wieder neuen Schwung bzw. eine neue Bedeutung für die Gegenwart geben können. Offensichtlich sind die Jahre und Jahrzehnte des immerwährenden Wirtschaftsaufschwungs in Deutschland, an dem alle Teile der Bevölkerung mehr oder minder partizipierten, bis auf weiteres vorbei. Wie können wir dafür sorgen, dass einerseits die Leistungsstarken nach wie vor ihren Verdienst erhalten und motiviert bleiben und andererseits die Schwachen der Gesellschaft unterstützt werden?

Es ist ja nicht so, dass in Deutschland keinerlei soziale Systeme zu Verfügung stünden, um die Härten der Armut abzufedern. Deutschland ist im internationalen Vergleich vergleichsweise gut ausgestattet, was die soziale Absicherung anbelangt: So existiert ein staatliches Rentensystem – das allein in den meisten Fällen natürlich nicht ausreicht –, Betriebsrenten oder andere Formen der privaten Altersversorgung sichern bereits viel Bürger ab. Der staatliche Mindestlohn, der bei seiner Einführung heftig umkämpft wurde, sorgt dafür, dass jeder in Deutschland einen fairen Lohn erhält, auch wenn viele der Meinung sind, der festgesetzte Mindestlohn müsse noch weiter angehoben werden (so etwa die Partei der Grünen, vgl. Specht 2019). Jeder Deutsche sollte krankenversichert sein und kann daher im Falle einer Krankheit auf jeden Fall adäquat versorgt werden, was z. B. in den USA nach dem Wegfall der Obama-Care Krankenreform nicht für alle der Fall ist. Schließlich, um *pars pro toto* ein weiteres Instrument der sozialen Absicherung zu erwähnen, trug (und trägt) das *Kurzarbeitergeld* in Deutschland dazu bei, die schlimmsten Lohn- und Gehaltseinbußen in Deutschland in Grenzen zu halten.

Dennoch müssen die Überlegungen zu einer sozialen Absicherung in Deutschland weitergehen. Wenn man sich den Weg des Lebens veranschaulicht, dann gibt es sicher noch eine Reihe von Ideen, die wir im Sinne einer „sozialeren" Marktwirtschaft diskutieren könnten. So könnte analog einer Rente für Senioren auch eine *„Kinderrente"* für Kinder aus sozial schwachen Familien angedacht werden, die genutzt wird, um die physischen Bedürfnisse wie Hunger (vgl. Abschn. 4.1) und warme Kleidung und ein Dach über dem Kopf zu haben genauso abdeckt wie eine entsprechende Ausbildung (der Co-Bundesvorsitzende von Bündnis 90/Die Grünen, Robert Habeck, nennt das eine „Kindergrundsicherung" i.e. Grundsicherung, Wohngeld und BaföG, vgl. Habeck 2021, S. 228). So könnten die Gelder für die Kinderrente auch verwendet werden, um im Zuge der Digitalisierung einen Internetanschluss zu finanzieren und ein einfaches, vielleicht auch gebrauchtes Laptop zu erwerben. Das würde in der Summe helfen, vielen Kindern aus den sozial schwachen Verhältnissen ein wenig mehr Chancengerechtigkeit zu geben. Warum gibt es nicht auch *Schulstipendien für besonders leistungsfähige und -bereite Kinder*, deren Eltern materiell nicht so gut ausgestattet sind. Diesen Gedanken könnte man weiterführen für Universitätsstipendien ähnlich wie die Bafög-Regelung, nur mit dem Unterschied, dass das Geld am Ende des Studiums nicht zurückzuzahlen ist.

Über eine *Grundrente* wurde ja bereits entschieden. So erhalten etwa 1,3 Millionen Rentner in Deutschland ab 2021 unter bestimmten Voraussetzungen einen Zuschlag auf ihre Rente. So müssen die davon betroffenen Rentner u. a. mindestens 33 Jahre die Pflichtbeiträge eingezahlt haben und eine vergleichsweise niedrige Rente beziehen (vgl. BMAS 2020). Ein über die Grundrente hinausreichender Vorschlag, der alle Bürger gleich begünstigt, ist das sogenannte *„Bedingungslose Grundeinkommen"*, kurz BGE genannt (zu den wesentlichen Elementen des Konzeptes vgl. vor allem Bohmeyer und Cornelsen 2019). Der Gedanke des BGE ist relativ einfach:

Jeder Bürger soll ohne irgendwelche Gegenleistungen ein monatliches Grundeinkommen vom Staat erhalten, die Rede ist von 1000 bis 1500 Euro, um ein von finanziellen Sorgen weitgehend freies Leben führen zu können. So wäre sichergestellt, dass vor allem die Schwächsten der Gesellschaft, die sozial schwachen Haushalte, ein auskömmliches Leben führen können. Mit diesem garantierten Einkommen könnte sich jeder überlegen, ob und inwiefern er oder sie einer Arbeit nachgehen oder sich nicht lieber anderen Interessen widmen möchte. Das Ideal der griechischen Philosophen war der Müßiggang (*scholé*, lat. *otium*), das Nachdenken über das Leben und die Weisheit schlechthin. Arbeit war vor allem etwas für die niedrigeren Schichten oder – *horribile dictu* – für die Sklaven, die es im antiken Griechenland ebenso gab wie im alten Rom. Auch zu Zeiten Ciceros galt das *neg-otium* (wörtlich, die Nicht-Muße = die Arbeit oder Beschäftigung) als eine *condito sine qua non* d. h. eine unvermeidbare Bedingung des Lebens. Das wahre, richtige Leben war damals aber die Philosophie.

Jetzt muss man sich dem Thema *nicht so pathetisch* nähern und berücksichtigen, dass viele Menschen gerne zur Arbeit gehen, dort ihre sozialen Kontakte haben und ihre große Befriedigung daraus ziehen. Dies ist natürlich unbenommen. Jeder Bürger hätte aber künftig viel eher die Wahl, ob er oder sie lieber einer bestimmten Tätigkeit nachgehen möchte oder im Zweifel einmal eine Zeit lang nur seinen oder ihren Hobbies frönen und das Leben genießen wollen. Darüber hinaus müsste niemand mehr hungern — so wie immer noch viele Schulkinder in Deutschland — oder sich mit existenziellen Fragen des Lebens auseinandersetzen. Selbstverständlich kann dieses Konzept in vielfältiger Hinsicht modifiziert werden, etwa das BGE nur bis zu einem bestimmten Haushaltseinkommen oder einer Vermögenslage und weitere Bürger quasi ausschließen etc. Dies würde aber dem Prinzip der allgemeinen Grundleistung zuwiderlaufen und den Gedanken des BGE konterkarieren. Natürlich kann man sich auch die Frage stellen, ob es gerecht ist, wenn manche Bürger sich sehr engagieren und leistungsbereit sind (und die Gnade der glücklichen Geburt hatten) und dann das gleiche Grundeinkommen erhalten wie jeder andere auch.

Die Erfahrungen mit dem BGE sind zwiespältig (vgl. Deutschlandfunk 2020): Ein Modellprojekt mit dem BGE in Finnland 2017 und 2018, bei dem 2000 zufällig ausgesuchte arbeitslose Finninnen und Finnen monatlich bedingungslos 560 Euro erhielten, zeigte, dass diese Zahlungen *keinen positiven Beschäftigungseffekt bewirkten* (vgl. Deutschlandfunk 2020). Allerdings hatte es einen positiven Effekt auf das Wohlbefinden der Teilnehmer. So erlebten sie weniger psychischen Stress und waren zufriedener mit ihrem Leben. Das deutsche Experiment mit dem BGE, so etwa „Mein Grundeinkommen" von Michael Bohmeyer et al. hat gezeigt, dass die teilnehmenden Menschen besser schliefen, weniger Leiden ihm Alltag verspürten und dennoch weiterarbeiteten. Das zusätzliche Geld werde vor allem mental genutzt d. h. der gefühlte und erlebte Freiraum etwa zur Weiterbildung oder zur Beschäftigung mit anderen Dingen des Lebens wie Hobbies oder sozialen Aufgaben sei sicher höher als der reale (vgl. Deutschlandfunk 2020).

Natürlich gibt es bei solch einem radikalen Konzept, einer solchen vermeintlichen „Sozialutopie" wie dem BGE auch viele kritische Stimmen und berechtigte Einwände wie etwa die, dass die Arbeitsbereitschaft und -leistung, die natürlich wesentlich das Bruttoinlandsprodukt bestimmen, langfristig leiden würden. Konkret würden die Menschen einfach weniger arbeiten. Wenn sie dabei aber glücklicher sind und sich wohler fühlen? Außerdem, so ein weiterer Einwand, seien die Menschen alle unterschiedlich und hätten unterschiedliche Bedürfnisse. Zudem würde sich die Ungleichheit in Deutschland durch das BGE nicht verringern. Schließlich würde durch die Entlohnung der Arbeit ein wichtiger gesellschaftlicher Wert vermittelt: *Leistung nur gegen Gegenleistung.* Schwerwiegender dagegen ist die Frage, wie sich das BGE gegenüber dem Sozialversicherungssystem verhält. Ersetzt es diese Leistungen zum Teil oder vollständig oder wird es zusätzlich ausgezahlt? Was ist dann später mit der Rente? Bleibt diese gleich und wird dann um das BGE ergänzt?

Letztlich ist natürlich die alles entscheidende Frage, wie das BGE finanziert werden solle. Auch dafür gäbe es eine Lösung, etwa die *Finanztransaktionssteuer* (vgl. Precht 2018, S. 135) d. h. eine Steuer auf alle außerbörslichen Finanztransaktionen wie etwa Wertpapiergeschäfte. Ganz egal wie man sich die konkrete Ausgestaltung des BGE vorstellt oder letztlich finanziert, man darf gespannt sein, welche Ergebnisse die gestarteten BGE-Experimente in ihrer Langzeitstudie (etwa Bohmeyer et al.) erbringen. Tatsache scheint zu sein, dass *durch ein BGE den Menschen viel Stress, psychisches und physisches Leiden genommen wird.* Es wäre ein weiterer Schritt in Richtung einer sozialen, solidarischeren Marktwirtschaft.

In die Richtung einer solidarischeren Wirtschaft geht auch das Konzept des österreichischen Autors Christian Felber mit seiner „*Gemeinwohl-Ökonomie*" (vgl. Felber

2018, 2010). Kernidee dieser ökonomischen Grundordnung ist die Konzentration auf das Gemeinwohlstreben und die Kooperation anstelle von Konkurrenzkampf und Gewinnstreben. Hier wird mehr auf Werte wie Vertrauen, Wertschätzung, Solidarität und Kooperation gesetzt. Der Unterschied zu dem herkömmlichen Modell der Sozialen Marktwirtschaft fängt bereits damit an, dass der wirtschaftliche Erfolg an anderen Größen gemessen wird: So wird das Bruttoinlandsprodukt durch das *Gemeinwohl-Produkt* ersetzt, das sich an den Zielen der Bedürfnisbefriedigung, Lebensqualität und dem *Gemeinwohl* bemisst (Cicero hätte von *salus publica* gesprochen). Die finanzielle Bilanz eines Unternehmens wird durch die Gemeinwohl-Bilanz ersetzt. Unternehmen mit einer besseren Gemeinwohl-Bilanz, etwa weil sie ethische, ökologische und regionale Produkte anbieten, erhalten vom Staat erhebliche Steuervorteile, günstigere Kredite, geringere Zölle etc. (vgl. Felber 2018). Einkommen werden auf das Zehnfache des gesetzlichen Mindestlohns begrenzt, es existieren Obergrenzen bei Vermögen, der Wachstums- und Größenzwang von Unternehmen wird eingeschränkt bzw. ganz aufgehoben. Das Wirtschaftswachstum wird durch den ökologischen Fußabdruck ersetzt, Arbeitszeiten für Arbeitnehmer werden begrenzt und viele Elemente mehr (vgl. vor allem Felber 2010).

Selbst wenn man wie der Autor selbst, der Meinung ist, dass diese oben beschriebenen Elemente sich *in vielen Fällen so nicht umsetzen lassen*: So ist etwa das Streben nach Gewinnen für Unternehmen kein Selbstzweck, sondern für die Sicherung der Jobs überlebensnotwendig, Wettbewerb und Konkurrenz regen zu einem ständig verbesserten Angebot an; die Deckelung der Einkommen und Vermögen erscheint ebenfalls willkürlich. Menschen sind leider nicht alle so solidarisch ausgerichtet, um *unisono* miteinander zu kooperieren und immer das gemeinsame Wohl im Kopf zu haben. Dennoch darf eine solche Konzeption *nicht in*

Bausch und Bogen verworfen werden. So ist z. B. der Gedanke, Unternehmen günstigere Kredite oder Steuererleichterungen zu gewähren, wenn sie ethisch und ökologisch vorbildliche Produkte erzeugen, sicherlich ein sinnvoller Ansatz. Aber auch die Frage ist sicherlich richtig, ob die Wirtschaftsleistung ausschließlich an dem Bruttoinlandsprodukt d. h. alle in einem Land in einem bestimmten Zeitraum erzeugten Produkte gemessen werden soll oder ob es nicht Sinn macht, die Auswirkungen auf das Gemeinwohl, die Umwelt etc. mit zu berücksichtigen und zu bewerten. Gleiches gilt für die *Ergänzung der finanziellen Bilanz von Unternehmen um einen Nachhaltigkeitsbericht* bzw. einem Gemeinwohlbericht. Amartya Sens Human Development Index (vgl. Abschn. 3.4) lässt grüßen.

Dennoch lässt sich anhand der Schilderung von ausgewählten Elementen zur Stärkung des sozialen Elements einer Marktwirtschaft erkennen, dass wir mit unseren Überlegungen noch nicht am Ende angelangt sind. Die Diskussion der richtigen, ethischen Wirtschaftsform wird sicher weitergehen. Die richtigen Konzepte und Instrumentarien liegen bereits vor. Es ist an uns, die richtigen Elemente auszuwählen, kritisch miteinander zu diskutieren und dann schließlich Realität werden zu lassen. Unbestreitbar ist allerdings, dass unsere Ökonomie nachhaltiger werden muss im Sinne eines *zwingenden Zusammenspiels von Ökonomie und Ökologie.* Das wollen wir uns im folgenden Kapitel näher ansehen.

5.4 Umweltethik: Ökonomie und Ökologie gehören zusammen

Nachdem wir uns in Abschn. 4.3. die ökologischen Herausforderungen für die Ökonomie des 21. Jahrhunderts angesehen haben, geht es in diesem Abschnitt darum zu überlegen, *welche Antworten* wir auf diese Fragen geben können und sollten. Mittlerweile ist man sich nahezu parteiübergreifend einig, dass der Weg in Richtung einer ökologisch orientierten Sozialen Marktwirtschaft, bzw. kurz: ökosozialen Marktwirtschaft, unabdingbar ist (vgl. etwa Kretschmann 2018, S. 107 ff.; Merz 2020, S. 27 ff.; Kohl 2020, S. 87 ff.). Wesentliche Elemente dieser *neu geprägten Sozialen Marktwirtschaft* sind vor allem ein wirtschaftliches Wachstum, das vom Naturverbrauch entkoppelt werden sollte (vgl. im Folgenden Kretschmann 2018, S. 111). Ferner ein Wirtschaftssystem, das der Umwelt als Gemeinschaftsgut einen Preis zuweist und in dem der CO_2-Ausstoß in Form von Umweltzertifikaten gehandelt wird. Ökonomie und Ökologie müssen sich nicht ausschließen: „grüne Produkte", die emissionsfrei oder reduziert bzw. klimaneutral sind, verfügen über einen riesigen Markt. So wie etwa die reinen Elektrofahrzeuge, die mit grünem Strom getankt werden. Gleiches gilt für Umwelttechnologien, deren Markt weltweit rapide wächst (vgl. Kretschmann 2018, S. 113).

In der Frage, wie die CO_2 Belastung der Umwelt in den Griff zu bekommen ist, gibt es stärker *marktwirtschaftliche* und *staatliche Instrumentarien*. So können der Staat oder die EU etwa bestimmte Obergrenzen bei Treibhausgasemissionen festlegen. Die Mitgliedstaaten der EU geben, basierend auf der Emissionshöchstgrenze, bestimmte *CO_2-Zertifikate* aus, die auf dem Markt (in dem Fall auf der European Energy Exchange-Börse) gehandelt werden (vgl. Merz 2020, S. 33). Der so auf Basis von Angebot und Nachfrage sich ergebende Preis entspricht den zusätzlichen Kosten, die einem Unternehmen entstehen, wenn es eine zusätzliche Einheit an CO_2 mehr emittieren möchte. Dies schafft genügend Anreize für die Unternehmen, CO_2 Emissionen einzusparen, um auf eine entsprechende Zahl an Zertifikaten verzichten zu können und die Kosten zu senken. Ein anderer Weg zur Reduzierung der CO_2-Belastung der Umwelt wäre eine staatlich eingeforderte *CO_2-Abgabe*, die als zusätzlicher Preis auf den Ausstoß giftiger Gase zu zahlen ist (vgl. Heinisch et al. 2019, S. 51). Hierdurch würde ein Preis festgesetzt, der sowohl das Produkt selbst als auch die Folgekosten berücksichtigt (vgl. Heinisch et al. 2019, S. 51).

Ein Papier der CDU-nahen Konrad Adenauer Stiftung vertieft einzelne Aspekte einer *öko-sozialen Marktwirtschaft* (vgl. Fücks and Köhler 2020). Einig scheint man sich hier zu sein, dass ein ökologischer Umbau von Gesellschaft und Wirtschaft nur funktionieren kann, wenn langfristige und verbindliche Zielvorgaben existieren, wie dieser Wandel zu schaffen ist. Gleichzeitig sollte man sich im Hinblick auf die Instrumente und Wege flexibel zeigen (vgl. Fücks und Köhler 2020, S. 10). Dabei wird allerdings bereits vorausgesetzt, dass die Preise für Produkte die ökologischen d. h. CO_2-Kosten bereits berücksichtigt (vgl. Fücks und Köhler 2020, S. 10). Umstritten ist allerdings, wie die ökologische Transformation der Wirtschaft zu erreichen ist (vgl. im Folgenden Bretschneider und Spiegel 2019, S. 153 ff.). So soll die Wettbewerbsfunktion der Marktwirtschaft auf jeden Fall erhalten bleiben, da sie die Fähigkeit beinhaltet, Innovationen hervorzubringen. So sei der Organic Food-Sektor vor allem aus dem Wettbewerb, dem Ringen um die beste Lösung für die Kundenbedürfnisse heraus, entstanden. Ferner müssten natürliche Ressourcen sukzessive einen höheren Preis erhalten, das dann wiederum zu steigenden Preisen bei umweltrelevanten Konsumgütern führt. Dies alles hilft allerdings nur bedingt weiter, wenn der Klimaschutz und der Schutz der Artenvielfalt nicht im Grundgesetz bzw. in einem globalen Rahmen klar definiert ist und bei Nichteinhaltung sanktioniert werden kann (zum globalen Rahmen vgl. Gönner 2019, S. 181 ff.).

Die junge Generation ist bereits viel radikaler und zum Teil auf konkreter Maßnahmenebene unterwegs (vgl. Heinisch et al. 2019, S. 48 ff.). So fordern die Autorinnen und Autoren u. a. einen Deutschen Kohleausstieg bis 2025 (global bis 2030), eine EU-weite CO_2-Abgabe, das Verbot von Inlands- und Kurzstreckenflügen und eine Reduktion des Autoverkehrs, eine sofortige Abschaffung von Pestiziden, Herbiziden und Insektiziden (vgl. Heinisch et al. 2019, S. 59). Ferner den Schutz von Wäldern, Ozeanen und Meeren sowie die drastische Senkung von Plastik und Müll (vgl. Heinisch et al. 2019, S. 64 ff.). Das Grundsatzprogramm der Partei *Die Grünen* enthält in ihrem Entwurf im Kap. 2 (vgl. Grundsatzpartei Die Grünen 2020, S. 16 ff.) bereits eine relativ klar umrissene Idee von einer Sozial-ökologischen Marktwirtschaft. Es geht im Kern um eine Wirtschaft, die dem Menschen und dem Gemeinwohl (s. Abschn. 4.3) dient und den Wohlstand im Gleichklang mit u. a. Klimaneutralität und Nachhaltigkeit sieht. Wirtschaftswachstum muss zwingend ökologische Kriterien mit berücksichtigen. So müssen Wasser, Luft, Boden und die Artenvielfalt als Gemeingüter geschützt und möglichst wenig belastet werden. Der Staat muss nicht nur die Ziele und Leitplanken setzen, sondern auch Vorgaben erlassen, wie die *vollständige Dekarbonisierung* der Produktionsprozesse etwa im Maschinenbau und in der Chemieindustrie zu erreichen ist (vgl. Grundsatzpartei Die Grünen 2020, S. 19). Ferner soll die Finanzberichterstattung von Unternehmen um Indikatoren ergänzt werden, die die sozialen und ökologischen Auswirkungen der Aktivitäten messen. Der Konsum und die Produktion kann nur von Kohle unabhängig gemacht d. h. dekarbonisiert werden, wenn eine *Kreislaufwirtschaft* eingeführt wird:

Produktion und Konsum finden in Kreisläufen statt. Es wird nur das produziert, was auch konsumiert wird. Das

Produkt wiederum wird wiederverwendet und so dem Kreislauf zwischen Produktion und Konsum zugeführt. Dadurch lassen sich natürliche Ressourcen schonen, die Produkte werden langlebiger oder können wiederverwendet werden (vgl. Grundsatzpartei Die Grünen 2020, S. 19). Der Staat solle nur noch in *moderne Technologien* investieren und sich aus klimaschädlichen Industrien und Unternehmen, die immer noch auf fossile Energien bauen (vgl. Grundsatzpartei Die Grünen 2020, S. 20), zurückziehen. *Banken sollen die Realwirtschaft* und weniger die kurzfristigen Spekulationen am Aktienmarkt und im Investmentbereich unterstützen. Schließlich sollen natürlich auch die ökologisch schädlichen Tätigkeiten und Produkte stärker besteuert werden zugunsten von klimaneutralen Technologien und Produkten.

Noch konkreter sieht man die Richtung, die eine ökologisch Transformation der Wirtschaftsordnung gehen könnte, wenn man sich u. a. den Neun-Punkte-Plan des *Forums Ökologisch-Soziale Marktwirtschaft* ansieht, ein Think Tank auf diesem Gebiet (vgl. Forum Ökologisch-Soziale Marktwirtschaft 2020, Der Neun-Punkte-Plan, S. 16 ff.): Forcierung von Solar- und Windenergie, Überarbeitung der Stromnetze, energetische Sanierung von Gebäuden, Ausbau des Schienen- und Radverkehrs, Ausbau der E-Mobilität und Nutzung von Wäldern und Moore als CO_2-Speicher. Zusätzlich soll sich die Industrie nachhaltig transformieren, indem in grünen Wasserstoff und die Energieeffizienz investiert wird.

Es sind bereits zahlreiche Maßnahmen zum Schutz der Umwelt, des Klimas oder auch der Artenvielfalt auf allen Ebenen aufgesetzt worden (vgl. Pietsch 2020, S. 266 ff.): So vereinbarten die Teilnehmer der Pariser Klimakonferenz der Vereinten Nationen im Dezember 2015, den Anstieg der weltweiten Durchschnittstemperatur auf 1,5 Grad Celsius zu begrenzen. Der neu gewählte Präsident der USA, Joe Biden, hat beim Verfassen dieser Zeilen den ehemaligen Außenminister, John Kerry, einen sehr erfahrenen Mann und ein politisches Schwergewicht, zum *US-Klima-Beauftragten* ernannt und damit den Stellenwert des Themas Klimaschutz für seine Regierungszeit unterstrichen. Die USA sind auch unter Bidens Führung wieder dem Klimaschutzabkommen beigetreten, das sie unter der Ägide der Trump-Administration verlassen hatte. Die EU will bis 2030 die Treibhausgasemissionen bis 2030 um 40 Prozent senken. Dies soll vor allem durch den Ausbau erneuerbarer Energiequellen geschehen wie etwa der Windkraft, Biomasse, Wasserkraft oder der Solarenergie. Für das Jahr 2050 strebt die EU eine klimaneutrale Wirtschaft an. Die Treibhausgase sollen bis dahin um 80 Prozent reduziert werden. Es existieren darüber hinaus auch für die Forst- und Landwirtschaft klare Ziele zur Erhöhung der Nachhaltigkeit, zum Erhalt der natürlichen Lebensräume frei lebender Tier- und Pflanzenarten. Wälder sollen künftig genauso geschützt werden wie die biologische Vielfalt des Meeres.

Auch auf der Ebene von Bund (vgl. Bundesregierung 2020; Klimaschutzprogramm 2030) und Ländern geschieht bereits einiges: Bis 2030 soll der Ausstoß von Treibhausgasen um 55 Prozent verringert werden. Darüber hinaus ist ein Ausstieg aus der Kohle geplant, die Gebäude sollen energetisch saniert und die klimafreundliche Mobilität vorangetrieben werden. So beinhaltet etwa das Klimaschutzprogramm 2030 einzelne Elemente wie eine CO_2-Bepreisung, bei dem der Preis pro Tonne CO_2 fixiert wird. Die Einnahmen der CO_2-Bepreisung sollen genutzt werden, um den Strompreis weiter zu senken. Da 14 Prozent der gesamten CO_2-Emissionen in Deutschland aus dem Gebäudesektor resultieren (120 Millionen Tonnen, Ziel bis

2030: nur noch 72 Millionen Tonnen), soll die energetische Sanierung von Gebäuden steuerlich gefördert werden. So kann die Erneuerung alter Heizungsanlagen, der Einbau neuer, wärmedämmender Fenster oder die weitere Dämmung von Dächern und Außenwänden zu einer deutlichen Verringerung des CO_2-Ausstosses führen. Ab 2026 sollen keine Ölheizungen mehr erlaubt sein.

Weitere Maßnahmen umfassen die Förderung der Elektromobilität durch Kaufprämien, Steuererleichterungen und den Ausbau der Ladeinfrastruktur. Das Ziel ist es, bis 2030 7 bis 10 Millionen Elektrofahrzeuge in Deutschland zugelassen zu haben. Dazu werden eine Million Ladepunkte in Deutschland benötigt, die bis 2030 zur Verfügung stehen sollen. Es soll zudem in die Bahn und den öffentlichen Nahverkehr investiert werden, um möglichst viele Reisende und Pendler in klimafreundlichere Verkehrsmittel zu bringen. Die erhöhte Luftverkehrsabgabe lässt tendenziell die Preise für Kurzstreckenflüge ansteigen. Auch die Landwirtschaft ist von einem klimafreundlichen Umbau betroffen: So soll u. a. mehr Ökolandbau betrieben werden, weniger Stickstoffüberschüsse produziert und weniger Emissionen in der Tierhaltung entstehen. Es wird künftig mehr auf erneuerbare Energien gesetzt (bis 2030 65 Prozent; bis 2038 kein Kohlestrom mehr). Die Forschung soll sich verstärkt um alternative Antriebe wie etwa Wasserstoff kümmern und die Batteriezellfertigung fördern, die für den weiteren Ausbau der Elektromobilität unabdingbar ist.

In Bayern fordert der Ministerpräsident Markus Söder zu Recht, den *Klimaschutz als weiteres Staatsziel in das Grundgesetz zu verankern* (vgl. im Folgenden Pietsch 2020, S. 270 f.). Analog der Anstrengungen des Bundes werden erneuerbare Energien gefördert, die Klimaneutralität soll bereits 2040 erreicht sein. Die Mobilität soll ebenfalls klimafreundlicher werden mit entsprechender Förderung der Elektromobilität. Die staatlichen Stellen sollen dabei etwa bei der Dienstwagenregelung mit gutem Beispiel vorangehen. Der Verbrauch von Plastik soll ebenfalls drastisch eingeschränkt werden. Ferner sollen in den nächsten Jahren 30 Millionen neue Bäume gepflanzt werden. Auch die Städte geben sich ein umweltpolitisches Handlungsprogramm. So verfährt die Stadt München nach dem Integrierten Handlungsprogramm Klimaschutz in München (IHKM). Viele Unternehmen durchforsten ihre eigenen Prozesse in allen Bereichen, etwa Einkauf, Entwicklung, Produktion, Vertrieb und Verwaltung, um Ansatzpunkte zur Reduktion von natürlichen Rohstoffen, Einsatz von erneuerbaren Energien und Recycling zu finden. Das Stichwort ist hier die Kreislaufwirtschaft, die versucht, durch die konsequente Wiederverwendung eingesetzter Rohstoffe den Ressourceneinsatz, die Emissionen, den Abfall und die Energievergeudung zu minimieren.

Aber wir als Bürger können ebenfalls Einiges für den Klimaschutz tun (vgl. etwa BR Klimaschutz 2020): So können wir etwa wiederverwendbare Taschen zum Einkauf mitnehmen, um Plastik zu vermeiden. In der Küche Recyclingpapier verwenden, Strom sparen durch vermeiden des Stand by Modus, Stoßlüften zur Reduzierung der Heiz- und Energiekosten, weniger Fleisch essen, mehr mit klimafreundlichen Verkehrsmitteln reisen, Car Sharing, Fahrrad fahren etc. Wir können auch als Bürger unseren Tagesplan und unsere Aktivitäten durchgehen und, vielleicht sogar gemeinsam mit unseren Kindern, die umweltschädlichen Anteile unserer täglichen Aktivitäten schrittweise verringern. Den Ideen sind keine Grenzen gesetzt. Nur wenige Verhaltensänderungen, etwa Vermeidung von Plastiktüten, können in der Summe große Effekte haben.

Was hat dies alles mit Ethik in der Ökonomie zu tun? Wenn wir wollen, dass unsere wirtschaftlichen Aktivitäten *nicht zu Lasten unserer Lebensgrundlagen* gehen, müssen wir sofort mit konkreten Schritten beginnen. Es beginnt mit der Einsicht, dass wir so nicht weitermachen können. Basierend auf einer klaren Vision und Zielsetzungen zur Reduktion von Emissionen, dem Schutz der natürlichen Umwelt muss ein *ganzheitliches Konzept* erarbeitet werden, dass die Erde für die nächsten Generationen sichert. Das sind wir unseren Kindern und Enkelkindern schuldig. Auf den Weg dorthin wird es sicher noch viele Diskussionen aus allen Teilen der Gesellschaft geben. Nicht nur bei uns, sondern weltweit. Welcher konkrete Weg jedes Land wählt, welche Maßnahmen wann auf die umweltpolitischen Ziele einzahlen werden, ist sicher nicht überall klar. Eines scheint allerdings nach den Erläuterungen in diesem Kapitel klar zu sein:

Es führt kein Weg daran vorbei, das Erfolgsmodell der Sozialen Marktwirtschaft nicht nur in seiner *sozialen*, sondern vor allem in seiner *ökologischen Dimension nachzuschärfen*. Der prinzipielle Weg ist klar und wird von den meisten gesellschaftlichen, politischen und wirtschaftlichen Entscheidungsträgern und der Bevölkerung insgesamt genauso gesehen. Die konkrete Ausgestaltung einer solchen Ökologisch-Sozialen Marktwirtschaft wird, ebenso wie der exakte Name, eine der Kernaufgabe zwischen Staat, Wirtschaft und Gesellschaft nicht nur in Deutschland werden. Im Folgenden wollen wir uns kurz das Verhältnis von Ökonomie und Staat und Gesellschaft ansehen, vor allem vor dem Hinblick ethischer Überlegungen.

5.5 Ökonomische Ethik, Staat und Gesellschaft

Ökonomie, Staat und Gesellschaft werden häufig getrennt voneinander wahrgenommen. So wird der Staat in der ökonomischen Theorie zwar häufig in seiner Rolle als Rahmengeber oder auch als Bereitsteller öffentlicher Güter wie Parks, Straßen, Kulturgüter etc. gesehen. Häufig tritt er auch selbst als Investor auf und schafft so Arbeitsplätze und kann die Konjunktur beleben. Umgekehrt kommt die Ökonomie in der politischen Theorie vor allem in seinen Ausprägungen der Wirtschaftspolitik, etwa in dem Spektrum zwischen (Neo-)Liberalismus oder Sozialismus bzw. Kommunismus vor (vgl. exemplarisch Fenske et al. 1987). Die Schnittstellen zwischen *Wirtschaft und Gesellschaft*, so das gleichnamige Werk eines der renommiertesten Soziologen des 19. Jahrhunderts, Max Weber, (vgl. Abschn. 3.3) sind dagegen wesentlich größer. Auch an den Universitäten hat sich eingebürgert, für die einzelnen Bereiche des sozialen Lebens, den Staat, die Wirtschaft und die Gesellschaft, eine eigene Disziplin zur Vermittlung und Erzeugung spezifischen Wissens zu nutzen: neben der Ökonomie, die Politikwissenschaft (Politologie) und die Soziologie.

Dabei sind die drei Bereiche nicht voneinander zu trennen, wie wir es bereits im Abschn. 3.1 bei Aristoteles und Platon gesehen haben. Die Ökonomie soll für die Versorgung der Menschen mit allen lebenswichtigen und -unwichtigen Gütern sorgen und den Wohlstand mehren, dabei aber gleichzeitig möglichst effizient arbeiten im Sinne eines optimalen Mitteleinsatzes zur Maximierung des Nutzens bzw. des Unternehmensgewinns. Der Staat bildet den Rahmen, in dem sich alle Bürger geschützt und aufgehoben fühlen, der mit seinen Institutionen und Funktionsträgern stellvertretend dafür sorgt, dass alle Menschen im Rahmen ihrer Möglichkeiten in Frieden und Freiheit leben können. Die Gesellschaft schließlich sind wir alle, die wir versuchen, miteinander in Eintracht zu leben, uns gegenseitig zu unterstützen und als Ganzes das Leben lebenswerter zu machen. Wir leben als Familie, Freunde und Bekannte, Arbeitskollegen, Landsleute oder anderweitig verbunden zusammen und tauschen Meinungen aus, geben Vorbilder oder verfolgen gemeinsam verschiedene Ziele. Jedes dieser drei Elemente folgt unterschiedlichen Gesetzmäßigkeiten: Die Ökonomie optimiert den Ressourceneinsatz bei der Maximierung von Gewinn und Nutzen, die Gesellschaft stellt den Menschen die soziale Klammer zur Verfügung und der Staat sorgt für den Rahmen, die Infrastruktur und die Verteidigung. Was aber passiert, wenn sich einzelne Rollen überlagern oder gar konterkarieren?

Was passiert, wenn die Gesellschaft *erstens* anfängt, in ökonomischen Kategorien zu „denken" und in jedem sozialen Austausch auf die Optimierung des Ressourceneinsatzes achtet oder gar die persönliche Nutzen- oder generell die persönliche Gewinnmaximierung anstrebt? Oder umgekehrt, *zweitens* soziale Elemente der Solidarität und der Verfolgung gemeinsamer, gesellschaftlicher Ziele wie etwa der Klimaschutz, die Solidarität untereinander und der soziale Kontakt stärker in die Ökonomie hineinragt? Oder was passiert *drittens*, wenn – wie in der Zeit der Corona-Pandemie geschehen – der Staat nicht nur den Rahmen setzt, etwa durch Gesetze, den Bürger vor äußeren Gefahren beschützt oder die öffentliche Infrastruktur bereitstellt, sondern auch aktiv in die Gestaltung der Ökonomie eingreift? Etwa in Form eines kritisierten „*Staatskapitalismus*", der sich vermehrt an Firmen beteiligt (wie z. B. bei der Lufthansa oder dem Impfstoffhersteller Curevac) bzw. vor dem Ruin bewahrt, Unternehmen aller Art Kompensationen für entgangene Umsätze zahlt oder generell stärker in die Entscheidungshoheit der Unternehmen eingreift?

Wir wollen uns im Folgenden kurz mit diesen drei Fragebereichen auseinandersetzen: Die erste Frage nenne ich nach dem in der Forschung üblichen Label die „*Ökonomisierung der Gesellschaft*" (vgl. Schimank und Volkmann 2017, S. 593 ff.). Die zweite Frage beschäftigt sich mit einer

stärker *solidarisch orientierten Ökonomie*, die dem Primat
der Gesellschaft und seinem Wohlergehen unterliegt. Schließlich geht die dritte Frage dem Punkt nach, inwieweit der
Staat in die Aktivitäten der Wirtschaft eingreifen sollte, um
die richtige Balance zwischen beiden zu finden. Beginnen
wir mit der Gefahr einer *Ökonomisierung der Gesellschaft*.

Die *Ökonomisierung der Gesellschaft* ist kein neues Phänomen und verfügt über eine breite Historie (vgl. exemplarisch Leendertz 2017; Schimank und Volkmann 2017). Sie
besagt, dass sich in allen Bereichen des menschlichen Zusammenlebens, etwa in der Gesellschaft, dem Staat, der
Wissenschaft aber auch im Bereich der Freundschaft *ökonomische Verhaltensweisen durchgesetzt haben* (vgl. Leendertz
2017): Soziale Beziehungen werden häufig nach dem Kosten – Nutzen Kriterium gesehen, der Gewinn aus Freundschaften oder gesellschaftlichen Beziehungen optimiert
oder einfach in die Marktlogik übertragen. Der US-amerikanische Ökonom Gary Becker hat sich intensiv mit den
ökonomischen Kriterien menschlichen Verhaltens auseinandergesetzt (vgl. Siedenbiedel 2015, S. 19 ff. und vertiefend Becker 1993). So würde auch der Heiratsmarkt
nach ökonomisch-rationalen Kriterien funktionieren:

Bei der Partnerwahl sei vor allem eine *rationale Abwägung*
im Spiel, ob beide Partner gemeinsam mehr „Güter" produzieren als jeder Einzelne für sich. Dafür „opfere" man
dem Lebenspartner Zeit und Geld. Gleichzeit versuche
jeder seinen Nutzen zu maximieren, indem er einen möglichst „gleichwertigen" Partner sucht. Ferner werde auch
der Kinderwunsch dem Optimierungskalkül unterzogen: Je
mehr die Paare verdienten (bei Becker vor allem die Frau),
desto weniger Kinder würden sie bekommen, da die Oppor-
tunitätskosten sonst zu hoch wären (vgl. Siedenbiedel
2015, S. 21).

Fairerweise muss man sagen, dass Becker, der für seine Arbeiten 1992 den Alfred-Nobel-Gedächtnispreis der Ökonomie für seine Arbeiten erhielt, kein weltfremder Forscher war und auch altruistische Züge der Menschen erkannte: Menschen heiraten in aller Regel aus Liebe und bekommen Kinder um der Kinder willen. Dennoch gelang es ihm, zumindest in den Augen des Nobelpreis-Komitees, überzeugend, den ökonomischen Ansatz auf gesellschaftliche bzw. allgemein auf soziale Verhaltensmuster zu übertragen. Das Thema der Ökonomisierung der Gesellschaft hat allerdings viele Facetten: Es reicht von der *Optimierung sozialer Kontakte* über die *Selbstoptimierung* bis hin zur wirtschaftlichen Optimierung medizinischer Ansätze. Gerade die Corona-Pandemie hat gezeigt, dass es ein enormes ethisches Spannungsverhältnis zwischen Notwendigkeiten medizinischer Versorgung und ökonomischer Ertragsoptimierung existiert.

Es ist nicht nur eine Frage, wie man damit umgeht, wenn es mehr Intensivfälle von Corona gibt als Betten. Wer soll beatmet werden? Es geht auch um die Frage, ob möglichst wenig oder möglichst viele Intensivbetten vorgehalten werden sollen. Das ökonomische Kalkül empfiehlt, möglichst wenige Betten langfristig vorzuhalten, da eine niedrige Auslastungsquote für eine niedrige Krankenhaus-Rendite spricht. Die ethische Sicht verlangt möglichst viele Intensivbetten, um möglichst alle Intensivfälle abdecken zu können und die Auswahl von Patienten unter allen Umständen zu vermeiden. Ein weiteres Beispiel der Ökonomisierung der Medizin sind massive Streichungen von Pflegestellen (vgl. Ärztekammer Baden-Württemberg 2019), die ökonomisch gefordert aber ethisch nicht vertretbar sind.

Beispiele für eine Ökonomisierung der Gesellschaft gibt es viele (vgl. etwa Hauser 2021): Beziehungen zu Freunden, Bekannten und Arbeitskollegen werden mitunter nach dem

Kosten-Nutzen Kalkül betrachtet. Die Umwelt ist ein Kostenfaktor, konkret mit einem CO_2-Preis belegt oder als Emissionszertifikat gehandelt. Nicht altruistische Motive bestimmen die Rettung der Umwelt, sondern ökonomische. Was kosten Kinder im Laufe des Lebens? Was bringt mir der Staat und was muss ich dafür leisten? Wie kann ich dieses Verhältnis optimal gestalten? Wie kann ich mich und mein Leben selbst optimieren? Wenn alle so dächten, würde der *reine Egoismus*, die ökonomische Optimierungsmaxime Einzug in alle Lebensbereiche halten zu Lasten von Solidarität, Gemeinwohl aber auch Fürsorge und Menschlichkeit. Gott sei Dank sind wir in Deutschland in großen Teilen von einer rein egoistischen Gesellschaft weit entfernt. Dennoch müssen wir aufpassen, nicht in diese rücksichtslose Ellenbogengesellschaft abzugleiten. Es gibt daher starke *Grenzen des ökonomischen Denkens* (vgl. mein gleichnamiges Werk, Pietsch 2017). Der Mensch mit seinen vielfältigen Facetten und Verhaltensmustern bleibt häufig nicht oder nur mangelhaft berücksichtigt (vgl. Pietsch 2017).

Der angesehene Moralphilosoph an der Harvard Universität, Michael Sandel, hat in seinem äußerst lesenswerten Buch „Was man für Geld nicht kaufen kann" (vgl. Sandel 2012) ein *Panoptikum* von Dingen zusammengestellt, die man sich am Markt ganz legal kaufen kann: Das geht von Menschen, die man fürs Schlange-Stehen bezahlen kann (vgl. Sandel 2012, S. 30 ff.) über Geld für gute Schulnoten für die Kinder (vgl. Sandel 2012, S. 67 ff.) und das Recht zum Schießen von Nashörnern (vgl. Sandel 2012, S. 101 ff.) bis hin zu einem „Zellen-Upgrade" im Gefängnis oder das Vermieten der Stirn oder anderer Körperteile zu Werbezwecken (!) (vgl. Sandel 2012, S. 9 f.). Dass dies zumindest ethisch äußerst fragwürdige Praktiken sind, darüber dürfte hoffentlich Konsens in der Gesellschaft existieren. Dennoch ist eine Gefahr der zunehmenden Ökonomisierung der Gesellschaft nicht von der Hand zu weisen. Im Idealfall jedoch passiert im ökonomischen Handeln das, was der Alfred-Nobel Gedächtnispreisträger für Ökonomie, Amartya Sen, zu Recht schreibt (Sen 2020, S. 34):

„Doch was passiert, wenn eine Person nicht durch eine unvoreingenommene Sorge um alle (dabei jedes Mitgefühl eingeschlossen) von ihrer persönlichen Wohlfahrtsmaximierung ausgeht, sondern durch ein Gefühl der Verpflichtung einer bestimmten Gruppe gegenüber, wie etwa der Nachbarschaft oder der sozialen Klasse, der sie angehört?" So sollte es sicher sein. Menschliches Mitgefühl schlägt die reine ökonomische Kosten-Nutzen-Überlegung. Dass es nicht immer so ist, haben wir im vorangegangenen Abschnitt gerade gesehen.

Die *zweite aufgeworfene Frage* beschäftigt sich mit der *Orientierung der Ökonomie am Gemeinwohl der Gesellschaft.* Dies haben wir in Abschn. 5.3 zum Thema „Gemeinwohlökonomie" (vgl. Felber 2010) bereits erwähnt. Hier geht es vor allem um die stärkere Berücksichtigung des allgemeinen Wohls des Menschen und seiner Umwelt. Sie basiert auf den Grundwerten von Menschenwürde, Solidarität, ökologische Nachhaltigkeit und Teilnahme an Entscheidungen (vgl. u. a. Gemeinwohl-Ökonomie Bayern 2020, s. auch die Gemeinwohl-Matrix). Die wesentlichen Elemente sind vor allem, alle unternehmerischen Aktivitäten an dem Wohl der Menschen und der Umwelt auszurichten: So sollen Unternehmensgewinne lediglich zur langfristigen Stärkung der Wirtschaftskraft von Unternehmen und ihrer Mitarbeiterinnen und Mitarbeiter dienen inklusive der Alterssicherung und nicht zur Vermögensmaximierung externer Kapitalgeber (vgl. Gemeinwohl-Ökonomie Bayern 2020, Punkt 7). Dies soll zu einem gemeinwohlorientierten Wirtschaften führen, das den Druck auf die Arbeitnehmerinnen und Arbeitnehmer zur maximal möglichen Kapitalrendite spürbar reduziert.

Wachstum soll nur unter Beachtung natürlicher Lebensgrundlagen und einem minimalen Verbrauch von Ressourcen passieren (vgl. Gemeinwohl-Ökonomie Bayern 2020, Punkt 8). Idealerweise wird so eine *neue Wirtschaftsordnung* geschaffen, die demokratisch entwickelt und legitimiert wird und vor allem Schluss macht mit den zu großen Vermögens- und Einkommensungleichheiten (vgl. Gemeinwohl-Ökonomie Bayern 2020, Punkte 9 und 10). Alle Aktivitäten des Unternehmens müssen dann zu Dokumentationszwecken in einer *Gemeinwohl-Bilanz* dargestellt werden, die also nicht nur finanzielle, sondern auch umweltpolitische und gesellschaftspolitische Kennzahlen umfasst (etwa den CO_2-Footprint oder die Anzahl sozialer Projekte etc., vgl. Gemeinwohl-Ökonomie Bayern 2020, Punkt 4). Im Gegenzug zu den Gemeinwohl-Aktivitäten erhält das Unternehmen signifikante steuerrechtliche Vorteile und Kredite bzw. Vorrang bei Ausschreibungen der öffentlichen Hand (vgl. Gemeinwohl-Ökonomie Bayern 2020, Punkt 6). Ob dieses Konzept in seiner Reinform so 1:1 umgesetzt werden kann oder zumindest in einzelnen Facetten, wird sich zeigen. Zumindest wäre dies ein Weg in Richtung einer ethisch orientierten, *solidarischeren Form der Marktwirtschaft.*

Schließlich wollen wir uns noch mit der *dritten Frage* auseinandersetzen: *Wie viel Staat verträgt die Wirtschaft?* Dieses Thema hat gerade angesichts der gewaltigen ökonomischen Herausforderungen durch die Corona-Pandemie und der massiven staatlichen Intervention in die Wirtschaft deutlich an Fahrt gewonnen. Beim Abfassen dieser Zeilen befassen sich viele bedeutende deutsche Wirtschaftsmagazine und Wirtschaftsteile überregionaler Tageszeitungen sehr intensiv mit diesem Thema und fragen sich: Ist das Ende des Kapitalismus wie wir ihn kennen gekommen (vgl. Capital 12/2020, S. 36 ff.)? Manche sehen bereits eine drohende „neue Staatswirtschaft" in Form eines „Staatskapitalismus" (vgl. Neßhöver 2020, S. 110 ff.) oder man fragt sich, ob „der Staat wirklich alles retten (muss)"? (vgl. Bernau 2020; zu den allgemeinen Prinzipien staatlicher Intervention vgl. Pietsch 2020, S. 97 ff.; Fratzscher 2020, S. 81 ff.).

Es gab und gibt in der ökonomischen Theorie und Praxis einen gewissen Grundkonsens darüber, was der Staat leisten soll (vgl. Pietsch 2020, S. 97 ff.): Er soll für den Ordnungsrahmen im Sinne der Wirtschaftsordnung sorgen, die rechtliche Sicherheit für ökonomische Transaktionen garantieren, etwa die Vertragsfreiheit gewährleisten und die öffentlichen Güter wie Parks, Straßen, öffentliche Infrastruktur, Kultureinrichtungen etc. bereitstellen. Ferner soll er die Bürger vor inneren und äußeren Gefahren schützen und daher hoheitliche Aufgaben wie Polizei, Militär etc. wahrnehmen. Schließlich vertritt er mit seinen Institutionen die Bürger in allen Belangen auch gegenüber anderen Staaten. Seit der Corona-Pandemie hat der Staat aber in vielfältiger Weise in die Wirtschaft eingegriffen:

Er hat sich an Firmen beteiligt (u. a. Lufthansa, CureVac, den potenziellen Impfstofflieferanten), Umsatzausfälle der Firmen aufgrund des Lockdowns weitestgehend kompensiert, Kurzarbeitergeld gezahlt, Überbrückungskredite gewährt (etwa für den Reiseveranstalter TUI) oder gar ohne Gegenleistung gezahlt und temporär die Mehrwertsteuer gesenkt. Der Staat dringt also tief in die Unternehmen und Märkte ein (vgl. Capital 12/2020, S. 36). Die Frage ist, ob die neue Macht des Staates mit dem Virus wieder verschwunden sein wird (vgl. Capital 12/2020, S. 36). Der Streit der ökonomischen Schulen ist langandauernd: Etwa der zwischen dem *marktliberalen Ökonomen* Friedrich August von Hayek oder Milton Friedman auf der einen Seite und John Maynard Keynes auf der anderen Seite, ob der Staat der bessere Unternehmer sei.

Einerseits herrscht der Glaube vor, der Markt regele alle ökonomischen Aktivitäten besser als der Staat (Hayek/Friedman). *Ergo* müsse man den Markt und die Unternehmer nur machen lassen. Auf der anderen Seite war John Maynard Keynes der Meinung, der Staat müsse zur Kompensation der fehlenden Nachfrage ein Konjunkturprogramm initiieren. Das wurde in der Corona-Krise auch getan. So wurde ein 130-Milliarden Konjunkturpaket auf den Weg gebracht, bei dem der Staat und die angeschlossenen Behörden die Mittelverteilung vorgenommen hat (vgl. Capital 12/2020, S. 37 ff.). Damit würde die wichtigste Funktion des Marktes, die beste Allokation knapper Ressourcen vorzunehmen, ausgehebelt. An seine Stelle träten Politiker, Beamte und Regulierer (vgl. Capital 12/2020, S. 40). Der Staat übernähme die Verantwortung für alle (riskanten) Geschäfte und nur wer keine Interessenvertretung hätte, ginge bei der Verteilung finanzieller Mittel durch den Staat leer aus (vgl. Capital 12/2020, S. 39).

Dabei hat bereits die profunde Analyse der Ökonomin Mariana Mazzucato gezeigt, dass der Staat auch wesentlich für Technologieaufbau, Innovation und Wachstum eines Landes verantwortlich ist und somit die notwendige Infrastruktur erzeugt (vgl. Mazzucato 2014, vor allem S. 45 ff.). Dennoch wird die *Rolle des Staates in der Wirtschaft zunehmend kritischer gesehen.* Unternehmerinnen und Unternehmer warnen bereits, dass der staatliche Dirigismus überhandnähme und die Unternehmer zu stark steuere. Während die proaktive Wirtschaftshilfe für die Unternehmen in Deutschland und die Investition von einem 600 Milliarden schweren Wirtschaftsstabilisierungsfonds (vgl. Neßhöver 2020, S. 113) positiv bewertet wurde, da Unternehmen und Arbeitsplätze gerettet wurden, wird der schleichende Übergang zum „Staatskapitalismus" (Neßhöver 2020, S. 113) zunehmend negativ gesehen. „Wer bezahlt, schafft an", so heißt ein deutsches Sprichwort, und redet bei unternehmerischen Entscheidungen mit, möchte man ergänzen. Dabei ist die Frage legitim, ob der Staat alle Unternehmen retten muss, auch die sogenannten *„Zombie-Unternehmen"*, die ohne staatliche Hilfe schon längst insolvent wären (vgl. Bernau 2020). Die Gefahr besteht also, dass bestimmte strukturelle Wandlungen in der Ökonomie künstlich durch den Staat gestützt bzw. aufgehalten werden.

Abschließend möchte ich noch einmal Alfred Müller-Armack, den geistigen Vater der Sozialen Marktwirtschaft, zum Thema Staatseingriff zu Wort kommen lassen (Müller-Armack 1990, S. 153):

> „Ohne eine derartige staatliche Führung der Konjunktur wird möglicherweise in Zukunft kaum auszukommen sein. (…) Wenn schon zu einem solchen Verfahren gegriffen wird, bedarf es erhöhter Wachsamkeit, damit die Anwendung dieses Mittels nur bis zum Zeitpunkt erfolgt, zu dem die private Wirtschaft wieder in der Lage ist, eine erträgliche Gesamtkonjunkturlage zu sichern."

Wie wir gesehen haben, ist die Frage nach der Rolle des Staates vor allem nach dem Ende der Corona-Pandemie unter geänderten Vorzeichen neu zu diskutieren. Dies alles sind Herausforderungen der aktuellen Wirtschaftsethik mit ihren Lösungsansätzen. Die Frage ist allerdings, was jetzt auf Basis der bisherigen Erkenntnisse konkret zu tun ist. Das wollen wir uns im folgenden Abschnitt näher ansehen.

Literatur

Ärztekammer Baden-Württemberg. (2019). Medizin und Ökonomie. Ist die medizinische Ethik mit ökonomischen Prinzipien vereinbar? *Landesärztekammer Baden-Württemberg online.*

https://www.aerztekammer-bw.de/news/2019/2019-01/medizin-u-oekonomie/index.html. Zugegriffen am 29.11.2020.

Becker, G. (1993). *Der ökonomische Ansatz zur Erklärung menschlichen Verhaltens* (Einheit der Gesellschaftswissenschaften, Bd. 32). Tübingen: Mohr Siebeck.

Bernau, P. (29. November 2020). Muss der Staat wirklich alles retten? *Frankfurter Allgemeine Zeitung, 48,* 23.

BMAS. (03. Juli 2020). Die Grundrente kommt. *Bundesministerium für Arbeit und Soziales.* https://www.bmas.de/DE/Schwerpunkte/Grundrente/grundrente-beschlossen.html. Zugegriffen am 18.11.2020.

BMWi. (2020). Wohlstand für alle. 1945–1966, 1966–1982 und ff. *Bundesministerium für Wirtschaft und Energie.* https://www.100.bmwi.de/BMWI100/Navigation/DE/Meilenstein-05/1945-1966.html. Zugegriffen am 18.11.2020.

Bohmeyer, M., & Cornelsen, C. (2019). *Was würdest Du tun? Wie uns das bedingungslose Grundeinkommen verändert.* Berlin: Econ.

BR Klimaschutz. (2020). *Klimaschutz im Alltag. Das können Sie täglich für das Klima tun.* https://www.br.de/klimawandel/klimawandel-klimaschutz-energiesparen-tipps-100.html. Zugegriffen am 25.11.2020.

Bretschneider, W., & Spiegel, S. (2019). Marktwirtschaft und ökologische Transformation. In R. Fücks & T. Köhler (Hrsg.), *Soziale Marktwirtschaft ökologisch erneuern. Ökologische Innovationen, wirtschaftliche Chancen und soziale Teilhabe in Zeiten des Klimawandels* (S. 153–164). Hamburg: Konrad Adenauer Stiftung.

Broock, M. von, & Suchanek, A. (2020). Build back better. *Deutsches Netzwerk Wirtschaftsethik online* 01/2020 vom September, S. 23–25. https://www.dnwe.de/wp-content/uploads/2020/09/DNWE_Magazin-September-2020.pdf. Zugegriffen am 01.12.2020.

Bundesregierung. (2020). *Klimapolitik, Energiewende, Mobilität. Was tut die Bundesregierung für den Klimaschutz?* https://www.bundesregierung.de/breg-de/themen/klimaschutz/bundesregierung-klimapolitik-1637146, s. auch Klimaschutzprogramm 2030. Zugegriffen am 25.11.2020.

Burzer, J. (2020). *Wir lassen die nachhaltige Fahrzeugproduktion Realität warden.* https://www.daimler.com/nachhaltigkeit/gesichter-der-nachhaltigkeit/joerg-burzer.html. Zugegriffen am 16.11.2020.

Butterhof, J. (2020). *Warum Organisationen einen Purpose brauchen.* https://www.greatplacetowork.de/events-and-great-blog/blog/warum-organisationen-einen-purpose-brauchen/. Zugegriffen am 01.12.2020.

BVMW. (2020). *Die zehn Grundsätze des ehrbaren Kaufmanns.* https://www.bvmw.de/themen/mittelstand/grundsaetze/10-grundsaetze-des-ehrbaren-kaufmanns/. Zugegriffen am 15.11.2020.

Capital. (2020). *Das Ende des Kapitalismus*wie wir ihn kennen.* Capital 12/2020, S. 34–40.

Czycholl, H. (19. Dezember 2020). Netiquette. Im Kampf gegen Hate Speech. *Verlagsspezial der Frankfurter Allgemeinen Zeitung.*

Deutschlandfunk. (27. Juli 2020). Sozialpolitik. Brauchen wir das bedingungslose Grundeinkommen? *Deutschlandfunk online.* https://www.deutschlandfunk.de/sozialpolitik-brauchen-wir-das-bedingungslose-grundeinkommen.2897.de.html?dram:article_id=481321. Zugegriffen am 20.11.2020.

Dobmeier, J., & Fux, C. (2018). *Burnout. Net*doktor. https://www.netdoktor.de/krankheiten/burnout/. Zugegriffen am 15.11.2020.

Ethikguide. (2020). *Faire Produktion & Handel. Bio weiterdenken.* https://ethikguide.org/blog/bio-weiter-denken/. Zugegriffen am 16.11.2020.

Everfi. (2020). *Top 5 corporate social responsibility trends for 2020.* https://everfi.com/blog/community-engagement/corporate-social-responsibility-trends/. Zugegriffen am 16.11.2020.

FAZ. (14. November 2020). Ethik für Elektroautos. *FAZ,* Nr. 266, S. 24.

Felber, C. (2010). *Die Gemeinwohl-Ökonomie: Das Wirtschaftsmodell der Zukunft* (9. Aufl.). Wien: Deuticke.

Felber, C. (2018). *Gemeinwohl-Ökonomie. Eine demokratische Alternative wächst.* https://christian-felber.at/wp-content/uploads/2018/12/gemeinwohl.pdf. Zugegriffen am 20.11.2020.

Fenske, H., et al. (1987). *Geschichte der politischen Ideen. Von Homer bis zur Gegenwart.* Frankfurt a. M.: Fischer Taschenbuch.

Fockenbrock, D. (2018). *Vorstandsbezahlung. Die Gehälter der Dax-Chefs entfernen sich immer weiter von denen der Belegschaft.* https://www.handelsblatt.com/unternehmen/management/vorstandsbezahlung-die-gehaelter-der-dax-chefs-entfernen-sich-immer-weiter-von-denen-der-belegschaft/22766348. Zugegriffen am 15.11.2020.

Forum Ökologisch-Soziale Marktwirtschaft. (2020). *Der Neun-Punkte-Plan. Beschäftigungs- und Klimaschutzeffekte eines grünen Konjunkturprogramms.* https://foes.de/publikationen/2020/2020-06_DIW-FOES_Der-Neun-Punkte-Plan.pdf. Zugegriffen am 23.11.2020.

Franke, M. (2017). Mobbing – ja und nein? Die 45 Mobbinghandlungen nach Heinz Leymann. *arbeitsabc.de.* https://arbeits-abc.de/mobbinghandlungen/. Zugegriffen am 30.11.2020.

Fratzscher, M. (2020). *Die neue Aufklärung. Wirtschaft und Gesellschaft nach der Corona-Krise.* Berlin/München: Berlin Verlag/Piper.

Fücks, R., & Köhler, T. (2020). *Soziale Marktwirtschaft ökologisch erneuern. Ökologische Innovationen, wirtschaftliche Chancen und soziale Teilhabe in Zeiten des Klimawandels.* Konrad Adenauer Stiftung. Vorwort, S. 15 ff. https://www.kas.de/de/einzeltitel/-/content/soziale-marktwirtschaft-oekologisch-erneuern. Zugegriffen am 23.11.2020.

Gabriel, M. (2020). *Moralischer Fortschritt in dunklen Zeiten. Universale Werte für das 21. Jahrhundert.* Berlin: Ullstein.

Gemeinwohl-Ökonomie Bayern. (2020). *Gemeinwohl Ökonomie Bayern. Ein Wirtschaftsmodell mit Zukunft.* https://bayern.ecogood.org. Zugegriffen am 29.11.2020.

Gerth, M., & Schönwitz, D. (11. März 2020). Belohnungen für Manager. Vorstandsvergütung auf Kosten der Aktionäre. *Wirtschaftswoche online.* https://www.wiwo.de/my/erfolg/management/belohnungen-fuer-manager-vorstandsverguetung-auf-kosten-der-aktionaere/25611362.html. Zugegriffen am 23.12.2020.

Göbel, E. (2020). *Unternehmensethik. Grundlagen und praktische Umsetzung* (6., überarb. Aufl.). München: UVK.

Gönner, T. (2019). Soziale und ökologische Marktwirtschaft in einer globalen Wirtschaft. In R. Fücks & T. Köhler (Hrsg.), *Soziale Marktwirtschaft ökologisch erneuern. Ökologische Innovationen, wirtschaftliche Chancen und soziale Teilhabe in Zeiten des Klimawandels* (S. 179–190). St. Augustin: Konrad Adenauer Stiftung.

Gontek, F. (12. Juli 2020). Modernes Arbeiten. Die Sinn-Frage. *Spiegel online.* https://www.spiegel.de/karriere/purpose-in-unternehmen-die-sinn-frage-a-a9fa3629-fd8c-4c3e-a553-bf0b23c7ecdf. Zugegriffen am 01.12.2020.

Grundsatzprogramm der Partei Die Grünen. (2020). „… *zu achten und zu schützen* …" *Veränderung schafft Halt. Grundsatzprogrammentwurf.* https://cms.gruene.de/uploads/documents/202006_B90Gruene_Grundsatzprogramm_Entwurf.pdf. Zugegriffen am 23.11.2020.

Habeck, R. (2021). *Von hier an anders. Eine politische Skizze.* Köln: Kiepenheuer & Witsch.

Hauser, T. (Hrsg.). (2021). *Geld regiert die Welt: Die Ökonomisierung unserer Gesellschaft.* Stuttgart: Kohlhammer.

Heinisch, F., et al. (2019). *Ihr habt keinen Plan. Darum machen wir einen. 10 Bedingungen für die Rettung unserer Zukunft* (Der Jugendrat der Generationen Stiftung, herausgegeben von Claudia Langer und einem Vorwort von Harald Lesch). München: Blessing.

Jäkel, I. (2020). Management. Sieben Kriterien für eine ethische Führung. *Compliance Manager online.* https://www.compliance-manager.net/fachartikel/sieben-kriterien-fuer-eine-ethische-fuehrung-1221658660. Zugegriffen am 30.11.2020.

Janssen, B. (2016). *Die stille Revolution. Führen mit Sinn und Menschlichkeit* (9. Aufl.). München: Ariston.

Kohl, W. (2020). *Welche Zukunft wollen wir? Mein Plädoyer für eine Politik von morgen.* Freiburg: Herder.

Kretschmann, W. (2018). *Worauf wir uns verlassen wollen. Für eine neue Idee des Konservativen.* Frankfurt a. M.: Fischer.

Küng, H. (2010). *Anständig wirtschaften. Warum Ökonomie Moral braucht.* München: Piper.

Leendertz, A. (2017). *Für eine Geschichte der Gegenwart: Historische Perspektiven auf die Ökonomisierung der Gesellschaft. Max Planck Gesellschaft online.* https://www.mpg.de/11881049/mpifg_jb_2017. Zugegriffen am 29.11.2020.

Leye, H. (2014). *Mobbing in der Schule. Das Praxisbuch.* Donauwörth: Auer.

Limberger, Y. (2019). *Gesunde Unternehmenskultur: Wundermittel Wertschätzung.* https://entwickler.de/online/windowsdeveloper/wundermittel-wertschaetzung-579915706.html. Zugegriffen am 15.11.2020.

Lütge, C., & Uhl, M. (2018). *Wirtschaftsethik.* München: Franz Vahlen.

Mannweiler, A. (14. November 2020). Geld, Status und fünf Stunden Schlaf. *FAZ, 266,* 29.

Marketing Börse. (2020). *Welche Unternehmen spürbar besonders nachhaltig agieren.* https://www.marketing-boerse.de/news/details/2020-welche-unternehmen-spuerbar-besonders-nachhaltig-agieren/167361. Zugegriffen am 11.11.2020.

Marx, R. (2008). *Das Kapital. Ein Plädoyer für den Menschen.* München: Pattloch.

Mazzucato, M. (2014). *Das Kapital des Staates. Eine andere Geschichte von Innovation und Wachstum.* München: Antje Kunstmann.

Merz, F. (2020). *Neue Zeit. Neue Verantwortung. Demokratie und Soziale Marktwirtschaft im 21. Jahrhundert.* Berlin: Econ (Ullstein).

Müller, F., & Witterauf, S. (09. September 2020). Mobbing am Arbeitsplatz. „Sie triezten mich so lange, bis ich anfing zu heulen". *Die Zeit online.* https://www.zeit.de/arbeit/2020-09/mobbing-arbeitsplatz-diskriminierung-sexuelle-belaestigung-beleidigung-ausgrenzung. Zugegriffen am 15.11.2020.

Müller-Armack, A. (1990). *Wirtschaftslenkung und Marktwirtschaft. Sonderausgabe.* München: Kastell.

Neßhöver, C. (2020). Die neue Staatswirtschaft. *Manager Magazin, 12*, 110–116.

Oermann, N. O. (2015). *Wirtschaftsethik. Vom freien Markt bis zur Share Economy*. München: C.H. Beck.

Pietsch, D. (2017). *Grenzen des ökonomischen Denkens. Wo bleibt der Mensch in der Ökonomie?* Köln/Lohmar: Eul.

Pietsch, D. (2020). *Prinzipien moderner Ökonomie. Ökologisch, ethisch, digital*. Wiesbaden: Springer.

Polwin-Plass, L., & Halfmann, A. (2020). Unternehmensethik: Ein Umdenken findet statt. *Suxxeed Vertriebszeitung*. https://vertriebszeitung.de/unternehmensethik-ein-umdenken-findet-statt-2/. Zugegriffen am 16.11.2020.

Precht, R. D. (2018). *Jäger, Hirten, Kritiker. Eine Utopie für die digitale Gesellschaft*. München: Goldmann.

Sandel, M. (2012). *Was man für Geld nicht kaufen kann. Die moralischen Grenzen des Marktes*. Berlin: Ullstein.

Schimank, U., & Volkmann, U. (2017). Ökonomisierung der Gesellschaft. In A. Maurer (Hrsg.), *Handbuch der Wirtschaftssoziologie* (2., ak. u. erw. Aufl., S. 593–610). Wiesbaden: Springer VS.

Sen, A. (2020). *Rationale Dummköpfe. Eine Kritik der Verhaltensgrundlagen der Ökonomischen Theorie*. Ditzingen: Philipp Reclam jun.

Siedenbiedel, C. (2015). Gary Becker. Gegensätze ziehen sich an. In L. Nienhaus (Hrsg.), *Die Weltverbesserer. 66 große Denker, die unser Leben verändern* (S. 19–23). München: Carl Hanser.

Siems, D. (15. Juni 2018). Der Aufstieg in die Mittelschicht dauert in Deutschland 180 Jahre. *Die Welt online*. https://www.welt.de/wirtschaft/article177647914/Einkommen-Aufstieg-in-die-Mittelschicht-dauert-180-Jahre.html. Zugegriffen am 18.11.2020.

Specht, F. (10. November 2019). Arbeitsmarkt. 12 Euro pro Stunde: Forderung nach Mindestlohn-Anhebung sorgt für neuen Streit. *Handelsblatt online*. https://www.handelsblatt.com/politik/deutschland/arbeitsmarkt-12-euro-pro-stunde-forderung-nach-mindestlohn-anhebung-sorgt-fuer-neuen-streit-/25205818.html. Zugegriffen am 18.11.2020.

Tagesspiegel. (05. Februar 2019). Mobbing in Berliner Schulen. „Meine Tochter hielt es einfach nicht mehr aus". *Der Tagesspiegel online*. https://www.tagesspiegel.de/berlin/mobbing-in-berliner-schulen-meine-tochter-hielt-es-einfach-nicht-mehr-aus/21160592.html. Zugegriffen am 30.11.2020.

Veken, D. (2016). *Driven by Purpose: Eine neue Ära. Zukunftsinstitut*. https://www.zukunftsinstitut.de/artikel/driven-by-purpose-eine-neue-aera/. Zugegriffen am 01.12.2020.

Wiebel, F. (2018). *Ethik im Marketing: das Beispiel Nike*. https://scilogs.spektrum.de/gute-geschaefte/ethik-im-marketing-das-beispiel-nike/. Zugegriffen am 16.11.2020.

6

Perspektiven und Lösungsansätze: Was jetzt zu tun ist

6.1 Bekämpfung von Armut und Ungleichheit

Wir haben in Abschn. 4.1 anhand der Bedürfnispyramide von Abraham Maslow gesehen, dass Menschen unterschiedliche Bedürfnisse haben und diese hierarchisch aufeinander aufbauen: Erst wenn ich meine physischen und psychischen Bedürfnisse nach Essen, Trinken, einem Dach über dem Kopf etc. befriedigt habe, kann ich mich anderen Themen des Lebens zuwenden wie die soziale Anerkennung oder gar die Selbstverwirklichung. Ganz gleich, in welcher sozialen Schicht wir uns befinden, ob wir vom Leben begünstigt wurden oder nicht, wir dürfen nicht zulassen, dass Menschen hungern, kein Dach über den Kopf haben oder über keinerlei Perspektive im Leben verfügen. Nicht umsonst hat John Rawls wie wir gesehen haben (vgl. Abschn. 3.4) bei der Konzeption seiner sozialen Gerechtigkeit alle Beteiligten den *„Schleier des Nichtwissens"* aufsetzen lassen, um so eine quasi neutrale Sicht auf die Gesellschaft zu erzeugen.

© Der/die Autor(en), exklusiv lizenziert durch Springer Fachmedien Wiesbaden GmbH, ein Teil von Springer Nature 2021
D. Pietsch, *Die Ökonomie und das Nichts*,
https://doi.org/10.1007/978-3-658-33277-8_6

Eine Gesellschaft müsse so gestaltet werden, dass sie mindestens den Ärmsten und Schwächsten eine Verbesserung ihrer Lebenssituation ermögliche, ohne die anderen schlechter zu stellen. Dazu gehören aus meiner Sicht zwei Dinge: Einerseits die *Bekämpfung der Armut* und andererseits die Verringerung der *sozialen Ungleichheit*.

Bei der *Bekämpfung der Armut* sollten wir neben den bereits existierenden Elementen der Entwicklungshilfe und der zum Teil herausragenden Leistungen karitativer Organisationen, die schon viel zur Bekämpfung der Armut in der Welt leisten, vor allem in Deutschland ansetzen. Auch in einem reichen Land wie dem unseren existiert noch viel Armut (s. Abschn. 4.1). Hier müssen wir den Prozess des Lebens nachzeichnen und dort eingreifen, wo Menschen nicht mehr in der Lage sind, aus eigenen Kräften für ihre Versorgung aufzukommen. Das gilt für Kinder und Jugendliche aus sozial prekären Verhältnissen, aber auch für junge Erwachsene und Berufstätige mit Niedriglohn, sowie für Arbeitslose und später für die Rentner mit Bezügen, von denen man im Alter nicht leben kann. Es existieren bereits zahlreiche richtige und wichtige Konzepte wie etwa den *Mindestlohn* zur Absicherung eines garantierten Einkommens oberhalb einer gewissen Schwelle. Sozialhilfezahlungen oder Ausbildungsbeihilfen bis hin zur Grundrente für bestimmte Rentnergruppen. Dies alles reicht allerdings noch nicht aus. Kinder und Jugendliche in Deutschland, die aus armen Verhältnissen stammen, haben kaum eine Chance an der gesellschaftlichen Teilhabe. Für sie ist vieles schwierig, sei es das Erwerben von Schulmaterialien, die Teilnahme an Schulausflügen oder auch schlicht die Verfügbarkeit von Laptops mit Internetanschluss, mit denen man in Zeiten von Corona am digitalen Unterricht teilnehmen kann. Zudem kann es nicht angehen, dass immer noch viele Kinder hungrig zur Schule gehen, in ihren körperlichen und geistigen Entwicklungen zurückbleiben und nicht einmal ihre Grundbedürfnisse befriedigen können.

Es gäbe viele Möglichkeiten der finanziellen und materiellen Unterstützung: So könnte analog der Rente für Senioren eine *monatliche Kinderrente* oder eine *Kindergrundsicherung* dafür sorgen, dass bildungsrelevante Kosten, aber auch die des täglichen Lebens, dadurch gedeckt werden wie etwa Schulmaterialien, Schulausflüge (in ähnliche Richtung argumentieren Forscher zur Kinderarmut bereits seit Langem, vgl. Krohn und Ponzi 2020, ohne dass eine konkrete Umsetzung erfolgt wäre). Digitale Lernmaterialien wie Laptops könnten Kindern aus prekären sozialen Verhältnissen *kostenlos* zur Verfügung gestellt werden. Ähnliches gilt für Bücher. Wir haben in Abschn. 5.2 über das Thema *Purpose* gesprochen, einen Sinn und Zweck, den ein Unternehmen und vor allem seine Mitarbeiter in ihrem Berufsleben erfüllt sehen möchten. Ich bin überzeugt, dass es viele Arbeitnehmerinnen und Arbeitnehmer aber auch Unternehmen in Deutschland gibt, die für eine solche Aktion Geld, Zeit und vor allem Materialien zur Verfügung stellen würden (und schon getan haben). So könnten Computerfirmen an solche armen Kinder vergünstigt oder idealerweise kostenlos Laptops, oder Lerncomputer verteilen. Buchhändler und Verlage könnten gemeinsam Bücher stiften und vieles mehr. Eine Schulspeisung für arme Kinder müsste nicht von privaten Organisationen organisiert werden, sondern von den Kommunen, vom Land oder gar vom Staat kostenlos gestellt werden. So müsste künftig zumindest *in Deutschland kein Kind mehr hungern*.

Über das bedingungslose Grundeinkommen haben wir bereits in Abschn. 5.3 gesprochen. Auch das wäre ein gutes und wirksames Instrument, um die Armut in Deutschland zu reduzieren, quasi eine *negative Einkommenssteuer*. Dies würde zumindest dafür sorgen, dass viele in sozial prekären Situationen in Deutschland Lebende von den täglichen

Sorgen des Überlebens befreit würden und ein würdevolles Leben führen könnten. Diejenigen, denen es bereits etwas besser geht, könnten zwischen mehr Freizeit oder einer anderen Beschäftigung wählen, die zwar weniger Geld einbringt aber erfüllender für sie ist, etwa soziale und karitative Tätigkeiten. Viele könnten sich auch eine bezahlbare Wohnung leisten und müssten nicht mehr auf der Straße leben. Die Höhe der beschlossenen Grundrente könnte man auch noch einmal überdenken, so dass auch die ältere Bevölkerung, die ihr Leben lang zwar hart gearbeitet haben aber nicht genügend verdient haben, einen auskömmlichen Lebensabend genießen kann.

Papst Franziskus fordert in seiner neuesten Veröffentlichung (vgl. Papst Franziskus 2020, S. 142) zu Recht:

> „… eine Wirtschaft, die Menschenwürde, Arbeitsplätze und ökologische Erneuerung in den Mittelpunkt stellt. Die Würde unserer Völker verlangt nach einer Wirtschaft, die nicht nur die Akkumulation von Gütern schafft, sondern allen den Zugang zu guter Arbeit, Wohnraum, Bildung und Gesundheit ermöglicht."

Dabei ist ihm durchaus bewusst, dass bestimmte Rahmenbedingungen und Prämissen für die Wirtschaft einzuhalten sind: So kritisiert Franziskus nicht den Markt an sich (vgl. Papst Franziskus 2020, S. 140), sondern dass sich Reichtum vom *Wohlstand für alle abkoppelt*. Ferner sieht er schon, dass Gewinne für die Unternehmen wirtschaftlich notwendig sind. Doch fordert er „breitere Maßstäbe für den Gewinn, die soziale und ökologische Ziele berücksichtigen." (Papst Franziskus 2020, S. 143).

An der Stelle wird sich der aufmerksame Leser sicherlich fragen, wie eine solche „Sozialutopie" eigentlich zu bezahlen ist und wie es sein kann, dass sich künftig viele Bürger einzig auf den Staat und seine Leistungen verlassen sollen? Zunächst gibt es natürlich immer die „klassischen"

Ansätze, die leistungsstärkeren und vermögenden Mitbürger überproportional zur Kasse zu bitten. So könnte die Schraube der progressiven Einkommenssteuer d. h. höher Steuersätze ab gewissen Einkommenshöhen, stärker angezogen werde. Zu den „Klassikern" der Argumentation gehören neben der (höheren) Erbschaftssteuer und der (Wiedereinführung der) Vermögenssteuer aber auch die Einführung einer Finanztransaktionssteuer auf Börsengeschäfte, die einen zusätzlichen Mittelbedarf decken könnte. Doch unterschätzt werden *vor allem freiwillige, solidarische Leistungen der Bürger*. Bereits die zahlreichen Experimente der Verhaltensökonomie haben gezeigt (vgl. etwa Kahneman 2012), dass die Menschen mehrheitlich nicht nach dem Muster des rational-analytischen und egoistischen *Homo oeconomicus* vorgehen, sondern im Gegenteil sich aus Mitleid und Mitgefühl mit ihren Mitmenschen unentgeltlich für deren Belange einsetzen. Viele sind auch bereit, für die Ärmsten und Schwächsten der Gesellschaft viel Geld zu spenden.

So hat die sehr aufschlussreiche und exzellent geschriebene Titelgeschichte im Spiegel (vgl. Book et al. 2020, S. 8 ff.) klar aufgezeigt, dass viele junge Reiche, seien sie Gründer oder Erben, vielfach bereit sind, ein Teil ihres Geldes für sinnvolle, etwa für ökologische Zwecke zu spenden (so etwa der Gründer von Shopify mit seiner Frau, vgl. Book et al. 2020, S. 15). Interessant ist vor allem, dass viele junge vermögende Gründer eine andere Einstellung zu ihrem Reichtum haben: Sie wollen vielfach etwas Sinnvolles mit ihrem Geld anfangen, etwa sich für soziale und ökologische Projekte einsetzen. Diejenigen, die sich nur darauf konzentrierten, immer reicher zu werden und damit glücklich zu werden, zerstörten die Gesellschaft (vgl. Book et al. 2020, S. 16). Viele denken auch darüber nach, sich nach ein paar Jahren aus dem *Kreislauf des Geldverdienens zu verabschieden* und u. a. daran zu arbeiten, eine Alternative zum Bruttoinlandsprodukt als einzige Maßgröße des Wohlstands zu erarbeiten (vgl. Book et al. 2020, S. 17). So müsse man sich in einer Volkswirtschaft den Wohlstand auch u. a. unter den Gesichtspunkten von Gesundheitswesen (gerade zu Corona-Zeiten!), Kultur, Nachhaltigkeit und Sicherheit ansehen (vgl. Book et al. 2020, S. 17). Viele junge Reiche teilen also zunehmend die Sicht auf die Ökonomie, die soziale und ökologische Elemente einschließt. *Markt und Soziales gehörten unweigerlich zusammen*: In einer Sphäre werde das Geld verdient und in der anderen verteilt (vgl. Book et al. 2020, S. 17).

Diese Bereitschaft der Vermögenden zur stärkeren finanziellen Beteiligung an den sozialen und nachhaltigen Themen müsste nur noch stärker *zweckgebunden kanalisiert* werden: Etwa für die oben genannten Hilfszahlungen des Staates. So könnte z. B. in jeder Einkommenssteuererklärung ein *zusätzliches Feld* etabliert werden, in das jeder Bürger eine freiwillige Spende für eine Art zusätzlichen „Solidarfonds" einträgt, der für die Finanzierung zumindest eines Teils dieser sozialen Leistungen vom Staat zur Verfügung steht. Es muss nicht immer alles staatlich verordnet werden.

Wir sind uns sicherlich einig, dass die – nicht nur subjektiv empfundene – *soziale Ungleichheit* in Deutschland so nicht weitergehen kann. Immobilieneigentümer in den deutschen Metropolen werden buchstäblich „im Sitzen" wohlhabender, da die Preise für neue und gebrauchte Immobilien seit Jahren nur einen Weg kennen: nach oben. Andererseits können sich Mieter in ebendiesen Metropolen immer weniger Wohnraum leisten. Im Zuge der Corona-Pandemie und des *Trends zum verstärkten Umzug in ländliche Gebiete* im Umkreis der Metropolen – Homeoffice macht es möglich – werden auch dort die Preise ob kurz oder lang steigen. Keine hoffnungsfrohe Perspektive für junge Leute, Paare oder Familien. Allerdings greifen die kurzfristig eingesetzten Maßnahmen wie der „Mietpreisdeckel" etwa in Berlin zu kurz, da dies Investoren und Vermieter abschreckt, die eigentlich für mehr Wohnraum sorgen sollten (vgl. Zahn 2020, S. 74). So können die Mietpreise nicht fallen. Besser hilft der Ansatz, generell mehr Wohnungen zu bauen und einen höheren Anteil davon als Sozialwohnungen zu schaffen (vgl. Zahn 2020, S. 74 f.). Hier gilt der Spruch *„nicht das Erzählte reicht, sondern nur das Erreichte zählt."* Ideen gibt es viele, nur an der (schnellen) Umsetzung scheitert es häufig.

Auch die „Klassiker" zur Verringerung der Ungleichheit sind ebenfalls nicht so einfach umzusetzen (vgl. u. a. Pietsch 2020, S. 243 ff.): Progressive Steuern sind auch nicht *ad infinitum* zu erhöhen, ohne die Motivation der Leistungsträger abzuwürgen. So ist theoretisch nachvollziehbar, dass ein Steuersatz von 100 Prozent keine, einer von 75 Prozent kaum eine Motivation zur Arbeit darstellt, abgesehen davon, dass es sich hierbei quasi um eine staatliche Enteignung handeln würde. Ein Spitzensteuersatz um die 50 Prozent ist sicherlich bereits an der Grenze dessen, was man einem Topverdiener zumuten kann, ohne die Motivation zu reduzieren. Diesen erreicht man aber bereits, wenn man die sogenannte Reichensteuer (bei einem Single ab einem Einkommen von 260.000 Euro) von 45 Prozent berücksichtigt. Auch eine Begrenzung des Grenzsteuersatzes von 75 Prozent auf ein Einkommen ab einer gewissen Schwelle, etwa 1 Million, nimmt sich nichts an der vorherigen Einschätzung: Es wäre quasi eine staatliche Enteignung. Schließlich muss man das Geld, was man verteilen will, erst einmal verdienen.

Auch die Vermögenssteuer, so sie in Deutschland wiedereingeführt würde, stellt den Staat vor administrative

Herausforderungen (vgl. Fuest 2019): Die Schwierigkeiten ergeben sich bei der lückenlosen Bestandsaufnahme und Bewertung des Vermögens, etwa von Gemälden und Unternehmensanteilen. Was bedeutet die Vermögenssteuer für die Unternehmenssubstanz bei mittelständischen Unternehmern? Selbst eine reine Vermögenssteuer auf Privatvermögen muss sich mit einer wiederholten vollständigen Erfassung der Vermögensgegenstände befassen und würde hohe Unsicherheiten, Fehlerraten und vor allem einen enormen administrativen Aufwand bedeuten. Ein ähnliches Problem existiert auch bei der Erbschaftssteuer. So die Vermögenssteuer eingeführt würde, würde das Erbe dann dreifach besteuert: Einmal bei der Entstehung als Nettovermögen, dann als Vermögen und schließlich beim Erbe. Die Sichtweise ist naturgemäß von der eigenen Perspektive abhängig. Doch wendet man das Rawls' Prinzip des Schleiers des Nichtwissens an, kommt man schnell zu dem Schluss, dass eine quasi dreifache Besteuerung nur in Grenzen sinnvoll ist. Die bestehende Regelung der Freibeträge für bestimmte Vererbungshöchstsummen – 500.000 Euro zwischen Ehepartnern, 400.000 Euro an Kinder etc. – deckt die Härten bereits relativ gut ab. Vermögende Mitbürger haben durchaus mehrere Möglichkeiten, dieser Erbschaftssteuer zumindest in Teilen zu entgehen, etwa durch den Umzug ins Ausland, Stiftungen etc. Solche *Steuerschlupflöcher zu stopfen* ist sicherlich sinnvoller als den Erbschaftssteuersatz weiter zu erhöhen oder die Freibeträge zu verringern.

Vielmehr macht es Sinn, solche Instrumente wie die *Finanztransaktionssteuer* zu nutzen, da so die Spekulationsgewinne, aber auch reguläre Aktiengeschäfte an den Börsen ihren Beitrag zum Gemeinwohl leisten könnten. Das bedingungslose Grundeinkommen, die Kinderrente und weitere staatliche Leistungen zur Unterstützung der Ärmsten und Schwächsten in unserer Gesellschaft können ebenfalls ihren Beitrag zur Verringerung der sozialen Ungleichheit leisten und die Lebensqualität der Bürgerinnen und Bürger verbessern. Schließlich macht es auch Sinn, mehr an die Solidarität von uns allen in Deutschland zu glauben: an die Bereitschaft, sich *freiwillig* nicht nur mit Geldspenden, Stichwort *Solidarfonds*, sondern auch mit karitativen und sozialen Engagements für unsere Gesellschaft einzusetzen. Dies würde nicht nur den viel beschworenen *Purpose* im Leben steigern helfen, sondern auch die Grundlagen einer *solidarischen, ethischen Ökonomie* legen.

6.2 „Patenschaft" von reich und arm

Nicht alle Maßnahmen zur Steigerung des Wohlstands und des Gemeinwohls können staatlich verordnet werden. Vieles muss auch aus der Bevölkerung, muss auch von uns selbst heraus kommen. Gefordert ist die sogenannte „Zivilgesellschaft" (von *civis*, lateinisch der Bürger), eine Gesellschaft, in der sich die einzelnen Bürger umeinander kümmern. Da passiert schon Einiges in Deutschland: Ob es nun die Nachbarschaftshilfe ist, wo Junge die Älteren unterstützen, etwa bei alltäglichen Besorgungen wie Lebensmitteleinkäufe oder Fahrten zu Ärzten. Ferner die gut 17 Millionen ehrenamtlich Tätigen in Deutschland, die sich in Vereinen, karitativen, sozialen oder anderen Bereichen unentgeltlich engagieren. Das sind gut 19 Prozent aller Personen in Deutschland. 27 Prozent sind noch neben ihrer Berufstätigkeit in solchen Ehrenämtern unterwegs (vgl. Statista 2020). Das Engagement reicht von Tätigkeiten in Kirchen, etwa als Diakon oder Kirchenpfleger, über kommunale Aktivitäten wie zum Beispiel im Gemeinderat, als Schöffen am Gericht, in der Freiwilligen

Feuerwehr oder als Schülerlotse bis hin zu Sozialarbeit für Jugendliche, Sterbebegleiter, in der Seelsorge und Vieles mehr. Da wird schon vieles Großartiges geleistet.

Warum können sich nicht auch verstärkt die vom Leben begünstigten, zum Teil vermögenden Menschen mit Berufs- und Lebenserfahrung z. B. *als Paten für Kinder aus sozial schwachen Verhältnissen* zur Verfügung stellen? So ist es in manchen Städten schon seit Langem Brauch, den ärmeren Kindern Weihnachtsgeschenke zu organisieren, zum Schulanfang gefüllte Schultüten oder gar die Brotzeit in der Schule zu spenden. Da wird bereits Herausragendes von allen Beteiligten geleistet, den Spendern und den Organisatoren.

Es wäre allerdings noch mehr vorstellbar: Viele Kinder und Jugendliche, aber auch Erwachsene aus sozial schwachen Verhältnissen würden enorm davon profitieren, wenn sie zumindest temporär eine Art *Mentor* bekämen: Erwachsene und Jugendliche, die Nachhilfe für diese Kinder und Jugendliche leisten würden, da sie zu Hause zumeist wenig Unterstützung erhalten. Sie würden auch davon profitieren, Tipps und Tricks für ihre persönliche Entwicklung zu erhalten. Das fängt im Kindergartenalter an durch Organisation von zusätzlichen Vorlesestunden – sofern das nicht bereits im Kindergarten passiert – über die Unterstützung bei der Schul- und Berufswahl. Dies bedeutet nicht nur eine permanente Betreuung von benachteiligten Kindern und Jugendlichen, sondern auch eine finanzielle Unterstützung etwa für Lernmittel, Computer, Internetanschlüsse bis hin zu eigenen Lernräumen. Platz ist bekanntlich bei Kindern aus sozial prekären Verhältnissen knapp.

Häufig *fehlen* diesen Kindern, Jugendlichen aber auch jungen Erwachsenen *Vorbilder* von Leuten, die es im Leben beruflich geschafft haben, erfolgreich sind und vielleicht auch aus eher bescheidenen Verhältnissen stammen. Solche erfolgreichen Angestellten, Gründer und Unternehmer könnten in Schulen ihr Wissen weitergeben und vielleicht zumindest einzelne Jugendliche betreuen und „coachen". Viele Erfolgreiche jeden Alters, seien sie Manager, Unternehmer, Politiker oder auch Sportgrößen könnten mehrere Kinder und Jugendliche als *Mentees* übernehmen und durchs Leben begleiten. Zumindest für eine gewisse Zeit. Erfahrung, finanzielle aber noch viel wichtiger mentale Unterstützung hilft vielen vom Glück nicht begünstigten Jugendlichen, ihren Weg im Leben zu finden. An vielen Stellen in Deutschland findet man bereits vielversprechende Ansätze. Aus dieser *Verbindung aus reich und arm* in einer solidarischen Gesellschaft würde bereits eine große Entlastung entstehen und die Ungleichheiten reduzieren lassen. Eine Verbesserung der Chancengerechtigkeit wäre möglich. Eine solche Kooperation aus reich und arm, aber auch von jung und alt könnte noch stärker systematisch organisiert werden und unterstützend *an die Seite von staatlichen Maßnahmen treten*. Die Zivilgesellschaft, wir alle, kann noch viel mehr leisten.

So existiert bereits eine ermutigende Aktion des Bundesministeriums für Familie, Senioren, Frauen und Jugend mit dem Titel *„aktion zusammenwachsen"* (vgl. BMfsfj 2019). Dort werden Patenschafts- und Mentoringprojekte unterstützt, in denen Kinder und Jugendliche mit Migrationserfahrungen oder auch Fluchterfahrungen in einem bürgerschaftlichen Engagement unterstützt werden. Konkret werden diese Kinder und Jugendliche dort von älteren Personen zeitlich begrenzt betreut, unterstützt und in ihrem schulischen und beruflichen Fortkommen beraten (vgl. BMfsfj 2019, S. 6 ff.). In dieser Bildungspatenschaft werden Kindern aus fernen Ländern, die seit kurzem in Deutschland leben, in ihren sprachlichen Fähigkeiten unterstützt. Die Paten helfen aber auch, dass sich ihre

Schützlinge in dem für sie fremden Land zurechtfinden. Dabei sind die Paten häufig Personen, die selbst als Kind oder Jugendliche nach Deutschland kamen und die Herausforderungen, mit denen ihre Schützlinge konfrontiert sind, aus persönlichen Erfahrungen kennen.

Die Patenschaft ist klar strukturiert (vgl. BMfsfj 2019, S. 21) und beginnt mit einer Vorbereitungsphase mit dem gegenseitigen Kennenlernen, der Definition der Erwartungen und Ziele und der weiteren Vorgehensweise. Die Patenschaft ist zumeist zeitlich begrenzt und wird mit einem Abschlussgespräch und weiteren Kontaktdetails beendet. Man kann sogar Ziele und individuelle Vereinbarungen schriftlich festhalten, was die Verbindlichkeit der Ziele und Maßnahmen erhöht (vgl. BMfsfj 2019, S. 36 ff.). Häufig halten allerdings solche Konstellationen ein Leben lang. Die Anforderungen an eine Patin, einen Paten sind hinsichtlich der persönlichen, fachlichen und zeitlichen Anforderungen richtigerweise hoch (vgl. BMfsfj 2019, S. 10 ff.), etwa die Zuverlässigkeit, die Akzeptanz und der Respekt, aber nicht unmöglich.

Eine solche eben beschrieben erfolgversprechende Patenschaft soll *nur stellvertretend für die Idee der Patenschaft zwischen jung und alt, reich und arm* stehen. Wie viel mehr wäre möglich, wenn sich jeder erfolgreiche Bürger, Manager und Unternehmer ein Kind oder Jugendlichen als *Mentee* auswählen würde, um ihn oder sie durch das Leben zu begleiten. Dabei geht es nicht nur um neu nach Deutschland hinzugekommene Jugendliche, sondern um alle Jugendliche aus sozial benachteiligte Verhältnissen, die eine solche Hilfestellung dringend gebrauchen können. Wie gesagt, es geht nicht nur um eine materielle oder mentale Unterstützung. Es ist auch ein Zeichen von Wertschätzung und Solidarität von den Begünstigten der Gesellschaft mit den weniger Begünstigten der Gesellschaft. Dies ist aus meiner

Sicht auch *keine unerreichbare Sozialutopie* – ich bin seit etwa 30 Jahren in der Berufs- und Unternehmenspraxis tätig und bei Leibe kein theoretischer Träumer –, sondern durchaus eine realistische Möglichkeit, im Rahmen der Zivilgesellschaft einiges zum Positiven zu wenden und die Chancengleichheit zu stärken. Übertragen wir doch den Gedanken des zivilen Engagements auf die Ökonomie als Ganzes: Eine Ökonomie für das Gemeinwohl.

6.3 Mehr Ökonomie für das Gemeinwohl

Wie lassen sich die Themen der Ökonomie, etwa Gewinnstreben, Wettbewerb, (egoistische) Nutzenmaximierung und Leistungsorientierung mit den ethischen Themen des Gemeinwohls, der Solidarität, des Miteinanders statt Gegeneinanders, dem Schutz der natürlichen Umwelt und der Menschenwürde miteinander vereinbaren? Kann es so etwas wie eine Ökonomie geben, die einerseits die Grundbedingungen einer marktwirtschaftlichen Ordnung erfüllt und andererseits die ethisch gebotenen Kriterien wie etwa das Gemeinwohl nicht vernachlässigt? Ja, diese Alternative existiert durchaus (vgl. Abschn. 5.3 mit der Gemeinwohl-Ökonomie und das dort angesprochene Konzept von Christian Felber). Unternehmen und Unternehmer müssen heute stärker als vorher auf die Rückwirkungen ihrer Tätigkeiten auf die soziale und natürliche Umwelt achten.

So kann es nicht mehr *unisono* das Ziel sein, den Gewinn um jeden erdenklichen Preis zu maximieren. Wachstum darf *nicht ohne Rücksicht auf die knappen Ressourcen* und unter Missachtung der Menschenwürde passieren. Die Ausbeutung der Erde auf der Suche nach Rohstoffen darf nicht mehr unbegrenzt passieren. Das Ende des Wachstums ist dort gegeben, wo die natürliche Umwelt irreparabel geschädigt wird. Konsumenten, Investoren aber auch Politiker in aller Welt sind aufgefordert, ihre Entscheidungen für einzelne Produkte nicht nur auf Basis finanzieller Kennzahlen so treffen, sondern auch die sozialen und umweltbezogenen Fakten mit einzubeziehen. Es ist ein schmaler Grat zwischen einer gewinnorientierten Wirtschaft, die Arbeitsplätze schafft und erhält – wir haben gesehen, wie schnell Arbeitsplätze verloren gehen, wenn ein Unternehmen enorme Verluste anhäuft, etwa die Lufthansa – und einer Ökonomie, die der Gesellschaft und ihrer natürlichen Umwelt schadet.

Wie verträgt sich ein egoistisches, rationales Menschenbild des *Homo oeconomicus*, das den eigenen Nutzen zu Lasten seiner Mitbürger maximiert mit der moralischen Forderung nach Solidarität und dem Wohl aller Menschen eines Staates? Hat nicht jeder Mensch ein Anrecht auf einen menschenwürdigen Arbeitsplatz, eine faire Bezahlung, einen wertschätzenden Umgang? Wettbewerb und Kooperation müssen Hand in Hand gehen. Einerseits muss ein Wettbewerb herrschen, der nicht eingeschränkt werden darf – so sind u. a. Absprachen verboten – und die besten Ideen am Markt und beim Kunden prämiert. Andererseits dürfen wir die Armen und Benachteiligten dieser Gesellschaft nicht vergessen. Je erfolgreicher ein Unternehmen ist desto stärker erwächst daraus die *Verpflichtung zur Hilfe für die Schwachen*. Nicht die Steueroptimierung oder -vermeidung muss das Ziel sein, sondern das soziale Engagement in Form von Spenden und der Mitarbeit von Arbeitnehmerinnen und Arbeitnehmern in sozialen und karitativen Unternehmungen, gefördert und pro-aktiv motiviert durch die Unternehmen selbst.

Das Ziel einer solchen solidarischeren Ökonomie, oder auch Gemeinwohl-Ökonomie – in diesem Zusammenhang ist mir *die Schlagwort-Bezeichnung* für diese Art der Ökonomie nicht so wichtig wie die konkret umgesetzten Inhalte selbst – muss das auskömmliche, gute Leben für alle Bürgerinnen und Bürger sein. Das fängt damit an, dass idealerweise alle einen interessanten Job haben, der ihren Qualifikationen und Wünschen entspricht, was etwa in den Ländern wie Spanien und Italien bei über 30 Prozent aller jungen Arbeitnehmerinnen und Arbeitnehmer nicht der Fall ist (vgl. Bergerhoff und Maas 2019). Im Job geht man *wertschätzend* und kooperativ miteinander um. Diskriminierungen jeglicher Art (vgl. Abschn. 6.4) finden genauso wenig statt wie ein Mobbing. Die Wertschätzung zeigt sich vor allem in der fairen Bezahlung generell, aber vor allem von Jobs, die für *das Allgemeinwohl höchst relevant sind*. Dies gilt etwa für das Pflegepersonal in Krankenhäusern und Altenheimen genauso wie für Kindergärtner und Kindergärtnerinnen oder Angehörige von sozialen Berufen. Gerade in den Zeiten der Corona-Pandemie hat die Gesellschaft festgestellt, wo die wirklich *„systemrelevanten"* *Berufe* sind und wie wenig wir diese in Form einer adäquaten Vergütung wertschätzen.

Vor allem aber wird es darum gehen, diese gemeinwohlorientierte Vorgehensweise in der Wirtschaft nachweislich zu zeigen und zu dokumentieren. So bilanziert etwa die Sparda Bank München alle ihre unternehmerischen Aktivitäten nach der *Gemeinwohl-Bilanz* (vgl. Sparda Bank 2020). Dort werden wesentliche Unternehmensaktivitäten anhand von verschiedenen Kriterien im Rahmen eines Audits bewertet und in einem Testat festgehalten. Gemessen werden die Beiträge des Unternehmens zu bestimmten Werten wie zur Menschenwürde, zur Solidarität, ökologischer Nachhaltigkeit, sozialer Gerechtigkeit und demokratischer Mitbestimmung bzw. Transparenz (vgl. Sparda Bank 2020, S. 8). Diese Beiträge werden wiederum nach Aktivitäten bzw. „Berührungsgruppen" unterteilt.

So werden die Auswahl und der Umgang mit Lieferanten, Geldgebern, Mitarbeitern, Kunden, Produkten und Dienstleistungen und dem gesellschaftlichen Umfeld (ich verwende der Einfachheit halber die männliche Form der angesprochenen Personengruppen, vgl. Sparda Bank 2020, S. 8) bewertet. Ferner zeichnet sich z. B. ein *ethisches Beschaffungsmanagement* dadurch aus, dass die Sparda Bank bei den selbst durchgeführten bzw. beauftragten Beschaffungsmaßnahmen etwa den Emissionsausgleich für Druckaufträge übernimmt, nur 100 Prozent Recyclingpapier verwendet, ausschließlich Ökostrom einsetzt, klimaneutrale Transportmittel nutzt und den Fuhrpark mit Elektroautos oder E-Bikes versieht (vgl. Sparda Bank 2020, S. 13). Handtücher werden bei Blinden- und Behindertenwerken gekauft, die Pflanzenpflege im Haus wird von Mitarbeitern mit Behinderung eines Heilpädagogischen Zentrums vorgenommen (vgl. Sparda Bank 2020, S. 14 ff.). So wird den ökologischen und sozialen Aspekten der Gesellschaft entsprochen. Lieferanten werden angehalten, eine schriftliche Umwelterklärung und eine Erklärung zur Beachtung von Sozialstandards zu unterschreiben, d. h. etwa ein existenzsicherndes Einkommen zu zahlen, die Gesundheit ihrer Mitarbeiter zu fördern etc. Im Gegenzug zahlt die Sparda Bank faire Preise und behandelt ihre Lieferanten wertschätzend.

Auch im *Finanzmanagement* gibt sich die Sparda Bank klare Regeln (vgl. Sparda Bank 2020, S. 19). So finden seitens der Sparda Bank keinerlei Investitionen statt bei u. a. gesetzwidrigen Verhalten, Zerstörung der Umweltressourcen d. h. etwa keine Rohstoffinvestments, ferner keine Investitionen in den Waffen- und Menschenhandel, bei Unterdrückung von Demokratie und Minderheiten, bei Missachtung von Arbeitsstandards, bei Steuerflucht oder Auslagerung von Gewinnen in Steueroasen. *In puncto Mit-*

arbeiter verpflichtet sich die Sparda Bank zu einer hohen Arbeitsqualität und Gleichstellung aller Mitarbeiterinnen und Mitarbeiter, einer gerechten Verteilung der Arbeit und des Einkommens und einer Förderung ökologischen Verhaltens von Mitarbeiterinnen und Mitarbeiter und innerbetrieblicher Demokratie und Transparenz. Die Mitarbeiterpolitik steht unter dem Unternehmensleitbild „*Werte schaffen Erfolg*" und beinhaltet die klare Orientierung nach Werten wie „nachhaltig, freundlich & fair, wertschätzend, zuverlässig und loyal" (Sparda Bank 2020, S. 32). Es existieren auch zahlreiche Gesundheitsmaßnahmen für die Mitarbeiter, von mehr Bewegung im Büroalltag über Seminare zur Gesundheit bis hin zu vielfältigen Sportangeboten der Betriebssportgemeinschaft (vgl. Sparda Bank 2020, S. 46).

Kunden profitieren von einer „*ethischen Kundenbeziehung*" (Sparda Bank 2020, S. 61 ff.). Es existieren keine leistungsabhängigen Variablen beim Gehalt, Ziele werden ausschließlich auf Teamebene vereinbart. Zinsfestschreibungen von bis zu 20 Jahren bei Baufinanzierungen schaffen für die Kunden ein hohes Maß an Zinssicherheit. Das Preis/Leistungsverhältnis ist entsprechend fair und wettbewerbsfähig. Schwerpunkte der Investitionen sind dort, wo das *Gemeinwohl der Gesellschaft* unterstützt wird: im Bereich Arbeit gegen Altersarmut, für Bildung, Familien und Umweltschutz. Zusätzlich werden Spendenaktionen unterstützt wie etwa die *LichtBlick Seniorenhilfe* etc. (vgl. Sparda Bank 2020, S. 87 ff.).

Dies soll an dieser Stelle genügen und exemplarisch aufzeigen, wie ein Unternehmen sämtliche Aktivitäten und ihre Beiträge nach ökologischen, ethischen und sozialen Dimensionen ausrichten kann. Dies soll allerdings weniger passieren, um sich einen „grünen" oder „sozialen" Anstrich zu geben, sondern um mit gutem Beispiel für andere Unter-

nehmen voranzugehen. Nicht alle Kriterien und Maß-
nahmen sind von allen Unternehmen 1:1 so umsetzbar.
Sicherlich gibt es je nach Branche, Eigentumsverhältnissen
und konkreten Marktbedingungen einzelne Abweichungen.
Aber das Beispiel der Sparda Bank hat *pars pro toto* gezeigt,
wohin die Reise gehen könnte und sollte. Denn schließlich
profitieren wir alle von einer ethischen und wertschätzenden
Kundenbeziehung und nachhaltigen, sozial verträglichen
Produkten. Schließlich arbeiten die Mitarbeiterinnen und
Mitarbeiter gerne in solchen Unternehmen und sind auch
als Unternehmen sehr erfolgreich und sichern dadurch
langfristig Arbeitsplätze. Dieses Beispiel zeigt auch: *Ethik
und Wirtschaft müssen sich nicht ausschließen, sondern können sich erfolgreich ergänzen* zum Wohle von allen Beteiligten
und schließlich uns allen. Ein wesentliches Element dabei
ist auch die dringend gebotene Bekämpfung der Diskriminierung jeglicher Art.

6.4 Bekämpfung der Diskriminierung

Wir können nicht eine ethische Ökonomie fordern, eine
Ökonomie für den Menschen, die das Gemeinwohl im
Auge hat und gleichzeitig Diskriminierung einzelner Personengruppen und Gesellschaftsschichten zulassen. Es ist
zwar eine Binsenweisheit, dass alle Menschen die gleiche
Würde haben und nicht nach Geschlecht, Alter, Religion,
sexueller Orientierung oder Hautfarbe unterschiedlich behandelt werden dürfen. Doch leider ist die konkrete Umsetzung in der täglichen Praxis noch nicht so, wie wir uns
das alle im Idealfall vorstellen. Beim Verfassen dieser Zeilen
wurde etwa gerade eine *Frauenquote für Vorstände* beschlossen, um eine höhere Beteiligung von Frauen im

obersten Führungsgremium sicherzustellen. So muss bei Vorständen börsennotierter und paritätisch mitbestimmter Unternehmen – dies gilt auch für Krankenkassen, Renten- und Versicherungsträgern sowie bei der Bundesagentur für Arbeit – mit mehr als drei Mitgliedern künftig eine Frau Mitglied sein. Dabei ist nach Ansicht vieler Beobachter diese Regelung von den Unternehmen selbst verschuldet worden (vgl. exemplarisch Anger 2020). Die Frauenquote in den Vorständen hat sich in den letzten zehn Jahren so gut wie nicht verändert und liegt in etwa bei zehn Prozent. Elf Dax-Konzerne hatten im Jahr 2020 keine einzige Frau in ihrem Vorstand. Die vergleichbare Regelung, 30 Prozent Frauenanteil in den Aufsichtsräten zu halten, hat dazu ge- führt, dass der Frauenanteil in diesem Gremium von 21 auf 35 Prozent gesteigert wurde. Anscheinend geht ohne ver- bindlich vorgeschrieben Quote doch nichts.

Auch beim *Gehalt* gibt es zwischen Männern und Frauen immer noch erhebliche Unterschiede (vgl. Groll 2019). Dieser *geschlechtsspezifische Gehaltsunterschied* („Gender Pay Gap") lag 2019 unverändert bei 21 Prozent. Während Männer einen durchschnittlichen Bruttolohn von 21,60 Euro erhielten, kamen Frauen lediglich auf 17,09 Euro. Das Statistische Bundesamt hat dafür die Daten von 1,9 Millionen sozialversicherten Beschäftigten über alle Bran- chen und Berufsgruppen hinweg verglichen und wertete ausschließlich anonymisiert nach dem Geschlecht aus (vgl. Groll 2019). Die Gründe für die Gehaltsunterschiede zwi- schen Frauen und Männern sind zum Teil nachvollziehbar: So arbeiten überproportional mehr Frauen und länger in Teilzeit als Männer (47 zu 9 Prozent). Dies ist sicher der Kindererziehung und der häuslichen Pflege von Ange- hörigen geschuldet, die immer noch überwiegend Aufgabe der Frauen zu sein scheint. Ferner wählen Frauen häufiger

Berufe, die schlechter bezahlt werden wie etwa Krankenschwester, Kindergärtnerin, Erzieherin etc. (vgl. Groll 2019). So gehen die Statistiker zu Recht davon aus, dass drei Viertel des Gehaltsunterschieds strukturbedingt ist. Doch auch beim sogenannten bereinigten *„Gender Pay Gap"*, also nach Abzug strukturrelevanter Unterschiede, bleibt ein Gehaltsunterschied von 6 Prozent bei vergleichbarer Tätigkeit, Qualifikation und Erwerbsbiografie zugunsten der Männer übrig. Gleiche Leistung muss aber auch gleiche Bezahlung bedeuten, ganz egal, welchen Geschlechts der Arbeitnehmer bzw. die Arbeitnehmerin ist.

Darüber hinaus gibt es noch eine ganze Reihe weiterer Diskriminierungen im Alltag. Die Vereinigung der Verdi Jugend „Aktiv gegen Diskriminierung" (vgl. im Folgenden Verdi Jugend 2020) listet eine Vielzahl von Diskriminierungen auf. Dies beginnt mit herabsetzenden Formulierungen „Hauptschüler sind dumm" (Verdi Jugend 2020) oder der Spruch über Frauen, die angeblich keine Ahnung von Technik hätten (vgl. Verdi Jugend 2020; häufig haben sie allerdings mehr Ahnung als so mancher Mann!). Viele Diskriminierungen sind auch nicht immer sofort als solche erkennbar: Etwa wenn Menschen mit Behinderung für die Bewältigung alltäglicher Herausforderungen z. B. das Öffnen von Türen von Nicht-Behinderten gelobt werden oder ungefragt in die Jacke geholfen wird (vgl. Verdi Jugend 2020). Diskriminierungen existieren auch aufgrund des jeweiligen Alters *(„Ageism")*: Wenn z. B. die älteren Arbeitnehmerinnen und Arbeitnehmer aufgrund vermeintlich nachlassender körperlicher und geistiger Fähigkeiten in den Vorruhestand gedrängt werden, wiewohl deren Berufs- und Lebenserfahrung jedem Unternehmen gut zu Gesicht steht (!), oder jüngeren pauschal jegliche Erfahrung oder bestimmte Kompetenzen abgesprochen werden.

Diskriminierungen können sich gegen jede Form von Gesellschaftsgruppen richten: So geht ein Antiamerikanismus häufig mit einer Kapitalismuskritik einher, da die USA als die Keimzelle des Kapitalismus angesehen wird. Andere wiederum haben ein verzerrtes und negatives Bild gegenüber Religionen wie dem Judentum oder dem Islam, was sich in bestimmten Äußerungen oder ablehnender Haltung gegenüber den Angehörigen dieser Glaubensgruppen äußert. Generell ist das Phänomen verbreitet, die Überlegenheit der eigenen Gruppe, Religion oder Nationalität zu unterstellen (vgl. Verdi Jugend 2020), was zu einem übersteigerten Nationalgefühl („Nationalismus") oder auch Chauvinismus führt. Während Phänomene wie die Homophobie oder Rassismus als Diskriminierungsform häufig bekannt und Gott sei Dank mehrheitlich von der Gesellschaft abgelehnt wird, existieren auch andere Arten, die weniger bekannt sind: So bezeichnet der Begriff des „*Klassismus*" eine systematische Diskriminierung und Distanzierung der oberen und mittleren Klasse von den sogenannten „niederen Schichten", in denen sich vornehmlich arme Menschen aber auch Arbeiterinnen und Arbeiter befinden. Diesen Schichten werden dann stereotyp negative Eigenschaften *per se* zugeschrieben, die sie in dieser allgemeinen Form nicht aufweisen.

„*Lookismus*" bezeichnet die Benachteiligung von Menschen aufgrund ihres Aussehens, ihrer Kleidung und ihres Auftretens. Wiewohl wir alle nur Menschen sind, tendieren wir schnell dazu, Aussehen, Auftreten und äußeres Erscheinungsbild als Indikator für Kompetenz, Erfahrung oder auch Leistung zu sehen. So verfügen etwa besser aussehende und gekleidete Menschen mit angenehmem äußeren Erscheinungsbild über erfolgversprechendere Aussichten auf dem Arbeitsmarkt als schlechter aussehende, wiewohl diese *keine objektive Faktoren* zur fachlichen oder persönlichen Kompetenz darstellen. Über die unterschiedlichen Formen des Mobbings, heutzutage vor allem im Netz als „Cybermobbing" haben wir bereits an früherer Stelle gesprochen (vgl. Abschn. 5.1). Schließlich ist leider die Diskriminierung von Frauen auch im 21. Jahrhundert immer noch ein Thema (*„Sexismus"*).

Jede dieser exemplarisch angeführten Formen der Diskriminierung ist aus ethischen Gesichtspunkten heraus *in aller Form zu unterbinden* und Fehlverhalten entsprechend konsequent zu ahnden. In vielen großen Unternehmen in Deutschland arbeiten zigtausende von Mitarbeiterinnen und Mitarbeitern aller Nationalitäten, Kulturen, Religionen, Hautfarben und jeglichen Alters erfolgreich und konstruktiv zusammen. *Das ist auch gut so.* In den wenigsten Fällen gibt es Probleme, die in aller Regel auch konsequent angegangen werden. Dennoch dürfen wir in einer ethisch orientierten Ökonomie nicht nachlassen, bereits erste Anzeichen von Diskriminierungen zu verfolgen, transparent zu machen und mit aller Konsequenz zu ahnden. Nur so lässt sich ein gedeihliches und menschenwürdiges Miteinander aller erreichen zum Wohl der Gemeinschaft.

6.5   Gleiche Bildungschancen für alle

Es wird an dieser Stelle Zeit, mit einem Märchen aufzuräumen: *Dem Märchen von den gleichen Bildungschancen.* Im Gegenteil kann es maximal darum gehen, die größten Ungleichheiten und Ungerechtigkeiten im Bildungssystem zu beseitigen bzw. zumindest zu verringern. Was sich zunächst als eine harte und tendenziell falsche Aussage anfühlt, wird sicherlich deutlicher, wenn man sich exemplarisch *zwei fiktive Lebensläufe* ansieht, die unterschiedlicher nicht sein können, aber durchaus reale Vorbilder haben:

Auf der einen Seite haben wir einen Jungen, der in einen vermögenden Akademikerhaushalt in einer Großstadt hineingeboren wird. Demgegenüber wird ein zweiter Junge zur gleichen Zeit in derselben Stadt in einer armen Familie geboren und wächst unter sozial prekären Verhältnissen heran. Welche Bildungschancen haben beide? Beginnen wir zunächst mit dem Jungen aus dem vermögenden Akademikerhaushalt, nennen wir ihn der Einfachheit halber Johannes, – wiewohl ich in keiner Weise unterstellen will, dass alle Vermögenden Akademiker sind oder umgekehrt, alle Angehörige sozial schwacher Haushalte nicht gebildet bzw. bildungsorientiert sind! Es fängt bereits damit an, dass gemäß der neuesten Studien der Intelligenzforschung etwa *60 Prozent der Intelligenz vererbt* wird (vgl. Winkels und Herzog 2018). Die Wahrscheinlichkeit, dass Johannes die hohe Intelligenz seiner Akademikereltern erbt, ist also relativ hoch. Neben der eingeborenen Intelligenz spielt für den Bildungserfolg ebenso eine intellektuell anregende Umgebung eine große Rolle (vgl. Winkels und Herzog 2018). So gibt es viele Möglichkeiten für die Eltern, Johannes von frühen Kindesbeinen an zu fördern. Das fängt bereits beim Hören klassischer Musik in der Schwangerschaft an – es soll helfen, die Kinder später als Erwachsene dafür zu begeistern –, geht über das regelmäßige Vorlesen oder den Besuch von Kindertheater, Sport- und Musikunterricht, etwa das Erlernen eines Instruments weiter. Den Eltern von Johannes stehen neben der Vielzahl von staatlichen Kitas und Schulen auch eine Reihe von *privaten Kitas und Schulen* zur Verfügung, in die sie ihren Sohn Johannes je nach Talent schicken können. Gegen eine mehr oder minder hohe monatliche Gebühr werden die Kinder dort gezielt nach ihren Talenten zum Teil ganztags gefördert, lernen zumeist bereits Englisch oder gar Chinesisch (!) und werden in kleineren Gruppen unterrichtet (vgl. den differenzierten Beitrag von Benninghoff 2020: Chinesisch lernen kann sehr wohl Spaß machen und spielerisch anregend sein).

Der Übertritt auf das Gymnasium fällt Johannes dann auch relativ leicht, da vor allem in Deutschland *79 Prozent der Kinder von Akademiker auf das Gymnasium* gehen, während es Kinder von *Nicht-Akademikern nur zu 27 Prozent* schaffen (vgl. Himmelrath 2018). Auch beim Gymnasium können die Eltern je nach Bildungsschwerpunkt und Interesse von Johannes nicht nur aus dem staatlichen Angebot auswählen. Gibt es trotz der guten und straff organisierten Vorbereitung des privaten Gymnasiums, oder gar Internats, Probleme bei der Erreichung des Abiturs, dann kann kostspielige Nachhilfe in allen wesentlichen Fächern organisiert werden. Johannes steht natürlich ein eigenes Zimmer zur Verfügung, in das er sich zu jeder Zeit nach der Schule zurückziehen kann, um in aller Ruhe seine Hausaufgaben anzufertigen oder zu lernen. Das dazu erforderliche elektronische Equipment wie Laptop, leistungsfähiger Computer oder Tablet steht ihm natürlich ebenfalls zur Verfügung. Bei Fragen zur Methodik oder inhaltlichen Fragen, etwa in Geschichte oder in den Naturwissenschaften, können die Eltern aufgrund ihrer Ausbildung und zum Teil wissenschaftlicher Erfahrung ebenfalls weiterhelfen.

Ist das Gymnasium einmal erfolgreich absolviert und sind entsprechende Netzwerke geknüpft, dann gibt es auch an der Universität wieder die Möglichkeit, auf renommierte, private Institutionen zurückzugreifen, die den Nachwuchs der Leistungsträger ausbilden. Eine Studentenwohnung zur Miete oder gar als Eigentum der Eltern ist für Johannes dann kein Problem. Auch hier gibt es die Möglichkeit, in aller Ruhe zu lernen und sich vorzubereiten. Ein Job neben dem Studium ist möglich und macht sich gut im Lebenslauf, ist aber für Johannes nicht zwingend notwendig, da er sein *Studium von den Eltern finanziert* bekommt und sich auf sein Studium konzentrieren kann. Bei notwendigen Praktika können die Eltern Johannes mit ihrem bereiten Netzwerk in die Wirtschaft und Gesellschaft unterstützen. Gleiches gilt für die spätere Jobsuche. Nachdem die Ausbildung häufig sehr gut und renommiert gestaltet und die Praktika bereits hilfreich waren, um einen Fuß in die Tür zu bekommen, wird Johannes auch mit hoher Wahrscheinlichkeit einen gut bezahlten Job erhalten. Die Sozialisation in dem vermögenden Akademikerhaushalt hilft Johannes später im Leben, über die richtigen Kontakte zu verfügen und sich auch im Parkett der Oberschicht sicher und souverän bewegen zu können. Häufig lernen Kinder wie Johannes später im Leben auch ihre(n) Lebenspartner(in) aus dem gleichen Milieu, etwa an der Hochschule, kennen und der „Akademikerkreislauf" beginnt von vorne.

Selbstverständlich ist mir bewusst, dass diese Darstellung von Johannes *sehr schematisch und klischeehaft beschrieben* ist. Doch ich habe beim Schreiben lebende Vorbilder im Kopf, die ich natürlich verfremde. Mir geht es in erster Linie darum aufzuzeigen, wie stark die Bildungslebensläufe in Deutschland voneinander abweichen können und wie wenig vom Staat und der Gesellschaft derzeit und künftig gegengesteuert werden kann. Mir geht es auch nicht darum, *den Sozialneid anzustacheln* und einer Schichtentrennung das Wort zu reden. Ich möchte lediglich darauf aufmerksam machen, wie stark die Lebensläufe von Kindern voneinander abweichen können, deren einziger Unterschied die „*Gnade der richtigen Geburt*" ist. Dass alle Eltern nur das Beste für ihre Kinder wollen und etwa so verfahren wie die Eltern von Johannes in diesem fiktiven Beispiel, ist vollkommen in Ordnung und nachzuvollziehen. Das prangere ich nicht an. Ich möchte nur, zugegebenermaßen etwas plakativ und überzeichnet, darstellen, welchen Anteil der jeweils Einzelne an seinem eigenen „Bildungsschicksal" hat und wie stark *das Bildungscurriculum bereits durch die äußeren Umstände vorgezeichnet* ist. Stellen wir nun dem Bildungslebenslauf von Johannes den von Karl gegenüber, der in sozial prekären Verhältnissen aufwächst.

Karls Eltern haben beide nicht studiert. Sein Vater ist Arbeiter in der Fabrik und seine Mutter ist bei vier Kindern Hausfrau. Karl kann leider nicht von den privaten Kitas und Schulen – die müssen allerdings nicht zwingend besser sein – und zugekauften Leistungen seiner Eltern profitieren. Das heißt konkret: kein Chinesisch in der Kita und Grundschule, im Zweifel keine individuelle Förderung. Er muss Gott sei Dank wie viele Kinder nicht hungrig zur Schule gehen und die Schulmaterialien werden ihm kostenlos zur Verfügung gestellt. Anders ist es mit der Infrastruktur wie Laptop, Internetanschluss oder gar einem eigenen Zimmer:

Karl teilt sich ein Zimmer mit seinem älteren Bruder. Nicht immer hatten die Eltern Zeit und Muße, aus einem Buch vorzulesen. Den Übertritt auf das Gymnasium hat Karl aus eigener Kraft geschafft, da er ein intelligenter Junge ist und trotz im Vergleich zu Johannes schlechteren Rahmenbedingungen d. h. kein eigenes Zimmer, kein Laptop etc. mit viel Fleiß die notwendigen Noten erhalten hat. Das Abitur schafft Karl auch ohne Nachhilfestunden mit einem relativ guten Notendurchschnitt. Die begehrten, mit dem Numerus Clausus belegten Fächer wie Medizin, BWL oder Jura sind nicht möglich aber spannende Fächer wie Politologie und Soziologie sind möglich. Praktika organisiert sich Karl selbst und heiratet eine Freundin aus Jugendzeiten, die in der Nachbarschaft groß geworden war. Karl ist der erste in der Familie, der einen akademischen Abschluss vorzuweisen hat. Doch ihm fehlen die Leistungsträger als Vorbild, geschweige denn ein Netzwerk, das ihm zu vorteilhaften Praktika oder gar zu gut bezahlten Jobs führt. Am Ende seines Studiums zahlt Karl die ersten Jahre sein Bafög zurück und wird einen durchschnittlich bezahlten Job im Sozialbereich annehmen, den er sich ohne eigene Beziehungen aber mit seiner Leidenschaft erkämpft hat.

Dabei hat Karl noch Glück gehabt und gehört zu den 27 Prozent der Kinder aus sozial schwachen Familien mit Abitur. Ein Drittel dieser Nichtakademikerkinder brechen dann wiederum ihr angefangenes Studium wieder ab (im Gegensatz zu Akademikerkindern, bei denen nur 15 Prozent das Studium vorzeitig beenden, vgl. Schäfer 2019). Insofern ist Karl doppelt privilegiert. Viele Kinder aus diesen Familien laufen leider den gleichen Bildungskreislauf entlang wie ihre Eltern: Schlechte Schulleistungen, geringe Bildung, Hilfsjobs oder nur gering bezahlte Jobs oder gar arbeitslos. Dies wird dann häufig über viele Generationen vererbt. Der Wechsel zwischen verschiedenen Schichten ist schwierig(er) geworden. Die bereits erwähnte Zeit-Redakteurin und Autorin Anna Mayr bringt die Chancenungleichheit von Kindern aus verschiedenen Schichten und Bildungshintergründen eindrucksvoll auf den Punkt (Mayr 2020, S. 172):

> *„Sie haben nicht die gleichen Chancen. Im Gegenteil: Wenn wir bei ungleichen Lebensbedingungen von „Chancengleichheit" sprechen, dann bedeutet das erhöhte Anerkennung für diejenigen, die im Bildungssystem gewinnen. Denn wir gehen ja in unserer sozialpolitischen Traumwelt davon aus, dass alle von der gleichen Startlinie starten – was die Gewinner zu den schnellsten und tollsten Schülern macht, ohne dass wir uns anschauen, unter welchen Voraussetzungen wer an den Start gegangen ist."*

Die zugegebenermaßen sehr plakative und holzschnittartige Lebensbeschreibung *der fiktiven Personen Johannes und Karl* dokumentiert allerdings diese ungleichen Startchancen. Während man sicher nicht die Art und Intensität des elterlichen Vorbilds, des Kümmerns, der Bildungsorientierung, des Netzwerks etc. korrigieren kann und sollte, so muss man sicherlich überlegen, inwieweit man die Nachteile für die sozial schwächeren Kinder ausgleichen könnte. So könnte man die Kinder finanziell und bildungstechnisch fördern, etwa durch ein *Schul- oder Kita-Bafög.* Leistungsstarke Schüler aus diesen Familien erhalten *Stipendien bereits im Grundschulalter.* Paten von vermögenden Familien, etwa Rentner, aber auch Kinder und Jugendliche aus besser gestellten Kreisen können ebenfalls unterstützen. So kenne ich selbst Fälle, in denen Studierende aus wohlhabenden Schichten Kinder aus ärmeren Schichten betreuen und durch das Leben begleiten und als Rollenvorbild zur Verfügung stehen, konkrete Nachhilfe geben oder sich auch in der Freizeit mit diesen Kindern beschäftigen und sie in den täglichen Herausforderungen unterstützen. Nicht alles muss staatlich verordnet werden. Bisweilen hilft das *private Engagement aus der Zivilgesellschaft.* Dort wurde in der Vergangenheit bereits viel geleistet und erreicht. Es ist noch mehr möglich.

6.6   Nachhaltigkeit fördern

Die junge Generation fordert zu Recht, den Schutz der Erde voranzutreiben und den drohenden Klimakollaps abzuwenden (vgl. exemplarisch Heinisch et al. 2019). Es geht nicht nur um den Schutz der Wälder, Ozeane und Meere, sondern auch den *Erhalt der Artenvielfalt* und der Biodiversität (vgl. Heinisch et al. 2019, S. 59 ff.). Pestizide,

Herbizide und Insektizide, die auch heute noch in der Landwirtschaft eingesetzt werden, sollten so schnell wie möglich auf null heruntergefahren werden. Sie sind die Hauptursachen des Sterbens von Insekten und damit Hauptnahrungsquelle von Vögeln. Jeden Tag sterben 100 Tier- und Pflanzenarten aus. In den letzten 20 Jahren sind in Europa 39 Wildbienenarten ausgestorben, die Vogelbevölkerung hat sich in Deutschland in den letzten 30 Jahren halbiert (vgl. Kretschmann 2018, S. 43; dies ist natürlich nicht alles alleine durch die Insektizide etc. verursacht). Außerdem sind sie auch für Menschen nicht ungefährlich (vgl. Heinisch et al. 2019, S. 59). Ferner müssen wir unsere natürlichen Lebensgrundlagen erhalten und vor allem unsere Wälder, Seen und Meere schützen:

Die Wälder durch ein freiwilliges Wiederaufforsten (wie etwa die kanadische Bekleidungsfirma Tentree, die mit guten Beispiel vorangeht und mit jedem verkauften Produkt zehn Bäume pflanzt und so bereits Stand November 2020 fast 50 Millionen Bäume weltweit gepflanzt hat, vgl. Henkel 2020) bzw. die Verhinderung eines unnötigen Abholzens von gesunden Waldbeständen für den Bau von weiteren Straßen oder Autobahnabschnitten. Seen und Meere müssen nicht nur vor der Überfischung bewahrt werden, indem etwa klare und strenge Fangquoten international vereinbart werden, deren Nicht-Einhaltung sanktioniert wird. Sie müssen auch dringend dafür sorgen, dass die Meere nicht zugemüllt werden, etwa mit Plastik, das den Tieren den sicheren Tod bringt. Plastik sollte künftig maximal möglich reduziert werden oder zu 100 Prozent wiederaufbereitet werden in einem geschlossenen Kreislauf. Das Stichwort heißt hier „Kreislaufökonomie, neudeutsch *circular economy*. Idealerweise wird auch hier ein Zeitraum in naher Zukunft bestimmt, an dem kein Plastik mehr verwendet werden darf. So kann sich die davon betroffene Industrie rechtzeitig umstellen.

Selbst konservative Beobachter des Geschehens verweisen auf neue, alternative Technologien, die die Nachhaltigkeit voranbringen können (vgl. Merz 2020, S. 35 ff.). Strom sollte künftig überwiegend aus natürlichen Energien gespeist werden wie etwa Wind, Wasserkraft, Sonne oder Biomasse (vgl. Merz 2020, S. 35). Neue Technologien der Energieerzeugung wie etwa Wasserstoff oder synthetische Kraftstoffe sollten stärker gefördert werden, damit sie den aus der Kernenergie weggefallenen Strom irgendwann einmal ersetzen können (vgl. Merz 2020, S. 36). Aber auch bei *Wasserstoff* analog der Elektromobilität kommt es künftig darauf an, die Ladeinfrastruktur so schnell wie möglich voranzutreiben. Erst wenn der Autofahrer flächendeckend in Deutschland sein Auto schnellstmöglich wieder aufladen bzw. mit Wasserstoff nachtanken kann, wird der Durchbruch dieser klimafreundlichen Antriebe bei den Automobilen erfolgen. Ein guter Anfang ist bei der Elektromobilität bereits geschafft, doch bleibt die Ladeinfrastruktur noch hinter den Erwartungen und Notwendigkeiten zurück (vgl. Merz 2020, S. 40). Weitere Schritte müssen noch folgen.

Was können wir, was kann ich und jeder Einzelne von uns tun, um den Weg zur Nachhaltigkeit zu beschleunigen? Es gibt viele kleine Dinge im Alltag, die wir persönlich tun können, um einen Beitrag zum Umweltschutz zu leisten (vgl. exemplarisch Bente 2019). So können wir weniger Müll produzieren, indem wir auf Plastiktüten verzichten und eine eigene Tasche mitbringen. Viele Verlage verzichten bereits darauf, ihre Bücher wie gewohnt in Plastik einzupacken. Verwenden wir wenn möglich Materialien, die man wiederverwenden kann. Je mehr Produkte wiederverwendet werden können wie etwa Verpackungen oder alte Textilien, desto weniger Müll wird produziert. Wiewohl der private Konsum die Wirtschaft ankurbelt und Arbeitsplätze erhält – je mehr Firmen von ihren Produkten verkaufen, desto mehr Gewinn erwirtschaften sie in der Regel und können ihre Mitarbeiter weiter beschäftigen oder gar neue Arbeitsplätze schaffen – sollte sich jeder kritisch fragen, ob er wirklich das sechste Paar Freizeitschuhe braucht oder die dritte Winterjacke etc. Selbstverständlich ist es jedem selbst zu überlassen, wie viel er oder sie sich kauft. Dennoch hilft es manchmal, im Zweifel einen Impulskauf weniger zu tätigen.

Was können wir gegen die Überfischung tun? Neben der politischen Einflussnahme als mündige Bürger können wir unsere Essgewohnheiten ein wenig darauf abstellen und weniger Fisch zu essen oder eher aus der Region, da dort nicht tausende von Kilometern an Transport- und Logistikwegen hinter den Produkten liegen. Es hilft auch, *weniger Lebensmittel wegzuwerfen*, da man von vorneherein weniger davon für den persönlichen Bedarf einkauft. Es gäbe noch viele weitere Möglichkeiten, auf Nachhaltigkeit zu achten, etwa an Wasser und Strom zu sparen durch z. B. duschen statt baden, Stoßlüften statt Dauerlüften etc., Heizenergie besser einzusetzen, Urlaubsreisen auch nach dem CO_2-Ausstoß auszusuchen und vieles mehr.

Selbstverständlich kann und will sich nicht jeder diesen strikten Umweltmaßnahmen unterwerfen. Doch es würde schon reichen, wenn jeder sich *zwei bis drei* der oben genannten Punkte zu Herzen nähme. Damit wäre schon viel gekonnt. Ein erfreuliches Zeichen kommt beim Abfassen dieser Zeilen aus Brüssel: Die EU hat sich auf ihrem Gipfel Anfang Dezember auf ein verschärftes Klimaziel bis 2030 geeinigt (vgl. Die Zeit vom 11.12. 2020, Klimaziel). Demzufolge soll der Ausstoß von Treibhausgasen soll bis 2030 um 55 Prozent sinken und wieder unter den Wert von 1990 fallen. Bislang galt das Ziel von minus 40 Prozent. Auch wenn gemäß der Umweltorganisation Greenpeace zur Begrenzung der Erderwärmung auf 1,5 Grad eine Reduktion von 65 Prozent nötig wäre (vgl. Die Zeit vom 11.12. 2020, Klimaziel), ist dies bereits ein großer Schritt in die richtige Richtung. Natürlich wird es nicht ausreichen, wenn nur Deutschland und die EU ihre Hausaufgaben machen. Natürlich müssen andere große Länder wie die USA, Russland oder auch China mitspielen. Doch mit dem neuen US-Präsidenten Joe Biden und seiner Regierung ist davon auszugehen, dass der Weg zurück in das Klimaabkommen von Paris relativ gesichert ist und wir wieder hoffen können, alle an einem Strang zu ziehen. Eine wenig nachhaltige Ökonomie wäre in unserem Sinne auch *nicht moralisch vertretbar*. Vor allem gegenüber unseren Kindern und Enkeln.

6.7 Gutes Leben: Suche nach Glück

Die Suche nach dem guten Leben und dem Glück ist so alt wie die Philosophie selbst und die Fragen, die sich die Menschen danach stellten (vgl. exemplarisch Pietsch 2014, S. 457 ff.): Ob es nun die Freiheit von Emotionen und die Seelenruhe (*ataraxía*) ist, wie die Epikurer glaubten oder das Leben nach der Natur, fernab von aller „Großstadthektik" und (beruflichem) Stress: (vgl. etwa den klassischen römischen Dichter Horaz: *„Beatus ille, qui procul negotiis."* Glückselig jener, der da ferne von Geschäften", im Sinne von fern von *„neg-otium"* = Nicht-Muße, Epode 2,2,1, zitiert nach Horaz, Ausgabe 1992, S. 260). Oder ob es die Stoiker waren, die gesetzestreu und pflichtbewusst lebten, sich dabei vom äußeren Leiden unabhängig machten und ihrem Schicksal mit Ruhe und Gelassenheit begegneten. Aristoteles verband mit der Glückseligkeit, der *Eúdaimonía* (vgl. Aristoteles 2007, Nikomachische Ethik 1179a,

S. 449 ff.), ein selbstgenügsames Leben im Einklang mit der Natur und sich selbst. Für Platon war das Wichtigste, die Idee des Guten zu erkennen. Augustinus sah in Gott Glück und Wahrheit zugleich. Für Kant war Glück nicht der entscheidende Maßstab im Leben, eher das pflichtbewusste Leben analog des kategorischen Imperativs.

Im Englischen existieren zwei unterschiedliche Begriffe für Glück (vgl. im Folgenden Pietsch 2019, S. 380 ff.): *Luck* und *Happiness*. Während Luck eher auf das Zufalls- oder Losglück etwa im Spielcasino abhebt, bezeichnet der Begriff Happiness eher das, was wir hier darunter verstehen: Die Zufriedenheit mit sich selbst und seinem Leben. Wir haben in Abschn. 4.1 bereits gesehen, dass die Zufriedenheit im Leben vor allem mit der erfolgreichen Befriedigung verschiedener Bedürfnisse gemäß der Maslowschen Pyramide zu tun hat. Erst wenn die physischen Bedürfnisse des nackten Überlebens gestillt sind, streben wir nach Sicherheit, sozialer Nähe und schließlich nach Selbstverwirklichung. Sicherlich gilt, dass man nicht glücklich sein kann, wenn man um sein tägliches Überleben kämpfen muss, Hunger und Durst erleidet, sich nicht ausreichend kleiden kann und kein Dach über dem Kopf hat. In der nächsten Stufe ist es sicher ebenfalls wichtig, dass man ein soziales Umfeld hat, eine Familie, Freunde, Bekannte, mit denen man durch das Leben gehen kann und die idealerweise alle gesund sind. Die in diesem Zusammenhang wichtige Frage ist, welchen ökonomischen Mindeststandard muss ein Mensch idealerweise aufweisen, um eine gutes Leben führen zu können und glücklich zu sein?

Ein separater Zweig der ökonomischen Wissenschaft, die Glücksforschung („Happiness Economics", vgl. exemplarisch Weimann et al. 2011), beschäftigt sich seit Jahren exakt mit dieser Frage. Der US-Forscher Richard Easterlin hat in seiner Studie nachgewiesen, dass zwar der einzelne

Mensch durch ein höheres Einkommen glücklicher wird, dies allerdings auf die ganze Nation keinerlei Auswirkungen hat (vgl. Pietsch 2019, S. 381). Der britische Ökonom und Alfred-Nobel Gedächtnispreisträger für Ökonomie von 2015 hat anhand von 450.000 Interviews in den USA festgestellt, dass das Glücksempfinden der Menschen mit einem Brutto-Jahreseinkommen bis zu 75.000 Dollar kontinuierlich anstieg und eine weitere Steigerung des Einkommens keinerlei signifikanten Effekte mehr auf das Glücksempfinden der befragten Teilnehmer hatte (vgl. Pietsch 2019, S. 381). Geld ist also doch nicht alles. Viel wichtiger als die absolute Höhe des Einkommens und des Vermögens ist der direkte *Vergleich mit den Nachbarn*: Wer in Grünwald, einem Nobelvorort von München, im Vergleich zu seinen Nachbarn relativ gesehen „der ärmste" ist, kann subjektiv unglücklicher sein, wiewohl vermögender als der „reichste" unter den Wohnungsbesitzern einer nicht so guten Gegend.

Der glänzende römische Dichter zu Zeiten des Augustus, Horaz, bringt die Grenzen der materiellen Orientierung in seiner Zeit auf den Punkt, gerade in Zeiten von Corona (Horaz, Briefe 1,2, 44 ff., zitiert nach der Ausgabe von 1992, S. 525):

> „*Man strebt nach Geld, nach einer begüterten Gattin, um Kinder zu zeugen, und die unberührten Wälder werden vom Pfluge bezwungen; wer aber genügend erhalten, der soll nichts Weiteres wünschen! Kein Haus und kein Gut, kein Haufen Geldes noch Goldes vertrieb je aus dem Leib des erkrankten Besitzers das Fieber, aus der Seele die Sorgen; gesund muss der Besitzer bleiben, gedenkt er, sich der angehäuften Schätze zu freuen.*"

Wiewohl das glückliche Leben sicher für jeden Menschen anders aussieht, mit oder ohne Familie, mit oder ohne Kinder, viele oder wenig Freunde etc., kann man sicher einige Kriterien aufzählen, die ein auskömmliches Leben d. h. ein Leben nach menschenwürdigen, ethischen Standards aus ökonomischer Sicht erfüllen müsste (vgl. auch Pietsch 2019, S. 387 ff.; Stiglitz 2019, S. 246 ff.):

Alle Menschen brauchen eine materielle Grundabsicherung, die ihnen eine Bedürfnisbefriedigung auf den ersten Stufen von Maslow ermöglicht d. h. ausreichend zu essen und zu trinken, Kleidung und eine Unterkunft zu bezahlbaren Mietpreisen. Die Kranken- und Pflegeversorgung im Alter muss bezahlbar sein. Es muss darüber hinaus noch genügend Zeit und die finanziellen Möglichkeiten offen sein, dem einen oder anderen Hobby nachzugehen und mindestens einmal im Jahr in den Urlaub zu fahren. Schließlich sollte ein jeder nach seinem Talent und seinen Fähigkeiten die Möglichkeit erhalten, eine gute (Aus)Bildung zu genießen, die einen geeigneten und auskömmlich bezahlten Job ermöglicht. Mit Hilfe dieses Jobs sollte dann auch jeder in der Lage sein, später eine Rente zu erhalten, von der er oder sie im Alter auch leben kann. Viele Punkte sind Gott sei Dank in einem reichen Land wie in Deutschland bereits zumindest in einem hohen Maße umgesetzt: Der Mindestlohn ermöglicht eine minimale Wertschätzung auch der am schlechtesten bezahlten Tätigkeit der Menschen. Die Kranken- und Pflegeversicherungspflicht sichert zumindest für fast alle Deutschen eine grundlegende Abdeckung des Krankheitsfalls. Die Ausbildung ist in Deutschland ebenfalls größtenteils kostenlos, da vom Staat subventioniert.

Was will man noch mehr, werden Sie fragen, *es kann nicht jedes Risiko vom Staat abgesichert* bzw. alles vom Staat alimentiert werden. Es stimmt, es ist bereits viel erreicht worden. Doch noch immer gibt es wie bereits beschrieben in Deutschland noch Kinder, die hungrig in die Schule gehen. Nicht jeder Bürger hat ein Dach über den Kopf, wohnt in Wohnungen, die bezahlbar sind. Die Ein-

kommens- und Vermögenszunahme bzw. der steigende
Wohlstand kommt immer noch nicht bei allen Bürgern an.
Es gibt noch viel zu tun, um unseren Ideen einer mora-
lisch(er)en Ökonomie, wie auch immer wir sie benennen
wollen, Realität werden zu lassen. Die beschriebenen
Grundbedürfnisse sind bei weitem nicht bei allen in
Deutschland befriedigt, sollten es aber in einem so reichen
Land sein. Nicht alles muss über eine Zwangsverteilung
von oben über eine Vermögens- und (höhere) Erbschaftssteuer geschehen. Vieles kann, wie ich oben ausgeführt
habe, auch in freiwilligen karitativen Initiativen geschehen
oder einfach durch eine geschickte Bündelung von Spenden:

So kann durch ein zusätzliches Feld in der Einkommen-
steuererklärung, die jeder deutsche Erwachsene abgeben
muss, *eine freiwillige Spende* geleistet werden. Man könnte
etwa 0,5 bis 1 Promille (oder natürlich mehr) seines Jahres-
einkommens für diesen zusätzlichen, „freiwilligen Solidarfonds" spenden. Sie so über die Finanzämter eingesammelten
zusätzlichen Mitteln könnten dann von einem *kommunalen
Expertengremium* aus Politikern, Sozialverbänden, Unternehmern, Mitgliedern von Ehrenämtern etc. je nach Be-
dürftigkeit an die einzelnen Mitglieder der Gemeinde verteilen. So könnten Schulspeisungen oder Schulausflüge
bzw. kulturelle Programme für arme Kinder durchgeführt
werden, Laptops und Schulmaterialien organisiert werden
und vieles mehr. Zusammen mit einem bedingungslosen
Grundeinkommen – das darüber auch teilweise mit-
finanziert werden könnte – könnten so zusätzliche Mittel
zielgerichtet an die sozial schwachen Mitbürgerinnen und
Mitbürger verteilt werden. So wäre für alle ein gutes Leben
oder zumindest ein besseres Leben möglich. Ob diese
„Sozialutopie" – ist es tatsächlich eine oder kann sie nicht
doch Realität werden? – möglich ist, hängt ganz alleine von
uns allen ab. Warum eigentlich nicht.

Literatur

Anger, H. (22. November 2020). Die neue Regelung zur Frauenquote ist von den Unternehmen selbst verschuldet. *Handelsblatt online*. https://www.handelsblatt.com/politik/international/kommentar-die-neue-regelung-zur-frauenquote-ist-von-den-unternehmen-selbst-verschuldet/26647642.html. Zugegriffen am 09.12.2020.

Aristoteles. (2007). *Nikomachische Ethik* (2. Aufl., übersetzt von Olof Gigon, hrsg. von Rainer Nickel). Düsseldorf: Artemis & Winkler.

Benninghoff. (2020). Klavier! Geige! Chinesisch! *Frankfurter Allgemeine Zeitung online (Familienblog)*. https://blogs.faz.net/schlaflos/2020/01/07/klavier-geige-chinesisch-2940/. Zugegriffen am 21.12.2020.

Bente, K. (30. August 2019). Umweltschutz: 10 Tipps, wie wir die Umwelt schützen können. *Antenne Niedersachsen online*. https://www.antenne.com/niedersachsen/tipps_und_service/verbrauchertipps/10-Tipps-wie-wir-die-Umwelt-schützenkönnen-id306380.html. Zugegriffen am 13.12.2020.

Bergerhoff, S., & Maas, J. (2019). Jugendarbeitslosigkeit in der EU. *ZDF check 19 online*. https://www.zdf.de/nachrichten/heute/statistik-jugendarbeitslosigkeit-in-der-eu-zdfcheck-100.html. Zugegriffen am 07.12.2020.

BMfsfj. (2019). *Aktion zusammenwachsen. Bildungspatenschaften stärken, Integration fördern. Leitfaden für Patenschaften*. https://www.aktion-zusammen-wachsen.de. Zugegriffen am 07.12.2020.

Book, S., et al. (5. Dezember 2020). Das Luxusproblem, Spiegel-Titelgeschichte. *Der Spiegel, 50*, 8–17.

Die Zeit. (11. Dezember 2020). Treibhausgase: EU-Gipfel einigt sich auf verschärftes Klimaziel für 2030. *Die Zeit online*. https://www.zeit.de/politik/ausland/2020-12/eu-gipfel-einigt-sich-auf-verschaerftes-klimaziel-fuer-2030. Zugegriffen am 13.12.2020.

Fuest, C. (4. Oktober 2019). Armut und Reichtum. Kosten und Nutzen einer deutschen Vermögenssteuer. *Frankfurter Allgemeine Zeitung online.* https://www.faz.net/aktuell/wirtschaft/armut-und-reichtum-kosten-und-nutzen-einer-deutschen-vermoegensteuer-16415511.html. Zugegriffen am 23.12.2020.

Groll, T. (14. März 2019). Gehaltsunterschiede. Eine nicht erklärbare Lücke bleibt. *Die Zeit onine.* https://www.zeit.de/wirtschaft/2019-03/gehaltsunterschiede-gender-pay-gap-gleichberechtigung-frauen-maenner. Zugegriffen am 09.12.2020.

Heinisch, F., et al. (2019). *Ihr habt keinen Plan. Darum machen wir einen. 10 Bedingungen für die Rettung unserer Zukunft* (Der Jugendrat der Generationen Stiftung, herausgegeben von Claudia Langer und einem Vorwort von Harald Lesch). München: Blessing.

Henkel, R. (2020). *Kann Konsum dem Klima helfen? Diese 4 Sportmarken versuchen es.* https://www.ispo.com/trends/kann-konsum-dem-klimaschutz-helfen-diese-4-sport-labels-versuchen-es. Zugegriffen am 13.12.2020.

Himmelrath, A. (09. Mai 2018). Bildungserfolg. Auf die Eltern kommt es an. *Spiege oninel.* https://www.spiegel.de/lebenundlernen/uni/bildung-in-deutschland-arbeiterkinder-studieren-seltener-als-akademikerkinder-a-1206959.html. Zugegriffen am 11.12.2020.

Horaz. (1992). *Quintus Horatius Flaccus. Sämtliche Gedichte. Lateinisch/Deutsch* (Mit einem Nachwort herausgegeben von Bernhard Kytzler). Stuttgart: Philipp Reclam jun.

Kahneman, D. (2012). *Schnelles Denken, langsames Denken.* München: Siedler.

Kretschmann, W. (2018). *Worauf wir uns verlassen wollen. Für eine neue Idee des Konservativen.* Frankfurt a. M.: Fischer.

Krohn, P., & Ponzi, E. (31. Dezember 2020). Am seidenen Faden. *Frankfurter Allgemeine Zeitung, 304,* 18.

Mayr, A. (2020). *Die Elenden. Warum unsere Gesellschaft Arbeitslose verachtet und sie dennoch braucht.* Berlin/München: Carl Hanser.

Merz, F. (2020). *Neue Zeit. Neue Verantwortung. Demokratie und Soziale Marktwirtschaft im 21. Jahrhundert.* Berlin: Econ (Ullstein).

Papst Franziskus. (2020). *Wage zu träumen! Mit Zuversicht aus der Krise. Im Gespräch mit Austen Ivereigh.* München: Kösel.

Pietsch, D. (2014). *Mensch und Welt. Versuch einer Gesamtbetrachtung.* Köln/Lohmar: Eul.

Pietsch, D. (2019). *Eine Reise durch die Ökonomie. Über Wohlstand, Digitalisierung und Gerechtigkeit.* Wiesbaden: Springer.

Pietsch, D. (2020). *Prinzipien moderner Ökonomie. Ökologisch, ethisch, digital.* Wiesbaden: Springer.

Schäfer, C. (30. August 2019). Arbeiterkinder an der Uni. Wenn Mama und Papa nicht studiert haben. *Frankfurter Allgemeine Zeitung online.* https://www.faz.net/aktuell/karriere-hochschule/hoersaal/arbeiterkinder-an-der-uni-wenn-die-eltern-nicht-studiert-haben-16346828.html. Zugegriffen am 21.12.2020.

Sparda Bank. (2020). Gemeinwohl-Bilanz 2015–2017. *Sparda Bank München eG.* https://www.sparda-m.de/internetauftritt/downloads/pdf/vierter-gemeinwohlbericht.pdf. Zugegriffen am 09.12.2020.

Statista. (04. Dezember 2020). Ehrenamt in Deutschland – Statistiken zum Thema. *Veröffentlicht vom Statista Research Department.* https://de.statista.com/themen/71/ehrenamt/. Zugegriffen am 07.12.2020.

Stiglitz, J. E. (2019). *Der Preis des Profits. Wir müssen den Kapitalismus vor sich selbst retten.* München: Siedler.

Verdi Jugend. (2020). *Aktiv gegen Diskriminierung. Glossar.* https://www.aktiv-gegen-diskriminierung.info. Zugegriffen am 11.12.2020.

Weimann, J., Knabe, A., & Schöb, R. (2011). *Measuring Happiness – The Economics of Well-Being.* Boston: The MIT Press.

Winkels, R., & Herzog, L. (20. September 2018). „Die Debatte": Intelligenz. Schlau geboren oder schlau geworden? *Frankfurter Allgemeine Zeitung online.* https://www.faz.net/aktuell/wissen/intelligenz-sind-gene-oder-die-erziehung-verantwortlich-15797270.html. Zugegriffen am 11.12.2020.

Zahn, M. (19. Dezember 2020). „Wir haben in Berlin investiert, als kein anderer dazu bereit war." *Spiegel Gespräch der Redakteurin Anne Seith mit dem Vorstandschef der Deutschen Wohnen, Michael Zahn. Der Spiegel, 52,* 74–76.

7

Ethik in der Post-Corona-Ökonomie

Corona kam quasi über Nacht und unvorhergesehen über die ganze Welt. Niemand konnte sich rechtzeitig vorbereiten. Wir alle wurden von der Pandemie buchstäblich überrascht und überrannt. Diese Pandemie neuen Ausmaßes hat in alle Lebensbereiche des Menschen eingegriffen und unser Leben von heute auf morgen vollkommen verändert:

Alle Geschäfte mit Ausnahme von systemrelevanten Geschäften wie etwa Lebensmittelläden, Apotheken mussten schließen. Ganze Branchen wurden über Nacht ihrer Lebensgrundlagen beraubt, etwa die Tourismus- und Luftfahrtbranche, die Messebauer und die Kulturtreibenden, um nur einige stellvertretend zu erwähnen. Wohl dem, der seinen Beruf noch wenigstens von zu Hause aus im sogenannten „Homeoffice" fortführen konnte. Andere Berufsgruppen wie etwa die Krankenschwestern und -pfleger waren gezwungen, unter Einhaltung strengster Abstands- und Hygieneregeln vor Ort tätig zu werden und den Alten, Schwachen und Kranken beizustehen. Diejenigen, die von zu Hause arbeiten konnten, mussten zum Teil mit „widrigen" Umständen leben, etwa in einer relativ kleinen Wohnung zurechtkommen oder sich gleichzeitig um die Kinder kümmern. Ausgangs- und Kontaktsperren verhinderten eine Ansammlung von zu vielen Menschen, um die Ansteckungsgefahr in den Griff zu bekommen. Zusätzlich galten strenge Abstands- und Hygieneregeln, das Tragen von Masken war genauso vorgeschrieben wie das ständige Lüften eines Raumes. Der Staat, also Bund, Länder und Gemeinden sorgten mit einem großen finanziellen Schutzschirm dafür, dass zumindest die meisten Unternehmen diese Pandemie bisher weitgehend unbeschadet überlebt haben.

Corona hat uns deutlich vor Augen geführt, *wie wesentlich die Ökonomie mittlerweile für uns alle* geworden ist: Kein Job bzw. Kurzarbeit, weniger Konsum, weniger Verkauf von Produkten, weniger Gewinn und in der Konsequenz weniger Mitarbeiter und dann weniger Jobs. Das berühmte Kurzarbeitergeld hat auch hier wieder geholfen, viele Arbeitnehmer und Arbeitnehmerinnen und ihre Familien über Wasser zu halten. Dennoch haben wir gesehen, wie schnell auch eigentlich gesunde Branchen wie die Luftfahrtbranchen über Nacht in die Krise schlittern können und sogar vom Staat vor der finanziellen Pleite gerettet werden mussten. Was also bleibt am Ende der Corona-Zeit als Fazit für die Ökonomie und darin vor allem, die Ethik? Worauf *wird es künftig in moralischer Sicht* ankommen?

Zunächst dürfte außer Frage stehen, dass das Ziel immer lautete und lauten musste, so viele Menschen wie möglich vor dem Tod durch Corona zu bewahren. Dies bedeutete gleichzeitig, so wenige Infizierte wie möglich überhaupt zuzulassen. Diejenigen, die behandelt werden oder sogar die Krankenhäuser besuchen mussten, sollten dabei natürlich die bestmögliche Versorgung erhalten. Um dies sicherzustellen, waren die Kapazitäten gerade der Intensivstationen schnellstmöglich zu erhöhen und die ärztliche Versorgung optimal sicherzustellen. Eine schnelle und lückenlose Nachverfolgung der Infizierten war daher dringend geboten, was allerdings nur bis zu einem gewissen Schwellenwert möglich war. Hoffnung bot schließlich ein Impfstoff, der von mehreren Unternehmen gleichzeitig mit Hochdruck vorangetrieben wurde und schließlich in einem stark verkürzten Zulassungsprozess flächendeckend eingesetzt wurde. Die Corona-Pandemie hat bestehende ökonomische Entwicklungen verstärkt und neue Herausforderungen geschaffen (vgl. dazu auch Stelter 2020, S. 188 f.):

1. Die *Digitalisierung* hat einen enormen Aufwind bekommen und hat die Schwächen des Systems offengelegt: Die zum Teil mangelhafte Infrastruktur zu Hause, in den Schulen und in den öffentlichen Einrichtungen. Damit einhergehend sind auch andere Werte wie Offenheit, Vertrauen und Flexibilität gefragt. Die Arbeitswelt wird sich ändern, Reisen werden vielleicht auch langfristig verringert. Arbeiten im Büro werden auch künftig zumindest teilweise in das Homeoffice verlagert. Die Büroflächen werden sich entsprechend verdichten mit der Folge, dass vielleicht mehr Büroräume leer stehen, die dann als zusätzliche Wohnfläche genutzt werden könnten. Mehr Menschen werden sich einen Büroplatz teilen, da sie im Wechsel mit dem häuslichen Büro agieren. Das setzt allerdings auch voraus, dass die Mitarbeiter entsprechend digital ausgestattet sind, sich flexibel organisieren und die *Chefs Vertrauen in ihre Mitarbeiter haben.* (Internationale) Reisen werden künftig auch aus Kostengründen häufiger durch Onlinekonferenzen ersetzt. Das wird vor allem die Anbieter von Konferenztechnik stärken. Wir haben zudem relativ schnell festgestellt, dass Einkäufe nicht nur bequem, sondern vor

allem auch aus infektionstechnischen Gründen sicherer von zu Hause aus zu tätigen sind. Sicherlich galt das nicht für alle Produkte *unisono*. Aber vielfach war das so, etwa bei Haushaltsartikeln, Büchern oder Sportgeräten, die man bei einem längeren Aufenthalt zu Hause benötigte (der „Klassiker" war immer wieder das Toilettenpapier!). In der Folge boomte der Onlinehandel. Amazon war der große Gewinner, ähnlich wie die Anbieter von Videospielen oder Streamingdienste wie Netflix etc.

2. Die *global vernetzte Ökonomie* hat einen schweren Schlag erhalten: Hatten wir vorher nur mit einzelnen, wiewohl unangenehmen protektionistischen Maßnahmen zu kämpfen, Stichworte: Brexit, Zoll- und Handelspolitik unter US-Präsident Trump, mussten wir von jetzt auf gleich mit geschlossenen Grenzen leben, die den freien Welthandel kurzfristig aussetzten oder zumindest bremsten. Global verzahnte Lieferketten werden nach dieser Erfahrung sicher auf dem Prüfstand stehen und es wird vermutlich einen Trend in Richtung von mehr lokalen und nationalen Zulieferströmen geben. Für den Fall, dass bei einer nächsten Welle oder neuen Epidemie wiederum die Landesgrenzen geschlossen werden, hat man dann schnell einen Plan B in Form eines regionalen Lieferanten zur Verfügung. Der Trend in Richtung *De-Globalisierung*, die u. a. durch den Brexit und die restriktive Handelspolitik der USA eingeleitet wurde, wird sich künftig vermutlich noch verstärken.

3. Die Pandemie hat uns auch gezeigt, dass viele private und berufliche Reisen und persönliche Kontakte zumindest temporär durch Zoom-, Webex-, Skype- etc. Meetings ersetzt werden können. Die Umweltbelastung hat sich dadurch ebenfalls reduziert. Dennoch *bleiben die ökologischen Themen*, die Abwehr der Klimakatastrophe, die Bewahrung der Artenvielfalt nach wie vor be-

stehen und werden auf der ethischen Agenda der Ökonomie weiterhin Platz finden. Dass es allerdings anders geht und wir nicht mehr so viel CO_2 ausstoßen müssen und auch können, hat die Corona-Pandemie gezeigt. Im Gegenteil, die Krise hat uns vor Augen geführt, dass es auch anders geht: Wir können Meetings auch effizient und umweltschonend online gestalten, sparen uns zum Teil den weiten Weg in die Arbeit und reisen weniger mit Verkehrsträgern, die viele Schadstoffe ausstoßen. Diesen Weg müssen wir konsequent weitergehen. Die Erkenntnis der Pandemie hilft uns dabei.

4. Die Welt ist aber auch ein Stück weit stärker zusammengerückt und *solidarischer geworden*. Die allermeisten Bürger in Deutschland, aber auch weltweit, sind dem Aufruf bzw. der Vorschrift der jeweiligen Regierung gefolgt und haben sich an die Kontakt- und Abstandsregeln gehalten und die Hygienevorschriften befolgt. Das Tragen der Atemschutzmasken wurde zu einem täglichen Ritual zugunsten der sogenannten „vulnerablen" Gruppen in Deutschland, den Alten, Schwachen und Kranken in unserer Gesellschaft.

Fast jeder hat in seiner Familie Großeltern, Eltern, die aufgrund ihres hohen Alters gesundheitlich am meisten gefährdet sind oder chronisch Kranke, die am meisten zu schützen sind. Viele Menschen haben durch das strenge Einhalten der Corona-Regeln mitgeholfen, diese besonders anfälligen Personengruppen zu schützen und haben sich *solidarisch* gezeigt. Wir alle saßen auf einmal *im gleichen Boot* und haben von Haushalt zu Haushalt, von Homeoffice zu Homeoffice miteinander kommuniziert. Wir haben Rücksicht gezeigt, wir haben aktiv geholfen, etwa beim Einkauf von Lebensmitteln oder Medikamente etwa für unsere älteren Nachbarn. Chefs mussten wohl oder übel ihren Mitarbeiterinnen und Mitarbeitern vertrauen, dass sie ihren

Job auch von zu Hause aus zur Zufriedenheit erledigen oder ihre Ziele erreichen. Und das hat auch gut funktioniert! Das Vertrauen der Chefs hat sich also ausgezahlt und wird hoffentlich auch in die „Post-Corona-Ökonomie" als Wert mitgenommen. Gleichzeitig haben sich die Mitarbeiterinnen und Mitarbeiter flexibel gezeigt und haben ihren Tagesablauf in ungewohnter Umgebung mit ihren Familien neu organisiert und strukturiert. Lassen Sie uns viele dieser Fähigkeiten für eine „normale" Zeit konservieren.

5. Der Staat, repräsentiert durch die handelnden Politiker und Funktionsträger, ist den Unternehmen und den in ihnen arbeitenden Menschen beiseite gesprungen und hat *aktiv in die Speichen der Wirtschaft eingegriffen.* Ob es das Kurzarbeitergeld war, die Kompensationszahlungen entgangener Umsätze oder die Stützung ganzer Branchen und Beteiligung an Unternehmen (z. B. Lufthansa), der Staat hat stärker als bisher in die Ökonomie eingegriffen. Die Frage wird künftig sein, inwieweit der Staat sich auch künftig in die Wirtschaft einmischen soll. Die ordo-liberale Einstellung überließ dem Staat lediglich, den Rahmen zu setzen und die sozialen Einschränkungen und Fehlleistungen des Marktes zu korrigieren (vgl. Pietsch 2019, S. 220 ff.). Konkret gefragt: Wird der Staat nach Ende der Corona-Krise wieder auf sein ursprüngliches Niveau zurückgefahren oder wird auch nach dieser Zeit der Staat künftig eine bedeutendere Rolle in der Wirtschaft spielen? Etwa, indem er weiterhin bestimmte Branchen unterstützt oder bestimmte sozial schwache Gruppen noch stärker als bisher finanziell alimentiert, etwa beim bedingungslosen Grundeinkommen. In Sinne der oben beschriebenen „Gemeinwohl-Ökonomie" (vgl. Abschn. 4.4) und der Stärkung solidarischer Momente in der Gesellschaft wäre sicherlich ein höheres Engagement vorstellbar.

6. Die *Ungleichheit der Gesellschaft* hat sich durch die Pandemie innerhalb eines Landes und zwischen den Ländern weiter verschärft und wird auf diesem hohen Niveau bleiben: Soloselbstständige und kleine Unternehmen hatten am meisten unter der Pandemie zu leiden, da sie häufig über einen relativ geringen finanziellen Puffer verfügten und gingen häufiger in die Insolvenz. Branchen und Unternehmen, die von vornehinein mit geringen Margen operieren mussten, waren schnell am Limit und mussten Insolvenz anmelden. Gerade die Kulturbranche mit ihren Künstlern, Schauspielern, Musikern etc. hat es hart getroffen: Eine Branche, die vorher auch nicht durch hohe Verdienste bekannt war (mit ganz wenigen Ausnahmen) und nun viele Beteiligte hart und unvorhergesehen in eine finanzielle Schieflage gebracht hat. Ärmere Länder hat die Krise stärker erwischt als reichere, die eine bessere Gesundheitsversorgung bzw. -infrastruktur aufwiesen: So kommen etwa in Malawi, einem der ärmsten Länder in Afrika, 30 Intensivbetten auf 18 Millionen Einwohner, während es in Deutschland fast 34 auf 100.000 Einwohner sind (vgl. Pietsch 2020, S. XI).

7. Die *hohe Staatsverschuldung* ist ein Problem für die künftigen staatlichen Investitionen und vor allem für die nachfolgende Generation. Die Ausgaben des Bundeshaushalts werden sich von rund 343 Milliarden Euro 2019 auf gut 508 Milliarden Euro in 2020 erhöht haben (vgl. Bundesfinanzministerium 2020, S. 73). Im Zeitraum von Januar bis Oktober 2020 wies der Haushalt des Bundes ein Defizit von gut 89 Milliarden Euro auf (vgl. Bundesfinanzministerium 2020, S. 73). Die *Staatsquote* d. h. der Anteil der Staatsausgaben an den Gesamtausgaben in Deutschland hat sich 2020 gegenüber dem Vorjahr um 19,5 Prozent erhöht und beträgt nun 54 Pro-

zent (vgl. Hanke und Münchrath 2020). Gleichzeitig ist
die *Schuldenquote* in Deutschland d. h. der Anteil der
Staatsverschuldung am Bruttoinlandsprodukt im Vergleich zu 2019 um mehr als 11 Prozent gestiegen (vgl.
Ivanov und Ruge 2020). Alleine im Juni 2020 hat die
Regierung corona-bedingt ein Konjunkturpaket von
mehr als 167 Milliarden Euro beschlossen (vgl. Ivanov
und Ruge 2020). Dies birgt natürlich die Gefahr, die
Schuldenlast des Bundes langfristig zu erhöhen und *an
die kommenden Generationen weiterzugeben.* So notwendig die staatliche Hilfe auch in Corona-Zeiten war,
so wichtig wird es wieder werden, zu einem ausge-
glichenen Staatshaushalt zurückzukehren. Nur so kann
sichergestellt werden, dass die künftige Generation ebenfalls die notwendigen Investitionen in das Gemeinwesen
vornehmen kann. Und wenn es nur zur Bekämpfung
weiterer Pandemien dient, was wir alle nicht hoffen.

Zusammenfassend können wir feststellen, dass die Pandemie die *bestehenden ethischen Herausforderungen der Ökonomie verstärkt hat* in puncto Ungleichheit, Umweltschutz,
Vertrauen und Wertschätzung in die Mitarbeiterinnen und
Mitarbeiter. Das Gleichgewicht zwischen Markt und Staat
hat sich in Richtung Staat verschoben, die Staatsverschuldung mit ihren Lasten auf die nächste Generation ist
angestiegen. Aber es gibt auch Anlass zur Hoffnung aus
ethischer Sicht: Die Solidarität der Gesellschaft mit den
(wirtschaftlich) Schwachen hat zugenommen. Wir haben
in dieser sicher nicht leichten Zeit festgestellt, dass wir *alle
im selben Boot* sitzen. Das Virus macht vor niemandem Halt
und kennt keine Unterschiede nach Alter, Vermögen, Geschlecht etc. Wollen wir hoffen, dass diese solidarischen Aktionen in unserem Leben und in der Wirtschaft auch nach
der Pandemie Bestand haben. Dann können wir hoffnungs-

froh in die Zukunft schauen und die *Ökonomie endet nicht im Nichts.*

Literatur

Bundesfinanzministerium (BMF). (2020). Entwicklung des Bundeshaushalts bis einschließlich Oktober 2020. *Monatsbericht des BMF vom November 2020.* https://www.bundesfinanzministerium.de/Content/DE/Downloads/Broschueren_Bestellservice/monatsbericht-november-2020.html. Zugegriffen am 17.12.2020.

Hanke, T., & Münchrath, J. (12. November 2020). Staatsquoten. Ist das noch Marktwirtschaft – oder doch schon Staatswirtschaft? *Handelsblatt online.* https://www.handelsblatt.com/politik/international/staatsquoten-ist-das-noch-marktwirtschaft-oder-doch-schon-staatswirtschaft/26616868.html. Zugegriffen am 17.12.2020.

Ivanov, A., & Ruge, A. (19. Oktober 2020). Staatsverschuldung. So hoch ist die Staatsverschuldung in Deutschland. *Handelsblatt online* (Update 30.11.2020). https://www.handelsblatt.com/politik/deutschland/staatsverschuldung-so-hoch-ist-die-staatsverschuldung-in-deutschland/26273814.html. Zugegriffen am 17.12.2020.

Pietsch, D. (2019). *Eine Reise durch die Ökonomie. Über Wohlstand, Digitalisierung und Gerechtigkeit.* Wiesbaden: Springer.

Pietsch, D. (2020). *Prinzipien moderner Ökonomie. Ökologisch, ethisch, digital.* Wiesbaden: Springer.

Stelter, D. (2020). *Coronomics: Nach dem Corona-Schock: Neustart aus der Krise.* Frankfurt a. M.: Campus.

Printed in the United States
by Baker & Taylor Publisher Services